国家社科基金
GUOJIA SHEKE JIJIN HOUQI ZIZHU XIANGMU
后期资助项目

新世纪行动研究
八大范式

Eight Paradigms of Action Research in the New Century

黄甫全 著

中国教育出版传媒集团

高等教育出版社·北京

图书在版编目（ＣＩＰ）数据

新世纪行动研究八大范式 / 黄甫全著. -- 北京：
高等教育出版社，2023.2
ISBN 978-7-04-058330-4

Ⅰ. ①新… Ⅱ. ①黄… Ⅲ. ①行为科学-研究 Ⅳ.
①C

中国版本图书馆CIP数据核字（2022）第038344号

新世纪行动研究八大范式
XINSHIJI XINGDONG YANJIU BA DA FANSHI

| 策划编辑 | 王玉衡 | 责任编辑 | 冯晓川 | 封面设计 | 李小璐 | 版式设计 | 马 云 |
| 责任绘图 | 邓 超 | 责任校对 | 高 歌 | 责任印制 | 朱 琦 | | |

出版发行	高等教育出版社	网　　址	http://www.hep.edu.cn
社　　址	北京市西城区德外大街4号		http://www.hep.com.cn
邮政编码	100120	网上订购	http://www.hepmall.com.cn
印　　刷	北京市联华印刷厂		http://www.hepmall.com
开　　本	787 mm×1092 mm　1/16		http://www.hepmall.cn
印　　张	22.75		
字　　数	390 千字	版　　次	2023 年 2 月第 1 版
购书热线	010-58581118	印　　次	2023 年 2 月第 1 次印刷
咨询电话	400-810-0598	定　　价	69.00 元

本书如有缺页、倒页、脱页等质量问题，请到所购图书销售部门联系调换
版权所有　侵权必究
物 料 号　58330-00

国家社科基金后期资助项目
出版说明

　　后期资助项目是国家社科基金设立的一类重要项目，旨在鼓励广大社科研究者潜心治学，支持基础研究多出优秀成果。它是经过严格评审，从接近完成的科研成果中遴选立项的。为扩大后期资助项目的影响，更好地推动学术发展，促进成果转化，全国哲学社会科学工作办公室按照"统一设计、统一标识、统一版式、形成系列"的总体要求，组织出版国家社科基金后期资助项目成果。

全国哲学社会科学工作办公室

前　言

新世纪以来，行动研究炙手可热，多种范式层出不穷。本书基于我所带教学与研究团队长期开展与开发行动研究的相关系列成果，依据文化谱系框架，从大量文献和探索里提出并使用的许多行动研究方法中，择要新世纪行动研究八大范式。

《新世纪行动研究八大范式》是集体智慧的结晶。本书大纲由我和陈思宇博士商定，参与开展和开发行动研究的，有我及我所带的2004级以来的几乎所有的博士后、博士生、硕士生和本科生，大家都为此书作出了贡献。陈思宇博士为本书稿付出了不可或缺的努力，协助我完成国家社科基金后期资助项目的申报和书稿的修订工作，并组织有关人员撰写、修改和润色各章书稿，同时负责第一章和第十章的写作。参加本书资料收集、设计、研究、撰写和修改的，还有陈爱萍、曾育芬、谈心、孙文云、游景如、张诗雅、龙安邦、李灵丽、李义茹、刘春花诸位同学及其各自所带的小组同学。结题书稿修改和后续打磨过程中，又有唐玉溪、邹园园、刘芮、阮婷婷、王冉、丘诗盈、毛成秀、石继竹、刘育良、杨钰、李浩然、范正芳、张淳均、刘欢、罗佩莎各位同学参与。本书实际上有众多作者，但是按照全国哲学社会科学工作办公室的规定，只能署名一人，我就很惭愧地掠美了！

因为水平和时间限制，本书存在诸多不足，诚盼大家不吝赐教。

目　　录

第一章 引论：行动研究范式的兴起

随着传统认识论话语体系的"祛魅"，人们对知识的追求逐渐转向关注人的生存实践与实用价值。尤其在直接观照人类社会生活现实的社会科学中，研究旨趣更是径直指向道德实践的善与生活取向的美。这无疑为已有的量化研究及质性研究设置了合法性难题，并提出了严峻挑战。对此，社会科学家的回应是创新以实用为核心价值的更具包容性的"行动研究"。

1946 年，行动研究之父勒温（Lewin，K.）发表了开山之作《行动研究与民族问题》。[①]20 世纪 80 年代，普莱西（Price，R. H.）和波利泽（Politser，P. E.）编辑出版了《社会环境中的创价与行动》一书，第一章由克特利尔（Ketterer，R. F.）等人撰写，开宗明义提出和论述了"行动研究范式"。[②]1988 年，怀莱特（Wright，C. A. H.）在研究报告中正式提出和阐释了"教育协作式行动研究——一种创新性范式（paradigm）"，进而精辟地指出，这"急切呼唤着种种范式，以便使研究与政策和实践结合得更好"[③]。从那时以来，越来越多的人自觉不自觉地一直在努力发展行动研究范式。

第一节 早期行动研究的三大流派

如同行动研究起源的不可确定性，行动研究的历史轨迹和流派发展也存在盘根错节的现象。世界各地的研究者和实践者在特定文化情境中，独立开展基于地方需要、解决当前问题的干预研究，并自成一派，构成行动研究领域的一大景观。纵观行动研究萌芽和推广的历史背景，可以按照洲

---

① Kurt Lewin，"Action Research and Minority Problems"，*Journal of Social Issues* 2，1946（4）.

② Richard H. Price & Peter E. Politser eds.，*Evaluation and Action in the Social Environment*，Academic Press，1980，p. 1.

③ Cream A. H. Wright，"Collaborative Action Research in Education（CARE）—Reflections on an Innovative Paradigm"，*International Journal of Educational Development* 8，1988（4），pp. 279–292.

际和价值取向将世界行动研究劲旅划分为民主主义的美洲流派、实证主义的欧洲流派和批判主义的澳大利亚流派。

一、民主主义的美洲流派

行动研究从聚焦于社区民主逐步转向教育领域，并形成了以日常实践、协作互助、科学融入为特征的民主主义行动研究，为行动研究的理论发展与变革奠定了坚实基础。

（一）民主主义

在早期行动研究三大流派当中，民主主义的美洲流派是紧随美国民主主义思想的流行而兴起的。美国民主主义源自 17 世纪初时的殖民自治议会及移民五月花大会，紧随其后的还有 1776 年的美国《独立宣言》（Declaration of Independence），杰斐逊（Jefferson，T.）的民主主义思想，1787 年的制宪会议大辩论，1791 年的宪法前十条修正案即《权利法案》（Bill of Rights）等，这些事件、法案等令民主主义不断发展。接着，1832 年杰克逊（Jackson，A.）所带领的民主党的诞生，1863～1866 年黑人奴隶制的瓦解、黑人享有民主权利，林肯（Lincoln，A.）在葛底斯堡关于"民有、民治、民享"的民主主义思想的就职演说，它们都奠定了美国民主主义思想的基础。[①]

民主主义的美洲流派是行动研究的起源之一。迄今为止，关于行动研究的起源有四种主要观点。一则，行动研究根植于"教育科学化运动"。它发生于 19 世纪晚期，强调用"科学方法"（即假设—验证）解决教育实际问题，颇具行动研究精神。因此，一些学者如美国课程行动研究专家麦克尔南（McKernan，J.），便坚信行动研究开始于此。[②] 二则，行动研究萌芽于"民族关系的改善"。早在 1933 年至 1945 年间，寇勒（Coller，J.）等人探讨如何缓和印第安人与非印第安人紧张关系问题时，便已提出研究应服务于实践，研究者应鼓励实践者参与研究并在行动中解决问题。[③] 三则，行动研究肇始于"社区开发的呼唤"。代表人物是勒温。对知识民主化和组织能力提升的期待驱使勒温开创性地提出"行动研究"这一术语。他希望运用行动研究减少种族偏见，增强组间动力及

---

① 路宝利：《美国中等职业教育发展的职业主义与民主主义之争："普杜之辩"研究》，华东师范大学博士学位论文 2014 年，第 15 页。
② 刘良华：《行动研究的史与思》，华东师范大学博士学位论文 2001 年，第 5 页。
③ 郑金洲：《行动研究：一种日益受到关注的研究方法》，《上海高教研究》1997 年第 1 期。

促进社会关系。[①] 四则，行动研究可追溯到"解放热潮的兴起"。随着这场论辩持续升温，学者们日渐意识到要重视具有历史意义的相关著作，尤其要重视涉及南半球解放思想的论著。蒙特罗（Montero，M.）指出："一个隐藏的大秘密是在 1946 年早些时候，巴西学者米歇尔出版《行动研究方法论》。但是除了本国，这本书无人知晓。"[②] 在这四种观点中，行动研究肇始于"社区开发的呼唤"的观点强调研究的民主与公平。

刘良华认为，在行动研究兴起的早期探索中，人们将行动研究看成通向民主生活的途径，尤其重视改善人际关系中的不平等、偏见等问题。[③] 以勒温的观点来看，"民主"既是研究的目的，也是研究的方法，而研究本身也具有民主的意义，即通过民主的方式开展行动研究以促进社会的民主公平。凯米斯（Kemmis，S.）认为，勒温先知地预设了现代行动研究的三个特征，即调动参与、推动民主及促进社会科学知识生产和社会改革。[④]

（二）流派发展

得益于勒温的移民及其群体动力学研究中心（Research Center for Group Dynamics，RCGD）和共同体人际关系委员会（Commission on Community Interrelations，CCI）两个组织的建立，20 世纪 40～50 年代，行动研究在美国遍地开花。典型代表有重视行动研究科学性的密歇根大学社会研究所（Institute for Social Research，ISR）、强调行动研究技术性的国家训练实验室（National Training Laboratories，NTL）、整合心理分析与社会科学方法的运筹学流派，以及率先将行动研究引进教育领域的哥伦比亚大学教师学院（Teachers College）。

ISR 的成立与 RCGD 不无相关。1950 年初，RCGD 从麻省理工学院转移至密歇根调查研究中心。受其影响和推动，ISR 随之成立并运用田野实验法研究一些干预措施的影响，比如培训、群体决策及领导风格。与 ISR 关注行动研究的科学性不同，在缅因州贝塞尔建立的 NTL 强调群体过程和行动研究技术的运用而不是科学知识的生成。NTL 的建立是 RCGD 和康涅狄格州族际委员会（Connecticut State Interracial Commission）

---

① Kurt Lewin, "Action Research and Minority Problems", *Journal of Social Issues* 2，1946（4），pp. 34–46.

② Maritza Montero, "Participation in Participatory Action Research", *Annual Review of Critical Psychology* 2，2000，pp. 131–143.

③ 刘良华：《重申"行动研究"》，《比较教育研究》2005 年第 5 期。

④ Penelope Peterson, Eva Baker, & Barry McGaw eds., *International Encyclopedia of Education*（3rd edition），Elsevier Science，2010，p. 314.

联合赞助的培训项目的结果。除了关注个体问题，英国伦敦塔维斯托克研究所成员、美国研究者阿柯夫（Ackoff，R. L.）和丘奇曼（Churchman，C. W.）等人成立了运筹学流派。他们在著作《运筹学概论》（*Introduction to Operations Research*）中，将运筹学目标定义为：尽可能使整个组织利益变为最大化的最佳决策。[①] 阿柯夫还进一步提出四种处理问题的方式——解除（absolution）、分解（resolution）、解决（solution）及化解（dissolution），并形成了一种解决社区或组织管理问题的软系统方法论。[②]

行动研究虽然诞生于社区开发，但因其特有的功能和作用，在 1949 年，它替代"行动为本探究"（action-based inquiry）成为进入教育领域的新范式。科里（Corey，S.）将教师专业发展、课程改革和学校建制中的行动研究，定义为教师合作解决学校和课堂具体问题的过程。然而，受实证主义逻辑的影响，科里偏离了勒温的初衷，他并非追求工作场所中的民主，而是运用行动研究达到诸如推动教师专业发展和提升教育质量的实用目的。理论与实践之间的关系是实践性的，行动研究的目标导向是开发更加有效的日常问题解决策略，"科学地"处理社会问题。毋庸置疑，当年科里的"行动研究"在学校里兴盛一时。但是，行动研究逐渐成为外来研究者"吸收"学校和教师与其合作的途径。

虽然早期发展势如破竹，但到了 20 世纪 60 年代，美国行动研究开始进入艰难时期，有学者称，"行动研究在美国教育界处于一种被放逐的流浪者境遇中"[③]。值得一提的是，受法兰克福学派、女性主义思想、第三世界社会主义运动、拉丁美洲基于本土知识的研究传统及教育普及运动的影响，行动研究出现了明显的转变：开始运用批判理论的语言和形成激进的政治行动主义（radical political activism）。在解决权力和权威的现实问题上，这种范式承诺"通过对话提出问题""采取分布式决策"及"基于地方的行动主义"，将自身与其他风格的行政和管理区分开来，比如高度集权、专制、反应迟钝的学校。可惜的是，该范式在崭露头角后便迅速偃旗息鼓，因为人们的目光已被英国的"教师即研究者"运动吸引。

（三）流派特色

没有任何研究是中立的，行动研究因其体现了变革的必要性，故总是

---

① Maurice Kriby & Jonathan Rosenhead，"IFORS' Operational Research Hall of Fame：Russell L. Ackoff"，*International Transactions in Operational Research* 12，2005（1），pp. 129–134.

② 史敏、石丽明：《阿柯夫的社会系统科学理论及其价值》，《科学与管理》2016 年第 1 期。

③ 刘良华：《行动研究的史与思》，华东师范大学博士学位论文 2001 年，第 11 页。

具有明显价值。[1] 民主主义背景下的行动研究不仅打造更加有效和民主的工作场所，而且帮助工人习得实践知识。因此，罗纳曼（Rönnerman，K.）等人认为，行动研究是专业知识和实践经验互惠共创的活动。它根植于学校日常实践、研究者和实践者的协作及不同类型知识的交汇融合。据此可见，罗纳曼等人依然从局外人视角解释行动研究。研究者是民主促进者，通过反思创造知识，并运用这种知识促使实践者提升自身实践。然而，由于从理论通往实践之路具有曲折性和复杂性，因此，从理论或真理出发也会导致实践失败。[2] 从 20 世纪 70 年代中后期开始，英国的"教师即研究者"运动和参与式行动研究（Participatory Action Research，PAR）兴起，促使研究者和行动者的融合。易言之，局外人研究者联合局内人实践者进行研究，而非将其当成研究对象。

如果将行动研究理解为关系协调的过程，那么很明显，某些形式的参与行动可能是建立民主的核心，而其他形式则可能是非常次要的（甚至是禁忌）。[3] 行动研究可以探索如何将科学知识生产融入未来设计过程，同时通过有效的参与创造民主的决策环境来提供实践指导。[4] 所有的行动研究都植根于改进的愿望，因此它总是具有不可避免的道德目的。[5] 作为行动研究的精神特质，协同合作与民主参与是应该共同遵守的伦理原则，并努力实现研究结果的共同分享和研究社群的整体荣誉。因为随着知识经济时代的到来，对知识的自私和不诚实，可能会成为两种突出的道德问题。[6]

二、实证主义的欧洲流派

20 世纪 60 年代，实证主义在社会科学领域十分兴盛。受其影响，一些行动研究者以实证主义哲学为理论基础，逐渐形成了行动研究的实证主义流派。

（一）实证主义

主观性和客观性在两种截然不同的关于真理的学派中根深蒂固。主观

---

[1] Bridget Somekh, *Action Research: A Methodology for Change and Development*, Open University Press, 2005, p. 7.

[2] 林茵：《从真理到实践之间》，《社会科学》1999 年第 5 期。

[3] Kenneth J. Gergen, "Action Research and Orders of Democracy", *Action Research* 1, 2003 (1), pp. 39–56.

[4] Anlı Ataöv, "Democracy to Become Reality: Participatory Planning Through Action Research", *Habitat International* 31, 2007 (3–4), pp. 333–344.

[5] Bridget Somekh, *Action Research: A Methodology for Change and Development*, Open University Press, 2005, p. 7.

[6] 刘朋：《走向以人为本的行动研究——试论教育行动研究的伦理问题》，《教育理论与实践》2001 年第 8 期。

性的意思是"一种了解自己观点的方式，包括经验、期望及'此时此地'的认知"；客观性则被理解为"一种非明确具体定位的方式，通过这种方式可以看到任何整体情况"①。实证主义者坚信，现实与我们的解释是不同的，可以被充分证明。从客观的认识中寻求真理，意味着从任何角度来说，真理都是有效的。而后结构主义者则极端地秉持意识形态观，揭示人类头脑中的一系列理念，以各种方式解释世界。虽然后者否认真理和客观性的存在，但实证主义者认为，研究人员越客观，他们就越接近真理。

实证范式的特征是实在独立于知者。这种本体论的地位可以追溯到亚里士多德（Aristotle）的实在概念，即独立于人的意志。客观实在是存在的，是可知的。这个实在是一个人之外的，一个人可以同时是知者和被知者。一个人是知者，因为现实的存在与人的欲望无关，他被另一个人称为知识的对象。②实证主义以客观的方式坚持对客观现实的认识。当已知的事物与客观现实相一致时，真理就产生了。实证主义理论家假定知识中的主观性不会导致真理，因为在已知的客体和已知的主体之间不存在任何关系。实证范式在客观现实中确立了一种内在的秩序，这种秩序可以以客观的方式被发现，这种秩序的发现最终将产生人们能够理解世界的规律。实证主义的基本概念可以追溯到亚里士多德、维也纳学派、经验主义、涂尔干（Durkheim, É.）、社会行为理论和组织理论。这些概念经过个人和那些把基本概念塑造成自己哲学立场的人的解释。当范式中的各种概念被添加、删除或转换时，实证主义的根本基础仍然是相同的：客观现实存在，只有客观的才能被认识。在哲学上，实证主义坚持的前提是，现实独立于人们的意志而存在，只有看得见的东西才是真实的。这种现实的基础是组织原则，因此，现实是内在有序的。发现现实基本原理的方法是通过假设检验产生理论，并最终揭示现实的规律，从而从现实的具体实例中得出结论。实证主义的最终目的是控制和预测人类和自然现象。③

如今，"实证主义"这个词是一个强有力的概念，尽管它对教育研究的许多批判性评估都带有贬义。此外，由于自然科学据称以因果解释为目的，根据实证主义，这也应该是教育研究的主要目标。所有其他形式的调

---

① Donna Ladkin, "'The Enigma of Subjectivity': How Might Phenomenology Help Action Researchers Negotiate the Relationship Between 'Self', 'Other' and 'Truth'？", *Action Research* 3, 2005 (1), pp. 108–126.

② Peter Berger & Thomas Luckmann, *The Social Construction of Reality: A Treatise in the Sociology of Knowledge*, Doubleday, 1966, pp. 400–403.

③ Hal A. Lawson, "Beyond Positivism: Research, Practice, and Undergraduate Professional Education", *Quest* 42, 1990 (2), pp. 161–183.

查，例如那些旨在理解人类行为的意义和价值的，也被认为是不科学的。[①]

（二）流派发展

行动研究在欧洲的崛起并非巧合，它与欧洲工业发展息息相关。20世纪50～60年代，工人罢工、对资本主义体制的不满弥漫了整个欧洲社会，各界人士探寻走出困境的出路。为缓和社会矛盾和解决现实问题，以整合理论与实践、支持实践者参与、鼓励研究者与实践者协作的行动研究开始进入欧洲人的视野，且广受欢迎。在开展行动研究的欧洲各国中，较为著名的有英国、挪威、瑞典和丹麦。

20世纪50～60年代，英国施行了一系列行动研究项目，成为全球行动研究发展的热土。然而，文献显示，大规模的工业行动研究项目主要来自斯堪的纳维亚半岛，即挪威、瑞典和丹麦。半岛的行动研究以1960年挪威的"工业民主项目"（Industrial Democracy Project）为始。该项目联合了挪威工会联合会（Norwegian Confederation of Trade Unions）和挪威雇主协会（The Confederation of Norwegian Enterprise），其产生背景是，很多领域的发展由于自然资源的匮乏遭遇了瓶颈，而资源问题的解决有赖于人类活动和创造力。在1964年到1969年间，挪威共施行了由四个阶段构成的示范工程。这个工程的四个阶段分别为："人员召集阶段"，成立代表工人和管理者的联合委员会、选择实验企业、建立行动委员会；"问题聚焦阶段"，对实验企业进行社会—技术的分析；"行动计划阶段"，即规划变革项目；"成果推广阶段"，确立时间表，推广结果，以及继续学习。然而，这个示范工程并没有得到其他公司的接受，甚至还遭受抵制。因此，1970年，"工业民主项目"变得停滞不前。然而，墙里开花墙外香，该项目在挪威本国遭遇冷落，却成功得到瑞典和丹麦的青睐。行动研究在瑞典和丹麦的开展经历了两个阶段。一开始，项目是工业管理层为了寻找解决工人动机不足和效率低下问题的策略而施行的。但是，工会和许多行动研究者不满于此，他们希望通过这种实验获得民主。因此，双方矛盾不断凸显。为争取自身权益，行动研究者和行业工会摒弃先前雇主主导的项目，而采取"集体资源策略"（collective resource approach）。为扩大范围，1981年，北欧图形工人联盟（Nordic Graphic Worker's Union）和瑞典、丹麦的一些研究者联合开展"乌托邦项目"（Utopia Project）；此外，还有丹麦参与其中的"ESPRIT 1217项目"（ESPRIT Project 1217）。历史上行动研究与工

[①]　Alireza Moghaddam，"Action Research: A Spiral Inquiry for Valid and Useful Knowledge"，*Alberta Journal of Educational Research* 53，2007（2），pp. 228–239.

厂和工商管理学院等联系紧密。例如，英国伦敦塔维斯托克研究所在组织领域运用行动研究、行为科学知识和技术进行有计划的干预来提高组织的效率或"健康"，获得了巨大认可。然而，工业绝非进行实验的唯一场域，自 20 世纪 60 年代末开始，各类项目"拔地而起"，如新教育、合资生产、再生能源、住房和社区及新教学实验。①

同一时期，英国教育学者的努力使行动研究在欧洲的发展突破工业领域而进入教育界。20 世纪 60 年代，斯腾豪斯（Stenhouse，L.）复兴"教师即研究者"运动，认为一线教师进行研究最有效率。后来，在埃利奥特（Elliott，J.）和阿德尔曼（Adelman，C.）带领下，教育行动研究成为行动研究的一个特殊领域。随着可接受度的提高，行动研究开始出现负面效应。斯腾豪斯的"科学"和"技术控制"实用主义取向遭到抵制。有学者指出，大多数教师行动研究"过去是、现在更是乏味不堪"②，如果不挑战和变革行动研究现状，那么它将沦为另一种形式主义的研究活动。

（三）流派特色

实证主义的欧洲流派，形成了许多特色。其一，以科学主义为理论基础。实证主义者遵循自然科学作为社会科学工作的榜样有很多正当的理由。实证主义为社会科学家提供了巨大的文化权威，以前只有科学专家才拥有这种权威，他们过去经常向政府提供解决技术决策难题的建议，从食品安全到建筑标准等。实证主义方法使社会科学家能够像科学专家那样充分和严格地展示他们的学科，为他们提供一个平台，对他们所提供的知识的可靠性、客观性和实用性提出强有力的主张。③ 同时，决策者将社会研究作为一个重要的知识来源，许多国家将其应用到社会和经济生活的几乎所有方面，如进行疾病、健康和死亡，结婚和离婚，失业，收入差异，态度和价值观，消费模式等方面官方统计数据的收集。社会科学家被请来分析和解释这些大量的信息，并就政策含义提出建议。④ 社会研究最常用的研究工具，如调查、问卷调查、统计模型、假设、检验和理论佐证都体现

---

① Lauge Baungaard Rasmussen, "Action Research—Scandinavian Experiences", *AI & Society* 18, 2004（4）, pp. 21–43.

② Christopher Winch & Lorraine Foreman-Peck, "Teacher Professionalism, Educational Aims and Action Research: The Evolution of Policy in the United Kingdom", *Teacher Development* 4, 2011（2）, pp. 165–176.

③ Ted Benton & Ian Craib, "Philosophy of Social Science: The Philosophical Foundations of Social Thought", *Capital & Class* 27, 2003（1）, pp. 184–186.

④ Ted Benton & Ian Craib, "Philosophy of Social Science: The Philosophical Foundations of Social Thought", *Capital & Class* 27, 2003（1）, pp. 184–186.

了实证主义的影响。①

其二，强调客观的研究过程。实证主义调查的真相通过对直接可感知实体或过程的可观察结果的验证和复制来实现。② 实证主义的提倡者避免使用像解释论那样的语言。这样的语言似乎具有重要的政治和道德评价意义。实证主义者消除这些因素是为了满足价值无涉的要求，这在现代社会研究中是绝对必要的。③

其三，实证主义文化的渗透。实证主义发展于19世纪，随着统计方法和自然本体论的普及，实证主义占据了主导地位，这些本体论认为人类是可以预测和控制其行为的有机体。实证主义的传播也不仅仅局限于单纯的研究，而是成为学校系统中强调不断测量和测试的实证主义文化。④

三、批判主义的澳大利亚流派

澳大利亚凯米斯等人进一步将英美等国的实践性行动研究引向批判性行动研究，形成了思想激进、描写现实及追求变革的行动研究批判主义流派。

（一）批判主义

1931年，霍克海默（Horkheimer，M.）出任法兰克福大学社会研究所所长，并发表了一篇题为《社会哲学的现状和社会研究所的任务》的就职演说，建议将哲学与经验主义社会学研究相结合。在他后来的著作中，特别是在《传统的和批判的理论》中，霍克海默进一步阐明了这一理论框架。这一架构后来被称为批判理论。顾名思义，批判理论不是一种研究方法，而是一种世界观，它既体现了认识论，也展示了研究的目的。从本质上看，批判理论是对后启蒙时代哲学的一种回应，尤其是实证主义。批判理论的灵感来自许多不同的思想流派，包括黑格尔（Hegel，G.）、康德（Kant，I.）、马克思（Marx，K.）、福柯（Foucault，M.）、德里达（Derrida，J.）和克里斯蒂娃（Kristeva，J.）等人的思想。⑤

---

① Md Nazmul Hasan，"Positivism：To What Extent Does It Aid Our Understanding of the Contemporary Social World？"，*Quality and Quantity* 50，2016，pp. 317–325.
② Alexander M. Clark，"The Qualitative-Quantitative Debate：Moving from Positivism and Confrontation to Post-Positivism and Reconciliation"，*Journal of Advanced Nursing* 27，1998（6），pp. 1242–1249.
③ John Irvine，Ian Miles，& Jeff Evans，*Demystifying Social Statistics*，Pluto Press，1979，pp. 75–86.
④ Alireza Moghaddam，"Action Research：A Spiral Inquiry for Valid and Useful Knowledge"，*Alberta Journal of Educational Research* 53，2007（2），pp. 228–239.
⑤ Richard J. Bernsteined，*Habermas and Modernity*，The MIT Press，1985，p. 3.

随着时代变迁，批判理论也经常被重新定义。霍克海默提出的批判理论包括两个方面，一个方面是对意识形态的批评，批评的目的是衡量和判断思想与现实之间矛盾的程度。实现这一目标的唯一途径就是内在的批判。内在的批判是将历史语境中的存在与"存在的概念原则"进行对比，从而找到它们之间的矛盾关系，并相应地进行批评。另一个方面是强调跨学科系统研究的重要性。霍克海默认为，必须超越和克服特定经验科学的局限性和片面性。然而，批判理论不能拒绝通过系统研究取得的所有成就。反之，它需要在这些概念和判断所指涉的整体背景下进行重建和再造。这种跨学科的方法确实是法兰克福学派批判理论的一个鲜明特征。但是整个法兰克福学派不仅仅只有霍克海默的批判理论纲领。比如阿多诺（Adorno，T. W.）在他的演说《哲学的现实性》中提出了完全不一样的图景，他的批判理论最后逐渐朝美学与文化批评方向发展。然而，到了20世纪70年代初，随着哈贝马斯（Habermas，J.）理论的兴起，批判理论的发展逐渐与阿多诺的方向相歧。他提议重新定位批判理论，但从很多方面能够看出，哈贝马斯的这项工程实际上是从头开始建构霍克海默的跨学科唯物主义。[①]

（二）流派发展

为纠正英国行动研究的导向并遏制其消极影响，以凯米斯为首的澳大利亚迪金大学学者成立研究团队，倡导批判的行动研究范式，与以斯腾豪斯为代表的英国行动研究者进行激烈辩论。在1970年到1980年间，凯米斯批评，行动研究已经远远偏离了勒温运用群体方法变革社会的思想，更遑论其他更加激进的目标和原则了。很多进行中的行动研究项目，过于依赖而不是质疑所在系统。2005年，凯米斯在《教育行动研究》（*Journal of Educational Action Research*）刊物上，重申行动研究的批判和变革功能："行动研究变成实施工具而非社会变革手段。"[②] 由此，在行动研究新的发展阶段，必须重提变革性，使行动研究更具颠覆力量。

1980年至1990年，加拿大、澳大利亚和南非的一些研究者开始提出传统研究所蕴含的政治和道德问题，决定不再输入"传统的智慧"（conventional wisdom）和不加批判地接受任何一种理论或方法。以凯米斯为代表，两大阵营针锋相对。在这场辩论中，凯米斯团队逐渐变成批判理论和行动研究的先锋，所做的研究也象征着起源于批判理论的激进学术

---

① 凌海衡：《批判理论》，《国外理论动态》2006年第7期。

② Susan Groundwater-Smith, "Painting the Educational Landscape with Tea: Rereading Becoming Critical", *Educational Action Research* 13，2005（3），pp. 329–346.

研究的开始。澳大利亚学派始终坚信，社会生活的矛盾必须而且只有通过集体抗争和变革才能得以解决，而北半球旧的行动研究模型，受到了机构和现状的限制。为突破这种现状和"教师即研究者"一统行动研究的局面，批判理论家寻求教师之外的参与者，聆听学生或青少年的声音，甚至在更广的意义上，聆听那些遭受压迫者的声音。凯米斯和格兰迪（Grundy，S.）通过对不同地区行动研究状况的梳理，总结出澳大利亚行动研究与英国、欧洲大陆和美国行动研究的不同之处：20世纪70年代英国行动研究与澳大利亚行动研究皆为参与式和协作式，但是，前者缺乏策略导向和政治意识，它强调解释主义研究，而后者更具批判性。欧洲大陆行动研究与澳大利亚行动研究秉持相似的批判视角，但它不具有澳大利亚行动研究的实践取向。美国在教育领域发展起来的行动研究更多是以教师为导向的。①

如凯米斯所言，"有可能看到不同群体的派别，在不同地方，振兴、产生和更新关于行动研究的'思想'，以满足不同和不断变化的需求和情境。"② 当前行动研究的思想和应用在各种领域和学科中平行发展着。

（三）流派特色

批判主义行动研究的任务在于挑战技术理性是有效人类知识总和的概念。它旨在揭示有助于人类生存的实用知识，并倡导将解放知识作为实现社会公正和人类教育的一种手段。在整个过程中，政治、实践和价值观融合在一起，产生了旨在引发转变的批判性行动。批判主义行动研究的重要意义在于，所有相关人员都对实践智慧、理解和情况的发展承担共同责任③，并将其视为在教育生活的互动过程中的社会建构。批判主义行动研究有一些明显的特征：批判实证主义研究范式关乎理性、客观性和真理；以植根于实践和生活经验的价值观为指导；认识历史文化和文化内涵的教育理解和实践；认识到学校和教育需要具有更强的社会公正性和教育包容性；认为研究应该具有变革性并对社会产生价值，这样研究才有影响力；从组织和决策方面来说，是以实践为导向的、合作的、民

---

① Júlio Emílio Diniz-Pereira, "'Globalisations': Is the Teacher Research Movement a Critical and Emancipatory Response?", *Educational Action Research* 10, 2002（3）, pp. 373–398.

② Stephen Kemmis, "Action Research and Social Movement: A Challenge for Policy Research", *Education Policy Analysis Archives* 1, 1993（1）, pp. 1–8.

③ Wilfred Carr, *For Education: Towards Critical Educational Enquiry*, Open University Press, 1995, p. 66.

主的和非剥削的。①

批判主义行动研究还融合了"解释"的思想与方法。但富有特色的是：一则，它突出对实践及其问题的批判，发展为对实践的"批判性解释"。二则，它坚持倡导，除了"解释"，更应"付诸行动"，不仅要用不同的方式来"解释"世界，而且要以不同的方式去"改变"世界。凯米斯等人深入地把"批判性解释"解读为"政治批判"或"意识形态批判"。政治就是人的群体生活方式，一旦有两个或两个以上的人生活在一起，就有形成某一种组织和与组织、权力相关的政治活动的可能。意识形态不仅代表统治阶级意见的主流思想，而且是控制人们精神形成的各种主导思想。这就意味着，行动研究要对社会组织进行深入和批判性的检查，并试图改善群体的生活方式，进而让实践者从科学技术的统治中获得自由，过上真正的人类反思生活。

批判主义行动研究在融合"解释"的基础上，更加关心"问题解决"。卡尔（Carr，W.）和凯米斯接受哈贝马斯的观点，深入地强调了"批判的社会科学与批判理论之间的区别"。批判理论往往只会在不改变实践的情况下改变世界观，而批判性社会科学则重视对社会实践的批判性观点，并在社会行动和社会制度中共同克服实现公平的障碍。②

第二节　行动研究的三大模式

通过对行动研究相关文献的考察发现，行动研究领域存在不同分类方式。其中，以格兰迪和凯米斯的三分法影响最大。20 世纪 80 年代初，格兰迪在其论文《行动研究三大模式》中，依据哈贝马斯的知识构成旨趣理论，分析了澳大利亚教师行动研究报告，从中发现解放的行动研究是一种理想追求，并非所有自称行动研究的实践都是解放批判的，还有技术的和实践的，格兰迪由此划分出技术的（technical）、实践的（practical）和解放的（emancipatory）行动研究。③ 除此之外，还存在其他分类，比如霍尔特（Holter，I. M.）等人将行动研究分为"技术的协作式行动研究（technical collaborative approach）""相互协作的行动研

---

① Gaby Weiner，"Critical Action Research and Third Wave Feminism：A Meeting of Paradigms"，*Educational Action Research* 12，2004（4），pp. 631–643.

② 刘良华：《行动研究的史与思》，华东师范大学博士学位论文 2001 年，第 5 页。

③ Shirley Grundy，"Three Modes of Action Research"，*Curriculum Perspectives* 2，1982（3），pp. 23–34.

究（mutual collaborative approach）"及"提升的行动研究（enhancement approach）"三种[1]；麦克尔南则将行动研究分为"科学—技术视角的问题解决（scientific-technical view of problem solving）""实践—审议的行动研究（practical-deliberative action research）""批判—解放的行动研究（critical-emancipatory action research）"[2]。三种模式有诸多区别，比如认识论、本体论、问题确定、知者与接受者关系、协作理论的中心、知识类型、变革持续时间、理解的本质、价值在研究中的作用及研究目标。这里限于篇幅，仅从哲学基础、实施目标及研究者与实践者的关系等方面展开简要论述。

一、行动研究的技术模式

其实，行动研究肇始于社区开发的呼唤，繁荣于技术社会革新中的个人专业发展需求，催生了最早的技术模式。文献显示，最早使用"行动研究"一词的是莫雷诺（Moreno，J. L.）。1913年，他采用集体参与和合作研究者的方式在维也纳开展了社区开发的研究。1939年，美国社会心理学家勒温在帮助一家新的制造厂解决产量低下的问题时也采用了将自己变成工厂员工的"行动研究"。[3]虽然"行动研究"在实践过程中显现出了即时效应，但它作为一种研究方法在传统认识论的审视下，因缺乏严谨的实证基础而很快淡出了学术界的视线。第二次世界大战后，经英国伦敦塔维斯托克研究所的发展，行动研究得以复苏，它成为在监狱和战场中处理社会和心理问题的一种新兴研究方法[4]，并随之在许多领域得到开发与应用。至20世纪60年代后期，斯腾豪斯和埃利奥特等人倡导"教师即研究者"，使得"行动研究"又在教育研究领域获得了蓬勃发展。随后经凯米斯、尼克森（Nixon，J.）和怀特海（Whitehead，J.）等人的发展，"行动研究"成为变革社会、帮助解决实际社会问题及促进个人专业发展的有效方法。

行动研究的技术模式，有以下几个方面显著的特征。首先，技术的

[1] Inger Margrethe Holter & Donna Schwartz-Barcott, "Action Research: What Is It? How Has It Been Used and How Can It Be Used in Nursing?", *Journal of Advanced Nursing* 18, 1993 (2), pp. 298-304.

[2] James McKernan, *Curriculum Action Research: A Handbook of Methods and Resources for the Reflective Practitioner*, Kogan Page, 1991, pp. 18-31.

[3] Marrow Jay Alfred, *The Practical Theorist: The Life and Work of Kurt Lewin*, Basic Books, 1969, pp. 141-152.

[4] Ned Kock, "The Three Threats of Action Research: A Discussion of Methodological Antidotes in the Context of an Information Systems Study", *Decision Support Systems* 37, 2004 (2), pp. 265-286.

行动研究指由更具权威和资格的个体或群体发起，要求参与的实践者合作研究外在于他们自身的问题，实施外来的研究计划和评估方案的活动。其次，经验—分析（empirical-analytical）是技术的行动研究的理论基础。在这里，技术的行动研究是产品导向的。易言之，技术的行动研究希冀研究者使用科学的方法来解决问题和提高效率，也就是说，专家或研究者以外来观察者的眼光，制定规范的指引，为"外来形成的问题"提供"可操作的方法"[①]，产生有价值的实践变革，并对这种干预进行验证。虽然该模式也能促进实践者的参与，但是，它本质上是产品或结果导向的。最后，技术的行动研究模式下的研究者与实践者的关系是技术性和辅助性的。这是因为，研究问题的提出、解决方法的形成及评估标准的制定，并非内生而是外加的。研究者"吸收"实践者来辅助实施既定的研究方案。在这个意义上，实践者的参与是表面的、外在驱动的，通过协作，他们失去了权力，而且难以对研究采取批判的态度和进行自主改变。

行动研究兴起之初，实践者获得了参与权，表现出极大的热情。但是，实践者参与之后没有话语权，从研究题目的选择、研究方案的制定、研究计划的实施到研究项目的结题，其参与仅仅是"劳作性"的行动，根本谈不上"研究"，所以参与的实践者热情骤减。而且，行动研究范式创新群体，在反思批判中对技术模式的问题进行激烈抨击。于是，行动研究的实践模式，在参与的实践者强烈的期盼之中，在行动研究倡导者们的批判声中，悄然孕育起来了。

二、行动研究的实践模式

实践的行动研究不排斥假设—验证的科学方法，但它反对"技术的行动研究"对理论和"科学方法"的过度依赖。实践的行动研究，顾名思义，它关注"实践"。然而，它是指"反思性实践"，因此，实践本身意味着反思和判断。实践者在进行反思和判断时，理论并不能以"目的—手段"的图示规定实践者先做什么后做什么，相反，它的价值在于为实践者提供某种解释和启发，使实践者更好地理解自己的实践并形成实践智慧。"理解与行动是互动的，人们并不是先理解然后行动，理解通过情境中的行动得到发展，而行动本身也随着理解一起得到改进。"[②]

[①] Wilfred Carr & Stephen Kemmis, *Becoming Critical: Education, Knowledge and Action Research*, Falmer Press, 1986, p. 156.

[②] John Elliott ed., *Reconstructing Teacher Education: Teacher Development*, Falmer Press, 1993, p. 18.

实践的行动研究的哲学基础是解释主义。它的实施目标是促进理解。与技术的行动研究不同，实践的行动研究旨在达致共同理解。研究者和实践者合作确定研究问题，分析潜在原因，采取可行的干预措施。在此过程中，重视用户兴趣和利益并为之行动，强调个人的实践智慧和决策判断，促进自主的、审慎的行动。

在实践的行动研究模式下，实践者与研究者的关系是民主但短暂的。该模式希冀提高实践者的理解水平和促进实践者的专业发展。因此，研究者尝试与实践者建立合作关系，帮助实践者形成严谨的反思性意识，而非"吸收"他们来验证一些与实践者不相关的研究假设。由于在解放的行动研究中实践者必须对研究过程负全责，因此，在实践的行动研究中，研究者辅助是必要的，是促进实践者走向解放的基础。

美国的舍恩（Schön, D. A.）和英国的埃利奥特对该模式的发展作出了较大贡献。实践的行动研究的目标是理解实践、解决当前问题及参与实践者获得新认识。因此，相比技术的行动研究，改革效果具有更强的持久性。然而，这种变革与参与的个体直接相关。所以，这种干预是短期的、暂时的，一旦这些个体离开了系统或注入新成员，改革将终止。而在实证主义看来，实践的行动研究以牺牲测量与控制为代价，换取了人类解释、具体描述、互动沟通、审慎考量与合作协商。

三、行动研究的解放模式

解放的行动研究是凯米斯和卡尔力推的一种模式。解放的行动研究与技术的和实践的行动研究的区别在于，在问题解决上实现超越，即技术的行动研究验证专家的假设、实践的行动研究寻求解决的办法，而解放的行动研究除了回答问题，还要质疑它是如何通过"对话、社会和历史"[1]形成的。因此，解放的行动研究更具政治性，"社会研究总是（以这种或那种方式）与社会行动和社会运动相联系"[2]。

首先，解放的行动研究将实证主义视为割裂理论与实践的祸因，这也反映了当代行动研究对实证主义研究范式的批判从未停止。实证主义最初为了摆脱此前的神学阐释与哲学思辨的束缚，的确提供了一种激进的批判性思考方式，但科学在为人类生活提供技术化产品的同时，逐渐巩固了

---

① Peter Reason & Hilary Bradbury eds., *The SAGE Handbook of Action Research: Participative Inquiry and Practice*, Sage Publications, 2008, pp. 94–105.
② Stephen Kemmis, "Action Research and Social Movement: A Challenge for Policy Research", *Education Policy Analysis Archives* 1, 1993（1）, pp. 1–8.

其在人类世界的统治地位。在人类世界中，科学技术逐渐成为人的唯一理性，科学演化为一种控制人类生活的意识形态，科学规则操作的技术活动成为人的一切生活。此时，实证主义的角色定位逐步从批判激进转换为"非批判地接受"的文化保守形象。这与实证主义倡导的科学模式——扬言要帮助社会科学挣脱哲学的牢笼，从而使社会科学走向与自然科学一致的逻辑性，正好针锋相对地对峙起来。①

其次，解放的行动研究的理论基础是批判理论。解放的行动研究的理论模型指出，正是通过批判，理论和实践之间的调节才有可能。行动导向的批判有三个阶段：理论、启蒙和行动。解放的行动研究模式并非始于理论、终于实践，而是由理论启发。在解放的行动研究中，理论与实践的动态联系承担着在项目过程中优化理论和实践的责任。人们根据实践判断，反思理论，由此生成的知识的形式是个人或隐性的。隐性知识可以通过反思过程获得。通过反思，理论和实践判断相互作用，同时加入批判性思维，产生判定定理。在解放的行动研究中，理论与实践调节的第二个功能是组织启发的过程。特定群体开展反思，以一种独特的方式应用和检验判定定理。促进者不能想通过启发参与者来主导审议过程的结果，而是要允许对称的沟通的发生，从中实现启发。解放的行动研究，突出的第三个功能是行动的组织。启发的组织关注过去，而行动的组织是未来导向的。启发而得的策略性行动是一种实践。从实践智慧中产生的行动是一种实践，"判定定理"的发展和启发的过程产生真正的实践，这种实践免受环境的支配限制。

再次，赋权增能是该模式的实施目标。解放的行动研究意在达到两种目的：一是增强实际问题与所用理论的关联性；二是超越技术的和实践的行动研究，培养实践者的集体意识，协助他们界定和阐释重要问题。解放的行动研究，促进参与实践者的解放，亦即增强政治的和实践的批判性意识以促发变革。它不仅在技术和实践层面使参与者获得更好的理解，在已有范围和条件下改革系统本身或废除那些阻碍系统/组织获得预期发展的因素，同时，要实现参与者的赋权增能。

最后，研究者与实践者是平等参与的研究关系。解放或批判的行动研究始于解除人类理性限制的诉求。解放的行动研究者不仅要突破情境限制、寻求实践优化，还要废除这些限制条件。实际上，虽然难以实现所有参与者的完全平等，但要求研究者和实践者承担同等的责任，相互

---

① 刘良华:《行动研究的史与思》，华东师范大学博士学位论文 2001 年，第 60 页。

信任和鼓励。因此，与前面两种模式相比，解放的行动研究者更加主动积极。

四、三种模式的区别与发展

技术的、实践的和解放的行动研究，三者的主要区别在于参与者的世界观、产生的知识类型及研究问题的不同。第一，世界观不同。参与者世界观和假设的差别，导致行动研究在应用中发生变化。主导思想来源和范围与权力问题相关。在技术的行动研究中，"思想"是行动权力的来源，为研究者所有。因此，研究者处于控制者地位。在实践的行动研究中，参与者分享权力，但这种权力是个体性的。而在解放的行动研究中，权力为集体所有，既不是研究者拥有，也不是实践者个人独占。正是群体中权力关系变化引起行动研究模式的转变。

第二，知识类型不同。行动研究三种模式产生的知识是不同的。技术的行动研究产生技艺（techne）或如何做的知识，即规范性知识，是技能的来源，重点是已有理论的确认和优化，本质上是演绎的。实践的行动研究产生认识（episteme），是科学行动或是什么答案的来源。解放的行动研究产生解放性知识或实践智慧（phronesis），即知道为什么，是道德行动或实践判断的来源。

第三，研究问题不同。技术的行动研究意图发现社会条件的客观方面，而实践的行动研究认可人们对客观环境的主观理解，解放的行动研究则聚焦于客观与主观、理论与实践、个体与社会的限制如何形成当前的情境及如何通过改变理解和实践来革新情境。相对而言，开展技术行动研究比较容易，而实现解放行动研究阻力较大。[1] 行动研究将经历不同的阶段，因此不能仅采用一种模式。

从施行的意义上看，"行动研究则指的是一种实现了理解人和发展实践知识双重目标的参与式过程。它整合了行动与反思，跨越了理论与实践的鸿沟，强调与他人合作，重视实践问题的解决，进而促进个人与社会的共同发展。"[2] 随之，一般化的合作式行动研究已逐步发展为参与式行动研究，并正在继续繁衍出多样化且更为具体的个性化行动研究。面对不断兴起、多种多样的行动研究变种、类型和种类，克特利尔等人用"流

---

① Catriona Paisey & Nicholas J. Paisey，"Developing Research Awareness in Students：An Action Research Project Explored"，*Accounting Education* 12，2003（3），pp. 283-302.

② Peter Reason & Hilary Bradbury eds.，*The SAGE Handbook of Action Research：Participative Inquiry and Practice*，Sage Publications，2008，p. 752.

派"、凯米斯等人用"模式"加以表达和阐释,而怀莱特等人则引用了库恩(Kuhn,T. S.)的"范式"加以描绘与拓展。

第三节 行动研究的多样范式

从 20 世纪 80 年代协作式行动研究(Collaborative Action Research,CAR)范式被正式提出以来,人们开发与使用了名目繁多的行动研究范式。21 世纪以来,在"互联网 +"的研究背景下,多种多样的网络行动研究不断涌现:"新媒体行动研究"(New Media Action Research)[1],"在线行动研究"(Online Action Research)[2],"螺旋式技术行动研究"(Spiral Technology Action Research)[3],"视频行动研究"(Video Action Research)[4],以及"网络化参与式行动研究"(E-Participatory Action Research)[5]等。然而,人交替使用行动研究范式的名称,引起各个学科和领域研究者与实践者的困惑。对此,这里先厘清和阐释行动研究范式的文化谱系。

一、行动研究范式文化谱系

法国著名学者拉图尔(Latour,B.)建立了"事物为本哲学"(object-oriented philosophy),提出了"行动者网络"的新世界观,形成了"行动者网络理论"(Actor-Network Theory,ANT)。[6]凡是通过制造差别而改变了事物状态的造物都是行动者,世界上有人类、自然 / 环境、技术、观念 / 理论四类行动者,世界实际上就是行动者相互作用的网络。这就建立起了行动者网络理论的行动者类型学(见图 1–1)。据此观照不断兴起与发展的多样行动研究范式,就可以具有三种视角。一是对应于"人类行动

[1] Greg Hearn et al., *Action Research and New Media: Concepts, Methods and Cases*, Hampton Press,2009,p. 9;苏峻、黄甫全:《新媒体行动研究:ICTs 研究的新路向——新媒体行动研究述略》,《现代远距离教育》2011 年第 3 期。

[2] Mary Egan Helene et al., "Enhancing Research Use Through Online Action Research", *Canadian Journal of Occupational Therapy* 71,2004(4),pp. 230–237.

[3] Harvey A. Skinner,Oonagh Maley,& Cameron D. Norman,"Developing Internet-based eHealth Promotion Programs: The Spiral Technology Action Research(STAR)Model", *Health Promotion Practice* 7,2006(4),pp. 406–417.

[4] Maria Lovett, "'Writing' Research with Video: Exploring Video Action Research from the Classroom to the Filed in New Orleans", *Journal of Curriculum & Pedagogy* 4,2007(2),pp. 7–18.

[5] Sarah Flicker et al., "E-PAR: Using Technology and Participatory Action Research to Engage Youth in Health Promotion", *Action Research* 6,2008(3),pp. 285–303.

[6] Bruno Latour, *Reassembling the Social: An Introduction to Actor-Network-Theory*, Oxford University Press,2005,pp. 141–156.

者"的"学者—实践者关系"视角，二是对应于"观念行动者"的"多样理论化"视角，三是对应于"技术行动者"的"技术方法开发"视角。

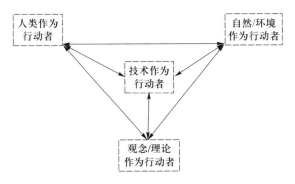

图 1-1　行动者网络理论的行动者类型学示意图

使用这三种视角来梳理行动研究八大范式，就可以清晰地区分出三组。第一组是从"学者—实践者关系"视角加以观照，就形成了主体地位差异组，包括学者主导的"协作式行动研究"、学者与实践者平等的"参与式行动研究"和实践者自主的"局内人行动研究"（Insider Action Research，IAR）；第二组是从"多样理论化"视角加以观照，就形成了理论依据差异组，包括以生活世界理论为依据的"生活理论行动研究"（Living Theory Action Research，LTAR）、以系统复杂性理论为依据的"系统性行动研究"（Systemic Action Research，SAR）和以未来学为依据的"预见式行动研究"（Anticipatory Action Research，AAR）；第三组是从"技术方法开发"视角加以观照，就形成了技术开发侧重组，包括主要开发使用人种志方法的"人种志行动研究"和主要开发使用信息通信技术（Information and Communications Technology，ICT）的"网络化行动研究"。这就形成了一个清晰的行动研究范式文化谱系（见图 1-2）。

二、"学者—实践者关系"视角的行动研究范式

理论与实践的关系是行动研究的核心话题，行动研究就是学者与实践者合作的行动研究。因此，学者与实践者之间关系性质就成为不同行动研究范式的显著特点。学者与实践者双方地位与权力的失衡和矛盾，是推动行动研究范式发展的内在动力。从文化主体论来看，行动研究中学者与实践者可能存在三种关系状态："学者主导""实践者能动"及"实践者自主"。显然，协作式行动研究是学者主导的，参与者行动研究是实践者能动的，而局内人行动研究是实践者自主的。

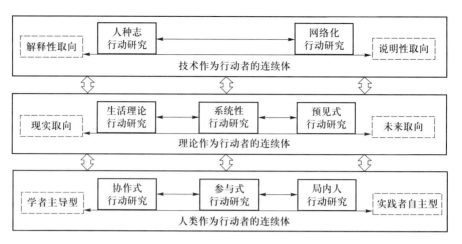

图 1-2　行动者网络理论的行动研究范式文化谱系示意图

　　协作式行动研究，顾名思义，就是通过主体间协作来实施行动研究。基于主体的多样性，这里的"协作"分为两种：实践者与实践者合作、实践者与学者合作。其中，开始时由于行动研究对实践者或教师的研究能力要求比较高，他们总是需要同伴的帮助和专家的引领。因此，实践者与学者的协作是协作式行动研究范式的主要形态。解决实际问题、创新理论发展、促进院校协作的美好愿景，是协作式行动研究范式兴起的内在动机。然而，实践者沦为执行工具、领导者霸占决策权力、学者独领研究活动等严峻问题，也是协作式行动研究范式后来遭受诟病的文化根源。

　　受到实践问题的逼促，得益于批判理论的启发，依据文化哲学的昭示，学者和实践者在克服协作式行动研究在实施中产生的负面结果时，逐步开发和彰显实践者的能力和权力，从研究设计到成果表达的整个过程，实践者成长为能动的参与者。由此，继协作式行动研究之后，参与式行动研究逐渐成为潮流。参与式行动研究范式的突出特征就是传统研究范式中的"研究对象"，不再是任人摆布的"研究样本"或听命他人的"研究工具"和"执行工具"，而成为研究者，学会并使用新型研究方法与学者探讨与自身息息相关的实践问题。

　　实践者除了包括经济地位低下、未曾受过教育的底层人民，还涵盖经济收益颇丰、文化知识水平较高的社会群体。他们除了通过参与式行动研究、在专家学者的指导下实现赋权增能，还可以进入学校接受系统的研究方法训练。目前大学学者生产的许多知识无法解决实际问题，而且，现代教育鼓励业务基础扎实的在职人员攻读博士学位。因此，在理论与实践相脱节的外在冲突和追求自我价值实现的内在需求的双重驱动下，优秀实践者以当前自身面临的最重要的实践问题为课题，在行动中研究和开发解决策略，在学习和研究中优化行动，实现实践者与研究者身份的无缝融合。由于他们是所在系统的正式成员，是行动及其研究的局内人，并非是完成对该系统的研究后就撤离的局外人，因此，局内人行动研究范式就悄然诞生了，并且得到迅速发展。

三、"多样理论化"视角的行动研究范式

多年来，学界对行动研究的生活世界理论、未来学和系统论基础研究和认识略显不足。因此，有必要重新审视和反思它们与行动研究的内在联系。首先，生活理论行动研究的出现与科学危机频现、学者不满于主流的实证主义有关。该范式反对研究价值无涉，以参与本质观、实践认识论和生活逻辑方法论为基础，建构由设置方案、监察行动、建构生活教育理论的效度与合法性、评价新理论、制订新计划构成的研究模式，运用实践反思、行动学习、批判性协同研究、自主研究等方法，调查、描述和解释"我"或"我们"的实践活动。生活理论行动研究是行动者对现状的描述，预见式行动研究则是对未来的期待。

其次，行动研究与未来研究的融汇创生出具有民主性、整体性与文化性特质的预见式行动研究。作为一种新兴研究范式，预见式行动研究汲取了新的哲学理念，以过程本体为基础，坚持参与认识论与多层认识论原理，追求多元价值。鉴于此，预见式行动研究开发使用了颇具代表性的"原因层次分析法"（Causal Layered Analysis，CLA）与"对话未来法"（Conersation about the Future，CAF）。对预见式行动研究进行理论背景考察与发展成果介绍将为我国行动研究范式的创新与开发提供借鉴和启示。[①]

最后，作为当代整体主义研究范式的行动研究与理解复杂问题情境的系统思想相得益彰，相互碰撞形成了系统性行动研究。按照科格伦（Coghlan，D.）层次分类法，该范式具有个体、团体、小组及组织等四个层次，包括大系统行动研究和网络性探究两大类型。为厘清行动研究各层次各方面的联系和责任义务，探究如何有效组合各环节和各参与人员以实现最优目标，促进实施中物质、能量和信息的流动，保持各要素的动态平衡，系统性行动研究以一般系统论和复杂系统论为直接理论基础，建构系统图景、启动多点探究和多重平行探究、建立动态化研究团队，遵循生成

---

① 蔡泽俊、左璜、黄甫全：《预见式行动研究：一种面向未来的行动研究新范式》，《电化教育研究》2012 年第 2 期。

性设计、探索性研究过程、多重性探究进程、建立研究与正式决策的有机联系、发现交叉联系、开放研究边界及积极建立分布式领导七条基本原则，按照"聚焦""设计""实施"和"评价"四个基本阶段，运用开放性转录、协商概念构图进行干预，选用模糊层次分析法、移动加权法、层级加权法、流程决策程序图及关系矩阵进行评估。[①]

四、"技术方法开发"视角的行动研究范式

整合多样方法与技术益进自身发展是行动研究范式永葆生机活力之道。具体而言，人种志行动研究可以视为"人种志法"和"行动研究法"的结合。传统上，人种志是研究者进行田野工作，运用现场笔记收集和描述当地文化的活动。行动研究和信息技术的兴盛使人类学家看到实现人种志研究过程系统化和研究方法信息化的有效路径，即在新媒体创制平台的研究与开发中整合人种志和行动研究。根据苏峻等人考察，人种志行动研究更加关注在特定的情境中组合并启用各种技术，比如摄像机、照相机、深度访谈、社区网络等，在提高研究效率和调查某地文化的同时，兼顾解决实际问题、普及信息技术和鼓励常人创造本土知识的多重目标。[②]

人种志行动研究突出信息时代的技术维度，而网络化行动研究则展现信息时代的网络技术形态。技术是人体器官的延伸[③]，对人类社会发展影响深远且广泛。行动研究寻求与信息技术的整合已成为实现自身优化和引领前沿的重要内容，是专家学者和实践者普遍关注的话题。

通过不断引进和试用各种信息通信技术，行动研究依凭"互联网+"生成了网络化行动研究。网络化行动研究充分关照社会性世界中人的网络化生活，是一种特殊的文化认识活动，它既涵指一种融"虚拟"和"实在"为一体的生存实践——网络化行动，又关涉对网络化生活的自觉反思——网络化行动的研究，同时还指涉以信息通信技术为工具的思维创造——网络化的行动研究。沿着人、技术与学习相互交融的发展路径，该范式形成了两种基本模式：个人发展模式与技术设计模式。从文化哲学视角出发，左璜等指出，网络化行动研究在文化时空中依次展开，形成了

---

① Danny Burns, *Systemic Action Research: A Strategy for Whole System Change*, Policy Press, 2007, p. 85.

② 苏峻、黄甫全：《新媒体行动研究：ICTs 研究的新路向——新媒体行动研究述略》，《现代远距离教育》2011 年第 3 期；苏峻、黄甫全：《人种志行动研究：以新媒体为平台的新方法论》，《现代远距离教育》2011 年第 6 期。

③ 〔德〕阿诺德·盖伦：《技术时代的人类心灵：工业社会的社会心理问题》，何兆武、何冰译，上海，上海科技教育出版社 2008 年版。

"描述与展开""理解与提升""解放与创作"三个基本阶段，这三个阶段既依迹可循又螺旋递进。[①]

　　行动研究范式的多元开发和广泛传播已然显示出其强大的远征能力。形形色色行动研究范式的崛起是出于对其他研究方法的不满。尽管以上的描述并不能涵盖所有的行动研究范式及其维度，但是不难发现，不同范式的知识旨趣和问题场域提供了新的学术视域。行动研究不停地变换脚步，不固守原有的立场，而是在理论争辩和实践比较中取得活力及养分，创造多种范式，使自己能够适时而变，顺利登陆不同的地方，实现全球之旅。行动研究范式的百宝箱拥有丰富的含义、模型和方法，可供不同场合征引，为行动研究进驻各种现实情境找到合适的切入口。

---

① 　左璜、黄甫全：《关照社会性世界的网络化生活——国外新兴网络化行动研究述论》，《学术研究》2012 年第 2 期；左璜、黄甫全：《方法论的变革：走向网络化——新兴网络化学习行动研究述论》，《现代远程教育研究》2013 年第 4 期。

第二章　协作式行动研究

不同的研究场域形成不同的协作式行动研究过程，归纳起来大致有三种：经典模式、协作师徒制和中国特色模式。不论在何种协作行动研究模式中，研究方法无一例外地采用混合方法设计。其中能够凸显协作式行动研究特色的具体方法主要有：协作会议、协作反思法和案例研究法。

第一节　协作式行动研究的概念

近 30 年来行动研究发展非常迅速，国外大量关于社会问题、学校教育和理智发展等方面的行动研究表明，行动研究对于实践确实是适用的。[①]实际上，自勒温 20 世纪 40 年代首次提出"行动研究"之后，其就成了一个快速生长的术语[②]，最早发展出了协作式行动研究范式。协作式行动研究范式采用团队组织处理社会矛盾、社会危机和社会变革的问题，其目的主要在于产生理论和改善实践。

一、协作式行动研究的兴起与发展

协作式行动研究作为一种研究范式，是伴随行动研究的兴起与发展而逐步为研究者所关注，并被诸多教育研究者和学校教师运用到教育实践中的，从而得以不断发展。

从哲学层面看，新事物的产生必然是符合事物发展的客观规律和前进趋势的，同时新事物具有强大生命力和远大前景。行动研究和协作式行动研究都是这样的新事物。行动研究是任何行动研究范式无法逾越的出发点和源动力。在探讨协作式行动研究之前，需要厘清行动研究的产

---

① Eeva-Liisa Peltokorpi, Kaarina Määttä, & Satu Uusiautti, "How to Ensure Ethicality of Action Research in the Classroom?", *World Journal of Education* 2, 2012（3）, pp. 32–42.

② Bob Dick, "Action Research Literature 2008–2010: Themes and Trends", *Action Research* 9, 2011（2）, pp. 122–143.

生情况，并在行动研究发展的基础上，逐步分析协作式行动研究产生与发展概况。虽然在行动研究产生之初协作式行动研究并没有被单独提出，但是以下依然主要以时间先后来分析行动研究，尤其是协作式行动研究。

（一）萌芽期

在 20 世纪 50 年代中后期，尤其是 1953 年至 1957 年间，行动研究开始衰退，人们对教育行动研究的兴趣也随之下降。原因在于传统研究者质疑行动研究的科学性，并认为它缺乏普遍性。[①] 因为行动研究方法论贫乏和科学性遭受质疑，研究者便退回到大学开展研究，这样更容易被同行接受。实践者也质疑行动研究是否履行承诺帮助他们改善学校的实践，并开始使用其他行动导向和实践导向的调查方法，如评估。

20 世纪 50 年代后期的大量文献研究显示，行动研究当时已非美国教育研究的主要力量。例如在 1957 年，哈吉金森（Hogdkinson，H. L.）撰文对教育行动研究进行了批判，提出反对行动研究的论据。他认为实践者对基本研究技术不熟悉，指出"研究不是一个业余场所"[②]。哈吉金森认为，学校没有检验教师把他们的研究成果付诸实践后的效果。他指出教师可能会变得更加抗拒改变，因为他们可以为现在的做法辩护，说它已被研究和证明是好的。根据哈吉金森的研究，行动研究扰乱了教育方式，对教学产生负面影响。在一所学校，行动研究要求有一位对个人和群体需要敏感的组长。"如果这类人员并不可用，群体协作和共识可能难以或者不可能获得。这可能导致有关行动研究的失败，对同行教师的不信任，普遍降低学校的士气。"[③] 行动研究也强调了离开本土学派和受到全国一致的教育项目的威胁。最后，哈吉金森认为行动研究不是真正的研究，因为它不符合有效科学方法的标准。行动研究并未超出实际问题的解决方案，并且因为教师缺乏研究的培训，通常不涉及控制实验。行动研究者并不指望将行动研究在教育领域广泛推广，也没有将他们的发现与一个更大理论或知识团体联系起来。哈吉金森的结论直接反驳勒温关于行动研究是有效的科学探究这一信念：也许将行动研究定义为量化性常识更好，而不是将其作为一种

① Stephen Kemmis, "Action Research in Retrospect and Prospect", Paper Presented at the Annual Meeting of the Australian Association for Research in Education, November 6–9, 1980, Sydney, Australia.

② Harold L. Hodgkinson, "Action Research: A Critique", *Journal of Educational Sociology* 31, 1957（4）, pp. 137–153.

③ Harold L. Hodgkinson, "Action Research: A Critique", *Journal of Educational Sociology* 31, 1957（4）, pp. 137–153.

科学的实证研究。①

这一时期教育界提倡将"泡沫式的行动研究"加以驱除，再次回到科学与实践分离状态。在特聘顾问的帮助下，教师开展探究活动，目标是为了改进实践。因此，行动研究主要用于培训在职教师和改善实践，而不是产生可归纳的结果或理论。

这一时期行动研究的典型代表是舍费尔（Schaefer，R. J.）。在《学校作为探究中心》（*The School as a Center of Inquiry*）一书中，他建议教师用行动研究建立他们学校的探究中心，而不是信息配送中心。通过自己的探究，教师可以发现更好的针对不同学生群体所需社会知识和技能的教学方式，同时有助于学生的智力健康、个人成长和职业发展。舍费尔提倡在行动研究中进行院校协作（school-university collaboration），但是探究目标仍然是教师专业发展、具体情境的产品及立即有用的知识。②

20 世纪 60 年代行动研究的回归，正视了 20 世纪 50 年代批评所提出的问题，意识到教育的行动必然要带来实践效果的反馈。因此，这一时期能够关注到大学学者如何与学校教师进行更好的协作，切实基于教育实践问题进行研究，旨在更大地提升教育实践的效果，从而提高行动研究的实效性。

20世纪 60 年代在职教育大发展，由此启动了学者与实践者初步协作的转向。行动研究应用于教育领域主要有两个方面的原因：一是学者开始质疑教育设置和问题中定量的适用性；二是学者和教师不满研究与发展的线性模型，即验证发展中的新知识，并开发成一种实用的格式，进而传播给实践者采用。③ 由于传统的教职员工发展计划无法满足教师的需求，实践者参与行动研究成为亟须解决的热点问题。因此，随着年轻一代新学者对传统定量研究方法的不满，行动研究在教育中得以复兴，重新成为学者和教师之间协作的重要桥梁。

1972 年美国通过《教育修正法案》（Education Amendments Act of 1972），联邦政府开始资助教育研究与开发，并努力协调研究、开发、推广与应用之间的影响。

---

① Harold L. Hodgkinson, "Action Research: A Critique", *Journal of Educational Sociology* 31, 1957（4）, pp. 137–153.

② Robert Joseph Schaefer, *The School as a Center of Inquiry*, HarperCollins Publishers, 1967, pp. 16–19.

③ Lisa Smulyan, "Collaborative Action Research: A Critical Analysis", *Peabody Journal of Education* 64, 1987（3）, pp. 57–70.

　　20 世纪 70 年代中期，有关行动研究的新观点在教育中开始出现，首先在英国，随后在美国。协作式行动研究作为一种教育研究方法复兴，推动了知识和实践的提升，反映了越来越多学者对传统研究方法的批判及教师对在职发展项目的不满，目的是帮助教师改进实践。其主要体现在届时正在进行或完成的项目中，这些项目包括学校教师和大学教师或研发中心的员工，例如 1979 年美国国家教育研究院（National Institute of Education，NIE）资助的第一个协作式行动研究项目，提昆诺夫（Tikunoff，W.）、沃德（Ward，B.）和格里芬（Griffin，G.）的 "教师教学研究与发展互促"（Interactive Research and Development on Teaching，IR & DT）。他们发现互动性研究与开发可以引起严谨的研究，并激发员工在一定条件下获得显著发展。该项目在两个地方实施——一个在加利福尼亚州市区，另一个在佛蒙特州农村。加州团队包括四个老师，一位研究员和一位教练 / 开发人员，以及所有的学校员工。佛蒙特州的团队包括一位大学的研究人员、一个校区的三位老师和两位教练 / 开发人员。这是 NIE 早期资助项目中协作式研究最初的原型。1982 年，沃德和提昆诺夫将这类项目归为协作式行动研究。[①]

　　20 世纪 70 年代，教育界强调教师必须有意识地参与基于学校实际问题的理论发展研究，从而促进实践的提升。只有通过参与规划和实施新的实践，才能观察和分析教师接受和使用研究成果的具体影响。由于行动研究吸收了实践者参加研究，并可以及时用于学校发展之中，因此，受到了广泛的欢迎，从而替代传统的、线性科学研究模式。

　　总之，这个时期行动研究在复兴过程中，凸显出鲜明的协作性特征。行动研究通过协作显著地改进了在职教师的教学实践，从而萌生出协作式行动研究范式。

　　（二）发展期

　　随后，关于协作式行动研究的研究文献逐渐增多。美国的行动研究主要分为两种类型。一种是课堂行动研究（Classroom Action Research，CAR），把行动研究的概念定义为一个解决问题的过程，依赖于数据收集与分析以验证这些问题解决的情况。另一种是教师研究（Teacher Research），源于写作的作业项目，教师参与研究并密切关注自己的工作

---

① Sharon Oja & Gerald J. Pine，"Collaborative Action Research: Teachers' Stages of Development and School Contexts"，*Peabody Journal of Education* 64，1987（2），pp. 96–115.

日记，关注学生的作品，收集学生的写作样本。[①]

美国国家教育研究院资助的第二个协作式行动研究项目为"学校教育研究与发展互促"（Interactive Research and Development on Schooling，IR & DS）。1983 年，格里芬、利伯曼（Lieberman，A.）和雅库罗 – 诺托（Jacullo-Noto，J.）发表了这个项目的研究总结报告，阐释了"学校教育研究与发展互促"包含的七个层面的意思：第一，包含学校全体人员在内的调查研究；第二，提高研究成果，改进教育实践的效用；第三，减少知识生成和知识利用间隔的时间；第四，针对真实的学校教育问题，增强地方教育机构的能力；第五，协调高等教育机构与地方教育机构之间的学校改善活动；第六，生成学校教育实践的知识；第七，向这个过程的参与者提供专业发展机会。[②]

由此可见，协作式行动研究显露出的新兴类型特点是群体取向，关注个别老师或学校的实际问题，注重专业发展，建设一个亲和性强的学习环境，提供时间以支持教师与大学学者一起工作。参与者同意围绕共同的目标一起工作。研究成果和技术通常用于寻求解决方案，教师与学者时常报告他们的发现—协作的过程。显然，协作式行动研究由 20 世纪 70 年代关注在职教师，发展到面向全校师生，之后，开始萌生构建学校教育研究共同体的趋势。

20 世纪 80 年代末期，美国兴起了"学校革新的行动研究"（Action Research on Change in Schools，ARCS），它成为美国国家教育研究院资助的第三个协作式行动研究项目。在"学校革新的行动研究"项目中，协作式行动研究被阐述为具有六个特点：第一，教师和研究者互动性地界定研究问题；第二，大学的研究者和教师协作去寻求基于学校问题的解决方案；第三，研究成果用于解决学校教育的真实问题；第四，在研究方法论领域中，发展教师研究能力和开展大学研究者的再教育；第五，教师更能解决自己的教学问题并在专业上进行自主更新；第六，教师与研究者合作撰写研究报告并成为署名作者。[③]

之前的研究项目当然也包括教师和大学学者，形成了协作式行动研究

---

① Allan Feldman，"Enhancing the Practice of Physics Teachers: Mechanisms for the Generation and Sharing of Knowledge and Understanding in Collaborative Action Research"，*Journal of Research in Science Teaching* 33，1996（5），pp. 513–540.

② Renée Clift et al.，"Restructuring Teacher Education Through Collaborative Action Research"，*Journal of Teacher Education* 41，1990（2），pp. 52–62.

③ Sharon Oja & Gerald J. Pine，"Collaborative Action Research: Teachers' Stages of Development and School Contexts"，*Peabody Journal of Education* 64，1987（2），pp. 96–115.

团队，但是"学校革新的行动研究"项目，是唯一聚焦于学校教师个人及其发展阶段（自我、道德、概念、人际）的。作为一种有效方式，这一协作式行动研究项目以获取信息与洞察力来解决或回答两个问题：一是在多大程度上和在什么特定方式下，协作式行动研究项目支持或影响教师个人的专业发展；二是在多大程度上和在什么特定方式下，协作式行动研究项目支持或影响教师提出或发起革新学校实践的能力。[1] 在这一项目中，大学学者与两所公立中学教师协作，开发研究问题和调查相关实践问题。协作研究双方均关注基于学校日程安排的议题及其对学校教学和学习条件的影响。这一项目研究的独特之处在于：第一，团队成员均为调查研究骨干；第二，协作者亦使用成人发展理论来分析教师自身经验；第三，项目定位基于学校层面，而非关注课堂实践或教师行为。[2]

三种协作式行动研究，在聚焦点上有显著不同。第一个"教师教学研究与发展互促"和第二个"学校教育研究与发展互促"，这两种协作式行动研究更强调教师与大学学者互动，而后面的第三种协作式行动研究"学校革新的行动研究"，则不仅强调教师与大学学者互动，而且注重从学校整体层面关注协作研究。

沃德和提昆诺夫把行动研究报告分为两类：一类是协作式行动研究项目的研究成果，另一类是协作式行动研究的施行过程。研究成果报告的例子包括：1980年，菲尔比（Filby，N.）等人的班级规模对学业成绩影响的研究报告；1981年，克拉克（Clark，C.）和弗洛里奥（Florio，S.）的写作教学研究调查。而关于协作式行动研究施行过程的报告，除了前面提到的1979年提昆诺夫、沃德和格里芬的研究报告，还有1981年利特尔（Little，W.）的学区员工发展研究报告，以及1981年霍德（Hord，M.）的关于研发中心与学区协作提高学生测试成绩的研究报告。[3]

在这时期，协作式行动研究凸显出来的特点主要有六个方面：第一，行动研究团队人员的背景无等级之分，倡导自主管理；第二，具备联合领导与实验研究规范；第三，团队成员共同分享权力；第四，教师开发自己的任务，并灵活承担各种角色和职责；第五，彰显反思性思维与认知发

[1] Sharon Oja & Gerald J. Pine，"Collaborative Action Research: Teachers' Stages of Development and School Contexts"，*Peabody Journal of Education* 64，1987（2），pp. 96–115.

[2] Lisa Smulyan，"Collaborative Action Research: A Critical Analysis"，*Peabody Journal of Education* 64，1987（3），pp. 57–70.

[3] Lisa Smulyan，"Collaborative Action research: A Critical Analysis"，*Peabody Journal of Education* 64，1987（3），pp. 57–70.

展；第六，参与决策与协作共享。①

（三）稳定期

协作行动研究范式响应时代呼唤，实现着学校教师与大学学者协作进行结构性改革。协作式行动研究的重要性主要体现为：关注教师参与定义和解决学校的问题；强调学校教师和大学学者之间的协作；在解决真实问题过程中，重点鼓励反思性实践。

在学校革新过程中，教师作为研究者、教师作为调查者和教师作为实践反思者，成为教师教育与专业发展的共同目标，引发全世界都呼吁教师成为自己实践的研究者。协作式行动研究有助于改进实践、增加理论及提升教师个人专业发展。这一时期，教师受到鼓励，在学校进行更加自主和主动的重塑的努力，所以他们的行动研究被视为一种优势，而不是对政府的威胁。学校改进项目和地区战略规划，鼓励更多基于学校与课堂层面的教师和管理员或父母一起解决问题。这样，来自不同方面的教师、管理者和家长努力营造一种信任的氛围，而这需要成功的行动研究、教师之间的协作发展，于是教师之间的壁垒、闭门政策在悄然改变。行动研究更愿意接受作为研究方法论的教学实践，不仅因为接受更多的定性资料收集的技术，如叙事方法和民族志方法，还因为教师的思维、观察和反思被视为至关重要的、有价值的教学实践的认知基础。

总体来说，协作式行动研究特点突出，主要有：第一，直接影响实践者的真实经验。协作式行动研究发生在持续不断的学校实践中，它在实践中发现和整理问题，构思可能的解决方案，确定和使用解决方案，然后发现研究结果，所有行动都在现场。第二，实践者积极参与研究过程。实践者可能是老师、办公室管理员、学生，甚至父母和团体成员，他们直接参与学校的工作。外界（如大学学者或项目评估者）仅在一定情况下促进研究过程，实践者必然发挥着核心和关键的作用。行动研究通常都有问题框架、规划、行动、观察和反思五个步骤，在一个持续循环的过程中，行动研究者总是要描述一个全面而灵活的过程，其中的反思和观察可以立即影响行动。第三，协作。与其他研究方法形成对照，协作式行动研究不是一个孤立的活动。当协作的形式和程度可能发生变化时，从事协作式行动研究的实践者作为一个团体一起工作。

尽管备受关注，但是尚无某种行动研究成为大多数学校文化不可分割

---

① Sharon Oja & Gerald J. Pine，"Collaborative Action Research: Teachers' Stages of Development and School Contexts"，*Peabody Journal of Education* 64，1987（2），pp. 96–115.

的一部分。研究者面临多重挑战，诸如，协作式行动研究在学校制度化的问题就是目前面临的重要挑战之一。对于以上观点，既有支持又有反对，各有理由与证据。支持的理由主要是三个：第一，行动研究本身有其基本原理，并且生成与发展超过了 50 年。基于研究的过程，行动研究的基本原理具有四个相互关联的潜在好处：个人利益、改进实践、更实用的理论和社会变革；第二，行动研究成果卓著；第三，研究促使教育改革更加普遍化。反对的呼声主要有两个方面：当前的"证据"缺乏价值和不断增长的证明；一些制度化过程存在潜在的负面影响。

然而，研究证明，协作式行动研究对教师发展效果非常显著，同时实践效用看好。[①] 参与教师融入学校组织发展之中，承担重要的社会角色，出席支持实习科目经验的研讨班，开展紧凑的行动及其反思活动，持续获得个人发展的支持和挑战。在协作式行动研究过程中，一个周期的变化成为下一个周期的问题框架。行动研究一旦启动，在技术上就是一个持续的过程，这不同于评估过程一旦完成给定的任务后就结束，而是一个研究周期直接提供下一个研究再组织的问题和有用的数据。显然，这是一个进化性的规划与实施过程，是创新的创新，带来的实践效用有目共睹。

协作式行动研究正如早期界定的那样，是一个动态的概念，具有很强的生成性。21 世纪以来，协作式行动研究得到更广泛的应用，具体表现在五个方面：第一，应用的领域拓宽，不仅涉及音乐、健康、体育、英语等教育领域，而且涉及学校管理、社会科学、环境科学等领域；第二，应用于教学的各个环节，从教学目标、教学过程到教学评价均有涉及；第三，应用的年级范围更广，从幼儿园、小学、初中、高中到大学；第四，应用的空间拓宽，协作式行动研究中，教师在其教室可以探索社会、文化和政治 / 权力经验在学校及教育的意图和期望。协作行动研究也可以在学校社区中促进民主参与；第五，汲取新世纪因素，产生新的表现形式，例如关键性协作式行动研究（Critical-Collaborative Action Research）、协作式行动研究网络（Collaborative Action Network）和信息化协作式行动研究（ICT-Collaborative Action Research）。

在教育领域，协作式行动研究由教师设计和尝试行动开始，并在课堂教学中发挥教师的新角色，诸如接受学生提出的想法，验证学生的反应，

[①] Sharon Oja，"Developmental Theories and the Professional Development of Teachers"，Paper Presented at the Annual Meeting of the American Educational Research Association，April 16–20，1990，Boston，USA.

培养学生的权利和责任意识，讨论、管理混龄教学，组织同伴教学和个性化教学，与学生合作设计小组作业，尝试与开发合作教师的监管角色和院校伙伴关系中的领导角色，逐步走向认知发展型的协作式行动研究。其特别凸显的三个方面是：角色承担（行动）、社会性互动和深度反思。杨甲睿等人则进一步指出了协作式行动研究的互惠性。[①]

二、协作式行动研究的内涵

从本质上看，协作式行动研究反映了教师职业的应用性质和对行动的持续需求，这种需求在研究成果已经达到预先设定的水平以前显得格外紧迫。协作式行动研究的概念是前进性的，而不是周期性的或是由离散的独立元件组成的。[②] 理解协作式行动研究，需要从"行动""研究"和"协作"三个词进行综合认识和界定。

（一）行动

行动是区分协作式研究不同于其他研究的关键所在。传统上，人们认为科学研究是由专业的全职人员来进行的。通常的选择基于个人的偏好或期刊编辑的偏好，发表的论文报告了所获得的工作成果，并希望有一天得到应用。但是即使没人应用，研究工作通常都会完成论文发表。而行动研究，通常是由那些想改善自己工作状况的人们所进行的。行动研究者因为想知道一种他们能否做得更好的方式，所以进行一项研究。教育行动研究通常集中在三个相关阶段的行动：第一，采用行动，例如采用文本，选择一种评估策略；第二，监视和调整操作，比如看到一个试点项目是怎么进行的，评估一个新项目的早期进展，改善当前的实践；第三，评估操作，比如准备最终完成项目的报告。[③]

（二）研究

行动与研究有多重关系。当我们进行一项调查而主动采取行动，旨在寻求信息帮助我们理解和解决问题，可称之为"为了行动的研究"（research for action）；当我们监控自身的工作行动，以便改善我们的表现，就可称之为"在行动中研究"（research in action）；而当我们致力于评估已经完成

---

① 杨甲睿、黄甫全：《院校协作的互惠原理》，《教育发展研究》2013 第 4 期。

② Sharon Oja & Gerald J. Pine，"Collaborative Action Research：Teachers' Stages of Development and School Contexts"，*Peabody Journay of Education 64*，1987（2），pp. 96–115.

③ Richard Sagor，*How to Conduct Collaborative Action Research*，Association for Supervision and Curriculum Development，1993，p. 7.

工作的行动，就可称之为"对行动的研究"①（research of action），如图2-1所示。

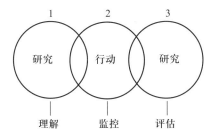

图 2-1　行动研究的切入点示意图

研究在这里被界定为指向机理探究的任何努力。许多人一直接受的教育都是，只有调查才能被简化为数字，从而才具有"研究"的资格。事实上，行动研究的众多研究方法，包含了定量和定性两个领域。然而，在任何领域的研究中，研究者想要更好地理解特殊现象，就得通过系统过程去获得有效而可靠的关于这种特殊现象的数据。在协作式行动研究过程中，研究的焦点是由实践者本人定义而确定的，但必须遵循两条原则：第一，研究选择的现象必须关注教学和／或学习过程；第二，这些现象必须在实践者的影响范围之内。②

（三）协作

事实上，大多数教师都是独自开展行动研究的。比如，作为一名实习教师，你的研究就聚焦于你所教的第一课的设计和施行。这就是典型的行动研究。不过，走向协作式行动研究，人们可以更新和丰富教学责任，并基于共同兴趣来一起探讨相关问题，一个实践者团队就开始发展为一种能动的专业化团队。③

协作至少有个人协作与组织协作两个层面。在个人协作层面，实践工作者共同努力使一方或双方的专业发展更加有效，同事们使用集体知识、经验、理解和具体专业知识来完成任务和实现目标。在组织协作层面，任何一个机构及其分支将他们的资源和人员动员起来支持员工的发展，提供更多发展机会，实现共同目标，细化／扩大实践活动，积极影响未来的职业品性。协作式行动研究的结果表明，有效的合作必须结合个人协作与组织协作，从而更好地发挥个人和组织的积极作用。显然，参与协同行动研究团队可以获得一个强大的刺激动力，以促进个人及其专业的发展。这样的协作研究，又被称为互动研究与发展、临场调查研究、协作式员工发展

① Richard Sagor，*How to Conduct Collaborative Action Research*，Association for Supervision and Curriculum Development，1992，p. 8.

② Richard Sagor，*How to Conduct Collaborative Action Research*，Association for Supervision and Curriculum Development，1992，p. 9.

③ Richard Sagor，*How to Conduct Collaborative Action Research*，Association for Supervision and Curriculum Development，1992，p. 9–10.

研究或协作式行动研究。[1]

协作式行动研究涉及"社会情境的研究，参与者本身作为研究人员，以提高行动的质量"[2]。协作式行动研究作为一种研究范式，就其意义而言，是内源性的。它不是因适应外部模型或综合几个模型而成，也不是在一些理念和方法论基础上被抽象地构思出来，而是来自实践工作者群体的真实问题。做研究是基于两个坚定的原则：第一，研究必须与研究者认为是自己实践的重要问题高度相关；第二，在实践中，研究必须为研究者提供建设性的机会做出积极干预。[3] 概括地讲，协作式行动研究范式可以定义为两个主要的激励性要素，即合作和行动。但是这两个要素目前在教育研究中概念不清，偏于日常用法，总是导致误解。因此，需要结合文献和协作式行动研究范式具体情境，理解这些术语的真正含义。[4]

协作式行动研究既是一种收集数据的方法论，又是一个促进个人及其专业的成长的过程。[5] 例如，有一个教师的协作式行动研究案例就是为了改进教学实践，在师范生入职前的实习期，在职教师教育者与师范生配对进行为期半年的系统探究。[6] 协作式行动研究作为一个循环，为了提高教育实践，协作过程包括框架问题、计划、行动、观察和反思五个环节的协助。计划和观察的正式方案及协作的过程，在某些情况下就将协作式行动研究与教师研究区分开来。教师研究利用教师的研究、经验和反思，但不一定使用一个正式的、周期性的或协作性的方式。这里的区别，为的是帮助人们理解协作式行动研究既是一个明显的循环式的方法使用过程，又潜

---

[1] Renée Clift et al., "Restructuring Teacher Education Through Collaborative Action Research", *Journal of Teacher Education* 41, 1990（2），pp. 52-62.

[2] Sofia Avgitidou, "Participation, Roles and Processes in a Collaborative Action Research Project: A Reflexive Account of the Facilitator", *Educational Action Research* 17, 2009（4），pp. 585-600.

[3] Cream A. H. Wright, "Collaborative Action Research in Education（CARE）—Reflections on an Innovative Paradigm", *International Journal of Educational Development* 8, 1988（4），pp. 279-292.

[4] Cream A. H. Wright, "Collaborative Action Research in Education（CARE）—Reflections on an Innovative Paradigm", *International Journal of Educational Development* 8, 1988（4），pp. 279-292.

[5] Maryellen C. Ham, "Enhancing Supervisory Effectiveness Through Collaborative Action Research", *Peabody Journal of Education* 64, 1987（3），pp. 44-56.

[6] Tracy C. Rock & Barbara B. Levin, "Collaborative Action Research Projects: Enhancing Preservice Teacher Development in Professional Development Schools", *Teacher Education Quarterly* 29, 2002（1），pp. 7-21.

在地革新学校及师生个人课堂实践。①

这里再次明确协作式行动研究范式里"研究""协作"和"行动"的含义。首先，斯腾豪斯把"研究"定义为"系统而公开的关键性调查研究"。费尔德曼（Feldman, A.）指出，"协作"这个术语常常被用来标示大学学者与学校教师之间的研究安排，同时也用来指称教师之间的配合关系；"行动"，则是具有多层含义的，指教师通过设计好的行动来调查研究自己的实践，从而改善他们自己的教学实践，并更好地理解他们自己的教育活动状况。② 这样，研究就以其最简单的形式进行，由研究参与者（亦即教师）提出问题，精心形成并按照一个计划来"行动"以解决问题，收集有关数据并以各种形式证明行动的积极影响，阐释行动的结果及其反思所得。在这里，可能也可以重复地或循环地使用收集到的数据来改进问题研究。

总之，协作式行动研究是解决"内外"问题的研究，为实践者提供一种方式来回答和解决自己的真实问题，以达到提高实践品质的目的。

三、协作式行动研究的影响因素

以往研究表明，成功的协作式行动研究必须具备若干条件或满足若干需要。这些条件包括：第一，研究问题的选择和确定；第二，研究者和实践者的角色定位；第三，实践者的品格特征。

（一）研究问题的确定

实施协作式行动研究产生的许多问题，都源自"协作"这一特性。第一个问题是启动学校和大学之间的协作项目。大学往往比学校更有兴趣参与协作研究。实践者往往倾向于运用内部资源来解决自己遭遇的问题，但是他们对大学解决学校目前面临问题的兴趣和能力持怀疑的态度。学校和大学之间存在"匹配问题"，例如共同设定目标和研究设计存在困难。第二个问题来自行动研究应该解决所有参与者共同关心的难题这一观点。大学的学者做一个协作项目，期望收获可归纳的结果，并可以与教育研究共同体共享这一结果。而教师期望找到方法改善他们的教学或他们的学校，更看重应用性项目，更热衷于与同事分享想法和反思自己的实践。学者和教

---

① Jean King & Peg Lonnquist, "The Future of Collaborative Action Research: Promises, Problems, and Prospects", *Action Research*, 1994 (2), pp. 19–20.

② Allan Feldman, "Teachers Learning from Teachers: Knowledge and Understanding in Collaborative Action Research", Paper Presented at the Annual Meeting of the American Educational Research Association, April 4–8, 1994, New Orleans, USA, pp. 2–29.

师之间的这种差异，可能会导致不同的观念接受过程和研究结果，并可能为学者和教师制造冲突或挫折。第三个问题则往往发生在协作过程中项目起初目标与最终结果之间。每个教师或学者参与协作项目，每个人的意义解释过程和他／她的贡献程度是取决于个人各自的推定。这就是说，即使教师和学者使用的是同一种语言同一种词语，他们可能会对相同的单词给出不同的意思。协作，就需要尝试发现和解释不同的含义、利益和个体的需求，就像小组识别可研究的问题和设计、实现并分析其研究过程一样。

（二）参与角色的定位

领会"协作"的内涵，区分"协作"和"合作"。"协作"强调参与者共同完成一个项目的所有阶段，做到互惠互利。而"合作"强调参与者达成一些协议，但各自单独努力达致自主界定的目标。所以，协作式行动研究，强调教师和学者设定共同目标，共同规划研究设计，进行数据收集和分析，并共同报告研究结果。

在协作式行动研究中，学者和实践者从各自已有的知识和技能出发，有助于连带地界定研究项目和过程。为了避免冲突，教师和学者必须在过程的所有阶段保持开放的沟通。对教师来说，这可能要求讨论他们自己的问题和局限性，与他人分享想法，并愿意学习新技能，学习行动研究过程中使用的新行为方式。在研究的所有阶段，"协作中的'平等和相等的责任'"，并不意味着每个成员都是平等的角色，进行决策或输入。角色转变的发生，得根据真实情势的需要。所以，每个成员参与研究，要建立交流和协作的网络。

教育的行动研究通常被认为是包括教师发展的一种新型方式，同样改进了教学实践。如果行动研究聚焦并教师的常见问题，那么就非常有助于教师的态度和行为的改变，而且这种改变非常必要。获得了时间和支持，协作就使教师产生了必要的和根本性的变化。这样，教育的行动研究又超越了教学实践变化，促进了教师的专业成长。协作为教师提供了许多不同视角，这些视角与同事和大学教师看待问题及解决方案的差异非常显著。通过行动研究，教师还获得了新的知识，这不仅帮助他们解决眼前的问题，还扩大他们的一般知识基础，学习研究技能可以应用于未来利益和关切。因此，教师的思维变得更加灵活，更愿意接受新思想，更能够在问题出现的时候解决问题。①

---

① Lisa Smulyan, "Collaborative Action Research: A Critical Analysis", *Peabody Journal of Education* 64, 1987（3）, pp. 57–70.

（三）实践者的品格特征

开展协作式行动研究需要教师对研究充满信心，具备一定研究基础，愿意分享自身观点，能够获得必要的专业指导，同时，学校还应具有较强的组织协调能力和实践创新精神。

成功的协作式行动研究似乎取决于老师的特点、学校组织和观念、可用资源。协作式行动研究致力于员工的成长，不仅关心学校和地区发展，而且关心教师个体改变。例如，学校的环境会影响教师参与行动研究过程的意愿和能力；教师需要一种氛围，可以自由地识别研究问题、实验方案，以及向同事和管理人员表达与分享想法。理想情况下，政府不仅为教师提供开展实验的自由，而且创新政策承认并鼓励他们申报承担专门合法项目，并确保其得到持续性发展。

协作式行动研究需要技术和物质支持，包括方便查找的、可复制的文献，以及数据收集与分析工具。教师在研究新技术开发或新课堂教学实践策略中，通常需要获得培训，需要引进专家学者，到教室观察和指导教师进行调查研究。在协作项目中，大学学者能够提供这些支持。所以，学校或教育管理系统应当在这些方面支持或开展这样的协助项目。

此外，成功的协作式行动研究关注项目本身的组织，包括联合定义目标、持续而足够多的参与者之间的交流活动、强有力的组织领导等。尤其需要强调的是，从项目开始就需要协作制定清晰而明确的目标。明确的目标能为所有参与者提供项目价值的意识，使其从中获得并建立一个共享的参照系，基于可以生成假设和未来的计划，协商共享控制。参与者的角色和功能，都可以从这种互动定义的目标中得到发展。

协作式行动研究作为一种范式，一直处于不断发展之中。20 世纪50 ~ 60 年代，协作式行动研究并没有被提出。20 世纪 70 年代，行动研究在教育领域复兴过程中，初步萌生了协作式行动研究。这一时期的行动研究继续 20 世纪 60 年代聚焦在职教育发展研究的主旨，引发了学者和实践者初步协作的转向。20 世纪 80 年代，协作式行动研究出现了新发展与新突破，借助于行动研究的协作特性，通过协作旨在改进在职教师员工的实践，面向全校工作人员，开始萌生构建学校研究共同体的趋势。20 世纪90 年代，在教师作为研究者的理念引导下，协作式行动研究得到广泛关注，但依然面临挑战，如同在 20 世纪 50 年代一样。21 世纪以来，协作式行动研究应用广泛。无论协作式行动研究如何发展，其主旨都是通过协作，采取行动，不断改善教学实践的一种研究范式，主要涉及参与者的角色关系、教师专业发展及行动研究中的协作策略问题等，产生了一系列具体模式、方法。

第二节　协作式行动研究的模式

协作式行动研究是一种动态过程，既受国家政策和主流意识形态的影响，又有赖于学校的内部环境，还需因所有研究参与者的任务和个体需要而作出反应性调整。[1]尤其是协作式行动研究以学校为场域，以教师们的实践问题为纽带，研究的过程受问题的解决和情境的推进而发展变化。[2]"没有一成不变的协作式行动研究过程，只有在空间、时间和纵深维度上，多种因素交互而成的不同模式。"[3]协作式行动研究不可能固化为"唯一"的形态。事实上，协作式行动研究一直处于发展和分化之中。在发展和分化中，协作式行动研究的原理从时空和纵深的维度上衍化出不同的过程模式。基于对协作式行动研究的国内外案例进行分析，这里归纳和阐释三种模式：协作式行动研究的经典模式、协作学徒制及中国特色模式。

一、经典模式

从发生学上看，协作式行动研究是所有行动研究范式的源头。早在20世纪20年代，杜威（Dewey, J.）就开始使用"合作研究"（collaborative research）的术语。[4]后来，协作式行动研究的已有文献倾向于把凯米斯等人提出的相对简单的行动研究循环模式作为协作式行动研究模式的基础：计划—行动—观察—反思。[5]研究者们根据具体情境在凯米斯模式基础上进行应景性的修改和发展。由于不同研究团队的协作式行动研究的研究问

---

[1] Bridget Somekh, "Constructing Intercultural Knowledge and Understanding Through Collaborative Action Research", *Teachers and Teaching: Theory and Practice* 12, 2006 (1), pp. 77–87.

[2] Gerald J. Pine, "Collaborative Action Research in School Counseling: The Integration of Research and Practice", *The Personnel and Guidance Journal* 59, 1981 (8), pp. 495–501.

[3] Lisa Smulyan, "Collaborative Action Research: A Critical Analysis", *Peabody Journal of Education* 64, 1987 (3), pp. 57–70.

[4] Eeva Peltokopri, Kaarina Määttä, & Satu Uusiautti, "How to Ensure Ethicality of Action Research in the Classroom?", *World Journal of Education* 2, 2012 (3), pp. 32–42.

[5] Pongchawee Vaiyavutjamai et al., "Collaborative Action Research to Promote Reflective Thinking Among Higher Education Students", *Procedia-Social and Behavioral Sciences* 47, 2012, pp. 734–744.

题都是独特的，而且会随着时间的推移而不断改变 ①，因此，可以通过对现有一些协作式行动研究案例的清理和分析，从中总结和建构协作式行动研究的经典模式。

协作式行动研究的经典模式包括四个阶段和九个步骤，如图 2-2 所示。四个阶段分别为计划、行动、发展与反思。这四个阶段所构成的协作式行动研究的整个过程，是循环不断的观察、行动、观察、调整、再行动的过程。这一螺旋式循环发展的过程，可以清晰地分为九个步骤，而且，这九个步骤的某些步骤可以根据需要跳跃、跳过或调整顺序。

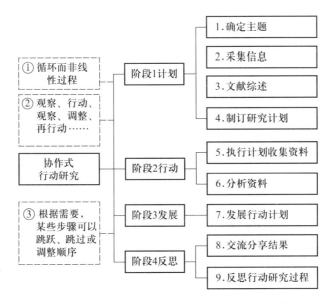

图 2-2　协作式行动研究四阶段九步骤示意图

步骤一，确定主题。行动研究的研究主题可以是任何激发行动者兴趣的问题。重要的是行动者发自内心地去深入研究，并渴望通过行动研究改善实践。确定主题以后，还需要提炼和缩小研究范围，聚焦于某个集中的问题，将其作为行动研究的具体研究问题。

步骤二，采集信息。采集信息是对已有信息的勘察（reconnaissance），需要与其他教师、专家或者管理人员交谈讨论，征求他们关于所要研究的具体问题和主题的看法，也可以翻阅工作手册、课程指南，以获得对

① John A. Ross & Catherine D. Bruce，"Evaluating the Impact of Collaborative Action Research on Teachers: A Quantitative Approach"，*Teacher Development: An International Journal of Teachers' Professional Development* 16，2012（4），pp. 537–561.

研究问题的深入认识。更为重要的是要反思自己关于研究环境特征的理解和对研究的信念。采集信息的勘察过程是自主反思、描述和解释的过程。

步骤三，文献综述。相关文献能够帮助厘清研究主题。相关文献包括专著、期刊、网站、教师资源手册、学校或地方文件，也可以通过与同事讨论了解更多的相关文献。对相关文献进行综述是提升研究计划合理性的必要途径，对于理论联系实践、选择合理研究工具和收集资料技术大有裨益。

步骤四，制订研究计划。制订研究计划是确定研究问题或假设（hypothesis）、研究变量（variables）和研究程序（procedure）的过程。在传统的研究中，这一步被称为研究方法论（research methodology）。在行动研究中，制订研究计划首先是确定研究问题，然后才能决定研究方法。根据教师—研究者（teacher–researcher）的经验，研究问题可能在主要问题下分解成多个子问题（subquestions），也可能是对研究结果预测和期盼的假设。确定研究问题、子问题或者假设后，需要确定研究变量。研究变量是最能代表研究问题特征的中心因素。研究变量决定了研究者要收集哪些资料，用什么技术收集这些资料，以及能够得出什么样的研究结论。可以根据研究问题和实际情况的需要增加或减少研究变量。确定了研究问题和研究变量后，就要对研究的程序进行一个整体设计，包括：谁参与行动研究，需要多少参与者，怎样与这些研究的参与者合作，如何收集资料才有效和可靠，如何确保研究符合研究伦理等。

步骤五，执行计划和收集资料。收集资料的方法各式各样，可以归纳为四种：（1）系统观察，包括观察参与教育过程的学生、其他教师、家长和管理者。系统观察需要用现场记录或者日志来详细描述所见所听。（2）访谈，包括口头和纸笔访谈，后者又可以包括问卷访谈或者调查访谈。访谈数据常常作为观察资料的补充。（3）文件的核查分析，如出席记录表、员工会议时间表、学校报刊、课程表、管理手册、座位表及成长档案。（4）定量的方法，如核对表法、等级评价法、测验等学校常规的评价数据，也可以采取专为行动研究收集资料而设计的核对表和等级评价活动。而测验，无论标准测验还是教师自己开发的测验，与其他定量方法一样，在行动研究中作为资料收集的手段，都是比较有效的。总之，行动研究允许采取多种方式收集资料。所谓的三角互证，就是整合三种以上的多种资料收集方法获得的资源进行相互验证，以确保行动研究的质量和精确性。例如，可以比较从访谈中获得的信息和从录像中记录到的学生的行为来验证学生对小组学习气氛的评价。

步骤六，分析资料。传统研究中，定量的资料分析一般在所有资料收集完后进行，而定性的资料分析贯穿于研究过程的始终。行动研究的资料分析综合以上两种分析的特征，既要边收集资料边分析资料，以获得下一步该如何更好地行动的依据和策略，也要在每阶段的资料收集后进行回顾反思。无论如何，行动研究中资料分析要与研究问题对应。同时，行动研究中的资料分析不应只由某个人来做，而是要纳入参与者、其他教师和管理人员一并分析。

步骤七，发展行动计划。一旦分析了所收集的资料，下一步就是在分析解释资料的基础上发展行动计划。发展行动计划是行动研究的最终目的，是行动研究中的"行动"部分。把重要的分析结果应用于实际去解决原来的问题和／或新生的问题，才能产生新的思想，才能继续监控、评价和修正行动研究的有效性，也才能保持行动研究在循环中前进和提升。值得一提的是，发展行动计划可以依赖某位老师个人，也可以是研究团队合力，更可能是集全校或者全地区的力量。但是，无论怎样，研究者都需要做大量系统的文件，因为清晰的行动文件才能为解决实际问题提供有力行动指引，光靠记忆永远成不了应用研究结果的优秀研究者。

步骤八，交流分享结果。实践的特性决定了大部分实践工作者实际上都在不断地寻找改善实践的路径，即使是旨在解决个体问题或者是本地问题的研究，也会引起很多实践同行的兴趣。交流和分享行动研究的方式多种多样，可以与同事谈论，也可以写成文本在学校董事会、教师研讨会、学生论坛或家长论坛上交流。更加专业化的成果交流和分享是把行动研究的成果提交到学术会议上，或者投稿至学术杂志。

步骤九，反思行动研究过程。行动研究首要目的是批判审视自己的实践。行动研究者必须系统地反思行动的过程。在一个循环结束时对行动进行反思，以检查行动的有效性，从而确定如何修正和提高下一个行动的循环。但是，只在研究循环之后进行反思是不够的。事实上，优秀的实践行动者自始至终都在反思、监控和调整自己的思想和行为。所以，应将反思贯穿行动研究的整个过程。

如上所述，协作式行动研究的步骤不是固定的。研究者可以根据情境的发展变化和解决真实问题的实际需要，不断调整自己的研究活动。例如，洛克（Rock，T. C.）等人设计的协作式行动研究的过程是[①]:（1）界定研究问题;（2）形成解答问题的战略性行动计划;（3）采集各种表格数据，研究战略性行动计划的效果;（4）反思战略性行动计划的结果，弄清楚行动过程、问题、议题和局限的意义;（5）根据反思学得创生新的行动步骤。而有学者在 2011 年设计的协作式行动研究包括四个阶段：问题界定—行动（规划教学并开发教学材料）—干预（使用开发的教学材料组织课语整合式学习）—评价。[②]

　　然而，纵观历史上众多的协作式行动研究过程设计，其共通的特点都凸显了形成问题、制订行动计划、行动、反思、评估和交流构成的自下而上，同时又螺旋上升的过程[③]：开始于一线教师对自己实践活动的反思，通过一种一线教师参与社会建构的方法，从改变一线教师本地环境开始，逐渐拓展到其他领域，最后引起社会政治方法的变革，并使之成为整个教师系统发生改革的潜在支撑力量。

二、协作学徒制

　　协作学徒制模式（Collaborative Apprenticeship Model）是由大学教师、师范生、中小学幼儿园教师组成专业学习共同体，开展师徒式互惠教学，构建教学观念和策略的专业发展模式。在这个过程中，师范生逐步成为教学知识和技能的构建者，同伴教师（peer teachers）成长为领袖教师（leader teachers），领袖教师又与其他同伴教师及领袖教师形成互惠学习关系，大学教师积极参与活动过程（包括指导文献综述、分析质量数据、培训研究方法等），发展专业能力。所有参与者的观念、知识和技能都得以更新。[④] 引入（introduction）、发展（development）、熟练（proficiency）、掌握（mastery）是协作学徒制的四个基本阶段，见表 2-1。

[①] Tracy C. Rock & Barbara B. Levin, "Collaborative Action Research Projects: Enhancing Preservice Teacher Development in Professional Development Schools", *Teacher Education Quarterly* 29, 2002（1）, pp. 7–21.

[②] Darío Luis Banegas, "Identity of the Teacher-Researcher in Collaborative Action Research: Concerns Reflected in a Research Journal", *Profile Issues in Teachers' Professional Development* 14, 2012（2）, pp. 29–43.

[③] Xavier Fazio & Wayne Melville, "Science Teacher Development Through Collaborative Action Research", *Teacher Development* 12, 2008（3）, pp. 193–209.

[④] Kamini Jaipal & Candace Figg, "Collaborative Action Research Approaches Promoting Professional Development for Elementary School Teachers", *Educational Action Research* 19, 2011（1）, pp. 59–72.

表 2-1　教学共同体中的协作学徒制

阶段	领袖教师角色	同伴教师角色	协作式伙伴关系
引入	在课堂或工作坊中设计应用策略	观察、参与新方法的学习应用	讨论、反思教学和学习经验
发展	提供支架、辅导，在设计、开发和实施学习中逐渐淡出	在参与情境中获得技能和策略	协作设计、开发和实施学习活动
熟练	确定需要继续探索和改进之处	通过自主设计活动澄清相关理解	在共同体中共享经验和观点
掌握	观察、参与新方法的学习应用	在课堂或工作坊中促进和设计新方法的应用	在设计、开发学习应用策略中，同行教师成为领袖教师

在引入阶段，领袖教师通过示范，介绍新的教学策略或资源，促使同伴教师及其共同体共享学习目的，发展新的观念。同伴教师在精心准备基础上，上示范课，随后在协作小组中通过讲故事的方式进行互动，构建知识体系和策略。同伴教师对领袖教师表现出一种很强的依赖性。

在发展阶段，领袖教师和同伴教师在设计、开发和实施学习活动中组成小组，采用头脑风暴法领会新的教学策略和新的资源。通过分享同伴教师的观点和课堂经验，领袖教师也得到了发展。随后，同伴教师对领袖教师的依赖开始减弱，互惠关系逐渐形成。

在熟练阶段，设计、开发、实施学习活动的主要责任向同伴教师转移，他们不再总是依靠领袖教师的建议行事，而是变得更具主动性。领袖教师和同伴教师之间表现为一种更强的互动关系。

在掌握阶段，同伴教师对其他同行及其教学共同体的责任和贡献，从边缘参与转变为中心参与，成为第二代、第三代领袖教师，指导新的同伴教师。久而久之形成了一个协作学徒制网络。

上述四个阶段不是僵化的。因此，实施协作学徒制模式，可以采取多点切入的方式。[1]互惠互动（reciprocal interaction）是这个模式的关键因素，它可以发生在个人之间、共同体之间，也可以发生在个人和共同体之间。它不强调从外部输入解决问题的统一方法，而是注重围绕相似的兴趣和目

---

[1]　Evan M. Glazer & Michael J. Hannafin，"The Collaborative Apprenticeship Model：Situated Professional Development Within School Settings"，*Teaching and Teacher Education* 22，2005（2），pp. 179-193.

标进行协商，共享彼此的观点，相互支持学习，成功形成协作关系。互惠互动往往受参与者共享的专业知识技能与共同事业的影响。前者包括参与者的行为、语言、经验等，它们共同构成共同体成员参与的实践场域，例如教学、学习、课程；后者指共同体的共享愿景。每个共同体成员都能通过彼此提供的专业学习机会，克服专业发展障碍，为愿景的实现作出贡献。共享愿景的产生及其实现是实践场域中协作活动生产的意义，它会反过来对协作活动产生影响，形成与协作活动之间的双向互动。

协作式行动研究的实现不需要任何外力的推动，而是师范生、学校教师和大学教师组建协作研究网络，应对日常教学问题的协作过程，所有的参与者都可以从协作中受益。澄清存在的问题、制订数据收集计划、开展数据分析、确定行动方案、行动并共享结果、计划下一步的行动，构成了协作式行动研究一般化的步骤结构。所有这些步骤都内置于复杂的协商关系当中，人们需要在控制与依赖、权力与权威、中心与边缘、不同价值观冲突之间保持必要的张力，形成融洽的协作关系。所有的参与者之间需要建立信任，同时保持超然的无偏见状态。"存在着的人"是行动研究者最重要的身份。[1]

三、中国特色模式

在中国，协作式行动研究在学校场域开展的实质是教育教学理论与实践之间的对话，是理论对实践的指导和实践对理论的检验，是重构理论与实践关系的过程。教师专业发展不仅包括中小学幼儿园教师的专业发展，也包括大学教师的专业发展，而且必须关注一类特殊人群——教研员的专业发展。中国的教研员既有教师的身份，又处于教育行政部门的延伸之处，起到沟通教育行政—大学—中小学幼儿园的桥梁纽带作用。而教师专业发展的引领主要是指各个层次的专业研究人员对中小学幼儿园校（园）本教研的指导，包括教研人员、科研专业人员和大学教师。他们用先进的理念和经验引导一线教师开展教育实践的探索和研究，以提升教师的研究品质，增强教师解决教学问题的能力。[2] 同时，在沟通大学与中小学幼儿园的过程中，教研员自身也需要不断地反思与提升。

---

[1] Sidney N. Mitchell, Rosemary C. Reilly, & Mary Ellin Logue, "Benefits of Collaborative Action Research for the Beginning Teacher", *Teaching and Teacher Education* 25, 2009（2）, pp. 344–349.

[2] 杨凌芳:《基于 PDCA 循环的校本教研持续改进模型探讨》,《教学实践与研究》2006 年第 4 期。

在中国特色模式的协作式行动研究中，教研员往往发挥着重要作用。中国特色的协作式行动研究生成了一种"三方协作模式"："大学学者—教研员——一线教师"的三方协作。研究结果表明，三方协作模式显著提高了学校教师和大学学者参与、互动、合作的专业发展水平（见图 2-3）[1]。

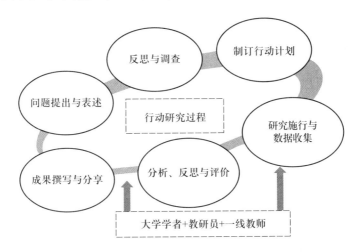

图 2-3　中国特色模式的协作式行动研究过程示意图

在中国特色模式中，行动研究过程由六个步骤组成，分别为问题提出与表述，反思与调查，制订行动计划，研究施行与数据收集，分析、反思与评价，成果撰写与分享。问题提出与表述，就是针对教师教学过程的不足或期望，提出并清楚表述需要研究解决的问题及其子问题。反思与调查，就是针对需要研究解决的问题，提出解决的思路、依据和策略。制订行动计划，就是依据前两个步骤，在大学学者与教研员指导下，学校教师制订行动计划。研究施行与数据收集，就是根据行动计划，学校教师开展行动，并采用定性和定量方法收集数据。分析、反思与评价，就是通过分析数据资料和进行进一步的数据收集分析，修改行动计划，并通过反思教学日志，对结果进行评价。成果撰写与分享，就是以研究结果、数据收集资料和数据分析结果为基础，进行专题论文或者著作的设计、研究、撰写、修改与发表。

在中国特色模式的协作式行动研究中需要特别注意的是：专业引领和专家指导有所不同，专业引领是用专业知识标准来指导校本教学和研究，

① Qiang Wang & Hong Zhang，"Promoting Teacher Autonomy Through University-School Collaborative Action Research"，*Language Teaching Research* 18，2014（2），pp. 222-241.

是双边或多边的指导引领。除了教研员和专家，具有专长的教师也可以发挥专业指导作用，从而形成一种相互鼓舞和共同引领的格局。[①] 此时，教研员、大学学者和专业的研究人员更多地扮演校本协作式行动研究参与者的角色，起到共同协作和组织联络的作用。

无论经典模式，还是协作学徒制，抑或中国特色模式，协作式行动研究的参与者的洞见构成协作式行动研究的理论建构过程[②]：实践—理论化—重建实践—革新理论—实践—重复实践（practice-theory-reformed practice-reformed theory-practice-reiteration of practice）。教育与课程行动研究的明确目标是教师的理论化，也是教师发展的核心。协作式行动研究的不同模式都为教师的专业、个人和社会发展提供了可操作的方法。

第三节　协作式行动研究的方法

协作式行动研究实际上是根据具体的研究目的、研究问题、研究范围和期望的结果而形成的一系列具体研究方法。传统的教育研究方法多种多样，但是总体来说可以分为定性的方法和定量的方法两类。采用定性的方法可以用来收集和分析描述的资料，如观察笔记、访谈记录和杂志文献；采用定量的方法可以用来收集和分析数字资料，如测验分数、观点的比率和态度的刻度。定性的方法使用归纳的方法去推理研究问题的答案。归纳推理循"自下而上"的路线，从相对具体的问题归纳推导到相对普遍的问题。在研究中，这个归纳过程就是：观察资料—记录模式—形成试探性假设—开发出结论或理论。定量的方法使用演绎的方法去推理研究问题的答案。演绎推理循"自上而下"的路线，从相对普遍的问题演绎推导到相对具体的问题。在研究中，演绎推论的过程是，寻找理论基础—提出研究假设—分析研究资料—证实或者证伪研究假设。尽管定性研究和定量研究的方法在不同水平上都有所不同，但它们不是互相排斥的。同一研究中同时采用定性和定量研究方法的情况非常普遍，因为综合两类研究方法的优势比单单使用一种研究方法能够更好地解决问题。而这种方法往往被称为混合方法研究设计（mixed-methods research designs）。有人认为行动研究与

---

① 韩江萍：《校本教研制度的回顾与展望》，《教育实践与研究》2006年第16期。
② Xavier Fazio & Wayne Melville, "Science Teacher Development Through Collaborative Action Research", *Teacher Development* 12, 2008（3）, pp. 193-209.

混合方法研究最为相同，因为它们都利用定性研究资料和定量研究资料。[①]
通过文献考察，协作式行动研究中最常见的具体研究方法有三种：协作会议、协作反思法和案例研究法。

一、协作会议

协作性是协作式行动研究的本质特征，但是在行动中最难做到的是协作。人际协作和知识整合的需要，催生了协作式行动研究独特的方法——协作会议。

（一）人际协作

几乎所有的协作式行动研究计划都有一个不情愿的开始。[②] 大部分教师将参与协作式行动研究计划当作任务来应付，只有少部分教师会将协作式行动研究当作专业发展的机会来积极参与。个别教师甚至会明确表示，大学学者都是脱离真实学校生活做表面文章的空头理论家。而大学学者一开始也可能认为，一线教师都是缺乏理性的经验型行动者，以为中小学幼儿园教师只会凭借经验和陈旧观念从事教育教学工作，不能用理论化的知识来进行理性的教学。教师与学者相互之间对彼此价值认识的对立，不仅源于双方角色的差异，更深层次源于对不同知识表征形态的认识不足。实际上，理论性知识和实践性知识在教育教学中都不可或缺，二者相辅相成。[③] 学者和教师都需要将理论性知识和实践性知识进行更新与转化。协作式行动研究能促进理论性知识和实践性知识的转化学习（transformative learning）。[④] 协作式行动研究能够增长教师在教学内容设计、自主治理和自主效能等方面的实践性知识，从而提升教师作为专业人员的地位。[⑤] 在协作式行动研究的过程中，大学学者或专业的研究人员都会因为解决真实的问题、指导研究而改变思想观念和行为，从而得到从实践中创生理论性知识的训练。协作本身是互惠的，协作式行动研究的作用是双向的。协作

① Craig Mertler, *Action Research*: *Teachers as Researchers in the Classroom*, Sage Publications, 2008, p. 4.
② Kitt Lyngsnes, "A Reflexive Eye on a Collaborative Action Research Project in School", *Qualitative Report* 21, 2016（2）, pp. 196–211.
③ 陈向明：《实践性知识：教师专业发展的知识基础》，《北京大学教育评论》2003 年第 1 期。
④ Angela Yicely Castro Garcés & Liliana Martínez Granada, "The Role of Collaborative Action Research in Teachers' Professional Development", *Profile Issues in Teachers' Professional Development* 18, 2016（1）, pp. 39–54.
⑤ Darío Luis Banegas, "Identity of the Teacher–Researcher in Collaborative Action Research: Concerns Reflected in a Research Journal", *Profile Issues in Teachers' Professional Development* 14, 2012（2）, pp. 29–43.

式行动研究同时加强理论知识的实践化和实践经验的概念化。①

要在协作行动中实现理论知识和实践性知识的相互转化与创生，关键在于人际协作。具体而言，主要是研究者或大学学者，同中小学幼儿园一线教师的协作。几乎所有的协作式行动研究文献都表明，建立友善人际协作的关键是研究者或大学学者。研究者或大学学者要从内心深处尊重一线教师，真正认识到中小学幼儿园教师是课堂教学和保育教育的专业人员。研究者或大学学者的责任，不是去指挥和教导一线教师如何行动，而是通过协作，来启动、激发和发现教师在解决真实问题中需要补充的知识和创生出来的知识。研究者或大学学者千万不要否认中小学幼儿园教师课堂教学的价值。研究者和一线教师友好地开展协作计划、施行和评价教育行动，不仅对职前教师、在职教师和教师教育者的专业发展有影响，而且对研究者自身的专业发展亦有巨大影响。②

"先做人，后做事"规则在协作式行动研究中成了科学规则。任何协作式行动研究都要把人际协作看成和研究任务同等重要。例如，在一项协作式行动研究项目中，研究者和教师自始至终都将人际协作放在重要的位置上加以考量：在研究的第一个阶段，协作式行动研究团队成员一开始就拿教师们最关注的问题来讨论，形成常规化的交互活动惯例——协作会议，加强彼此的信任，分享彼此的想法。在第二个阶段，当研究团队面临既要收集研究数据，又要不断质疑研究目标的艰难处境时，就延迟对研究问题界定，但仍然把重点放在界定研究团队成员上，使不同成员在团队内尝试担任不同的角色。直到第三个阶段，研究团队才明确了研究目标并共同完成研究活动。在第四个阶段，教师们按照设计方案进行研究，同时让两边犹豫的成员坚信研究的效果和价值。在研究的最后一个阶段，研究团队成员重聚在一起，以强烈的团队意识完成并宣读研究报告。

这一成功的案例表明：协作式行动研究的参与者是合作研究者（co-researchers），每一个参与者的思想对于创造解释性分析和相互商议行动方案都具有平等和重要的意义。协作会议的价值，就在于能够尽力避免迷信于优越地位人物的思想。另外，任何革新的过程都会潜在地对以前建立起

---

① Gerald J. Pine，"Collaborative Action Research in School Counseling: The Integration of Research and Practice"，*The Personnel and Guidance Journal* 59，1981（8），pp. 495–501.

② Angela Yicely Castro Garcés & Liliana Martínez Granada，"The Role of Collaborative Action Research in Teachers' Professional Development"，*Profile Issues in Teachers' Professional Development* 18，2016（1），pp. 39–54.

来的做事方式造成威胁，参与协作式行动研究的中小学幼儿园一线教师一开始自然会因此产生心理恐惧。其中最突出的一个恐惧是，要在大庭广众下讨论自己的行动、见解、思想和判断。协作会议鼓励和孕育的协作精神可以缓解参与者们的恐惧，因为虽然每一个人的观点不同，但是讨论的过程相同，无论结果是什么，都只是学习。无论观点和报告如何多样，研究参与者的协作性行动研究都指向特定环境中人们实践的问题，也指向社会科学发展的目的。

协作式行动研究有双重任务，一重是研究某一个系统，另一重是同时朝着共同的愿景改善这个系统。为了完成双重任务，要求大学学者和一线教师积极协作。因此协作是行动研究过程中最重要的一个方面。无论协作者团队如何组成，都要保证协作式行动研究计划中的民主、尊重和承担义务。[1]

（二）知识整合

行动过程中不可避免地会出现多样性的观点和多样性的批判，导致解释和行动的多种可能。协作可以减免内耗，实现不同知识的整合。协作式行动研究强调的协作，可以最大限度地整合不同的观点，一般表现在两个方面：一是一线教师组成团队一起工作；二是学者作为促进者通常进入教育场所与教师团队协作开展工作。因此，协作式行动研究实际上是研究者与实践者根植于学校日常实践互动中的知识交换[2]，意味着正视存在的相互矛盾，让行动有多种选择。协作式行动研究中，研究报告的重点不再是最终的结论，而是合作者持续进行的协商讨论过程，是协作会议的详细进程及其内容。

协作会议的知识整合功能是明显的，也是多效的。对一线教师来说，协作式行动研究能够增长教师在教学内容设计、自主治理和自主效能等方面的实践性知识，从而提升教师作为专业人员的身份地位。协作式行动研究中的教师往往是知识的创造者（creator of knowledge）。对大学学者而言，通过与一线教师协作，增进其对基础教育的理解和对基础教育问题的研究能力；对师范生而言，通过一线教师对师范生的实习指导，促进师范生对自身准教师的角色认知和实践反思能力；对教学学术发展而言，在对

① Darío Luis Banegas，"Identity of the Teacher-Researcher in Collaborative Action Research：Concerns Reflected in a Research Journal"，*Profile Issues in Teachers' Professional Development* 14，2012（2），pp.29-43.

② Kitt Lyngsnes，"A Reflexive Eye on a Collaborative Action Research Project in School"，*Qualitative Report* 21，2016（2），pp.196-211.

新教师的合作培养过程中，大学学者和一线教师以新教师专业知识增长的具体问题为纽带开展研究型学习，弥合学科学术研究和教育理论研究与基础教育实践问题之间的裂缝，实现优化基础理论研究和教师教育课程的学科建设，同时提升基础教育教师的专业发展有效性与教育教学实践的科学性。协作会议最能体现协作式行动研究本身的互惠性和知识整合性创新，即同时加强理论知识的实践化和实践经验的知识化。[1]

（三）实施运作

组织运作协作会议需要构建学习共同体和周期性地召开研讨例会。

1. 构建学习共同体

在广泛研究之后，美国学者提出了构建专业学习共同体的五个要素和五个条件[2]，并提供五项资源支持，可以借鉴为协作会议运作的策略。五个要素是：关注学生学习成绩、反思对话、教师间的互动、充分的信任与合作、共同价值观和规范。五个建构条件包括：第一，为教师提供充足的时间来交换想法；第二，在地域上安排教师们互相接近，方便他们进行互动观察；第三，保证教师权利和学校自主管理权力，使教师能够自由地从事自己认为对学生最有益的事情；第四，建立全校范围的沟通系统，包括举办关于教学、学习和其他事务的日常会议；第五，运用如团队教学的教学方法，发挥教师的教学技能。五项人力/社会资源包括：一是为那些乐于提升自身能力的教师提供支持；二是信任并尊重学习共同体成员的能力；三是管理者提供支持；四是使教师融入组织文化的社会化过程；五是建立学习共同体所需知识和技能培训的机会。

有学者早在1989年就在研究中提出了学习共同体的概念，虽然没有明确提出"学习共同体"术语，但其观点与学习共同体的思想是相一致的。所谓学习，是共同体的成员（同伴学习者、教师、学科专家等）开展充分沟通，当然这个过程需要得到丰富资源的支持。所以学习应该是一个基于广泛学习共同体的社会性建构。对"共同体"的探索，是从进步学校概念开始的。进步主义提倡：学校即社会，教育即生活经验，而学校即社会生活的一种形式。学校并不是专门学习知识或技能的一个场所，而是一个社会组织；学校教育是一种人与人交往互动的社会活动。后来，人们用共同体的概念来体现"教育是一种生活方式"的理念，明确提出建立共同

---

[1] Gerald J. Pine, "Collaborative Action Research in School Counseling: The Integration of Research and Practice", *The Personnel and Guidance Journal* 59, 1981 (8), pp. 495–501.

[2] 〔美〕罗伯茨、普瑞特：《学习型学校的专业发展：合作活动与策略》，赵丽、刘冷馨、朱晓文译，北京，中国轻工业出版社2004年版，第7~8页。

体的思想。在随后关于合作与竞争的理论和研究中，学习共同体的理念在合作团队的概念中得到阐述，同时人们在进行的合作学习研究中也广泛采用了学习共同体的概念与方式。博伊尔（Boyer，E. L.）首次提出和阐释"学习共同体"的概念是在 1995 年发表的报告《基础学校：一个学习共同体》中。他认为有效的学校教育的首要的和最重要的因素是建立一个真正意义上的学校的学习共同体，并指出学校必须有共同的愿景、能够相互沟通、人人平等、有规则纪律、能够关心学生、有愉快的气氛。[1] 进而，学校就可以被看作学习共同体、同伴共同体、关怀共同体及全纳共同体等。合作是学习共同体本质特征，学习共同体的基础，就是合作——为了共同体目标而共同努力发展同伴关系、分享领导、共同发展和共同学习，而非竞争与少数人掌权。

1995 年起，学者们开始推广"持续探究及发展共同体"（community of continuous inquiry and development）的观念，这一观念后来不断发展，成为"专业学习共同体"的概念。在专业学习共同体中，教师以支持同伴的心态观察彼此的课程，并审视自己的教学行为。这一活动若要顺利而成功地进行，同事之间的相互信任，尊重和关心比较重要。同事之间需要发挥革新促进者（change facilitators）作用，一方面支持对方的教学成果，另一方面也帮助对方解决问题。随之，学习共同体的概念被引入课程和教师教育领域。美国教学专业标准委员会制定了两条关于"教师专业教学标准"的规定："教师系统地思考其教学实践并从经验中学习；教师是学习共同体的成员。"[2] 从中可看出，美国的教育改革既强调教师的学习和反思，也强调建立学习共同体。英国教师的"自我专业发展计划"也提道："保证提供稳定机会，促使教师进行系统性反思；承认个体学习存在局限性，提供合作学习的机会；支持教师个人价值观、专业技能和情感智商的不断提升；保证教师在整个专业发展过程中的一致性、差异性、阶段性、连续性和平衡性。"[3]

2. 周期性例行研讨会

协作式行动研究要求行动主体有强烈协作动机，在协作中进行批判性反思，发出自己的声音。从这个意义上讲，协作式行动研究团队就是一个

[1]　Ernest L. Boyer，*The Basic School: A Community for Learning*，Jossey-Bass，1988，pp. 12–18.
[2]　周钧：《霍姆斯小组与美国教师教育改革》，《比较教育研究》2003 年第 11 期。
[3]　段晓明、黄文键：《英国老师的"自我专业发展计划"》，《世界教育信息》2004 年第 5 期。

学习共同体，其目的就是发展协作学习活动和协作交往关系[1]，在参与主体和学习共同体之间实现双向建构和双向整合。即通过协作交往活动塑造协作者协作人格，建立协作型人际关系，进而建立协作型学习共同体；学习共同体反过来促进协作者主体性的发展和完善。研究共同体的价值不仅在于研究所得到的结果，更在于研究过程本身，即在共同体中才能得以开展的系统的讨论、调查研究和分析。[2]

协作式行动研究的特点表现为，成员对研究过程中的工作表现展开大量积极讨论。协作式行动研究强调协作的重要性，并阐述研究的整体框架或协作过程的具体需要。有效的协作需要频繁且公开的交流沟通，充分的时间和资源，对促进性领导能力和平等观念的认可等。协作会议就是研究共同体产生价值的必要工具。周期性召开协作会议，采用递归式循环方法，形成计划、行动、观察、反思、再计划、再调整的迭代过程。研究者之间的一致性理解、民主决策、共同行动一般都借助协作会议得以实现，其目的是使教育者通过知识的社会建构，实现变革和发展。[3] 甚至每周开一次例会讨论，明确并研究学校的可研究问题。在这些例会上，所有参与者都可以频繁地进行对话和争辩。通过对话和争辩，一些问题得以澄清，一些理论被点燃，不同的行动方案得到论证，并在不同学校和课堂上被广泛使用。在研究团队的持续研讨例会中，团队成员可以在学习中创新研究过程，在处理人际关系上设身处地解决问题。所以协作式行动研究过程生成其自身的理论形式，既是个人的又是协作的。协作式知识构建过程，既具有相互性又呈现反复性，在个人和群体之间砥砺研磨，包括对权力策略问题的应对和对参与组织及研究团队的控制。[4]

二、协作反思法

反思是行动研究的一种主要元素或变量。协作式行动研究之所以能创

[1] Claudia Balach & George Szymanski, "The Growth of a Professional Learning Community Through Collaborative Action Research", Paper Presented at the Annual Meeting of the American Educational Research Association, April 21–25, 2003, Chicago, USA.

[2] Gerald J. Pine, "Collaborative Action Research in School Counseling: The Integration of Research and Practice", *The Personnel and Guidance Journal* 59, 1981（8），pp. 495–501.

[3] Elizabeth Elliott, "Building a Partnership Through Collaboration, Reflection, Dialogue", *Journal of Early Childhood Teacher Education* 24, 2004（4），pp. 247–255.

[4] Bridget Somekh, "Constructing Intercultural Knowledge and Understanding Through Collaborative Action Research", *Teachers and Teaching: Theory and Practice* 12, 2006（1），pp. 77–87.

造知识，主要是基于对问题解决的反思。因此，有人将协作性行动研究命名为"反思行动模式"。^①可见，协作式行动研究的反思特性不亚于协作特性。

（一）反思层次

协作式行动研究的反思法，表现为个体反思批判（reflexive critique）、协作反思（dialectical critique）及整体革新（total change）三个层面。

协作式行动研究发生在真实情境中，依赖事实、笔记、手稿和办公文件等情境性的东西。但是，如何让研究的真实性和实在性摆脱纯粹的经验性而获得理性？参与者个体的反思是理性的基础。协作式行动研究的个体反思贯穿于研究中循环往复的各个环节，在不同的环节所反思的重点会有所不同（见表2-2）。研究者对实践问题的分析不能脱离实际，而应密切结合自己的兴趣、观念、情感和实践进行推理，目的是加深对实践的理解，形成后续研究的"理论基础"。^②在这个基础上，研究者需要设计改变实践的方法，形成自己需要的专属理论。与传统研究不同，研究者并不照搬他人的理论，而是通过实践批判和内化，对他人的理论进行确证，进而决定开展行动研究的必要性。当研究者按照自己的实践理论正式而系统地开始行动时，研究的问题就会被最终确定下来。继而，开展协作反思，进而，开展整体革新。

协作反思是参与者之间和行动研究其他要素之间的辩证批判。事实，尤其是社会事实，是通过交互才有效的。也就是说，事实是通过语言来分享的，任何现象，只有通过对话才能被概念化。因此，要建构事实，必须理解事实与环境之间的关系和要素之间的关系。协作式行动研究中的反思是研究者跳出自主封闭式反思，和协作伙伴一起对需要解决的问题进行现象主义描述，把实践现状充分暴露出来，接受研究共同体的审议。在协作与反思的过程中学会采用头脑风暴法听取同事的意见^③，其目的是把不同的描述作为研究的背景，以便让问题得到充分的阐释、清楚的澄清和不断深入的重构。研究问题确定后，研究者就可以设计适切性的数据资料收集方

---

① Betty Ragland，"Fostering Professional Development and Evaluation Through Collaboration"，Paper Presented at the Annual Meeting of the Mid-South Educational Research Association，November 6–8，2002，Chattanooga，USA.

② Mark Cotter，"Collaborative Learning in the Counselor/Student Relationship"，Paper Presented at the Annual Meeting of the Mid-South Educational Research Association，November 6–8，2002，Chattanooga，USA.

③ Zhoujing Lin，"Collaborative Action Research: An Effective Way to Promote EFL Teacher Development"，*Journal of Education and Practice* 3，2012（14），pp. 22–28.

表 2-2　协作式行动研究各环节中反思的重点内容

环节	反思的问题	研究要求	环节	反思的问题	研究要求
I	要改变什么?	1. 现象主义描述 2. 有问题引导描述 3. 问题是研究者自己的问题	V	怎样研究?	选择适宜的数据收集和分析方法
II	为何这样做? 要继续做什么? 为什么?	1. 描述阶段缺乏研究假设时的分析 2. 考察研究者的观念和实践 3. 分析结果作为理论基础	VI	结果表明了什么?	合理使用数据分析方法, 呈现问题答案或数据分析结果
III	需要做什么? 为什么?	1. 设计改变实践的方法 2. 方法作为后续研究的起点 3. 吸收已有理论或伙伴的理论	VII	结果意味着什么?	用反思实践阶段设计的理论解释研究结果或修正之前的理论基础
IV	希望发现什么?	1. 确证自己的理论 2. 根据实践推理和兴趣确证 3. 作出研究选择	VIII	我的理论可靠吗?	对建构的理论进行再反思

法和数据分析手段。他们有诸多可供选择的方案,例如,案例研究设计、调查、实验设计、人类学方法、现象学方法。在数据分析中,研究者按照之前设计好的方法进行正确分析,并把分析结果予以呈现,为下一阶段的结果解释做好准备。[1] 分析结果的解释并不依赖外在的理论,而是根据研究者反思性实践阶段的实践理论进行解释,其实质是对实践理论的二次建构。经过二次建构的理论就是名副其实的专属理论,研究者只需把它再次带入实践,进行细致的反思考察,就可以在共同体的交往实践中呈现给协作伙伴,使该理论持续地为实践服务。

(二)反思功能

行动研究是典型的事理研究,即办好此事的研究。所有行动研究都希望让事情变得更好,改善具体的实践活动,或者是纠正本来应该做得好但

---

① Martha Merrill,"Collaborative Learning in Information Technology",Paper Presented at the Annual Meeting of the Mid-South Educational Research Association,November 6–8,2002,Chattanooga,USA.

是做得不够好的事情。[1] 行动研究天然朝向更好的特性，既充分地表现在行动研究过程的递归性与循环性中，也鲜明地表现在行动研究的目标革新性上。在组织和系统应用（organizational and systemic applications）的行动研究中，用"达到浮现目标"（emergent goal achievement）作为组织系统改善的支撑。[2] 这里的"浮现目标"，强调的是在行动研究中，目标得以不断生成和革新。这样，行动研究起始的目标在行动中不断被超越，而行动研究的最终目标是不能确定的。也就是说，没有最好，只有更好。

协作式行动研究中各环节的反思内容可以被看作研究者实施协作式行动研究的引导手册。它把反思性实践纳入了行动研究当中，为研究者及其团队提供了研究的框架。在这个框架中，研究者创造的实践理论和公共知识将更加有益于系统的更新。[3]

（三）反思工具

协作式行动研究中，协作各方进行反思的可视工具主要是反思性日志（reflective journal）。派因（Pine, G. J.）在 1981 年就指出行动文件对于协作式行动研究的重要性。[4] 可以通过编制证明文件，来记录协作式行动研究整个进程中的问题、观察和监控等，包括信息的收集、信息的产生、信息的组织、信息的整合、信息的分析、信息的解释、信息的使用和信息的传播。反思性日志，已经成为协作式行动研究中通用的证明文件，既包括对观察与访谈的即时记录，也包括对调查信息的及时分析和整合。反思性日志是学者和实践者在协作式行动研究过程中抓取环境、细节、个人事实和事件情节的重要工具。

反思性日志作为知识建构和专业发展的工具，具有三种功能：外在化（externalization）、语词化（verbalization）和系统考查（systematic examination）。[5] 协作式行动研究中，一线教师通过日记记录和意识到自己

---

[1] Craig Mertler, *Action Research: Teachers as Researchers in the Classroom*, Sage Publications, 2008, p. 4.

[2] Bob Dick, "Action Research Lierature 2008–2010: Themes and Trends", *Action Research* 9, 2010 (2), pp.122–143.

[3] John M. Peters et al., "Collaborative Action Research in Three Settings: Community College, University and Secondary Education", Paper Presented at the Annual Meeting of the Mid-South Educational Research Association, November 6–8, 2002, Chattanooga, USA.

[4] Gerald J. Pine, "Collaborative Action Research in School Counseling: The Integration of Research and Practice", *The Personnel and Guidance Journal* 59, 1981 (8), pp. 495–501.

[5] Darío Luis Banegas, "Identity of the Teacher-Researcher in Collaborative Action Research: Concerns Reflected in a Research Journal", *Profile Issues in Teachers' Professional Development* 14, 2012 (2), pp. 29–43.

的潜力、潜在理论，并赋予实践以合理化，从而使教师变得更加自治和进行自主反思，强化教师身份。通过反思性日志，协作者意识到自己在帮助别人的同时发展了自己的专业技能，而且激发和鼓励了研究动机。反思性日志帮助一线教师意识到自身观念的转变和自身行为的效力，从而提高自我效能感，是教师进行研究最容易做到也最有意义的研究方法。

撰写反思性日志是反思自己和团队观念的好机会，能够从协作式行动研究中学会彼此学习，走出孤立。日志分析属于诠释研究。作为教师—研究者参与行动研究时，实践者能够贡献非常有价值且丰富资料，有必要养成和保持记日志的习惯。日志能够帮助教师对行动研究进行概念化，促进概念在课堂中的应用，促进教师的专业发展。不仅教师应该记日志，所有的协作者都应该记日志，因为这样有利于角色的形成，也有利于观念的分享和对行动的反思。例如，在协作式行动研究计划执行前和执行后对教师进行的问卷调查、课堂观察、对大学学者和一线教师的访谈、讨论与协作会议等，都可以通过教学日志和研究日志形式及时记录下来。有的协作式行动研究计划中规定每一次会议之后，参与者每人写一份日志。[1] 实际上，日志还可以记录研究报告和使用内容分析法，分析的时候可以基于研究问题对资料进行编码分类，然后计算每一个编码出现的频次从而确定重要的议题，进行交叉数据分析，找出数据所回答研究问题的特征，几位协作者先独立分析再一起讨论，最后请参与者阅读和评论数据分析及其结论。[2]

也就是说，反思性日志可以记录协作式行动研究过程中的所有细节，成为对协作式行动研究开展定性分析、定量分析和混合研究的基本资料。如果说协作会议是协作式行动研究的信息生成机制的话，那么，反思性日志就是协作式行动研究所有信息的载体和进行再加工的媒介。

三、案例研究法

案例研究法是通过细致而深入地对一个环境及环境中的人和事的各种信息进行长期而系统探索的研究方法。[3] 协作式行动研究几乎都会使用案

---

[1] Angela Yicely Castro Garces & Liliana Martínez Granada, "The Role of Collaborative Action Research in Teachers' Professional Development", *Profile Issues in Teachers' Professional Development* 18, 2016（1）, pp. 39–54.

[2] Qiang Wang & Hong Zhang, "Promoting Teacher Autonomy Through University–School Collaborative Action Research", *Language Teaching Research* 18, 2014（2）, pp. 222–241.

[3] Muhammad Hudaya & Ciorstan Smark, "The Role of Case-Study Research in Investigating Local-Government Accountability Reporting: Evidence from Indonesia", *Procedia Economics and Finance* 35, 2016, pp. 44–53.

例研究法，一方面是由于协作式行动研究面临的对象都是一个个活生生的人和真实的问题，另一方面是基于案例研究法本身的信息覆盖特性。

（一）案例研究法的适宜性

当研究实践者参与到复杂的相互关系之中，或者当研究者面临一个知之甚少的新领域，其研究主题的许多变量都使得经验主义的实证研究难于实施，此时，案例研究法是首选的研究方法。案例研究法的真正力量在于它能聚焦于个体或事件，关注到个体和实践的复杂性，对自然的情境有着独特的适应性，能够在自然的环境中，就个体和实践产生假设，发现真相。案例研究的程序要求解决行动者之间互动的相关问题，帮助研究者识别有效的相关变量和条件，为研究者的决策提供预先收集的资料。案例研究法与实证研究方法截然相反的是：实证研究方法把情况进行分解和还原，而案例研究法则描述情境和个体的大量信息。案例研究法描述的信息包括：人物的生活背景、考试分数、情感测量、自主报告、同行报告、同事报告、父母观察、学生作品、轶事资料、评估者观察等。全方位的信息描述是案例研究逼真动人的基本方略。案例研究不仅可以考察实证研究中前测与后测的量化结果，还能够洞察干预的事件、活动，以及这些事件、活动对个体认知、情感和行为的影响力。通过案例研究，可以清晰地看到参与了协作式行动研究的教师在特质方面的微妙变化。例如，教师能够进行自传性和合作性的反思，乐于提供和接受支持，具有从理论到实践和从实践上升理论的态势，获得参与未来批判反思和创新实践的权利，具有表达科学探究和科学本质及使课程问题化的能力。这些属于协作式行动研究目的和结果的教师成长变化，只能通过案例研究方法才得以阐释出来。因此，案例研究法是协作式行动研究的基本方法。①

由于案例研究属于嵌入真实的生活情境中对真实事件进行现象学的解释性研究，因此，不同的研究者研究不同的问题，其操作案例研究方法时取向就会不同，导致具体做法灵活多变。不过，从案例研究的文献中可以发现，有两种相对典型的案例研究操作取向： 是理论构建型的案例研究方法，二是事件解释型的案例研究方法。

（二）案例研究法的理论构建取向

在理论构建的案例研究中，案例研究是聚焦于特定环境并建构某种普遍理论的一种研究策略，带有一定的实证研究的倾向，对案例研究有信度

---

① Gerald J. Pine，"Collaborative Action Research in School Counseling：The Integration of Research and Practice"，*The Personnel and Guidance Journal* 59，1981（8），pp. 495–501.

和效度的要求。具体操作包括九个步骤^①:(1)启动案例研究,包括形成研究问题,明确需要调查哪些资料及如何组织调查;(2)选择案例,根据要构建的理论来随机选择研究对象;(3)制订研究计划和选择调查工具,以便能综合使用定量和定性的资料;(4)进入研究现场,使用灵活的资料收集方法收集重叠的数据;(5)分析案例范围内的数据,先分析单个案例的数据,然后进行交叉案例比较(cross-case comparison),以便深入理解;(6)搜寻交叉案例模型,为了避免交叉案例比较带来的结论偏见,可以将案例按照相似性分类进行分析,也可以根据数据的异质性分类进行分析,还可以将案例两两成对地进行比较分析;(7)形成假设,先澄清构念(construct),然后使用每一个案例的数据来检验假设;(8)将研究得出的结论与已有文献进行对照,找出哪些观点是一致的,哪些观点是矛盾的,哪些观点是新出现的;(9)当案例研究不能进一步发展特定理论的时候,就可以终止案例研究了。

用案例研究进行理论构建的优点颇多,不仅可以建构新的理论,而且能够证实已有理论,并且与真实的案例结合使理论具有强健的实证主义证实性。但是案例研究构建理论的基本标准也是严格的:(1)理论是否简洁、可重复验证和逻辑自洽;(2)理论与案例数据的关系中是否存在问题;(3)案例研究是否产生了新的知识。

(三)案例研究法的事件解释取向

在事件解释型的案例研究中,研究者在方法论上将案例研究与本体论(ontological)和认识论的(epistemological)立场对立,只强调研究者对研究对象进行反思性解释,即强调解释真实生活情境中真实事件现象如何和怎么样,认为在信度和效度上对案例研究进行精确的要求是不必要的。事件反思型案例研究的具体步骤,首先是设计精致的案例研究计划,然后进入现场收集资料,最后使用混合技术分析资料并撰写案例研究报告。^②

因为案例研究计划几乎决定并左右着事件解释型案例研究的质量与结果。事件解释型案例研究计划的要素有五个:(1)确定和描述研究问题,研究问题的确定需要从文献综述和现实观察中得出,研究问题的描述则需要准确地界定问题的范围、群体、内容和指向结果;(2)确定研究问题所

---

① Hidenori Sato,"Generalization Is Everything,or Is It? Effectiveness of Case Study Research for Theory Construction",*Annals of Business Administrative Science* 15,2016(1),pp. 49–58.

② Muhammad Hudaya & Smark Ciorstan,"The Role of Case-Study Research in Investigating Local-Government Accountability Reporting: Evidence from Indonesia",*Procedia Economics and Finance* 35,2016,pp. 44–53.

涉及的主题，包括每一个主题的具体内容；（3）确定研究主题下面具体研究内容的分析单元；（4）界定数据资料之间的逻辑关系；（5）确定对资料分析发现的解释标准。

事件解释型案例研究的资料收集，需有提前进入现场的时间。是提前三个月进入现场？还是提前六个月进入现场？这要依据研究者对现场情况的熟悉程度而定。在现场收集的资料包括对话、会议、电子邮件、访谈、直接观察、档案文件和人工作品等。

事件解释型案例研究采用多种方法的混合技术分析所收集的资料。案例研究的资料一般都会量大、杂乱和模棱两可，分析起来非常耗时，如观察记录、叙事、组织报告和文件。一般要经历六个步骤：（1）整理资料；（2）形成主题、模式和类别；（3）资料编码；（4）检测浮现出来的理解；（5）搜寻替代解释；（6）撰写研究报告。案例研究中的资料分析阶段是得出研究结论的重要阶段。分析资料的六个步骤的具体做法因材料的特性而定，没有固定做法，但是都要在资料解释的方法论控制之下进行。

此外，必须注意的是，协作式行动研究的具体方法灵活多样。总的来说，协作式行动研究，基本上都会采用混合方法的研究设计。根据实践价值带来的研究问题和成果，以及协作式行动研究发生的不同背景，其使用的具体方法也有不同。[①] 例如，实习生与在职教师教育者配对一起在小学工作实践中就真实问题进行系统性的探究，大学学者定期访问和书面反馈他们的行动方案和行动报告。其间，访谈、协作会议、研究计划和报告、对话日志、作品分析、中期评价和终结评价，研究者的田野日记等都可能被用到。这些混合方法中，有些是定性的方法，而有些是定量的方法。协作式行动研究只有混合使用定性定量的方法，才能有效地发现、理解和解决问题。

扎米尔（Zamir，S.）及其同伴报告了他们的《视频通话降减老年人的孤独感和社会隔离感：一项应用协作式行动研究的实施探究》。[②] 养老院老人因为家人无法经常去探望他们，会感到很孤独。视频电话可能有助于减少老人的孤独感，但是老人却不知如何使用视频电话。该研究的目标，

---

① Bridget Somekh, "Constructing Intercultural Knowledge and Understanding Through Collaborative Action Research", *Teachers and Teaching*: *Theory and Practice* 12, 2006（1）, pp. 77–87.

② Sonam Zamir et al., "Video-Calls to Reduce Loneliness and Social Isolation Within Care Environments for Older People: An Implementation Study Using Collaborative Action Research", *BMC Geriatrics* 18, 2018（62）, pp. 1–13.

是促进视频通话在养老院里的有效使用。该研究采用协作式行动研究方法，在养老院里进行视频通话干预，实地记录护理人员、老年人和其家人的对话，以及记录反思日志，持续了 15 个月，并进行分析。老人可以在护理人员的帮助下使用视频通话工具，并免费使用视频电话与家人保持联系。然而，在实施过程中遇到了以下五大障碍：护理人员的流动问题、安全问题、视频通话设备设计问题、家庭成员参与意愿和员工对技术的态度问题。该研究的结论为，视频通话干预或其他类似的方法，可以帮助老年人在养老院中更好地与他们的家庭保持联系，但是每所养老院需要因地制宜制定可行而详尽的干预措施，以克服障碍，最大限度地提高护理人员、老人及其家人的参与度。

协作式行动研究发展具有动态性、多样性、灵活性的特点，针对学校教育的相关问题，研究者与实践者可以依据具体需要开展具体的协作研究。

第三章　参与式行动研究

参与式行动研究的兴起，促使我们对社会变迁的主体与动力进行再认识。[①] 然而，变化来源于哪里？变化的主体和动力又是什么？下面将从参与式行动研究的历史演进、定义特征和主体关系三个方面对其加以考察。

第一节　参与式行动研究的概念

一、参与式行动研究的历史演进

1977 年，哥伦比亚社会学家法尔斯 – 博达（Fals-Borda，O.）等人在哥伦比亚名城卡塔赫纳举办第一次参与式行动研究国际研讨会。[②] 在参与式行动研究起源的问题上，各国说法各异。然而，无可争议的一点是，参与式行动研究自诞生之日起，便秉承着和平民主、自由解放和赋权增能的理念。

（一）发轫于追求和平与民主的世界战争

与量化研究和质性研究不同，行动研究起源的社会背景、创始者的个人经历和需求，赋予了行动研究一抹浓厚的革命气息。在硝烟弥漫、风云变幻的第二次世界大战期间，德裔美国心理学家勒温饱受德国纳粹的敌视与陷害。这一遭遇迫使勒温逃往美国并迅速加入"共同体人际关系委员会"。勒温致力于通过社会科学研究，消除种族偏见和冲突，实现人类和谐共处。经过不懈的努力，勒温于 1944 年正式提出"行动研究"，并在 1946 年《行动研究与民族问题》一文中，将行动研究描述为一种"实践

---

① 林志斌、张立新:《打工者：参与行动研究》，北京，社会科学文献出版社 2008 年版，第 307 页。

② Orlando Fals-Borda & Muhammad Anisur Rahman eds., *Action and Knowledge：Breaking the Monopoly with Participatory Action-Research*，Apex Press，1991，pp. 173.

干预研究、行动考验理论、手段目的一致、行动规则本土化及引发社会运动"的研究方式。① 勒温强调，行动研究是一种螺旋科学，它是研究者与参与者相互影响与不断反思的迭代过程。

（二）成长于争取解放与自由的革命运动

作为一种新的实践认识论，参与式行动研究肩负着增进理解与变革社会两大历史使命。因此，得益于自身与人民战争的天然亲和力及民众反抗和本土知识的动力支持，从"二战"结束后到 20 世纪 70 年代初，参与式行动研究顺应历史潮流，扩至第三世界，并得到发展壮大。它全面渗透到第三世界，尤其以非洲、南亚和拉丁美洲各国为主，在爱国志士、精英分子联合社会大众掀起的一场场波澜壮阔的民族解放运动中产生了重大影响。行动研究最具代表性的两位人物是巴西的弗莱雷（Freire，P.）和坦桑尼亚的斯万提斯（Swantz，M.）。前者的成人教育理论被认为是参与式行动研究的思想源头之一；后者则首次提出"参与研究"（participatory research）。② 20 世纪 60 年代，为了消除殖民主义教育文化的残余、颠覆学者主导的实证主义范式和促进大众参与的知识生产和社会变革，弗莱雷创造社区为本研究，着力推进参与者的觉悟启蒙（conscientization），使他们认识到影响自身生活品质的力量，并以这种越发强烈的意识作为催化剂，促使社会最底层采取政治行动，打破被强加于自身的制度枷锁和思想磐石。③

（三）盛行于获致权利与发展的社会改革

然而，民族解放不等于阶级解放。随着国家独立、政权稳定和经济复苏，第一波参与式行动研究在 20 世纪 70 年代末接近尾声，偃旗息鼓。但是，它并未终结。随着国际政治和经济局势的日渐好转，长期被遮蔽和忽视的科学主义批判拨开云雾，重获关注，参与式行动研究的应用顺遂进入第二次高潮。

18 世纪卢梭（Rousseau，J.-J.）最先敏锐地提出科学进步的负面效应问题。而后，工业时期科技的繁荣导致的对自然的掠夺和对人的强制，更引起学术界的口诛笔伐。科学主义批判最为激进的法兰克福学

---

① Kurt Lewin，"Action Research and Minority Problems"，*Journal of Social Issues* 2，1946（4），pp. 34–36.

② Peter Reason & Hilary Bradbury eds.，*The SAGE Handbook of Action Research：Participative Inquiry and Practice*，Sage Publications，2008，p. 32.

③ Sara Kindon，Rachel Pain，& Mike Kesby eds.，*Participatory Action Research Approaches and Methods：Connecting People，Participation and Place*，Routledge，2007，p. 10.

派左翼人物马尔库塞（Marcuse，H.），富有胆识地剥开科学技术身上的"华丽外衣"，揭露出科学技术将所有对真理和公正的要求都置若罔顾。就在学者质疑和挑战主流社会科学的价值中立原则的同时，越来越多的利益相关者和公众参与决策的制定和执行，反抗以官僚机构为中心、受工具理性驱动、由科学家主导的技治主义。因此，从 1980 年开始，自上而下的统治手段向高度参与的管理方法转变，即参与和行动导向的方法。

纵观参与式行动研究的演化进程，根据法尔斯－博达的观点，可将其分为三个阶段：作为一种研究方法、作为一种成人教育和作为社会政治行动。[1] 值得一提的是，这种划分只说明特定历史时期突出参与式行动研究的某种功能。随着参与式行动研究在不同领域的应用，其定义也在不断地发展变化。

二、参与式行动研究的含义与特征

"正如所有伟大的事物一样，参与式行动研究不是由单一的个体发现或创造的。"[2] 因此，关于参与式行动研究的概念并无定论，甚至有些概念相互冲突。比如，有的学者认为参与式行动研究就是参与研究[3]，而有的学者则否定了这种说法。尽管如此，依旧可将其"真实性参与""实践性行动"和"批判性研究"三个要素与特征及其衍生派别作为切入点，透视参与式行动研究。

（一）真实性参与

"参与"是参与式行动研究的工作方式和方法，它指个体在某个问题或事情的讨论上占有一席之地[4]，并参与到研究和行动中去。在传统的研究中，研究者和实践者是分离的，而在参与式行动研究中，研究者只有参与到实践中才有资格做研究，而实践者也必须意识到研究的必要性并积极主动承担研究的相应任务。[5]"参与"是参与式行动研究区别于人种志行动研

① Orlando Fals-Borda & Muhammad Anisur Rahman eds., *Action and Knowledge: Breaking the Monopoly with Participatory Action-Research*，Apex Press，1991，p. 3.

② Peter Reason & Hilary Bradbury eds.，*The SAGE Handbook of Action Research: Participative Inquiry and Practice*，Sage Publications，2008，p. 31.

③ Greg Hearn et al.，*Action Research and New Media: Concepts, Methods and Cases*，Hampton Press，2009，p. 13.

④ Sean Kidd & Michael Kral，"Practicing Participatory Action Research"，*Journal of Counseling Psychology* 52，2005（2），pp. 187–195.

⑤ 林志斌、张立新:《打工者：参与式行动研究》，北京，社会科学文献出版社 2008 年版，第 9 页。

究、网络化行动研究、预见式行动研究、协作式行动研究和评价式行动研究的重要判断标准之一。这种标准具体体现为三个维度：参与的性质、参与的人数和参与的层次。

　　事实上很多参与者的参与并非都是实质性的参与。在某些情况下，只是一种虚假的参与，而非真正意义上的参与。而参与式行动研究的出发点是实现所有人的"真实性参与"。当然，不同学者对"真实性参与"的理解也有差异。美国社会学家、公民参与理论的先驱安斯坦（Arnstein, S.）提出公共参与的阶梯模型。该模型将公民的参与由下至上分为三个类型：第一类是政府统治下的"无参与"，第二类是象征性参与，第三类是顶层"公民获取力量/权利"。安斯坦认为，只有第三类才是完整的、有意义的参与。[1]普雷蒂（Pretty, J.）不赞成前两种纵向的参与阶梯模型。他们认为，在研究过程的每个阶段和不同情境，各种水平的参与者参与都是必要的。因此，为了避免对阶梯层次有任何固定的价值判断，他们提出了横向的参与连续体模型，即从消极的参与到参与信息的给予、通过咨询实现参与、功能性参与、物质刺激参与、互动性参与，直至自主驱动参与。[2]显然，在参与式行动研究中，对参与模型和程度的选择并不由研究者决定，而是研究者和参与者共同商量的结果。后者不需要完整的参与，但是必须以自己的立场与研究者合作，兑现真实性承诺。

　　（二）实践性行动

　　里森（Reason, P.）和布拉德伯里（Bradbury, H.）倾向于将"行动研究"称为"实践"而不是"方法"或"方法论"。这是因为行动发生在做的过程中，而不是躺在抽象的描述里。[3]著名行动研究专家凯米斯等人也认为，参与式行动研究的"行动"是一种实践。运动、行为、（有目的的）行动和活动构成这种实践，但它们本身不是实践。[4]凯米斯等认为，实践是一种社会建构的人类合作活动；它包含合理化、多样化的行动和互动；话语、相关的人、事物和关系相互作用，统一并交织在这种实践中。[5]

---

[1] Sherry Arnstein, "A Ladder of Citizen Participation", *Journal of American Institute of Planners* 35, 1969（4）, pp. 216–224.

[2] Jules Pretty, "The Many Interpretations of Participation", *Focus* 16, 1995, pp. 4–5.

[3] Peter Reason & Hilary Bradbury eds., *The SAGE Handbook of Action Research: Participative Inquiry and Practice*, Sage Publications, 2008, p. 235.

[4] Stephen Kemmis, Robin McTaggart, & Rhonda Nixon, *The Action Research Planner: Doing Critical Participatory Action Research*, Springer, 2014, p. 52.

[5] Stephen Kemmis, Robin McTaggart, & Rhonda Nixon, *The Action Research Planner: Doing Critical Participatory Action Research*, Springer, 2014, p. 52.

它具有目的性、经验性和关联性等特征。① 第一，对于直接参与者、间接利益相关者和其他受影响的人群而言，"实践（行动）"具有明确的目的和意义。实践部分地由他们的所思所想所言构成。这些想法和发言是经过深思熟虑的，而非漫无目的。第二，实践由参与者的经验构成。它存在于特定的群体在具体的条件下进行创造或改造自身生活和工作条件的过程中。它依凭个体和集体的行为而展开，深受参与者自身的成长和工作经历的影响。第三，实践是人与事物、人与其他人相互关联的结果，这种联系包括与具体事物，比如与原材料、资源和工具的关系，也包括与人建立的关系。

（三）批判性研究

批判性是参与式行动研究的显著特征之一。与实证主义研究不同，参与式行动研究不是一种或一系列用来生成"普遍原理"的手段。具体而言，在研究目的上，要促进人们理解和变革"做事的方式"，即改变对自身实践的理解、实践的行为及实践的条件②，进而提高实践的连贯性、合理性、有效性、可持续性和公平性。在研究视角上，凯米斯等人认为，传统的社会科学（或教育）研究从两个维度进行，即个体—社会和主观—客观。③ 前者指研究关注的是个体活动还是社会结构；后者指研究强调参与者自身的阐释、情感和意图还是对参与者行为的描述。二者的组合产生五种研究类型及其各自相应的研究方法，如表 3-1 所示。然而，批判性研究则要求综合考虑实践的四个方面，指出实践是在社会历史条件下形成的，并由参与者采用批判性的方法，发挥能动性和采取社会行动重构实践。在研究对象和过程上，参与式行动研究着力于"这里发生什么"，而不是"其他或每个地方发生什么"。通过剖析当下实践的形成条件、运行过程和最终结果，结合与相关人员的对话，判断这种实践是否是理性的。如果不是，则与别人进行交往和对话，力图理解主体间的一致性、各自的观点和情境，以及自愿同意采取哪些行动。行动之后，记录和监督行动是否避免或减少了不幸的后果，同时检验新的行为方式是否导致新的不幸后果。在研究方法上，参与式行动研究者对科学家的

① Stephen Kemmis, Robin McTaggart, & Rhonda Nixon, *The Action Research Planner：Doing Critical Participatory Action Research*，Springer，2014，p. 51.
② Stephen Kemmis, Robin McTaggart, & Rhonda Nixon, *The Action Research Planner：Doing Critical Participatory Action Research*，Springer，2014，p. 67.
③ Stephen Kemmis, Robin McTaggart, & Rhonda Nixon, *The Action Research Planner：Doing Critical Participatory Action Research*，Springer，2014，p.71.

语言即"数据"不感兴趣，而倾向于历史学家的语言，即"证据"。他们认为，一方面，证据公开行动的过程，使其他人了解参与者是如何进行实践的，并通过对比，分析现在是否比之前做得更好；另一方面，各方对证据进行分析、阐释、反思、分享、提出质疑并引发问题。其最终目的就是鼓励对话，帮助人们改变自身对实践的理解及其实现条件。虽然研究者和参与者不能成为数据收集的"奴隶"和信效度的"人质"，但在收集、阐释、分析和质疑证据时必须要非常谨慎，保证证据的"正当性"。"正当"的证据不仅指类似学生在标准评估测验中所得的分数，也指能为行动者提出的具体问题提供答案，并对正在调查的主题有所启发的证据。其中，最重要的证据是"日志"。参与式行动研究者必须从不同类型的参与者，比如教师、学生、家长，从各种视角和途径，如笔记本、活页纸、博客、日记本来收集证据，并建立一份档案，整理所有证据，以便进行三角互证。

表 3-1 五种研究实践的传统

视角 重点	个体	社会	二者 皆有
客观	1. 实践作为一种个体行为：采取量化的、实验的方法；进行心理测量和观察；填写互动表格等	2. 实践作为一种社会的和系统的行为：采用量化的、实验的方法、观察技术，进行社会测量和系统分析	5
主观	3. 实践作为一种意向性行为：选择质性的、解释学的方法，如临床分析、访谈、撰写日志、自主报告、反省	4. 通过对话和传统而建构和形成的实践：选取质性的、解释学的、历史的方法，比如对话分析、文件分析	
二者皆有			

概而言之，在参与式行动研究中，参与、行动和研究是血肉相连的关系。"参与"是行动和研究的灵魂，"行动"和"研究"是"参与"的肉体。没有"行动"和"研究"，"参与"便成为魂不附体的幽灵；没有"参与"，"行动"和"研究"便是没有魂魄的躯壳。

三、参与式行动研究的主体关系

传统的实证研究学者认为，研究者在知识收集、研究方法实践及理论构建等方面具有独有权（ownership）和排他性（exclusion）的特征。① 然而，参与式行动研究的发展促使我们对知识体系、权力体系、权力运作进行再认识。它作为一种以定性倾向为主的实证研究方法，与其他类似的研究方法相比有显著区别，它强调研究对象在研究过程中的主动参与，而非只是被"外在的他者"（outsider）研究②，真正意义上"赋权"研究对象。作为一种联合研究者和参与者的新兴方法论，参与式行动研究充分发挥了两类行动者的知识、技术和经验，打破隐含在主客二分里的服从和依赖的不对称性，将主体/客体转化为主体/主体关系。③

　　在参与式行动研究中，从研究对象来看，参与者研究和解决的是从自身经验中发现、与实际需要相关的主题。它们对参与者而言是熟悉的、亲切的和可理解的，与专家的、空降的问题所带来的陌生感、距离感不同。从研究地位来看，参与者不再处于被研究的客体地位，不仅仅是数据的提供者，而与研究者处于同等地位，直接接触问题本身并自信地发表对问题的见解。从研究工具来看，几乎很少使用参与者无法理解的量化研究方法，而采取体验式的质性研究方法。借助和掌控这些工具，参与者能够自主决定研究的进度和深度，成为研究的主导。

　　有学者将参与式行动研究中的参与主体形象地比喻成"在一艘没有船长的船上的一个有经验的水手和其他水手"④，并借助此比喻对参与式行动研究中的不同主体进行了细致的分析。第一，这艘船上没有船长。没有人是发布号令的船长，同时，每个人都有应当承担的责任。换而言之，无论研究者还是实践者，二者都不是船长，而是地位平等的研究参与者。第二，研究者就是这艘船上那个有经验的水手。一个有经验的水手需要履行相应的义务与责任：（1）愿意与其他人一起航行；（2）愿意将自己在试验中获得经验和技巧置于其他人的支配之下；（3）愿意告诉其他人他所认为的应当开往的方向，并承担实现它所必须完成的实际任务；（4）愿意将他的专长传授给他人。第三，无论有经验的水手（研究者）还是其他水手（实践者），大家都是旅行者，但旅行赋予了两者不同的价值和含义。研究

---

① 刘济群：《研究对象的在场：在图书情报学领域中引入参与式行动研究》，《图书与情报》
　　2015 年第 2 期。
② 刘济群：《研究对象的在场：在图书情报学领域中引入参与式行动研究》，《图书与情报》
　　2015 年第 2 期。
③ Orlando Fals-Borda & Muhammad Anisur Rahman eds., *Action and Knowledge: Breaking the Monopoly with Participatory Action-Research*, Apex Press, 1991, p. 4.
④ 〔美〕霍林斯沃思主编：《国际视野中的行动研究：不同的教育变革实例》，黄宇等译，
　　北京，中国轻工业出版社 2002 年版，第 347～348 页。

者需要能够进行比较、分析选择，或者至少让所有参与研究的人知道并清楚这些选择。[①]

参与式行动研究打破已有的观念暴力，但仍有不少研究表示，要实现真正的参与式行动研究，似乎还存在着重重挑战。其主要障碍有社会、文化中的有限理性（bounded rationality）和研究主体间的权力关系（power relations）。[②]

第二节　参与式行动研究的方式

21 世纪以来，国外研究者对参与式行动研究进行了深入的研究和实践，形成了多种发展取向和原理模型。

一、参与式行动研究的取向

放眼望去，参与式行动研究在成长壮大的过程中，展现出一系列实现形式，比如社区为本的参与式研究和参与式农村发展研究。

（一）社区为本的参与式研究

当前，参与式研究在各学科、各领域都有着丰富的理论与实践。近来余璐等人，已经将其应用到了学习方式的开发活动之中。[③] 参与式研究既是一种进行培训、教学、调查和研究的工作方法，也是一种"自上而下"的解决问题的思维方式，是一个实现"参与—赋权—自主发展"的过程。而社区为本的参与式研究是其众多发展路径中的一个方向，它本身不是一种方法，而是一种研究定位和取向，主要取决于由研究者的态度决定的研究理念和管理运作方式。[④]

社区为本的参与式研究是一种较为新式的研究形式。这种研究形式重点强调社区的参与，将决策权从专家手中解放出来，采纳一般居民的经验知识。研究人员借助本土知识和社区的社会网络获得信息并掌握情况，与

---

① 〔美〕霍林斯沃思主编：《国际视野中的行动研究：不同的教育变革实例》，黄宇等译，北京，中国轻工业出版社 2002 年版，第 347～348 页。

② Crelis F. Rammelt, "Participatory Action Research in Marginalised Communities: Safe Drinking Water in Rural Bangladesh", *Systemic Practice and Action Research* 27, 2014（3）, pp. 195–210.

③ 余璐等：《构建网络化整体学习方式促进卓越教学能力发展的行动研究》，《中国电化教育》2016 年第 2 期。

④ 肖竹筠、秦雪英：《社区参与式研究在公共卫生领域的应用对策探讨》，《现代医药卫生》2014 年第 8 期。

此同时，研究者一边研究一边应用，对社区进行辅导与宣传，同社区居民一起讨论与分析面临的问题，整个过程彰显了参与、平等及分享的理念。在这个过程中，不仅研究者可以掌握信息、深入研究问题，而且，社区居民可通过参与研究项目来发现问题、增长能力，从而实现研究者与社区的互惠共赢。[1]当前，社区为本的参与式研究不仅在发达国家广泛流行，而且在发展中国家逐步推广。

社区参与式研究依托社区，极大地发挥了社区的作用，因此带来了一些传统研究不具备的效果，如节省了研究成本、在一定程度上缓解和解决了社区所面临的问题、消除了文化隔阂、提高了政策的针对性、提升了社区成员的能力、激活了社区本土知识、使社区的人际关系更加融洽。[2]

（二）参与式农村发展研究

从工业文明时期开始，发展便成为各国家、各民族共同追求的目标，因此产生了各种相关的理论。发展研究（development study）则是在"二战"结束之后才逐渐兴起，并在大规模的援助开发之中受到颇多关注。在此背景下，参与式发展（participatory development）应运而生。作为一种新兴的发展理念和方法，"参与式发展"的核心是"参与"，其目的是"发展"。因此，参与式发展可以被解读成一种将参与的理念融进发展干预过程之中的方法体系和发展战略，强调发展主体在干预过程中全面参与的重要性。

正因为传统研究范式在农村发展过程存在一定的局限性，行动研究的理念和方法逐渐受到农村发展领域学者的推崇，并逐渐形成一种新取向——参与式农村发展研究。目前，参与式发展的应用主要集中在农村发展领域，其核心思想为"农民参与"。参与式发展在指导理论、行动战略和行动方法等方面，形成了一套区别于传统发展模式的理论体系。在指导理论上，影响最大的有内源式发展理论、公民社会理论等。在行动战略上，强调利用外部干预来促进社区内部的发展，并强调农民在整个干预过程中作用的发挥。在行动方法上，通过诸如参与式农村评估法（participatory rural appraisal）简单的工具，从程序和制度上保证农民在发展干预中的平等参与。[3]为更好地理解和运用参与式农村发展研究，

---

① 宋言奇：《全球社区参与式研究的运作》，《国外社会科学》2010年第1期。
② 宋言奇：《全球社区参与式研究的运作》，《国外社会科学》2010年第1期。
③ 卢敏等编著：《参与式农村发展：理论·方法·实践》，北京，中国农业出版社2008年版，第16页。

有学者提出应遵循以人为本、平等参与、团队合作、重视乡土知识和人才、集体行动、重视非技术因素的影响、关注社区异质性等原则。随着相关研究与实践的逐渐增多，参与式农村发展研究已形成一系列研究方式，包括形成"准备、问题确认、方案优选、行动、信息反馈与成果扩散"五阶段的原理模型，及"访谈、分析、排序、图式、展示、会议"六大类的工具方法。其中，参与式农村评估和快速农村评估（rapid rural appraisal）是参与式发展研究的两种重要工具，两者的差异在于：前者可获得更加详细深入的信息，而后者可以较快速高效地获取干预社区的第一手资料。

与农村发展过程常规研究相比，参与式农村发展研究具有干预的非连续性、系统复杂性、长期性、多角色参与等特点（见表3-2）。

表3-2 农村发展过程常规研究与参与式研究的区别[1]

维度	常规研究	参与式研究
研究对象	单一资源（树木、水、土地）	关注复杂的自然、社会、文化、政策、市场系统及其相互关系
研究周期	短，3~5年	长，10年以上
相关利益群体	研究者和政府	社区人、协会、企业、研究者、政府、非政府
性别视角	几乎没有	关注性别差异
学习方式	自上而下的培训；很少赋权	多样化的学习，特别是非正式学习；通过赋权，关注学习者的能力建设与自主组织
研究假设	研究对象具有均质性和稳定性	研究对象具有异质性和波动性
研究者角色作用	主导作用，关注硬技术开发	协调作用，关注当地人的能力建设

概而言之，参与式行动研究在农村领域的应用有利于促进农村发展中现实问题的有效解决，促进农村人力资源开发和人力资本建设，实现农村资源的可持续利用与管理，以及提高农业研究体系的运行效率。

---

[1] 卢敏等编著：《参与式农村发展：理论·方法·实践》，北京，中国农业出版社2008年版，第18页。

二、参与式行动研究的模型

参与式行动研究在发展过程中形成了多种原理模型，大体来说，可分为经典操作、知识共生和赋权增能三种模型。

（一）经典操作模型

参与式行动研究的经典模型指最基本的、抽象化的、循环式的参与式行动研究实施步骤，即针对某具体情境提出问题，思考并调查该情境，制定、实施并修改方案，以及在此基础上进行新一轮行动研究的过程，具体如表 3-3。

表 3-3　参与式行动研究的经典操作模型 [①]

阶段	活动
行动	与所有利益相关者建立关系，并协商研究进程安排； 就具体的研究问题进行讨论
反思	反思研究设计、研究伦理、权力关系、知识建构过程、责任等
行动	完善关系； 明确角色、责任与义务； 制定一份学术合作备忘录（memorandum of understanding）； 合作设计研究方案和工具； 讨论预期行动成果
反思	反思研究问题、研究计划、各方关系等
行动	共同参与研究的实施与资料收集过程； 促使更多的人参与其中； 合作完成资料的分析与整合； 共同规划下一步行动
反思	反思研究过程； 反思自身与他人的参与； 反思/评估研究存在的不足与问题，以便改进下一环节
行动	以研究为基础，评估研究的影响力
反思	反思整个行动与研究的过程
行动	分析未来可研究的方向

① Sara Kindon，Rachel Pain，& Mike Kesby eds.，*Participatory Action Research Approaches and Methods：Connecting People，Participation and Place*，Routledge，2007，p. 15.

在此基础上，金顿（Kindon，S.）等人将经典操作模型概括为"行动"和"思考/反思"的迭代循环并将其分为以下步骤。步骤一是准备，指全面考量并确定研究主题、建立联系及解决其他事宜。具体而言，研究者和参与者分析、确定亟须改革的主题或情境，建立利益相关者网络，商定日程安排，考虑研究设计、研究伦理及权力关系和责任。步骤二是设计，研究者和参与者区分和确定各自的角色、任务及应遵循的规则；制定学术合作备忘录；协作设计研究方案和工具并讨论预期行动结果。同时，集体反思研究问题、研究计划、各方关系及信息获取方式。在发表不同观点和讨论各种问题时，行动者会发现一些不值得研究进而放弃的主题。步骤三是实施，包括调动他者参与、协作收集和分析证据，反思研究过程，评价他者的参与表现，预估未来研究的需要，以及制定相应的行动方案。步骤四是反思，即展开研究性行动，包括给予参与者和其他利益相关者反馈；将每个行动和研究作为一个整体进行评估和审视，且决定如何施行下一步参与研究，包括是否与学者共同行动。[①] 为了保证各个环节的顺利开展，研究者和参与者运用各种与情境相适切的研究方法，包括借用传统社会科学研究方法，如半结构访谈、焦点小组访谈、地理信息系统，或视觉化、表现性、创新性的手段，如视频。这些活动反过来也可以激发研究者和参与者提出新问题、新思想，从而成为持续反思和调查的切入点。

麦金泰尔（McIntyre，A）指出，参与式行动研究是一个循环过程，形成了调适性步骤组成的螺旋，包括提出具体课题，反思并研究该课题，开发相应的行动规划，实施并改进已有规划，这可以称为经典操作模型（见图3-1）。其应用最为广泛，许多研究在此基础上进行创新与实践，从而衍生出一系列版本，图3-2就是其中一种。纵观此种模型及其衍生版本，可以发现，其核心理念是"做与思中学习，做与思中行动"。

---

① Sara Kindon, Rachel Pain, & Mike Kesby eds., *Participatory Action Research Aapproaches and Methods: Connecting People, Participation and Place*, Routledge, 2007, p. 15.

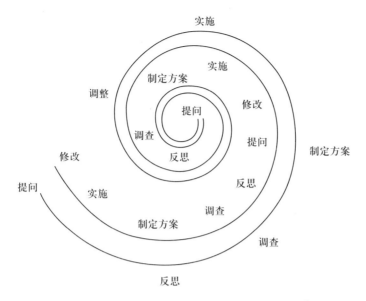

图 3-1　参与式行动研究的经典操作模型示意图[①]

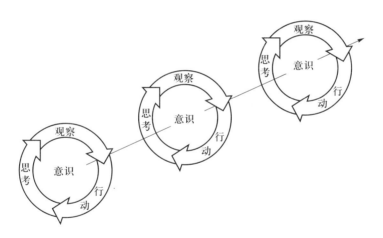

图 3-2　参与式行动研究的经典操作模型衍生版示意图[②]

（二）知识共生模型

英国伦敦塔维斯托克研究所学者与勒温合作将行动研究运用于社会心理学和组织发展研究中。这些研究者以勒温的行动研究理论为指导，

①　Alice McIntyre，*Participatory Action Research*，Sage Publications，2007，p. 7.

②　Rajnish Kumar Rai，"A Participatory Action Research Training Initiative to Improve Police Effectiveness"，*Action Research* 10，2012（3），pp. 225–243.

在组织发展领域异军突起，逐步渗透到英国的工业行动研究和斯堪的纳维亚半岛的工业和组织行动研究中，成为参与式行动研究世界的一支劲旅。[①] 知识共生模型是斯堪的纳维亚半岛参与式行动研究者在运用社会技术系统思维法（Sociotechnical System Thinking，SST）提升工作民主和强化自主管理的基础上构建而成的，其核心价值追求是提升政治公平和社会公正。所以，参与者不是"对象""客户"或"数据来源"，而是"合作学习者"（co-learner）。因此，"局内人"（地方参与者）和"局外人"（专业研究者）在对话中协作创造"地方理论"。随后，参与者在实践中验证该理论。反过来，检验的结果可以作为反馈，完善原本的"理论"，以及促使研究者产生更多、更具普适性的"科学的"理论，如图 3-3。[②] 知识共生模型具有独立多样、对话学习、内外共生、协同互惠四个特点。

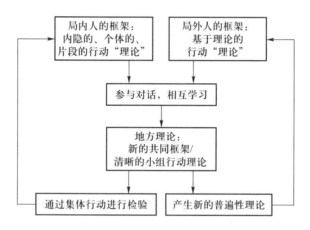

图 3-3　参与式行动研究的知识共生模型示意图 [③]

一是独立多样的行动框架。知识共生模型的基本假设是参与者具有独特的观点、模型或框架来建构自身经验的意义，解释这个世界。换言之，与局外人相比，处于某个情境中的局内人对该情境具有更多的经历、理解及建构所在世界意义的方式。因此，为了完整地呈现对事物的认识，研究者必须"本土化"。然而，"本土化"是一个时间、精力和金钱投入巨大的

① Stephen Kemmis，Robin McTaggart，& Rhonda Nixon，*The Action Research Planner: Doing Critical Participatory Action Research*，Springer，2014，p. 9.

② William Foote Whyte ed.，*Participatory Action Research*，Sage Publications，1990，pp. 127–141.

③ William Foote Whyte ed.，*Participatory Action Research*，Sage Publications，1990，p. 130.

过程，并且对专家的研究目的而言是不必要的。一种有效的替代方式是局外人与局内人进行合作。有研究者认为，实在是社会建构的。局内人和局外人的理论都是社会的产物，都可以通过调查和检验得到完善。二者的不同之处在于创造理论的方法（日常的、"信仰"的思维与基于数据的科学方法论）和理论的表征方式（非正规的、"自然的"、日常的语言与高度程式化的、正规的科学话语体系）。所以，科学家关于他人世界的理论不一定比个体自身的理论更合理、更真实。正因如此，局内人和局外人可以运用各自的框架、专业知识和技能，创造一种新的、第三种解释框架。"框架"是一种语言、理解方式或认知地图。新框架或地方理论不能为任意一方的原有框架所预测，而是双方以自己的框架为出发点，在互动中产生的。

不过，这种地方理论不是简单的合作就可以自然生成的，而是需要一种有机联系或中介，即"共生对话"（co-generative dialogue），使局内人的实践具有理论高度，使局外人的理论走向实践深度。

二是对话学习的创智过程。"参与"是一个有力但不稳定的概念。参与是实现民主必要而不充分条件，因为在非民主的组织里，参与也是可能的。但是，参与式行动研究中的"参与"指"完整"而非"虚假的"或"部分的"参与，其程度和性质是每个研究阶段的关键要素。由于不是所有的参与都能够实现参与者的赋权增能，因此为了达到这一目的，就需要"真实参与"或"共同决策"。"真实参与"指局内人遵循研究设计和方法的基本原则进行学习化参与和积极决策，用自己的方式创造新的意义；在知识生成的每个阶段提供咨询，作为"合作创造者"参与其中，而不仅仅是数据的来源或者研究和报告的消化者。这种赋权增能的参与在局内人和局外人进行共生对话并创造地方理论的过程中产生。行动者在知识创造中增强了能力，同时，由于他们掌握知识的形成过程，因此，就会自然而然地生发变革的思想。虽然局内人和局外人从各自的参考框架出发，但是可以在改变框架、产生新框架的层次上进行平等沟通。

三是内外共生的地方理论。地方理论的观点最初出现在 20 世纪 70 年代中期。在知识共生模型中，地方理论融合了局内人和局外人的或者更多来源的框架。它是直接的、简单的、简洁的，是对具体情境因果关系的情境化解释。因为建构数据的意义是一项联合任务，所以这种解释不是研究者框架垄断的结果。

四是协同互惠的参与结果。一种新的地方理论是与行动相关的，它必须有助于解决实际问题，即解决参与者认为很重要、值得研究的问题。同时，行动意味着检验并完善地方理论。至此，行动和反思便形成一个循环的过程。检验是一种集体行动。这里的"集体"指所有的利益相关者行使非正式的选择权，而且对检验哪些变化具有一致意见。

知识共生模型不仅创造地方理论，而且要解决实际问题和发展或完善科学理论。人们期待科学家根据具体的标准创造知识，并与科学界其他成员交流。在参与式行动研究中，人们对专家最低要求就是产生普适性的理论和结果，并且通过论文、著作等进行交流。研究者生成的知识一般有三种：通过对科学问题的反思产生新知识、在解决具体社会问题的过程中产生新知识，以及遵循严格的学术导向生成理论。

（三）赋权增能模型

为了较为清晰地区分实践中参与式行动研究的类型和预测潜在的挑战，学者们将参与式行动研究分为服务、合作和解放三种取向。服务型参与式行动研究指机构委托研究者加盟研究项目，为机构寻求解决问题的方法并提出建议；合作型参与式行动研究指机构指派代表与研究者、参与者协作研究，并承诺将研究结果付诸实践；解放型参与式行动研究指变革受压迫群体的生活，强调参与者通过与他人的交流，意识到自己受到剥削及了解造成这种惨状的原因，并在研究者的辅助下，加强自身能力进而实现自主变革并获得权力。三种取向并非泾渭分明，它们既相对独立，又相互交叉。

然而，使参与者"意识觉醒"的前提是回答参与者获取权力何以可能及如何可能两大问题。根据美国政治理论家海沃德（Hayward，C. R.）的观点，权力指"社会边界网"。边界，或称政治机制，包括"法律、规范、标准，以及区分行为领域的个人和社会身份"。"这些边界限制了行动者的行动，却也使之成为可能。"边界，既"限制行动"又让"行动成为可能"。"限制行动"指当边界为一些人而不是另一些人所控制，或者一些人比另一些人对边界的控制更大时，就会出现权力不对称，导致前者因掌握权力而使其行动具有可能性，而后者的行动受到制约。"行动成为可能"指"权力即边界"意味着权力既非天赋也非恒定不变，它只是一种政治机制，而这种机制是可以调整的。[①]因此，只要改变边界控制权，便有可能实施新行动。

---

① Clarissa Rile Hayward，*De-Facing Power*，Cambridge University Press，2000，pp. 8–11.

按照这一权力理论，解放型参与式行动研究认为，各种机构，包括公共组织（如国家政府或国际团体）、私人机构（如跨国公司）和文化体制（如种族主义、性别主义、恐同症），对边界控制比个人或群体更强是导致压迫的关键原因。① 因此，研究者与参与者必须合作设计方案，挑战、质疑甚至采取集体的政治行动变革机构的运行，夺取边界控制权。按照凯米斯、麦克塔格特（McTaggart，R.）及其他研究者的观点，实现参与者赋权增能的过程实质是参与者转变思想、提升能力和扩大网络三种实践线性递进和双向循环相得益彰的价值创造过程。

赋权增能模型先要消解致使参与者形成被动自卑、服从权威的行为方式的观念暴力。通过研究者与参与者的讨论，促使参与者认清权力的可变本质，激发参与者摆脱束缚和追求平等的欲望。但是，参与者观念的转变不是简单的线性过程，而是一个复杂的系统工程。它的实现有赖于一些主客观条件。主观条件指参与者的意愿，客观条件包括反思性文化。但是，"反思"不是简单地回忆自己的生活经历，而是深究、检测思想中因被教化而形成的僵化的落后观念，并加以超越或者革新。而这些革新观念，需要通过一些工具诱导才能产生出来。因此，还需要借助工具引出观念。

在巴基斯坦阿加卡恩大学社区卫生科学系建构的妇女赋权增能模型中（见图3-4），研究者借用一些工具，比如焦点小组、直接观察、时间轴、身体地图，引导参与者进行反思。这些工具使参与者绝对自由地改变讨论的方向，并根据自身的认知和经验引导反思的过程。通过反思，参与者不断地发现自身的问题，从而积极主动地寻求解决问题的办法。只有在积极反思并转变观念的基础上，研究者才有可能组织参与者共同分析现有条件与实现赋权增能之间的差距。参与式行动研究赋权增能的第一步是，提供脚手架工具助力参与者投入项目之中。研究者定期在汇报会议中对调查和反思的笔记进行讨论，这不仅稳固了所有研究者之间的互联性，而且使自己从不同学科的知识和反思中挖掘资源，不断地调整与参与者的下一步互动方向。

---

① Ayesha Aziz, Meenaz Shams, & Kausar B. Khan, "Participatory Action Research as the Approach for Women's Empowerment", *Action Research* 9, 2011（3）, pp. 303–323.

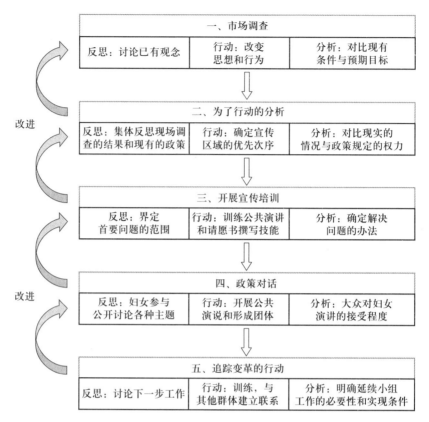

图 3-4　巴基斯坦阿加卡恩大学妇女赋权增能模型示意图 [1]

现场调查的结果给"为了行动的分析"阶段的进一步分析提供了可靠的依据。研究者将这些结果输入计算机数据管理系统，并将其分为不同的主题，集体分享结果并形成行动调查方案。由于参与者政策知识和信息渠道的有限性，研究者必须在集体会议中分享相关的政府文件，必要时对这些文件进行总结或翻译。研究者和参与者共同分析权力的实然和应然之间的差距，通过集体分析，确定宣传区域的优先性，识别培训需求和起草行动方案。

赋权增能模型的第二步是能力提升。这种能力提升具有现实针对性，换言之，研究者根据问题和参与者的需要提供具体化、个性化的技能培训。在巴基斯坦阿加卡恩大学妇女赋权增能模型中，妇女迫切需要有能力发表自己的声音并让自己的意见为主流社会所听见。因此，在模型的第

① Ayesha Aziz，Meenaz Shams，& Kausar B. Khan，"Participatory Action Research as the Approach for Women's Empowerment"，*Action Research* 9，2011（3），pp. 303–323.

三步和第四步，研究者按照"发现问题、界定问题、提供证据、制作方案、提出解决办法"的步骤，依次训练参与者围绕特定主题撰写和呈交请愿书、开展公共演讲及创造对话机会的能力。在这里，研究者扮演辅助者的角色，指导和帮助参与者修改请愿书和组织参与者与当权者的"政策对话"。

赋权增能模型的第五步是扩大网络。当代科学知识社会学巴黎学派旗手拉图尔指出，现代的世界是行动者网络的世界。各个网络节点的联结越牢固、相互作用越频繁，那么这种行动者网络便越强。因此，参与者必须与其他群体建立联系，形成网络，才能形成抗衡机构的力量，并夺取对边界的控制。在巴基斯坦阿加卡恩大学妇女赋权增能模型中，研究者不仅启发妇女群体与其他组织建立联系，还邀请其他组织与她们进行经验分享和交流。

一些研究结果表明，赋权增能措施的作用不明显或不持久。然而，无论思想转变、能力提升，还是网络扩大，都并非一日之功。而且，一些客观因素，比如参与者的畏惧心理、疲于他事，都会影响模型的成效。

第三节　参与式行动研究的方法

参与式行动研究的常用手段包括问卷调查、参与者观察、对话、访谈、讲故事、焦点小组等。[①] 但是，得益于科技的推广、艺术的启发和解释学的兴起，在过去的二十年里，整合了媒体和艺术的可视化参与性研究方法方兴未艾。另外，研究者运用传统的研究方法与底层人民合作时出现的困难，迫使研究者思考研究方法的变革。研究者发现，底层人民由于长期遭受认知暴力的奴役而丧失表达的能力。布迪厄（Bourdieu, P.）指出，并不是每个群体或个体都认为自己有能力或合法地对特定主题发表意见。这种认知是基于社会对这种权力的承认，而这种承认是与个体的社会地位和资源密切相关的。为此，必须找到恰当的方法卸除认知桎梏。研究者将技术、艺术和传统研究方法进行有机融合，创生了具有"亲身实践"特征的可视化参与性研究方法，如影像发声法、参与式制图法、参与式戏剧。

---

① Sara Kindon，Rachel Pain，& Mike Kesby eds.，*Participatory Action Research Approaches and Methods: Connecting People, Participation and Place*，Routledge，2007，p. 17.

一、影像发声法

过去，有学者认为影像发声法（Photovoice）指看图片讲故事或看图片进行语言和文字教学。随着影像发声法研究功能的发挥，学者们逐渐将它们区分开来，并以 Photovoice 指代这种研究方法。在国内这种方法有不同译名，本书采用"影像发声法"一词。[①]

（一）背景和定义

影像发声法是基于批判性意识觉醒教育理论、女权主义理论和纪实摄影法，在社区拍摄者和参与式教育工作者对纪录片的质疑背景下产生的。其首创者是华裔学者王（Wang，C.）和她的同事。随后，影像发声作为社区为本参与式研究的重要方法，被广泛应用于公共卫生领域。它是一种质性研究方法，旨在让参与者接受必要的研究和摄影培训，在研究领域之内运用照相机记录所在共同体的优势和人们关心的问题，并以即时图像作为证据向外界展示自身的生活经验、专业技能和知识。该方法希望通过小组和集体讨论，促成对个体和集体问题的批判性对话和认识，从而影响政策制定者和改善共同体生活。[②]

（二）基本特征

影像发声法的出现并非偶然，而是有着深刻的理论背景和社会动因，并与发展传播学的范式转换联系密切。自"二战"以来，发展传播学经过持续不断的自我否定和修正，得以从依附范式阶段走到如今的多元范式发展阶段。参与式传播距今已有三十多年的历史，是发展传播学的热点之一，它从一种基本方法转化演变成为一种较为系统的理论。关于参与式传播的定义，莫衷一是。按照已有的定义，参与式发展传播是一种"信息"来源与"草根"接收者之间，以发展传播者为中介的动态和双向的互动，以促进发展过程中"目标群体"的参与。[③]

弗莱雷在《被压迫者教育学》（*Pedagogy of the Oppressed*）中针对传统"灌输式"教育模式存在的种种弊端，提出了"解放教育观"和以"对话"为基础的"提问式"教育模式。他认为，对话是弱势群体获得解放的重要途径，而若要展开对话，民众的真正参与是先决条件。弗莱雷发现，

---

① 黄甫全主编：《现代课程与教学论》（第三版），北京，人民教育出版社2014年版，第25页。

② Caroline Wang，"Photovoice：A Participatory Action Research Strategy Applied to Women's Health"，*Journal of Women's Health* 8，1999（2），pp. 185–192.

③ 韩鸿：《参与式影像与参与式传播》，成都，电子科技大学出版社2012年版，第44页。

培养成人的批判意识和调动他们对影响自身生活的社会和政治力量进行讨论和对话兴趣的有效方式是可视化图像（visual image），即使用线图或照片呈现重要的现实问题。影像发声法则是在此基础上更进一步，将照相机直接交给参与者，使他们成为制作者。[①]

（三）实施过程

完整的影像发声法包括八个环节，即研究问题概念化、研究目标确定、参与者取样、招募和培训、参与式分析、研究结果评价、研究成果传播及政策宣传。其中，参与式分析按照筛选、情境化和编码依次进行。[②]首先，"筛选"由参与者选择最重要的或最喜欢的、能真实地反映当地人生活的照片。同时，确定讨论的主题。其次，"情境化"即述说照片里的故事。在这个过程中，参与者由被访谈者转变为述说者，研究者由访谈者变为倾听者，并将故事记录下来。最后，"编码"指由于不同的参与者对同一张图片的诠释是不同的，研究者和参与者必须从对话中按照存在的问题（issue）、议题（theme）和理论（theory）三个维度进行分类。

（四）优势和局限性

影像发声法可以帮助人们更好地记录和反映社区的优点和关注点，通过团体讨论促成人们对一些重要议题的批判性对话和认识，还可以在一定程度上影响政策制定者的决策。不同类型参与者通过影像发声法分获多种成长。对于底层参与者而言，该方法加强自身发现问题及倡导变革的能力，提高自尊心和自信心，强化社区成员之间的关系，扩大权力获取的路径。对当权者和研究者而言，该方法为他们提供了解和掌握当地人专业知识和技能的机会，使他们的工作得到群众的重视和支持，并使他们在以往支配人民时失去的人性失而复得。

然而，影像发声法也存在不足之处。首先，时间成本太高。其次，底层参与者的权力获得停留于表面。虽然底层参与者参与了照片的分析，但是他们几乎没有涉足问题概念化、研究设计和研究成果传播的过程。虽然他们能向政策制定者表达意见，但他们没有政策制定权。最后，研究信效度遭受质疑。一些研究者认为，参与式策略缺乏严谨性和科学性。由于研究者必须让渡对研究内容和过程的控制权，社区参与牺牲了研究的完整性。

---

① 韩鸿：《参与式影像与参与式传播》，成都，电子科技大学出版社 2012 年版，第 53 页。
② Caroline Wang et al.，"Photovoice as a Participatory Health Promotion Strategy"，*Health Promotion International* 13，1998（1），pp. 75–86.

二、参与式制图法

应用影像发声法的前提是设备的获得。然而，在资金不充分和技术不成熟等情况下，为了解决与底层人民合作的困难，研究者创造了参与式制图法。

（一）背景和定义

参与式制图法是第三世界国家在施行各种发展项目时的产物，已经在许多研究领域取得了不同程度的成功和实现了不同水平的"参与"。图表指描述或解释一种社会现象或表达思想或感受的表格、图画、素描或轮廓。参与式制图法指参与者制作图表或触觉材料，创造可视化表征，传达参与者的观点和理解。[1]

（二）基本特征

参与式制图法具有多样性、参与性和全纳性特征。"多样性"指形式丰富，包括时间轴、流程图、饼状图、条形图、网络地图和矩阵图。[2]"参与性"体现在研究中心的转变和研究结果的分析。在过去的焦点小组中，研究者虽意在促进讨论，但个人口头陈述的形式往往使他们本身逐渐成为注意力的中心。然而，在参与式制图法中，参与者生成的图像成为讨论的焦点，同时，由于他们直接拥有研究工具，他们可根据情况，调整知识的生产和分析。[3]另外，在传统研究中，数据收集与数据分析相分离，换言之，研究者在某个特定地方、从研究对象那里获取数据，而后在其他地方分析数据。与之相反，在参与式制图中，图表不是参与者最终的、"为自己说话"的研究结果。参与者要与研究者共同"访问"这些图表，即质询每个要素背后的意义。研究者通过将自己的分析与参与者的诠释进行对照，使理解更加深刻，使数据质量得以提高。这一"成员查核"的过程也保证了数据的效度。[4]"全纳性"指运用触觉的或可视化的手段调动信心不足、口才不好、识字不多、语言不通、沉默不语的参与者积极性。他们通过制图而不是口述、通过图表而不是面对面的交流，来表达自

---

[1] Sara Kindon, Rachel Pain, & Mike Kesby eds., *Participatory Action Research Approaches and Methods: Connecting People, Participation and Place*, Routledge, 2007, p. 113.

[2] Sara Kindon, Rachel Pain, & Mike Kesby eds., *Participatory Action Research Approaches and Methods: Connecting People, Participation and Place*, Routledge, 2007, p. 114.

[3] Sara Kindon, Rachel Pain, & Mike Kesby eds., *Participatory Action Research Approaches and Methods: Connecting People, Participation and Place*, Routledge, 2007, pp. 114-115.

[4] Sara Kindon, Rachel Pain, & Mike Kesby eds., *Participatory Action Research Approaches and Methods: Connecting People, Participation and Place*, Routledge, 2007, pp. 115-117.

己的观点。[①]

（三）实施过程

参与式制图法的适用对象通常为儿童、青少年、边缘群体和焦点小组。它不仅可以评估参与者的物质和精神需求及促进对参与者所处环境和社会支持系统的理解，还能应用于存在书面或口头交流障碍的跨文化研究。[②] 研究表明，参与式制图法与参与者具有亲和性关系，参与者除了在开始时需要研究者对某种具体方法进行简要介绍，他们能够建构各种图表来表达复杂的观点和行为。同时，该方法改善了研究者与参与者的交流质量。因此，参与式制图法是有效的、有价值的研究工具，值得进一步研究和推广。[③]

（四）优势和局限性

参与式制图法具有诸多优势。它可以为研究者提供"体验"参与者感受和经历的机会；为参与者提供自主表达和赋权增能的平台；为双方的合作创造相互信任的氛围。然而，这种方法也存在一些局限性。第一，它依然缺乏明确的方法论指导[④]，这导致一些研究者对它及其他可视化研究方法及其有效解释复杂社会现象的功能不熟悉。第二，一些参与者会因为研究目的和需要，改变自己的想法和感受，而且担心自己的制图技能不好。因此，研究者必须再三向参与者强调，绘画或制图的技能不是研究分析的重点，更没有正误之分。第三，缺少评价可视化图像的框架，以及对如何交流图像的重要方面没有达成一致意见。因此，必须开发更加严谨的方法论来指导可视化媒体收集、产生和分析数据。

三、参与式戏剧

在研究中使用创新性艺术形式早已有之。符号、情感和表现是人类沟通的组成部分，戏剧将它们融为一体，改善了人类的沟通。因此，在过去的十年中，戏剧主要作为一种传播研究结果的手段，在研究中运用广泛。

---

① Sara Kindon, Rachel Pain, & Mike Kesby eds., *Participatory Action Research Approaches and Methods: Connecting People, Participation and Place*, Routledge, 2007, p. 115.

② Kelly F. Jackson, "Participatory Diagramming in Social Work Research: Utilizing Visual Timelines to Interpret the Complexities of the Lived Multiracial Experience", *Qualitative Social Work* 12, 2012 (4), pp. 414-432.

③ Mike Kesby, "Participatory Diagramming as a Means to Improve Communication About Sex in Rural Zimbabwe: A Pilot Study", *Social Science and Medicine* 50, 2000 (12), pp. 1723-1741.

④ Marilys Guillemin & Sarah Drew, "Questions of Process in Participant-Generated Visual Methodologies", *Visual Studies* 25, 2010 (2), pp. 175-188.

（一）背景和定义

较早的戏剧用于启发民智，而不是提供娱乐和宣泄情感，所以它通常运用对话、音乐、歌曲和动作生产学术知识并呈现给特定群众。这类戏剧称为研究型戏剧（Research-Based Theater，RBT）。虽然研究型戏剧在传统的知识传播的文本形式基础上进行创新，但它依然是学者知识传播导向，而不是解放的社会变革导向。戏剧的另一种用法，是超越已有知识的传播，即参与式戏剧。人们最早在巴西戏剧大师博奥（Boal，A.）的作品中发现参与式戏剧。20世纪50~60年代，巴西大众教育和解放运动此起彼伏。受德国戏剧大师布莱希特（Brecht，B.）的启发，博奥开发戏剧的政治功能，用以唤醒批判性意识。同时，他开发一系列技巧，赋予个体改变社会现实、支持民主发展、消解阶级障碍、建立平等关系的能力和权力。根据博奥的观点，创作戏剧的任务，从剧本写作、排练导演直至现场表演，都由当地者即局内人来完成。实践证明，参与式戏剧使语言和文化大众化和平民化。

（二）基本特征

参与式戏剧的运用非常广泛，从性侵犯到社区建设、青年社会化和中风教育。研究表明，艺术型研究方法具有三大特征。首先，艺术鼓励参与，在增强社会资本的意义上，艺术是加强联系的有效方式。其次，艺术促进分享，通过直觉和理性相结合的形式，艺术是促进特殊经验表达和交流的有力工具。最后，艺术提高地位，艺术使边缘人群对问题的观点被其他社会行动者看见。[1]这些艺术呈现形式包括自传、主题故事、舞蹈演出和戏剧。

（三）实施过程

参与式戏剧的创作过程包括了解情况、脚本开发和排练表演三个步骤。首先，研究者确定研究地点和主题；与当地剧场的人和潜在的社区伙伴交谈；寻找资金和实物支持；为参与戏剧创作的行动者提供工作酬金，以肯定他们的工作价值；准备照相机和摄像机。其次，通过认识的人或在当地艺术、教育组织和社区中定点招募参与者；研究者与参与者聚焦于主题事件进行讨论，并通过对当地人的访谈，收集故事、添加材料和设计脚本。最后，配合口头语言、面部表情和肢体动作，将脚本呈现出来。然而，为了培养参与者和观众的批判性意识，脚本通常不具有完整性，这种

---

① Ada Freytes Frey & Cecilia Cross，"Overcoming Poor Youth Stigmatization and Invisibility Through Art：A Participatory Action Research Experience in Greater Buenos Aires"，*Action Research* 9，2011（1），pp.65–82.

缺陷使观众产生批判的冲动，即观众能够叫停台上的表演，并亲身示范，直至完成自己的尝试。在每一次脚本排练之后，群众和演员对行为进行讨论和反思。通过这些集体反思，双方达成新的理解。这样，脚本为反思和批判、理性的对话创造了空间。

当前，影像发声法、参与式制图法和参与式戏剧在参与式行动研究中得到广泛运用。一方面，参与者通过这些手段制作图画、表格或地图，将自己的符号、语言或艺术形式表达出来，用以分享、探讨和挖掘问题与关系，逐渐成长为自觉的行动者。另一方面，研究者通过"感受"这些可视化材料，"体验"参与者不同的经历和视角，深化对参与者世界的理解，促使双方交往更加平等、有效和合理。

通过对参与式行动研究的考察和梳理，可以看到，参与式行动研究依然活跃于科学研究和社会变革的舞台，适用于组织改革和教师专业发展等新兴领域，并与信息通信技术相结合[1]、与青少年研究相联合[2]，不断提高研究方法的严谨性，呈现信息化、年轻化和科学化的趋势。愈来愈多的实践者参与到研究中，也让人们意识到"实践者作为研究者"的必要性与可能性，并逐步衍生出一种新的行动研究范式——局内人行动研究。

---

[1]　Sarah Flicker et al., "E-PAR: Using Technology and Participatory Action Research to Engage Youth in Health Promotion", *Action Research* 6, 2008（3）, pp. 285–303.

[2]　Jackie Amsden & Rob VanWynsberghe, "Community Mapping as a Research Tool with Youth", *Action Research* 3, 2005（4）, pp. 353–377.

第四章　局内人行动研究

自工业社会以降，人类社会物质文明和技术文明的不断进步带来的是人们精神文明和自由价值观日益滑落的严峻问题。西方心理学家梅（May，R.）在《人的自我寻求》序言中提出："生活在一个对现在和将来所有一切都不确定的时代，人们又怎么可能进行长期的发展以达到自我实现呢？"[①] 对此，他指出关键在于重新发现自我，发展自主意识。这一洞见给予我们重要启示：人在保持自主的核心基础上，参与到世界中去，与他人进行合作与分享，在个人与社会互动中创造自由和生活的意义。

孕育于现代社会的局内人行动研究，是发展自我意识的重要方式之一。它肯定"实践者"的自主价值，对"局内人"的经验和知识进行研究，重视与他人合作共同行动，最终形成成果并与他人分享，从而区别于以往传统的科学研究只是"对他人"或"关于他人"的探究。显然，从自我扩大到他人，从实践者成长为研究者，从改进实践发展至生成知识的发展路向，局内人行动研究既反映了超越，也显示了统一。

第一节　局内人行动研究的概念

如何在介入实践时处理好疏远与接近、抽离与卷入之间的张力，是每个研究者在局内人行动研究中应该思考与尝试的。为了对研究对象保持客观理智，在研究时站在审视的立场，这需要保持对研究对象群体的疏远，以留下充分的思维空间；而为了与研究对象感同身受，使内心体验更加深刻，则需要接近研究对象。局内人行动研究以"局"为隐形界限，从而促进了不同行动主体之间在生活和交往方式等方面的双向互动。

---

① 〔美〕罗洛·梅：《人的自我寻求》，郭本禹、方红译，北京，中国人民大学出版社2013年版，第1～2页。

一、概念解析

局内人行动研究是行动研究革新发展的产物，也是整个质性研究范式寻求革新和出路的新走向，并伴随着"局""局内人"等概念的提出而进一步具体化。这里，先对局内人行动研究进行概念内涵解析。

（一）局

"局"既可以指"圈"，也可以指"群体"等。"局"是以关系为存在基础的一种客观存在，包括地域、文化、价值观、行为习惯或生活方式等。在已有的论著中，布迪厄的"场域"（field）概念与"局"有关，它指在各种位置之间存在的客观关系的一个网络。[①]

由此可以看出，"局"是一种关系的存在，是由人与人、人与物构成的网络关系体，且依凭不同的视角呈现出不同的关系结构。其中，从个体内部视域出发而建构的关系，即为局内人角色的关系体。这里所指的关系，是"研究关系"，主要指研究者与研究对象之间的关系。在行动研究里，"研究关系"指研究者与研究对象之间的互动关系，涉及交往互动、共情共振，甚至共同生活。

（二）局内人

在行动研究中，研究关系中的角色，即"局外人"和"局内人"主要是依据文化要素来区分的。"局外人"的特点是：处于某一文化群体之外，与这个群体无从属关系，要了解局内人的行为方式和思维方式，只能通过观察和倾听等外部途径来实现。"局内人"的特点是：与研究对象属于一个文化群体，他们享有共同的（或较相似的）生活经历、行为方式或价值观念，对事物的看法往往比较一致。在质性研究者（尤其是人类学领域）常用的一些成对的词语中，可以发现局内人和局外人的区别。此外，局外人和局内人的区分还涉及分类、优劣和理解等。根据研究关系公开与否、参与程度等，可将局外人和局内人划分为 12 类；局外人和局内人各有优劣势；局外人如何理解局内人等。[②]

作为局内人的研究者提倡融入现场环境，体验被研究者的生活方式，以"本地人"视角去观察被研究者，以实现对被研究者的欣赏和理解。局内人研究认为，进入被研究者的日常生活和了解价值观念是深入认识被研究者的重要前提。因此，局内人视域与局外人认识构成视角的两端。前者

---

① 谢立中：《西方社会学名著提要》，南昌，江西人民出版社 2007 年版，第 589 页。
② 陈向明：《质的研究方法与社会科学研究》，北京，教育科学出版社 2000 年版，第133～146 页。

要求完全融入，后者主张绝对中立。但是，不仅局外人做不到绝对价值中立，而且绝对价值中立有害于对社会现象的研究。与自然界不同，社会现象不能脱离个人的主观意识而独立存在。因此，局内人行动研究要求把对个体的、行动的体验和理解引进现场研究。

（三）局内人行动研究

2001 年，都柏林大学圣三一学院（Trinity College Dublin）的科格伦教授率先提出局内人行动研究。[1] 与此同时，罗斯（Roth，J.）等启动、领导和实施局内人行动研究项目。[2] 经过二十几年的发展，越来越多的研究者和实践者开展局内人行动研究，推动了理论研究和实践探索的持续深入。局内人行动研究关注组织系统改进、组织学习和能力提升等，倡导组织行动者利用自身优势参与局内人行动研究项目，以兼职为基础与全职工作相结合作为主要方式，以自己的组织作为研究场域。[3] 局内人行动研究的产生和发展有其充分的现实合理性。

在以实证主义为哲学基础的研究范式之下，研究者和实践者之间横亘着一条不可逾越的鸿沟，主客二分的僵化模式对后来的研究范式产生了深远的影响。如关于教师做研究的问题，"在我们的观念里，那些远离课堂从事教育理论研究的学者、专门进行教学研究的科研人员才算专家"，而"一般教师在理论水平、操作技术和研究策略等方面存在着诸多欠缺"[4]。显然，上述观点反映了把研究主体划分为"研究者"和"实践者"两类群体的问题。

而研究者与实践者分离的状况，可能会导致两种结果：一是实践者接受研究者的高深理论，因此会由于强调理论而脱离实际工作；二是实践者怀疑研究者的理论。[5] 以上内容反映了在通常的研究中，实践者的经验常常被忽视的事实，或者学术研究者往往无法深入组织内部的问题。袁勇等人提出，局内人行动研究实质上是一种整合研究者与实践者的新方

① David Coghlan, "Insider Action Research Projects: Implications for Practicing Managers", *Management Learning* 32, 2001（1）, pp. 49-60.
② Jonas Roth, Abraham B.（Rami）Shani, & Myleen M. Leary, "Insider Action Research: Facing the Challenges of New Capability Development Within a Biopharma Company", *Action Research* 5, 2007（1）, pp. 41-60.
③ David Coghlan, "Insider Action Research: Opportunities and Challenges", *Management Research News* 30, 2007（5）, pp. 335-343.
④ 阳利平:《对"教师即研究者"命题的探析》,《教育发展研究》2007 年第 20 期。
⑤〔美〕克里斯·阿吉里斯、唐纳德·舍恩:《组织学习Ⅱ:理论、方法与实践》,姜文波译,北京,中国人民大学出版社 2011 年版,第 32～35 页。

法论。① 对此，古默桑（Gummesson，E.）期望在两者之间架起连接桥梁，将两类群体都看作"知识生产者"②，只是每个群体在理论和实践方面各有侧重：一个偏重理论，并促进实践；另一个偏重实践，并促进理论。

将研究者和实践者都看作"知识生产者"，看似解决了两者的分野模式，但实际上只是言语上的"统一"，而要真正促进两者的结合，就要将研究和实践的两种功能集中于单一主体，实现真正意义上的主客一体。如在教育活动中，"一些个体既是一位教育实践者，同时因其对教育实践有所思考，也可以成为教育研究者，这两个角色统一于个体身上，即教育实践者与教育研究者是一体的"③。其原因在于，个体的实践活动为教育实践者的思考提供了鲜活的材料，其他社会领域亦是如此。这些实践者对其实践经验的总结和批判反思，无疑是为了提升个人发展，改进组织行动。从这个角度来看，带有研究目的的实践活动超越了实践本身，以达到完善自我的目的。正如伽达默尔（Gadamer，H. G.）所言，"一切实践的最终含义就是超越实践本身"④。

二、研究目的

局内人行动研究和所有行动研究一样，其直接目的大致分为两种：一是为构建理论而研究；二是为改进实践而研究。从建构理论角度而言，局内人行动研究不是建构某种真理性的理论或知识，而是创生"依存于有限语脉"的行动化的知识，且这种知识是为更好地解决实践问题提供借鉴的。从改进实践角度来看，行动研究始终是为了改善行动而开展的研究，因此其根本目的是改善行动。从价值论的角度来看，局内人行动研究更深层次的目的表现在以下三个方面：促进个体的学习与发展、实现组织的提升与变革、生成行动知识。

（一）促进个体的学习和发展

局内人行动研究首先立足于如何促进研究者自身的发展，包括其当下角色和未来职业生涯的发展。这也是局内人行动研究得以持续推进并不

① 袁勇、谢少华：《局内人行动研究：一种统合研究者与实践者的新方法论》，《现代远程教育研究》2016年第5期。
② Evert Gummesson，*Qualitative Methods in Management Research*，Sage Publications，1999，p. 57.
③ 孔祥渊：《略论教育学的类型与特征——基于教育研究者与教育实践者关系的视角》，《上海教育科研》2015年第1期。
④ 〔德〕伽达默尔：《赞美理论——伽达默尔文集》，夏镇平译，上海，上海三联书店1988年版，第46页。

断进步的重要原因。对研究者个人而言，在行动研究中，研究者需要进行反思、学习，特别是对经验、理解及日常行为选择背后的内容和过程进行反思，超越"即时情境"。由此，通过研究巩固行动者日常重要的经验和成就，并赋予其一种结构形式，而且可以将先前无组织的理论和观点进行整合，以促进个人自身的不断发展，及行动者的职业生涯发展，使其职业生涯"迈入一个重要的阶段，或者准备进入另一个阶段"①。同时，局内人行动研究项目中的其他参与者同样如此。因为研究者与组织中的其他人进行对话和行动，研究者与单独的个体在面对面的情境中参与行动和进行反思，有助于提升每个人的品质和促进其能力发展，并产生持续而长久的影响。

（二）实现组织的提升和变革

不同于局内人研究（Insider Research，IR），局内人行动研究是干预主义的，局内人研究仅有观察和分析，不试图进行任何变革。②提升和变革过程不可能局限于个体和团队的学习和变革。局内人行动研究需要扩展至整个跨部门的群体间，需要跨部门群体间的其他团队和单位参与对话和协商，进而促进整个组织反思、学习、变革和提升。有研究显示，局内人行动研究可在组织能力发展中发挥关键作用。它被看作一种程序，将技能、知识和技术捆绑在一起，以顺利而成功地创建新的组织，并实现组织能力的发展。实际上，设计并开展局内人行动研究本身，就是应用、发展组织能力的具体方法和活动。在众多合作范式的研究中，局内人行动研究就是"一个新兴探究过程，将行为和组织科学应用到解决真实实践问题中。它既关注组织内部的动态变化，也助力于增加组织变革中的科学知识的创新"③。

（三）生成行动知识

创生新知识的过程是基于个体或组织的前备知识，依凭已有能力，以促进新的能力持续发展并生成有益成果。局内人行动研究的目的在于生成行动知识或理论，它被定义为有益于学术和实践者共同体的知识。研究者在自己所在的组织中开展研究项目，通过行动学习和行动研

① Kathy Doncaster & Stan Lester，"Capability and Its Development：Experiences from a Work-Based Doctorate"，*Studies in Higher Education* 27，2002（1），pp. 91–101.

② Mats Alvesson，"Methodology for Close up Studies—Struggling with Closeness and Closure"，*Higher Education* 46，2003（2），pp. 167–193.

③ Graham Williamson，"Doing Action Research in Your Own Organization"，*Journal of Advanced Nursing* 54，2006（2），p. 253；Peter Reason & Hilary Bradbury eds.，*The SAGE Handbook of Action Research：Participative Inquiry and Practice*，Sage Publications，2008，p. 127.

究等行动取向的途径，来生成行动知识。这些知识蕴含于实践者的日常行动及引导正在进行的探究和行动的组织学习发展之中。[①] 所以，局内人行动研究大大拓宽了知识创造及其在管理实践者和学术界之间的转换渠道。

三、研究对象

批判实在论视域下的局内人行动研究，超越了实践者本身，实现了个人和组织的共同发展，促进了实践的改善和知识的生成，达成了统一的目标。因此，在局内人行动研究中，行动者作为"完全参与者"对自己的实践进行批判性思考。行动研究者开展研究的主要对象不是文献，而是实践；不是他人的实践，而是自己的实践；不是过去的实践，而是当下的实践。此外，局内人行动研究作为一种理解和改变组织的重要方式，是逐渐确立并发展起来的。[②] 当组织内的完全参与者探究其组织体系以做出改变的时候，即可理解为在开展局内人行动研究。[③] 在此，为了研究，完全参与者与临时进入组织体系的成员约定以合作开展研究，当研究结束后，他们仍然是组织中持续发展的重要成员。

在教育情境中，郑金洲等指出，局内人行动研究的对象有四个方面：（1）在固有的体系中引进新的改革措施来实现创新；（2）为教师职业训练提供新的技术和方法；（3）补救已诊断的问题或改善环境因素；（4）开展中小规模的课程研究与改革。[④]

作为一种新方法论，局内人行动研究因应了对实践者研究主体地位的诉求，统合了研究者和实践者双重角色，将实践者兼研究者日常熟悉的情境、即时发生的事件或具体"手头"（at hand）的知识转化为研究对象[⑤]，以达到促进实践和生成知识的双重目的。在很多社会系统中，如在家庭、社区、学校、组织和协会中，实践者就是系统的"局内人"，并且实践者

① Maeve O'Grady, "The SAGE Handbook of Action Research: Participative Inquiry and Practice", *New Zealand Medical Journal* 10, 2013（2）, pp. 195-199.
② Peter Reason & Hilary Bradbury eds., *The SAGE Handbook of Action Research: Participative Inquiry and Practice*, Sage Publications, 2008, p. 31.
③ David Coghlan & Teresa Brannick, *Doing Action Research in Your Own Organization*（2nd edition）, Sage Publications, 2005, p. 49.
④ 郑金洲、陶保平、孔企平:《学校教育研究方法》，北京，教育科学出版社 2003 年版，第 251 页。
⑤ Jeffrey Riemer, "Varieties of Opportunistic Research", *Urban Life* 5, 1977（4）, pp. 467-477.

在这些系统的发展中扮演着积极的成员角色。[1] 这一重要事实为局内人行动研究提供了发展舞台。在局内人行动研究中，实践者作为组织的"完全成员"[2] 参与到研究项目中，获得充分且重要的资料，接近事实或者对组织内部的情况更了解。因此，从某种程度上看来，局内人行动研究重新发掘了实践者的经验价值，促进了研究者和实践者的统一，对促进理论的进步具有正面意义。

第二节　局内人行动研究的模型

传统的行动研究被定义为研究者与当事人合作以解决实践问题的一种研究范式。它在勒温及其团队的大力推进下得到迅速发展，其一般研究过程是一个循环上升的过程，包括判断情景、提出问题、研究设计与计划、实施行动、收集数据、发现并分析行动结果以改善行动计划和开展新一轮行动研究。行动研究意在使用科学的方法，采用严谨的研究态度，与行动或事件的亲历者一起去探究重要的社会和组织活动。时至今日，行动研究已经发展为一个庞大的行动研究范式家族，其中包含许多不同的研究形式，每种形式的研究过程因其亲历者群体或者参与组织体系的不同而强调不同的方面。[3] 局内人行动研究，就是当事人自主地解决实践问题的一种研究范式。在这种范式中，行动反思、动态交互和学习机制是三个重要概念。

一、行动反思

局内人行动研究的核心是行动反思。具体而言，局内人的行动反思在一般情况下需要遵循如下过程：（1）行动；（2）描述行动；（3）深入反思和探索"行动描述记录"；（4）反思"行动描述的反思"。

行动反思奠基于人们作为实践者与反思者所具有的反身性（reflexivity）。"反身性"研究不仅在社会学、人类学、心理学等领域炙手可热，还迅速扩展到法学、政治学、教育学等领域。反身性是一个内涵和

① David Coghlan，"Insider Action Research Projects：Implications for Practicing Managers"，*Management Learning* 32，2001（1），pp. 49–60.
② Patricia A. Adler & Peter Adler，*Membership Roles in Field Research*，Sage Publications，1987，p. 69.
③ Kurt Lewin，"Action Research and Minority Problems"，*Journal of Social Issues* 2，1946（4），pp. 34–46.

用法驳杂的术语，不同的学者从不同的视角给出的定义也不尽相同，巴特利特（Bartlett，S.）列举的有关反身性内涵及用法多达 75 种。阿什莫尔（Ashmore，M.）则将反身性分为三类：第一类是作为自我指涉的反身性（reflexivity as self-reference），指将特定文化、历史维度中特定主体的研究方法、结论和程序运用到对自身的说明上，在对等的情景中（解释对象与自己）审查上述研究方法、结论和程序的合法性；第二类是作为自我意识的反身性（reflexivity as self-awareness），即认识自我、反思自我认识的局限性；第三类是作为阐述的建构性循环的反身性（reflexivity as the constitutive circularity of accounts），主要涉及阐述与实在之间互动的建构性关系。①

　　尽管学术界对反身性没有统一的解释，但各种定义背后都蕴含着其独树一帜的研究视野，尤其是"回归生活场域""关注互动"与"深化反思"等特性受到行动研究者的青睐。首先，人每天都是处于多重反身性状态中，不仅包括个体与他人之间的不断互动，也包括个体对这种互动自觉或不自觉的管理和监控，反身性作为一种特殊能力有助于人们对日常生活的解释。其次，反身性使人们对社会生活的理解从传统的二元论观点转入一元论视野，有助于人们借助"诠释学循环"关注个体行动与整体社会结构之间、主体与客体之间、历史与现实之间深刻而复杂的内在关联。最后，反身性的多元内涵之间深刻的张力关系，为揭示人类活动的多重两难困境，为延续和创新对现代性的反思批判提供了崭新的视角。② 总之，反身性的内蕴特征要求驱动行动研究者不断反思事物发展过程中潜在的价值观、方法论、文化背景等，并将这些不同要素置于一个综合、互动、联系和开放的场域中，这种视角是社会场域乃至教育场景研究的新"利器"，因而越来越多的研究将其视为研究发展的"礼物"与机会。

　　古默桑指出局内人行动研究中，研究者是组织中的完全参与者，而不是像在普通的质性研究中，研究者为了研究而临时加入某个组织体系或研究团队中。③ 在局内人行动研究中，研究者不仅关注组织体系的某些问题或方面，而且志在通过变革加以完善组织。局内人行动研究因目标的整体性而导致认识的复杂性，进而要求研究者在开展研究时对组织环境及其相

①　王彦雨、马来平：《"反身性"难题消解与科学知识社会学的未来走向》，《自然辩证法通讯》2011 年第 1 期。

②　肖瑛：《"反身性"研究的若干问题辨析》，《国外社会科学》2005 年第 2 期。

③　Evert Gummesson，*Qulitative Methods in Management Research*，Sage Publications，1999，p. 29.

关状况具备应有的前理解（preunderstanding），并在组织系统内理解、计划和执行。根据古默桑的观点，行动研究从某个具体的研究问题出发，服从伦理的基本要求，在特定环境内实现人与人、人与物及人与环境的互动，这就要求研究者和其他当事人开展合作，按照具体而严谨的标准评估行动与研究，进而适时调整新的信息和行动。在这一行动和反思的循环过程中，所有的研究设计、实施和评价都是基于真实情境与事件，其关注焦点是项目中的人而不是项目本身。

借此，行动者的设计思维（design thinking）在局内人行动研究中的核心作用就凸显了。在过去的二十年里，围绕设计思维的讨论越来越受欢迎，不仅在设计领域，在教育、工艺组织、管理和组织科学等领域也勃然兴起。设计思维是一种对研究设计及其过程的具体规划，包含结构化的布局和将现存条件转化为期望成果的思维模式及其具体指导行动的思维运演过程。设计思维基于研究者的局内人视角，由研究者感知并思考实际需求，采用可行性的技术路线和行动策略，实现价值的转化和生成以满足特定需求。①

二、动态交互

在行动反思中，多重多环的动态交互时常发生。局内人行动研究是研究者带着已有经验浸入真实环境中开展行动研究。作为局内人，这些研究者有机会获取"在用理解"而不是"再造理解"。他们需要学会如何从新的角度看待熟悉的问题，并敏锐地发现前所未见的认识，以及如何将自身的观点与自身当前的"功能性"角色与职位的亚文化进行整合。由此，对局内人行动研究者而言，他们需要与之前鲜少联系的参与者建构互动关系，改变已有的单项式互动模式，并超越功能性角色本身的定位而融入环境之中。因此，开展局内人行动研究时，必然需要应对和解决以下三个相关性挑战。②

首先，浸润实践场域。局内人行动研究，一方面要求研究者与其所在环境和研究对象亲密接触；另一方面，创造必要而恰当的距离，以便保持相对客观的批判视角来审视研究。这也被称为行动研究的前理解。其次，关于研究主体的双重角色（dual roles）。局内人行动研究者既是某个组织中的成员，又是开展行动研究的研究者。这种双重角色有助于局内人研究

① Tim Brown, "Design Thinking", *Harvard Business Review* 86, 2008（6）, pp. 84–92.
② David Coghlan & Teresa Brannick, *Doing Action Research in Your Own Organization*（2nd edition）, Sage Publications, 2005, p. 52.

的深入开展，但也会造成因角色与身份模糊而产生冲突的现象。最后，局内人行动研究所隶属的组织体系需协调和平衡好当前事业、当下研究、未来发展与行动研究水平及其成效之间的动态关系。这三个挑战都密切关涉着行动研究过程，因此，需要开发相应的方法和策略加以应对。

行动研究是动态过程，其中很多情况的改变都应是深思熟虑后的行动引发的必然结果。其间，行动研究会遭遇实践场域中突发事件的影响而发生变化。对此，局内人的视角定位于这些变化着的事件及其时间节点，并将其作为一个核心事件，进行具体分析和处理。行动者将自己的真实实践活动作为研究对象，在行动中反思，将自己行动中的"知识"（包括自己尚未意识到的"问题"和认识的"盲点"）显露出来。只有这样，研究者才能超越自身视域的局限来审视行动及组织体系，让自己的"原生理论"和实践性知识成为被分析的对象。如此，行动者的批判反思才成为可能。这便是对研究者前理解所产生影响的积极应对方式。

从动态交互的空间视野观去，一个局内人行动研究者通过互动而共享的"共同生活区"（shared common life area）逐渐形成。[1] 从动态交互的时间维度致思，随着互动历时递归，一种微观文化（microculture）在"共同生活区"里逐渐产生。[2] 梁漱溟指出："文化，就是一个民族的生活样法。"[3] 而实践互动文化，就是实践共同生活区里的师生通过互动逐渐形成的"生活样法"，其中蕴含了"真"的探索、"善"的构建和"美"的创造。局内人行动研究动态交互文化，就是在知识创新中追求真善美融合统一的情境性文化。

在动态交互文化的价值视野里，局内人行动研究／学习实现的知识创造历程就是一个"求真"的过程，局内人既要学习、掌握和应用指导行动的反映客观规律的"真知"，也要在"求"的过程中发现和验证新知，即知识创造的过程。正如荷兰哲学家皮尔森（Peursen, C.）强调的，文化不是名词，而是动词，意在突出作为创造活动的文化。[4] 在这样的一个求真的过程中，如果局内人行动研究者自身创造的知识受到珍视，势必会激发

---

[1] Engin Karadag & Nihat Caliskan，"Interaction and Communication in the Process of Education and Shared Common Life Area in the Classrooms"，*College Student Journal* 43，2009（1），pp. 1–3.

[2] 〔美〕莱斯利·P. 斯特弗等编：《教育中的建构主义》，高文等译，上海，华东师范大学出版社 2002 年版，第 388~390 页。

[3] 梁漱溟：《东西文化及其哲学》，北京，商务印书馆 2008 年版，第 290 页。

[4] 孙美堂：《从价值到文化价值——文化价值的学科意义与现实意义》，《学术研究》2005年第 7 期。

他们的文化认同、创造愿望及参与热情，并收获共同研究学习的幸福感，这就是一个基于创造与发展、追求生命圆满的"向文而化"的动态过程。

而善表现为人们对自己行为的"恰当性"的反思。"恰当"的意义在于，以合适的手段去实现人们"合适"的目的[1]，善于求真是动态交互文化的进一步价值追求。如何善于进行知识创造？这要从探索什么是知识创造型局内人行动研究/学习的恰当动态交互方式入手。从动态交互的空间维度看，方法的恰当体现为对多样性的包容与尊重。善于创造知识，表现在寻求知识创造的模式与方法上，要关注文化的差异，理解文化的差异，包容文化的差异，并通过有效的互动方式，沟通差异，共同求知与创造。从动态互动的时间维度看，方法的恰当表现为与时代发展相契合。研究表明，计算机已成为动态交互的重要影响因素，它是影响互动的其他六种因素（帮助行为、动机、自信、同伴接纳、感情、积极或消极的社会情绪）的"介导性脚手架式智能代理主体"（mediational scaffolding agent）。[2] 现代动态交互由于有了新媒体的介入，其时空范围拓展到无限广阔的互联网世界，而互动的基本构成要素也由于技术的创新不断得到充实。

动态交互的知识创造过程也是美的创造过程。审美经验（aesthetic experience）兼具理智与情感，并蕴涵在个体创造知识、解决问题之中。[3] 首先，局内人行动研究中因交互而产生的项目进程流变本身就是一种美，这种流变所呈现的节奏韵律，具有一种艺术的审美价值。其次，局内人行动研究者作为"二阶观察者"，在动态交互中能够体察自身创造的美，这种反身性的审美经验是动态交互文化的价值追求。当人们从事创造时，能够引发意识转化与经验重构的独特经历，这样的审美经验具有重要意义。至此，动态交互文化始于创造，通往自由。

三、学习机制

局内人行动研究者如何平衡其双重角色和组织内的动态关系，是一个需要不断深入认识的问题。对此，为了探究局内人行动研究如何在组织中得以开展并应对这些挑战，研究者们创生了"学习机制"（learning mechanisms）概念。作为倡导局内人行动研究不可或缺的部分，设计思维

---

① 李鹏程：《当代文化哲学沉思》，北京，人民出版社2008年版，第199页。

② Katerina Mavrou, Ann Lewis, & Graeme Douglas, "Researching Computer-Based Collaborative Learning in Inclusive Classrooms in Cyprus: The Role of the Computer in Pupils' Interaction", *British Journal of Educational Technology* 41, 2010（3），pp. 486–501.

③ 陈伯璋：《课程美学》，台北，五南图书出版公司2012年版，第4页。

正是从学习机制的角度提出的。所谓学习机制特别指计划组织的结构和过程，用以激发学习的活力，尤其是提高组织的运行与发展能力。[1] 学习机制有认知性的、结构性的和程序的三类。要取得持续发展成效，需要将不同的学习机制结合起来，从而产生具有协同效应的管理办法：利用民主对话会议和其他会议场所作为知识创造和知识转移的引擎，平衡计分卡（balanced scorecard，BSC）的整合和局内人与外来者行动研究人员的持续合作。这些学习机制应用于个人、团体、组织或半组织等开展的局内人行动研究中，旨在激发学习动机、提升学习效率、监督进程和奖励学习结果等。[2]

珊娜（Shani，A. B.）和戴科（Docherty，P.）认为，建立学习机制对开展局内人行动研究至关重要。在开展行动研究时，需要有目的地选择（设计）和应用特定的学习机制，使其符合研究的整体目标、文化情境和实践场域。[3] 学习机制可以通过各种方式设计和管理，各种方式亦被看作不同的学习设计维度，每一种都满足必要的学习需求以获得相应的学习成果。[4] 伴随着各种学习设计维度的建构，局内人行动研究者可以作出一系列的选择。理性选择是基于功能等效的方式进行的，即在不同的环境下取得相同的成果，达成一致目标。在理性选择过程中，必不可少的部分是识别在现有学习机制下改进或者创造一个新机制的外部和内部条件，识别特定的行动研究条件及其动态的学习要求，为顺利开展局内人行动研究确定最适合的学习设计维度。

有研究者已建构起学习机制的三维模型，分别是：认知的或文化的（cognitive or cultural）、结构的（structural）和程序的（procedural）。[5] 认知的或文化的机制强调以语言、概念、符号、理论和价值为载体去思考和

① Judy Oliver，"Continuous Improvement：Role of Organizational Learning Mechanisms"，*International Journal of Quality & Reliability Management* 26，2013（26），pp. 546-563.

② Chen Schechter，"Organizational Learning Mechanisms：The Meaning，Measure，and Implications for School Improvement"，*Educational Administration Quarterly* 44，2008（2），pp. 155-186.

③ Stelios Zyglidopoulos，"Review of A. B. Shani and P. Docherty 'Learning by Design：Building Sustainable Organizations'"，*Organization Studies* 24，2003（9），pp. 1566-1569.

④ Tobias Fredberg，Flemming Norrgren，& A. B.（Rami）Shani，"Developing and Sustaining Change Capability via Learning Mechanisms：A Longitudinal Perspective on Transformation"，in A. B.（Rami）Shani，Richard W. Woodman，& William A. Pasmore eds.，*Research in Organizational Change & Development*（Volume 19），Emerald Publishing，2011，pp. 117-161.

⑤ A. B.（Rami）Shani & Peter Docherty，*Learning by Design：Building Sustainable Organizations*，Wiley-Blackwell，2003.

理解学习问题。比如单环—双环学习概念可以帮助人们识别学习的起点，评估由行动所带来的变化情况。在此过程中，关键在于把握从实践中提出问题、加工信息、分析信息和作出决定时个体内在心智是如何发生的。[①]人们深入衡量组织行为的前提条件是否适切，进一步对"习惯性防卫"造成的认知或文化障碍进行一定程度上的克服，力图在行为的变量前提下取得较为根本的改善。结构的机制是由组织结构、物质环境结构和技术结构组成，比如行动学习小组、平行学习结构、优质团队、持续改进任务型组织、组织内部供应链、反馈交流群、数据库、资源共享体系和工作空间。程序的机制能够支持与促进学习制度化，例如，开展学习会议和行动学习项目，了解并记录主要行动研究人员的互助合作学研过程及其取得的成果。开展局内人行动研究，需要基于组织体系的基础，充分调动其内部组织人员的动力和热情，创建结构多元且辐射面广的学习机制以促进研究的顺利开展。

基于学习机制的多维结构，以创新组织能力的发展为主题，有研究者创建了开展局内人行动研究的动力系统模型。该模型较为全面地展现了组织能力、学习理论和协作研究在局内人行动研究中的有效组合与应用。图4-1展现的框架，确定了影响局内人行动研究过程和结果的主要因素，它们分别是相互关联的六大因素，即外部组织环境、组织背景和发展动态、现有组织能力、行动研究特点、学习过程和机制，以及创新组织能力。该模型的核心在于研究者能够感知创新组织能力的认知性需求，并在此基础上开启局内人行动研究。创新组织体系的能力伴随着学习机制及其进程的顺利发展，可以是有形的、无形的和人性化的。该模型已经指导了一系列相关行动研究项目。

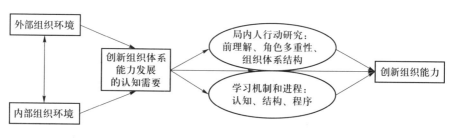

图4-1　创新组织体系能力发展模型

---

① Tor Hernes & Eirik J. Irgens, "Keeping Things Mindfully on Track: Organizational Learning under Continuity", *Management Learning* 44, 2013（3）, pp. 253-266.

第三节 局内人行动研究的方法

一、一般方法

局内人行动研究是一种从"局内人"视角出发，充分发挥实践者作为"完全成员"的优势来开展研究的新方法论。它是一种由内而外，从个体到组织，以期提升实践和生成知识的新途径。当然，它也需要通过具体的行动和实践来予以实现。局内人行动研究在发展过程中形成了自己特有的和可行的研究方法，其中，最具代表性的是加拿大哲学家朗尼根（Lonergan，B.）创立的"一般经验方法"（General Empirical Method，GEM）。结合朗尼根的理论，科格伦提出，对经验、理解和判断的关注，将促成行动，共同构成了局内人行动研究的"一般经验方法"，并以此种严谨的方式，来应对"前理解""双重角色"和"组织政治"[①]三大核心挑战。

对于"一般经验方法"的含义，朗尼根进行了详细论述。自然科学经验方法的成功在于确认了人类通过资料来提升、通过假设去证实来获得知识。而为了阐明人文社会科学是如何产生意义和价值的，朗尼根泛化了资料的概念，资料应包括意识的资料和感官的资料。从这种复合的资料中，一个人通过行动，即人类通过处理"什么是有意义"的和"什么是有价值"的方法，来检验假设并获得提升。因此，这是不同于传统自然科学经验方法的所谓"一般经验方法"。由此可见，朗尼根试图将自然科学和人文社会科学的研究方法连接起来。

该方法主要是一组个人对认知活动资料的见解，并因证实这些见解而获得的方法。"一般经验方法"有意图地收集数据、理智地理解、合理地判断及负责任地采取行动，是一种标准化、相关联和周期性的操作探索模式，超越了个体自我，并在与世界交往过程中超越了个人自身。结合局内人行动研究的主要步骤（包括建构、计划行动、采取行动和评估行动），在实施"一般经验方法"过程中，首先，需要关注我们的意图和那些引起我们注意的事情。由于关注是已经预置的，并且关注点经常被转移，所以，关注点通常是杂乱无章的。其次，需要述及凭借理智我们还没有理解

[①] David Coghlan，"Insider Action Research Projects: Implications for Practicing Managers"，*Management Learning* 32，2001（1），pp. 49-60.

的事情，如对目前解释的不满意、对理解探索的困惑，以及如何努力去表达别人已经理解的事情。在此层面上，努力追求是什么、怎么样和为了什么等问题的答案，排除无关的资料和不成熟的观点。再次，需要关注研究的合理性，也就是说，理性地检验我们对经验的理解。最后，需要关注行动的责任。我们的意识作出有价值的判断，并不断提醒我们，直到让自身的行动符合这些判断。表4-1可以直观显示整个过程。

表4-1　局内人行动研究的一般经验方法

不同层面	操作规程	不同层面	操作规程
经验层面	意图性	合理层面	合理性
理智层面	理解性	责任层面	责任性

这些规范程序的操作构成了研究者的真实性。朗尼根具体阐释了以真实性为核心特征的四个操作规程：意图性、理解性、合理性和责任性。[1]这四个操作规程组成实践研究者操作的一个循环反复的完整过程。真实性是研究的核心，对经历、理解、判断和决定具有重要意义。

世界充满了人类建构的生活意义。通过赋予资料意义来学习、建构我们尊重的世界，来自内部和外部的资料会对我们产生持续影响。意义超越经验，因为它不仅仅意味着经验，还包括我们努力去理解和证实的东西。我们通过语言、符号和行动去努力理解许多有意义的工作。据此，我们探究价值、行为和假设如何被社会建构和如何嵌入意义，以及通过探究目标和设计来寻求我们的知识。因此，朗尼根认为，"一般经验方法"追溯意识中意义和价值的来源。它同样探索了意义和价值被扭曲的多种方式，并试图澄清有助于纠正扭曲的各种因素，提出在学科之间构建一种合作框架去克服扭曲和推进更好的共同生活。因而从某种角度来看，这些探索主要以个人经验的方式被引导。朗尼根指引我们去发现：当我们获得知识、评估选择及作出决定时会发生什么？他让我们注意到在发现自身的过程中去获得一种显性知识，即人们是如何获得知识和价值的，探究者是如何被内在标准引导的，以及任何探究是如何被称作"客观的"。这种"客观性"暗示了探究的两种结构，即探究过程和探究者在任何时间和地点可以了解和评价的结构。他提出这些结构，以可辨识的人类探究和行动操作为基础，为有关自然科学和人文社会科学提供了一种个体化的可证实阐释的具

① Bernard Lonergan，*Method in Theology*，Herder and Herder，1972，p. 26.

体方法。

二、具体方法

行动研究是一种系统研究范式。为进一步提高研究的有效性与科学性，研究者通过多种方法的运用有序而严谨地开展研究，即是系统研究。博格（Borg，W. R.）等人认为，综合解释并进行数据资料的收集能够赋予行动研究科学性，进而使其与"随意性的问题解决"相区别。局内人行动研究更多地是在组织机构中被应用，因此，以组织管理学中对组织体系及其合作方式的研究而建构了两种取向的具体方法，分别是机械论导向的局内人行动研究和有机论导向的局内人行动研究。

机械论导向的局内人行动研究针对改善组织管理体系并解决那些已确定的实际问题。一个系统，如组织、团队和社区，在行动研究者和组织体系内的成员共同参与的情况下，就具体问题进行改革或者着手行动。在这个过程中，他们一起组织命名，表达他们想要的成果，做研究计划，采取行动和评估行动。根据各自在行动研究中的具体角色，他们协同合作开展研究，创生知识。机械论导向的局内人行动研究的典型例子是哈伍德公司（Harwood）案例。在哈伍德公司案例中，研究者提出问题，即如何向抗拒变化的公司引介新理念以求得变化中的发展。他们采用两种范式引进产生变化革新的行动研究，分别是组织体系中的主动性代表者作为局内人开展行动研究和全员参与式行动研究。结果表明，这两种范式对产生变化和接受变化的不同影响，其中前者以更快的速率产生变化并接受变化带来的影响，且这种变化和影响大大超过了全员参与式行动研究的效果。

随着实践的发展，传统的行动研究在很多方面对机械论导向的范式起说明作用。实际上，参与式行动研究也属于这一范畴。然而，新兴的行动研究更多地表现为有机论导向的局内人行动研究。所谓"有机论"，是指在行动研究项目中，研究过程本身是有价值的。在有机论导向的行动研究中，研究者自身参与行动探究过程以发现并论证自身的假设，而研究过程的中心就是思考和行动的方式。马舍尔（Marshall，J.）总结了第一人称视角的局内人行动研究的三个特点，包含：（1）探究内在和外在视角的差异；（2）执行行动和反思的循环；（3）主动和乐于接受研究中的变化和成果。[①]

---

① Judi Marshall，"Living Systemic Thinking Exploring Quality in First-Person Action Research"，*Action Research* 2，2004（3），pp. 305–325.

关于有机论导向的局内人行动研究范式，可以安格瑞斯（Argyris, C.）的"行动科学研究"和托波特（Torbert, W. R.）的"发展行动探究"模式为例。在行动科学研究中，无论个体的还是复杂体系的行动研究者，其焦点都在"他们是如何行动的？"这一问题。基于安格瑞斯的"在用理解"（understanding in use）[①]，因个体依凭自主意识提出假设并指导自主行动，同时，对他人的动机和思维方式进行自主推断和归因，所以，更倾向于采取预防性行动。因此，该研究认为行动科学研究的核心是认识并把握支配人们行为的自主意识假设，发展用于解释行为的归因和推理能力，同时在行动研究过程中进行公开测评。在安格瑞斯看来，这个过程就是组织学习的核心。个体在行动研究的各个阶段通过行动与研究提升相应的能力以促进自主发展。

托波特的研究表明，目标导向型的研究者，可以通过在行动研究各阶段的能力发展而成长为积极主动的战略型研究者。不过这种发展转变往往发生在行动研究的后期。个体能够参与到深层次的合作探究过程中，他们自觉反思自己行动中的行为，同时观照他人行动背后的动机与行为方式，并协作开展研究。当然，这种行动研究更多应用于领导者角色，以权力为基础创建研究共同体。有机论导向的局内人行动研究将焦点从最初的行动结果转移到行动过程中，尝试探寻在这个过程中，我们学到了什么？行动研究是如何对我们的工作方式及其价值取向产生作用的？以及这些变化是如何发生的？

表面看来，机械论导向和有机论导向的局内人行动研究的差异在于前者旨在改善行动，而后者关注行动改善的过程，但这并非它们的本质差异。机械论导向的行动研究确实有助于行动改变，但这种改变更多地是行动过程中因相关作用而产生的延续性自然变化。有机论导向的行动研究在某种意义上是预设行动结果，更关注行动研究过程本身。机械论导向的行动研究受工具理性主义的影响，以取得行动的实际成果和产生可用的知识为目的。有机论导向的行动研究也致力于取得实际的行动成果，但它往往是由最初的强烈愿望去引导研究过程，通过不断循环的行动研究与学习来作用于行动改变。

以机械论为导向的局内人行动研究展现了改变是如何在组织内发生的，它强调提供宝贵的案例材料和提供组织如何变化的知识。有机论导向

[①] Chris Argyris & Donald A. Schön, *Organizational Learning II: Theory, Method, and Practice* (2nd edition), FT Press, 1996.

的局内人行动研究经常关注研究者作为一位"反思的实践者"，参与研究他／她个人和专业的实践。很多情况下，这个探究过程由个人执行，不能公开或同组织内的同事分享。在研究成果需要接受学术鉴定时，研究者需要和组织内的相关成员约定，自己的研究是做什么，什么情况下可以通过鉴定。在所有情况下避免不符合伦理的操作，这非常重要。

当研究的对象是已经出现的或组织体系内的原生对象，而不是为了研究而特意安排的，在这种情况下行动研究趋向于机会主义。行动研究的机会主义特质意味着研究者最初的提问决定了该项目是机械论的还是有机论的。在巴特科（Bartunek，J.）的行动研究中，具体的操作问题将行动者的视角引入机械论导向的"如何解决问题？"[1] 有机论导向的局内人行动研究和机械论导向的局内人行动研究能否整合呢？虽然行动研究中展现了机械论和有机论方式的不同，但是它们在研究中针对过程和结果，存在明显的互补特性，因此，在很多情况下它们是可以整合应用的。[2]

教育领域的局内人行动研究要求研究者开展思、学、行的新的专业生活行动，反思强调教师对自己行为决策与其决策结果的心理或智力活动过程进行分析，教师能力的发展主要通过提高参与者的自我感知水平实现。行动研究助推教师采取行动前反思、行动中反思和行动后反思（见图4-2），始于实践问题，终于实践改进，以问题为核心，边学边探解决问题的方案，解决问题与改进实践效能在方案实施、行动观察和反思调整中实现。局内人行动研究要求研究者关注自身实践，成就自主发展。行动研究引导研究者在反思基础上，细致观察实践中的当下自我行为。通过选择自主专业发展态度及自定目标、自选路径、自我监控、自我调整的自主发展状态，以满足人的自我价值实现需要。研究者在实践局内人行动研究的同时也走上专业自主发展的道路。

帮助教师成为思想的行动者并促其形成丰富的教育智慧（见图4-3）是行动研究对于教师专业发展的核心价值，主要休现在使教师学会反思，形成反思理性；使教师学会读书，建构个人理论体系，突破传统教学方式，走向新境界；使教师学会创造，提高创造能力，凸显创造的活力；使教师学会对话，基于个人理论间的对话，与他人实践的对话（研修共同

---

① Robert Golemniewski, *Handbook of Organisational Consultation*, Marcel Dekker, 2000, pp. 59–70.
② Art Kleiner & George Roth, *Oil Change: Perspectives on Corporate Transformation*, Oxford University Press, 2000, p. 165.

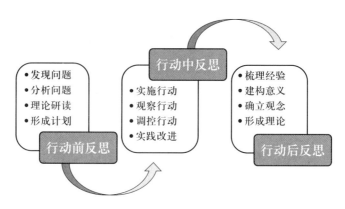

图 4-2　教师开展局内人行动研究的反思模型图

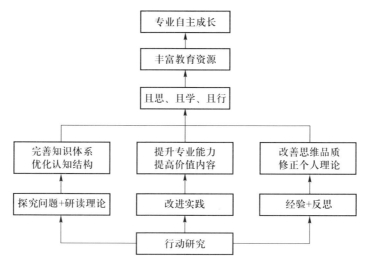

图 4-3　教师开展局内人行动研究促进专业自主成长模型图

体），与自我实践的对话，使教师明确对话中自己的专业理念，深化形成教师的专业智慧。

三、组织形式

局内人行动研究的价值正是在于，它从作为一个组织体系中的完全参与成员和其他人共同合作而开展研究，从而对组织发展和知识创生作出贡献。因此，对于如何处理好局内人第一人称和其他人的第二、第三人称的关系，即处理好研究组织的合作形式就显得尤为重要。事实上，每个人都是家庭和组织的局内人，作为成员每个人都在组织体系的发展中扮演特定的角色，进而实现某个确定目标。在局内人行动研究中，通过第一人称视角的审视与探究，研究者可以认真考虑自身观念、前见和行为之间的关系。通过第二人称视角的探究，研究者可以和其他人一起参与调查，在工作中创建一个调查共同体。通过第三人称视角的探究，研究者可以超越直接的第一和第二人称视角，直抵非个人的和更广泛的共同体，对这些体系中认知主体加以认知，即在体系内他们真正是什么样子和我们在组织中如何能够学习更好的变革方式，进而作出相应贡献。

在学校范围内建构的研究共同体中，教师既是学校组织体系中的常规行动者（即教师角色），也是开展革新或改善教学的研究者。其中，教师承担着双重或多重角色并面临着一系列的学习任务。教师学习的群体模式，提出了教师在教学实践场域中学习的六要素：为教学做准备，发展职业视野；通过在职学习提高教学水平，促进专业发展的动机；具备专业必备的知识；投身教学实践活动，改变职业视野、动机和知识；通过积极反思，从经验和实践中学习；组织参与群体式教师学习。

然而，在局内人行动研究中，面对这些学习任务及其本身存在的矛盾，如何在同事、研究者和学校领导这些角色之间转换以实现协作，成为开展行动研究的重要议题。实际上，行动研究者往往需要在局内人和局外人、推动者和合作者、参与者和观察者角色之间转换。[1] 局内人行动研究者在教学实践场域中通过角色选择、互动交流，进而建立联系，以确认自身的责任、身份和任务。在这个过程中，他们的角色定位与选择，不仅会影响研究的过程和结果，而且会对未来的工作产生持续的影响。因此，对局内人行动研究者来说，角色定位与转换是复杂且需要精心设计的内容。其复杂性体现在参与研究的全过程，其中局内人视角的自省是核心，且阶段性分层换位后的反思，持续引导作出的判断和改变是行动研究中的必要内容之一。[2]

对行动研究而言，角色转换的关键在于维持多种角色之间的平衡。作为局内人研究者，需找到更多与参与教师进行交流和沟通的机会。在协作过程中，研究者的局内人意识，是一种以"他者"的视角理解教师们的价值观和想法，只有这样，研究组织中的所有成员才能增强彼此之间的理解，进而更好地接受行动方案。尤其是对于文化、种族、社会阶层和平等这些较为敏感的话题，这种方式更能凸显其优势。

---

① Ernest Stringer，*Action Research*，Sage Publications，1999，p. 83.
② Ernest Stringer，*Action Research*，Sage Publications，1999，p. 162.

作为一个局内人，研究者需知道并尊重参与项目的教师们的学习能力和思考方式等，以便更好地理解和采用协作者的建议，以推动行动研究中的组织合力，并帮助改善研究设计和促进行动实施进程。对此，为了了解和认识所有组织体系中的积极协作者，研究者可以通过设计调查问卷和访谈提纲，对参与教师们进行问卷调查和访谈。这些调查收集到的信息，直接影响研究者对于后续研究的设计与实施。通过这种方式，研究者尽力获取每个参与者的观点，同时创造机会尝试去搭建与参与者沟通的桥梁，使他们的想法得到清晰表达。无论领导者的角色，还是研究者的角色，只要研究者对参与者的行为和观点进行评价，都会对他们的专业认知造成某种影响。因此，作为一个局内人，研究者能够更近距离地关注参与教师们的行为和努力程度，将其成果更好地表达与呈现，也有助于局内人研究者从参与教师们的视角去认识这一过程的重要性。

然而局内人研究者也存在不足，研究者致力于探究有助于实现学生发展与进步的研究目标，行动是用来满足学生对于教学策略的不同需求，以及教学变革的迫切需要。由此，一些参与教师会觉得某种变革是不好的，并表现出他们的教学实践不需要被改变的态度。正如在许多组织中一样，有的人满足于维持现状，很清楚地表达他们并没有意愿做额外的工作去改善现状。还有一些参与教师害怕改变，对于他们的教学实践变革感到不安。此种情形下，研究者很难和教师们讨论此类问题，因为局内人研究者了解教师中的很多人，这种熟悉的关系也让教师们更容易忽略研究者的请求。

因此，在局内人行动研究中，对研究者而言，一个重要的挑战就是如何让参与教师以合作的姿态进行工作，尤其是在不鼓励合作的学校环境氛围中。很多参与者习惯于在他们各自的课堂上课，几乎不和其他同事交流和分享观点。如果研究是有效的话，形成一种合作的氛围是非常重要的。作为局内人，研究者往往能够预料到某个参与者如何回应某些问题。研究者需要让参与教师们做他们擅长的事，知悉教师们之间的关系，掌握参与者的各种个性、思考方式和能力，这都非常有助于建立起合作组织体系并促进行动研究的开展。然而因研究者对教师有先入为主的认识，他们无法客观地去看待参与教师们，从而限制了与参与者建立新关系和激发创新活力。

实际上，在局内人行动研究项目中，研究者最初的目标，是和教师们一起在学校课堂中探究改善教学的发展策略。在学校里面，因种族、文化和社会阶层的不同，自然就有不同的学习风格和需求。引导研究的一个观念就是通过改变授课方式及脚手架式的支持，使得拥有各种不同学习需求的学生都能获得学习成功；另一个观念就是在课堂上，每个教师有责任主动去满足学生的个人需求。研究者创造一个场域，使其目标和想法都能得到发展。通过研究，研究者努力保持自主检查，因为研究者对这件事充满热情，同时希望事情更快更容易上轨道。即使一开始的一些目标可能看起来不现实，然而通过整合其他的可能性去实现，进一步向所谓"合作的完整"方向前进。研究者需要发展以参与者为中心的研究，而不是以研究者为中心。然而，有时候在情感上，研究者尝试去了解并探究教师对某些新的学习策略和新技巧产生拒斥力的原因，这有助于创造一个积极的研究环境。研究者通过重新形成其对教师拒斥教学革新的理解，收集更加丰富的数据并探明原因，从而为进一步改善行动研究提供帮助。

在最初的数据分析中，研究者意识到一些教师对教学变革的拒斥，有一部分原因是研究者自己过分热心而导致的。一些教师的表现并不直接指向研究，而是指向行动研究所提出的具体教学革新方法，这些教师对于革新教学方法以满足学生学习需要的创新能力并没有充分的信心。因此，对于研究者而言，其作为行动研究的主要领导者，要更多地关注并分析参与其中的合作教师的意识和能力，并为他们提供具体而有针对性的脚手架式的支持与帮助，而不是给予每个教师相同的支持。

研究伊始，研究者发出调查问卷，采访教师们，探究学校和教师需求，设计调查问卷和草案去探究教师对发展不同合作模型的观点。得到教师的反馈后，研究者便着手设计和开发行动方案，该方案展现了教师们的行动干预如何对研究设计及其成果作出贡献。参与教师们看到他们的想法和研究设计的联系，便会内在地增加他们的合作动力和行动动力。根据这些前期准备和明确的数据结果，教师们看到学生的进步，基于研究的干预使学生表现大不相同，他们开始觉得这是他们的方向，是他们的行动变化促进学生的发展。通过这个过程，可以看出研究者不应急于推进研究进程或是采取单独行动，而应在仔细听取教师们的意见后，将它们融合到设计和实施的各个阶段，并推进研究的进行。

格莱森（Glesne，C.）认为，反身性是理解有效行动研究设计的重要方法。[1] 在方法论层面，反身性指规避或处理自主反思中的个人偏见、理论倾向和偏好等。[2] 反身性作为一种方法有助于批判性地审视整个研究过

---

[1] Corrine Glesne，*Becoming Qualitative Researchers: An Introduction*，Longman，1999，pp. 28-31.

[2] Thomas A. Schwandt，*Dictionary of Qualitative Inquiry*，Sage Publications，2001，p. 536.

程，包括检视在实践场域中研究者与参与者所建立的互动关系网是否有效，检视基于某种理论框架收集数据的合理性和科学性等。在局内人行动研究的背景下，反身性是中心概念和重要方法。研究者不仅要反思自己的身份、角色，以及与参与者的关系，还要系统考虑研究设计和调查方案的合理性及真实性，进而开发方法，这是一个动态生成的过程。局内人行动研究者必须了解个人的和政策的、组织的和个人的、意识形态的和实践的交叉点。在局内人行动研究中，以实践者的伦理责任去认识，然后系统地发掘影响研究过程的全部因素，进一步理解主观性层面。①

对合理性最大的挑战就是自身的主观性。帮助研究者批判性地思考主观性与参与者的交叉点，局内人身份的重要因素是坚持做合作与研究记录，尤其是研究者和参与者互动的相关记录。这些记录、研究日志和研究备忘录等，能帮助研究者认识到自己在研究中的主观性和偏见，进一步分析现场笔记、研究笔记、备忘录和合作记录，帮助其保证研究结果的合理性和正规性。通过研究，研究者检验其个人信仰和组织体系的关系结构如何影响行动研究的贯彻实施。

然而，对一个局内人行动研究者而言，更难的问题是，当他知道自身的某些偏见，这些偏见的复杂性和制约性只有在他参与研究的时候才显现。研究者需要对这种凸显出来的问题进行实时检查和力量权衡，也要以系统科学的方法去全面检验自身的假设。研究者想知道学校的文化，但当进一步调查研究，就会扩展地从不同的方式去理解社会的政治结构。其局内人的身份既帮助他理解参与者的个性、互动和反馈，也使他更能加深理解。一方面，局内人的身份有好处，因为研究者熟知许多参与者，知道当问题和困难出现的时候该如何去回应他们；另一方面，研究者对参与者的假设不断修订加以完善以推进研究，建构研究的每份理智努力促进其合理性进程。

研究者意识到需要通过教师的声音并使之成为研究的中心，便努力"了解情况的异议"。很显然不是所有教师都愿意参与，一些教师很勉强地去表达他们的想法和感受，有个性的原因，有工作风格的原因，也有的是因为新来的原因。然而会议中有更多的讨论出现，有很多是难以讨论或禁忌的话题。研究中心关注的公平与文化素养有关，这个研究创造了主动交换观点的机会。在讨论更敏感话题方面，很明显研究者必须退后，去

---

① Michael Nakkula & Sharo Ravitch, "Matters of Interpretation: Reciprocal Transformation in Therapeutic and Developmental Relationships with Youth", *Neuropsychopharmacology* 24, 1998 (1), pp. 1-10.

和教师一起工作，建立一种信任和许可，让他们感受到被授予分享观点的权利。研究者尽力对自身的位置保持警觉，在看待自身的行为和研究方法上，努力保持反思和批判，以确保自己不被局内人身份和公平教学法的激情信念蒙蔽。

行动研究的支持者，譬如科克伦－史密斯（Cochran-Smith，M.）等人讨论了局内人研究对于教师学习和授权的重要性。[①] 他们声称专门人才驱动的研究帮助教师评价他们的实践，这种反思过程能引起教学法和社会的改变。斯格（Sagor R.）对她在市区小学和教师参与局内人行动研究的经历进行反思，有力地说明局内人行动研究的多种积极影响，因其强调了在研究过程中发生的相互授权，教师和学校领导作为研究的搭档，教师有自主权和心声，他们被尊重，在学习共同体内他们是作贡献和批评的研究者。[②] 同样，沃斯的反思给那些有兴趣参与局内人行动研究的人一个窗户去探究与该研究相关的、意识形态的、系统的、方法论的复杂性，还有局内人行动研究者角色转换的核心。

沃斯的研究表明，当一个合作的共同愿景和变革为焦点的行动计划共同构成，有意义的参与被培养和真正的改变就能实现。沃斯的"在实践的对话中"成功地发展了其学校的教师，教育者必须学会通过参与各种行动研究成长起来，该研究提供支持参与用对话表达在学习和课堂实践中不同的观点。另外，沃斯通过教师开发机会教学法让学生加以反思，提醒我们学生的成功有赖于教师的成功。教师的成功是基于证据的、归纳的、自然发生的、多义的专业发展共同实现。

对于参与局内人行动研究的结果，沃斯发现了成为一个反思研究者的价值和重要性，还着手在研究设计中建立系统的反思，所以探索在整个研究过程中仍然是归纳的、反复的和充满活力的。沃斯的研究提醒我们，参与到真正的反思促使局内人行动研究者参与他／她的身份、角色、关系的持续转换，不仅仅关注促使系统变化的目标，而且对研究设计、自身实践和思维方式的改变持开放的态度。在这种意义上，局内人行动研究者是在持续前行的状态，建立潜藏在学校变革中的实践。这种潜在的实践因其深

①　Marilyn Cochran-Smith & Susan L. Lytle，"Research on Teaching and Teacher Research：The Issues That Divide"，*Educational Researcher* 19，1990（2），pp. 2–11；Gary Anderson，*Studying Your Own School: An Educator's Guide to Qualitative Practitioner Research*，Corwin Press，1994，p. 25.

②　Richard Sagor，*Guiding School Improvement with Action Research*，Association for Supervision & Curriculum Development，2000，p. 201.

深的背景化和合理化，因其跨个人的和专业的、实践的和意识形态的，创造无尽的可能去重新审视教育政策、实践和结果。

对此，行动研究尝试寻找一种能够弥合单纯地将研究者视为"局内人"或"局外人"而产生隔离状态的弊端。行动研究应该秉持的立场是：整合多样研究主体的共同诉求而一同完成研究，一致的认同是研究之基础。研究者关注的核心是作为局外主体，该如何思考自己的价值体系与生活方式？作为局内主体，他所处的群体文化造成了怎样的影响？作为互动主体，他与研究对象之间达到了怎样的理解？若从方法论的视角来说，此种立场本身就承认了行动研究过程存在的张力。

不同情境中的行动者之间的不断变化的符号互动过程构成了行动研究的主体间的经验世界。因为人文主义的方法有利于展示人的生存状态、人的生活意义和人性的本质特征，故参与观察、生活史研究、个案研究、非结构访谈等人文主义的研究方法应该是通向符号的、互动的经验世界的探索和考查方式。

在教育研究活动中，为打破局内人与局外人之间的生存边界，教育学者必须有清醒的意识和足够的勇气。在教育研究过程当中，教育学者必须对局内人与局外人的界限有明确的把握，并努力打破这种界限。如果全身心投入实践，却丢掉了对实践的思考，则极有可能失去对实践的批判而使以客观角度去审视教育实践变得不可实现，亦无法影响实践。与此同时，若坚定站在局外人的视角，则有可能因为完全忽视逻辑而将研究变为宣泄个人情绪。由此，突破二者界限，求得一种生活化取向的、整合的研究视角，才是教育行动研究的真正发展之路。

局内人行动研究应用越来越广泛。阿迪恩扎（Atienza，C. M. R.）基于企业行动研究框架，设计和完成了《建立组织认同：一项来自创始人观点的局内人行动研究》。它由"基础行动研究"和"重点行动研究"两个项目组成。两项研究均包括制定方案、实施计划和评估行动的迭代周期。基础行动研究旨在依据组织创始人观点来开发组织认同的建构理论，重点行动研究则聚焦于促进对有限公司单位团结一致的具体认同。在行动研究循环实施中，研究者进行了严密的观察研究。在现场工作中，进行了三个循环研究——理解组织认同、优化这种认同实践和设计组织文化中这种认同整合。随之，从内容、过程及其反思形式中进行的元学习，实现了有效学习。最后，通过深入经验和理论层次对项目进行批判性反思，提出了一种组织认同建构的创始人整合理论。

在局内人视角中，研究者与实践者共同承担着改进实践工作质量的任务。因此，相对于研究者而言，实践不是完全外在的一种研究对象。研究与实践也不是彼此分离与割裂的两种活动，而是一个相互依赖、锁定、孕育、碰撞、建构、生成的动态过程，也是一个充满问题、挑战、困惑、发现、突破、兴奋、苦恼、焦虑、体悟、满足的探究过程。实践者与研究者在这个过程中研究，更是在这个过程中生活，构成了局内人和局外人合为一体的特殊的转化性生活样式。一方面，实践者由于有了"额外的"研究担当，失去的是"井底之蛙"的轻松感，赢得的却可能是对人生自觉、自主和自由境界的领略。另一方面，研究者抑或学者失去的可能只是偏于一隅的主张，但"将赢得的是整个理解的世界"。①

---

① 〔美〕罗伯特·K.默顿:《科学社会学》，鲁旭东译，北京，商务印书馆2004年版，第190页。

第五章　生活理论行动研究

　　生活理论行动研究具有不同于一般学术研究的特征，从而显示出独特的内涵与意义。生活理论行动研究作为一种新的研究范式，是实践工作者的一种研究方法，是经由研究者个人进入自己的实践工作单位来完成的研究。它通过观察实践工作来检验这些工作是否如愿地发生或发展，进而帮助改善工作场所的各种专业事务。生活理论行动研究的本质是实践者活生生的实践，该实践是一种整体的实践。实践者的实践融合着实践者的自主研究，实践者在自主研究中不断改进自己的实践。

第一节　生活理论行动研究的概念

　　长期以来，研究者以旁观者的身份观察、描述、解释他者的行动，从而产生关于他者的命题形式的新知识（理论）。[1]在教育领域，这类研究固然重要，但是命题形式遮蔽了生活形式和教育理论的内容。[2]针对这种问题，生活理论行动研究另辟蹊径，基于价值、生活情境影响、个体行动研究者的研究，从行动研究者本身的实践知识中创造出生活理论，并独具特性。生活理论行动研究的显著特征在于其植根于本体论中研究者的"我"，使用生活逻辑（living logic），对实践研究者本人当前正在经历的事情，进行系列的描述和解释。[3]换言之，生活理论行动研究将"我""我们"置于研究的中心，重视研究和实践中的个体价值[4]，鼓励

---

① Jack Whitehead，"Generating Living Theory and Understanding in Action Research Studies"，*Action Research* 7，2009（1），pp. 85–99.

② Jack Whitehead，"Creating a Living Educational Theory from Questions of the Kind，'How Do I Improve My Practice？'"，*Cambridge Journal of Education* 19，1989（1），pp. 41–52.

③ Jean McNiff & Jack Whitehead，*All You Need to Know About Action Research*（2nd edition），Sage Publications，2011，p. 47.

④ George Rust et al.，"Grounded Practice Putting the 'Self' Back into Self-Evaluation"，*Educational Action Research* 22，2014（1），pp. 72–92.

个体或实践者阐明其自身的实践，以生成自身的生活教育理论。不难发现，生活理论行动研究与局内人行动研究一样，不仅强调"我"的核心地位，而且更看重"生活理论"的生成。有研究者指出，生活理论行动研究是一种探究自主的行动研究（self-study action research），也有学者将其称为第一人称行动研究（first-person action research）或朴素的行动研究（plain action research）。[①] 姚文峰则揭示了生活理论行动研究的本体意义。[②]

一、生活理论行动研究的兴起

20 世纪 70 年代，随着教育行动研究在英国的广泛开展，从事行动研究的学者们构建了不同的行动研究方法。英国巴斯大学（University of Bath）的资深教授怀特海是行动研究的国际知名学者。在几十年里，他倾心致力于教育行动研究及教师教育发展研究与实践工作，构建了生活理论行动研究范式。随着生活理论行动研究范式对当前学校教育行动研究的影响越来越大，同在巴斯大学任职并从事教育行动研究的麦克尼夫（McNiff, J.），从 20 世纪 80 年代起与怀特海合作开展行动研究。双方分享各自的研究并整合彼此观点，使得生活理论行动研究范式得到进一步发展和完善。

（一）怀特海的研究：生活理论行动研究的构建

怀特海无疑是生活理论行动研究的领军人物之一。自 20 世纪 70 年代开始，他就一直致力于生活理论行动研究理论建构，这一目标现在已经达成，并得到同仁们的认可。目前，生活理论行动研究在世界各地为越来越多的实践工作者所运用，成为影响他们学习与改善实践工作品质的重要途径。

早在 1971 年，怀特海第一次使用摄像机分析自己的课堂实践。在这个过程中，他意识到自己在产生新的观点及改善实践中具有举足轻重的作用。至 1973 年，怀特海怀揣着为重建教育理论作出贡献的愿景，并认识到自己在 1968 年至 1972 年间所主张的教育理论是错误的，重新审视自己的研究方向。在 1976 年，怀特海召集了一群与他一起工作的教师及其他利益相关者，对自己的研究报告进行效度评价，大家的热烈反馈激发了怀

---

① Jean McNiff & Jack Whitehead, *All You Need to Know About Action Research*（2nd edition），Sage Publications，2011，pp. 11–12.

② 姚文峰：《走向生活：教育行动研究的本体意义》，《教育研究》2018 年第 2 期。

特海的深度反思与进一步行动。① 具体而言，怀特海的课程开发研究报告虽然包括了众多先进的教学理念，但是一线教师的统一评价为：怀特海的研究报告是令他的学术同事满意的，但一线教师却在其中找不到自身的影子。这些教师建议怀特海重新探究当初录制的课程、谈话片段、学生作品等，从而建构一些他们能够看到自身的解释。怀特海认可了教师们的评价，并与其中一位教师积极合作，对前期获取的数据重新建构分析内容和形式。这样一来，第二版的分析结果与第一版的研究报告所呈现的结果泾渭分明。通过对比发现，第一版的解释以抽象概念为主要形式，第二版的解释则以行动反思循环为形式。到了 1989 年，怀特海在《剑桥教育学报》上发表了一篇影响深远的文章。该文通过对"我怎样改造我当前的实践"这样一个问题的追问、研究和探寻，来"创造一种生活教育理论"。在这篇文章中，怀特海阐释了生活教育理论是个人在教育情景中影响自身学习、他人学习，以及社会形式学习的解释。②

生活理论的观点得以产生，还在于反对如下认识：教育理论能够通过哲学、心理学、社会学和历史学方面加以获得。这里需要指出的是，这种观点，并不意味着我们在建构教育理论中不依赖所涉学科获得的洞见。生活理论基于这种批判而另辟蹊径，植根于"我"作为一个生活矛盾体，转向教育理论的辩证观点，再从辩证路径进入视域融合视角（insight of inclusionality）。视域融合视角是指相互联系、反思和再创空间与边界的相对动态意识。这里强调基于生活矛盾体的辩证基础而彰显生活理论，进入视域融合，并不是否定从命题理论和辩证理论中获得洞见。

（二）麦克尼夫研究：生活理论行动研究的发展

为生活理论行动研究作出巨大贡献的另一个重要人物当属麦克尼夫，她于 1989 年获得博士学位，其博士学位论文的主题为"行动研究对话中个人教育发展的解释"。正如怀特海所指出的，麦克尼夫对在行动研究中开发生活理论的研究颇有建树。③ 麦克尼夫也是国际知名教育顾问和教育行动研究专家。她任教于玛利诺教育研究所（Marino Institute of Education，MIE），研究兴趣包括教育生活理论、混沌复杂理论等，在行

---

① Jack Whitehead，"Generating Living Theory and Understanding in Action Research Studies"，*Action Research* 7，2009（1），pp. 85–99.

② Jack Whitehead，"Creating a Living Educational Theory from Questions of the Kind，'How Do I Improve My Practice？'"，*Cambridge Journal of Education* 19，1989（1），pp. 41–52.

③ Jack Whitehead，"Generating Living Theory and Understanding in Action Research Studies"，*Action Research* 7，2009（1），pp. 85–99.

动研究上具有丰富经验，研究成果已被广泛出版，帮助众多教师参与到教育行动研究之中，并使他们的研究成果有机会公开发表。

麦克尼夫的研究丰富和发展了生活理论行动研究。她借鉴了歌德（Goethe，J.）、乔姆斯基（Chomsky，A.）和柏格森（Bergson，H.）等学者观点，在生态学的框架基础上提出了自然进化过程中的生成转化模型（generative-transformational model）。① 她认为所有的生物系统都处于一个不断生成转化的过程中，并且彼此相连，每一次转换都蕴含着下一次潜在的新的转化。她明确主张，行动研究过程是不规则的、反复的树冠状结构。

这些观点的综合对相关实践理论的发展产生了重大影响，也构成了社会正义的基础部分。生活理论行动研究尽管将个体研究者置于他们自己研究主题的核心地位，但在更大的范围内研究者们是与其他人建立联系，一起合作进行研究的。个体行动研究者必须承担起自己的责任，在教育研究的整个关系网中，将他人的利益置于自身利益之上。因此，研究者必须认识到：行动研究由个体单独开展，或者整个团体独立进行。但是无论如何，它的开展都是一个参与性和合作性的活动，并不是纯粹的个人主义活动。研究者还必须认识到，这种生活理论行动研究的方法是严谨的和科学的，始终是在关注与考虑其他人的基础上，还保持着个人能力的完整性与独特性，从而对知识的有效性作出自己独立的判断。

怀特海、麦克尼夫等人创立的生活理论行动研究，代表着研究者的价值理想，提醒社会科学的研究者重新正视价值判断、价值选择及价值实践之间的关联性，透过探究自己的教育实践工作，进一步思考关于人类具有追求自主、亲密关系和工作生活的需要，同时具有追求自由、创意和快乐等内在驱动力的理解。

二、生活理论行动研究的基础

生活理论行动研究的提出受启发于"参与现实"本体论、新学术认识论和生活逻辑方法论。"参与现实"本体论认为每一个人生而有能力作出自己的原始贡献，并与他人批判性地参与到实践和理论中。新学术认识论呼吁将教学与实践应用都纳入研究，并鼓励充分信任自己的专门知识。

---

① Jean McNiff & Jack Whitehead, *All You Need to Know About Action Research*（2nd edition），Sage Publications，2011，p. 44.

（一）"参与现实"本体论

沃尔顿（Walton，J.）在其生活理论行动研究中阐释了"参与现实"本体论世界观。[①] 这种本体论挑战了"世界实证主义视角下的'主体—客体'分离的形式"，亦挑战了"倡导现实是在人脑中建构的，只能在主观上被理解的建构主义"[②]。"参与现实"本体论将世界看作主客体的统一，建构人脑创造性与宇宙事实的联系。这种本体论呼吁对真理和求知之路的新看法[③]，现实的参与性观点启发我们如何看待自我和相关联的他人，它深度地挑战了社会结构内在的权利不均衡。

通过分享世界观，我们并不仅仅探索等待我们发现的世界，还共同创造现实。我们在与他者接触的过程中，如果不是真的互帮互助，我们不会充分了解他者。当我们完全进入互相参与状态，他者的现实在我们完全开放的关系中才得以找到。[④]

这样一来，"参与现实"求知者和知识既得者之间就形成了参与性关系，并且在这些互动的关系中是没有任何分离或缺口的。参与范式为人们的互相交流作用提供了一种新的角度。最终，它最有意义的结局是"人类知识的繁盛"。达到最终目的的方法是"参与性决策"，允许人们参与到决定的过程中，在每种社会环境里都能以各种方式影响充实自我的过程。

基于这种本体论假设，生活理论行动研究形成了自己的主要主张：多元的行动者及其所参与形成的世界，不能仅仅作为他人研究的资料（客位研究），而应该由行动者自己来认识和理解。石中英指出，行动者自己所进行的"主位研究"才能够更好地揭示或解释实在的属性，进而把握世界的多元性与异质性。[⑤]

（二）新学术认识论

"教育研究胜于实践"，这种观念具有悠久的历史，而且依然是当前的一个巨大障碍。它将教师看成"无能者"，教师最好应该根据这些理论成

---

① Joan Walton，"A Living Theory Approach to Teaching in Higher Education"，*Educational Action Research* 19，2011（4），pp. 567–578.

② Norman K. Denzin & Yvonna S. Licoln，*Handbook of Qualitative Research*，Sage Publications，1994，pp. 106–117.

③ John Heron，*Co-Operative Inquiry: Research into the Human Condition*，Sage Publications，1995，p. 162.

④ John Heron，*Co-Operative Inquiry: Research into the Human Condition*，Sage Publications，1995，p. 11.

⑤ 石中英：《行动研究本体论假设的再思考》，《教师教育研究》2004 年第 4 期。

果革新自己的实践活动。而且，教育理论学科的霸权继续在教育研究中占主导地位，这种理论学科主要产生命题式知识。事实上，怀特海指出，知识有许多来源，除了命题式知识、辩证式知识，还有生活理论知识。① 日常生活具有巨大威力，但是人们不积极思考，也不将这些知识转化成特定的教学方法。原因在于人们不善于提问，习惯了静待和接受。② 许多实践者在实际情境中生活和工作，往往否定自身价值，或者许多实践者意识到他们为新的实践作出了贡献，但其中较少人能洞察到自己对新理念或新知识作出了贡献。事实上，实践者完全有可能创造出有价值的理论，当他人声称自己对某事物获得了普遍的真理性认识，我们必须从我们自己的角度对此加以判断和理解。③

博伊尔曾在其著作中指出，学术活动需要一种新的研究范式，即将教学与实践应用及两者的融合都纳入研究之中。④ 怀特海等人也呼吁，实践者最好将自己界定为既是实践者又是研究者，这将具有重要意义。他满腔热忱地鼓励实践者找到克服实践与研究之间存在的矛盾的方法，寻求能够更完满地为自己或为他者负责的个人生活和工作。⑤ 教师显然需要转化来充分信任自己的专门知识，这类知识对自己及他者具有独特的价值。⑥ 但这又必然遭遇另外一种挑战，即如果实践者想和公众一起辩论生命值得追求的问题及生命中何为重要的问题，其作为实践创新者和理论创造者的身份需要得到公众的承认。而公众的承认往往从实践者自身承认开始，因而实践者需认识到自己所做工作的价值，并与自己有能力产生新的实践和新的理论相联系。⑦ 沃尔顿的研究揭示，生活理论行动

① Jack Whitehead，"Using a Living Theory Methodology in Improving Practice and Generating Educational Knowledge in Living Theories"，*Educational Journal of Living Theories* 1，2008（1），pp. 103–126.

② Jack Whitehead & Jean McNiff，*Action Research Living Theory*，Sage Publications，2006，pp. 45–46.

③ Michael Polanyi，*Personal Knowledge: Towards a Post-Critical Philosophy*，University of Chicago Press，1958，p. 20.

④ Ernest L. Boyer，*Scholarship Reconsidered: Priorities of the Professoriate*，Carnegie Foundation for the Advancement of Teaching，1990，pp. 76–78.

⑤ Jack Whitehead & Jean McNiff，*Action Research Living Theory*，Sage Publications，2006，pp. 48–55.

⑥ Jack Whitehead，"Using a Living Theory Methodology in Improving Practice and Generating Educational Knowledge in Living Theories"，*Educational Journal of Living Theories* 1，2008（1），pp. 103–126.

⑦ Jean McNiff & Jack Whitehead，*All You Need to Know About Action Research*（2nd edition），Sage Publications，2011，p. 55.

研究能够很好地将研究、教学和应用三者融合。① 对行动研究者而言，探究如何让自身本体论意义上的价值完全地落实到专业实践上并使之得以实现，具有重要意义。② 行动研究者提出的这些生活理论的重要意义从视域融合视角出发，建构了新的学术认识论。

（三）生活逻辑方法论

传统上讲，理论通常是一种解释框架。行动研究中的理论之所以非常重要，在于它具有解释力。理论的洞见可以帮助我们如何更好地提高自身实践。怀特海和麦克尼夫探寻了什么形式的理论对教育实践最有影响，并基于此区分出了三种理论，分别为命题理论、辩证理论和生活理论。③ 命题理论包括关于事情的命题和声明，它们倾向于寻求确定性，或者是对特定问题的一般性陈述，如"事物是这样的"。辩证理论是不固定的、开放的，并植根于矛盾中。在辩证中，所有事情都可以修饰，所有事件和精力都包括矛盾元素。生活理论整合命题理论和辩证理论的洞见④，并植根于"知道这样和知道本身（know this and know）"的个体知识。

怀特海认为，命题形式掩盖了教育理论的生活形式和内容，他主张构建一个包括问题与对策的生活化教育理论，这种理论也包含传统教育理论的基本命题。⑤ 生活理论是个体在解释自身教育对自己、他人，以及社会形态学习的影响时产生的，其解释原则为：行动研究者在实践中表达的鼓舞人心（life-affirming）的能量和具身价值。⑥ 在生活教育理论中，命题的逻辑形式存在于行动者的解释之中，而不是用来表征实践者的解释的。实践者系统地将自己的工作与他们的价值加以联系，并以这些价值作为评估自己工作的判断标准。这些本体论层面的价值观随着实践者以认识论标准表达出来而变为认识论层面的价值观。这种转化再一次成为生活道德

① Joan Walton，"A Living Theory Approach to Teaching in Higher Education"，*Educational Action Research* 19，2011（4），pp. 567–578.

② Lesley Wood，Tulsidas Morar，& Linda Mostert，"From Rhetoric to Reality: The Role of Living Theory Action Research in Transforming Education"，*Education as Change* 11，2007（2），pp. 67–80.

③ Jack Whitehead & Jean McNiff，*Action Research Living Theory*，Sage Publications，2006，pp. 30–32.

④ Jack Whitehead，"Generating Living Theory and Understanding in Action Research Studies"，*Action Research* 7，2009（1），pp. 85–99.

⑤ Jack Whitehead，"Creating a Living Educational Theory from Questions of the Kind, 'How Do I Improve My Practice?'"，*Cambridge Journal of Education* 19，1989（1），pp. 41–52.

⑥ Jack Whitehead，"Using a Living Theory Methodology in Improving Practice and Generating Educational Knowledge in Living Theories"，*Educational Journal of Living Theories* 1，2008（1），pp. 103–126.

标准，实践者依靠其对自己所产生的教育影响作出判断。[①]

生活理论所遵循的是生活逻辑，即研究者基于他们当前正在经历的事情，组织自己的思考。已有的大多数研究方法倾向于采用一个外在立场（externalist stance），这种立场以一种与他物相区分的态度来审视当前事情。但是生活理论行动研究者使用的形式，则是以一种与他物相联系的方式，目的是解释他们自己是如何学习的，以及如何影响他者学习的。[②] 这种逻辑是一种想象的思维，能看到事情的所有可能性，以及当前形式的未来潜质，并以关系性思维看待一切。生活逻辑的观念一直存在，但是直至后来为怀特海所确切地提出。[③]

生活逻辑关系是自由流动且不断发展变化的，即总是基于原始的形态生发出新的形态。有研究者主张，我们活着，就是为了创造自己的学习，生成生活理论，以交流我们当前的生活经验，并掌握自己生活的潜在新形式。[④] 在生活逻辑方法论中，个人具有系列独特价值，以表达自身存在的意义和目标。在探寻生命的过程中，这些价值得以表达、澄清，并作为解释原则涌现。价值与生命能量相关，并在多样化的教育关系中富有联系地加以表达。

三、生活理论行动研究的特点

行动研究蓬勃发展至今，产生了多种范式。作为一种独特的行动研究范式，生活理论行动研究具有如下特点：体认"我"作为生活矛盾体的存在，强调生活教育理论的生成，重视生活的意义与价值。

（一）体认"我"作为生活矛盾体的存在

生活理论视角的行动研究将个体实践者置于自身教育探寻的核心位置[⑤]，行动研究过程关注"我"。正如怀特海将生活理论行动研究称作"自

[①] Jack Whitehead & Jean McNiff, *Action Research Living Theory*, Sage Publications, 2006, p. 34.

[②] Jean McNiff & Jack Whitehead, *All You Need to Know About Action Research* (2nd edition), Sage Publications, 2011, p. 47.

[③] Jack Whitehead, "Do the Values and Living Logics I Express in My Educational Relationships Carry the Hope of Ubuntu for the Future of Humanity？", Paper Presented at Symposium of the British Educational Research Association Annual Conference, September 16–18, 2004, Manchester, UK.

[④] Jack Whitehead & Jean McNiff, *Action Research Living Theory*, Sage Publications, 2006, pp. 39–40.

[⑤] Jean McNiff & Jack Whitehead, *All You Need to Know About Action Research* (2nd edition), Sage Publications, 2011, p. 43.

主"的行动研究，他将"自主"研究的目的概括为一系列问题："我怎样改善我的教学实践活动？""如何在教学实践中更加充分体现我的价值？""我如何提高学习质量？"等。①

其中，在"我怎样改善我的教学实践活动？"这一问题中，"我"包括两种不同侧面，即持有的教育价值及遭受否定的经历。人们容易将"我"仅仅当作一个名词，或将其简单看为指代某一个人。这个"我"是正式的，并较少考察其实质内容。但事实上，"我"是作为一个生活矛盾体而存在。而促使我们迫切找到方法改善我们的情境，是否是这种矛盾产生的张力呢？通过将这种矛盾整合进我们的阐述中，从而探查我们的教育实践，以建构个人的教育发展阐释。鉴于此，我们以生活对话形式产生教育理论，这种形式聚焦于实践者产生自己的价值承载实践的解释和描述。

需要注意的是，在行动研究中尽管"我"是核心，但这里的"我"是不能被孤立理解的，因为无论"我"从事的是何种专业性实践，都不可避免地会影响他人，所以，"我"确切地讲是生活和工作在一个社会背景中的"我"。行动研究意味着在整个研究过程中"我"与他人进行合作，即在数据收集阶段"我"与他人合作进行调查研究；在审核阶段，"我"与团队成员商量并得出结论。因此，可以确定的是行动研究并不是一个可以孤立完成的活动。近些年来，行动研究已经开发出新的方法，即行动研究者们可以进行联合调查研究。由此，研究的关注点也由"我"转为"我们"，这对于那些旨在改善整个团队行动的实践研究者来说是非常有帮助的。

（二）强调生活教育理论的生成

生活理论行动研究旨在创造个人的生活理论，以对公共理论（public theory）与知识论作出贡献。生活理论不常出现在专业文献中，但它与研究密切相关，由教育工作者将教育实践的描述转换成学说理论。生活理论的生成帮助实践研究者分享彼此的经验，累积教育实践工作的智慧结晶，延续教育文化的遗产，同时证明"我"的存在价值。已有研究揭示出生活教育理论是生成、建构及其合法性确立的方式。

生活教育理论生成方式之一是对教育知识的拓展。人类累积了大量沉寂的"缄默知识"（tacit knowledge），其本质是人类自身的一种强大的内在资源。实践研究者可以将这种"缄默知识"公开化，并使之理论化。就生活理论行动研究而言，实践研究者必须先确定一个需要改善的实践工

---

① Jack Whitehead，"Generating Living Theory and Understanding in Action Research Studies"，*Action Research* 7，2009（1），pp. 85-99.

作，旨在厘清教育实践工作者对此问题领域的理解，亦即将沉寂的"缄默知识"具体而直接地呈现出来。通过生活理论行动研究，教师可以有意识地增进对自己沉寂的"缄默知识"的理解，提出对于教育知识的主张和对自己行动作出合理解释，在解决教育实践问题的同时，通过建立生活理论来拓展教育知识。①

生活教育理论的建构是基于实践研究者对自身行动和研究的描述和说明。其中，对教育实践工作的解释来自教师自己的价值观，作为一名教育工作者，教师对教育目标的追求使自己的教育价值观真正落实到实践工作中。在生活教育理论中，教师对教育实践工作的解释特别强而有力，因为它们来源于尝试改善专业实践工作品质的过程，缩短了教师教育价值观与实践工作间的差距，促进了实践工作的改善。但是有关教育实践生活理论的建立，可能发生在教师尚不了解自己的专业知识之时。因此，当教师能够基于自己的实践工作知识形成生活教育理论时，即开始形成自己的教育实践知识论。

生活教育理论何以可证？这涉及其生成的有效性问题。生活教育理论要能够为所宣称的知识作出合理解释。考验生活教育理论所宣称的知识效度通常有以下几种形式。一是教育实践工作者自主认定的效度。身为一个有责任感的实践研究者，你可以判断对自己所进行的行动研究结果是否满意。② 二是教育实践工作者的同事认定的效度。身为一个有责任感的教育实践工作者，你能不能说服工作同仁接受你所宣称的知识主张？能否对自己的教育专业工作向同仁们提出清楚而明确的评价标准，并根据这些标准提出一套具体的证明？就教育实践工作者同仁认定的效度而言，同仁们是否同意你的表现是一种具有责任感与优越的教育专业行动？三是上级行政主管认定的效度。身为一个有责任感的教育实践工作者，你能不能让行政主管或权责单位认定你已经努力改进了教育实践工作？四是教育学术界认定的效度。就教育学术界而言，专家学者是否同意你所从事的教育行动研究有助于教育知识的重组与建构？

（三）重视生活的意义与价值

生活理论行动研究重视生活的意义、能动价值观、关系价值观和道义的承诺。

---

① Jean McNiff, Pamela Lomax, & Jack Whitehead, *You and Your Action Research Project*, Routledge, 1996, p. 106.

② Jean McNiff, Pamela Lomax, & Jack Whitehead, *You and Your Action Research Project*, Routledge, 1996, p. 108.

1. 生活的意义

人们总会相信事物的意义就是字典对这些事物所下的定义，然而这种做法完全无法使我们对承载价值的生活内容获得深入的了解。尤其我们深知，在多元社会中，各种价值之间总是存在着冲突与对立的关系。传统上教育被认为是人们之间的一种互动历程，能够引发学习与成长。然而该定义无法传达出教育其实是一种真实生活的经验历程这一概念。我们赋予生活的意义是当我们在实践工作中，努力实践自己所坚持的价值时的所行所为，而这些价值的意义也是要由存在于和显现于实践工作中的表现来加以澄清。因此，为了厘清我们赋予生活的意义，我们必须在真实的生活中努力实践这些概念，以说明我们对于教育与学习等概念的理解内涵。盛行的概念理论形式虽然是很有用的初步理解工具，但是它的能力毕竟有限。我们还需要发展另一种理论形式，它要能够使我们可以用行动来呈现对生活所赋予的意义。

教育可以增进个人和社会利益的持续学习历程，支持个人自由、社会正义，以及所有人都有权利享受爱与被爱的关系等价值理念。人们要受到鼓励，学习去改进实践工作中任何问题。以行动研究的观点来看，此时人们的自我将会一如和他人共处时的那个自我。因此，行动研究其实是在学习如何以能促进个人和社会利益的方式来进行研究工作，而教育则是指可以带来持续学习的人际互动历程。作为行动研究者，我们必须要探究我们的教育关系本质，我们如何产生它们，以及我们如何判断我们对他人的影响，如此才能确保我们的影响可以促进更加良好的社会秩序的建立，我们也需要正确描述我们在努力实践价值时所揭示的生活意义的表征形式。

以往的实证主义研究方法通过强调变量之间的因果关系，即"如果我这样做了，就必然会产生这样的结果"，来解释或考量事物的运作方式。实证研究持有的是价值中立观，研究者们往往需要置身于研究之外，以保证免受研究干扰，并且为了规避研究者的某些偏见，研究报告也需经由第三者来撰写。与实证主义方法不同，生活理论行动研究打破了价值中立的原则，行动研究者想改善他们工作或工作情境的某些方面，践行正确的社会与教育价值观，使生活更加完满与充实。价值观引导人们的行为方式，行动研究往往开始于清楚陈述自己的价值观并且拷问自己这个价值观是否真正符合自身。不过需要注意的是，每个人都可以拥有多种价值观，并且这种价值观并非固定不变，但无论选择什么样的价值观，都必须依据于其所生活的环境和所承担的责任。

2. 能动价值观

行动研究是价值载体，是由那些以向往美好生活的价值观为导向而努力生活的人们所践行的研究方法。

很多研究者开展行动研究，是想改善他们工作或工作情境的某些方面，践行正确的社会与教育价值观，生活得更加完满与充实。许多人在工作中，往往能够很好地遵守公平原则，有时却不能，也许是缺乏勇气，也许是外部环境产生了阻碍。你可能相信正义，但是在行动上未必会完全坚持。寻找与你所向往的价值观相对应和适切的生活方式是件很难的事，因为在具体行动过程中也许会涉及与其他人的价值观相冲突的情况，而这种情况是需要双方协商和调和的。

3. 关系价值观

行动研究发现了关于关系价值观（relational values）和共情价值观（empathetic values）的发展。建立共情关系的这种想法不仅指的是社交世界中，而且包括心理世界中我们与他人的关系，我们自己的观点如何与其他观点建立联系。这种共情能力的核心是能使我们整合不同的观点和意见并且对其进行改造，从而为建立自己的生活实践理论所用。

行动研究者总是将自己置身于一个联系体中，行动研究并不是采用旁观者的方法或仅仅是在他人身上做实验，而是参与者们一起进行调查，并不断强调团队合作性。即使当某时或在某地我们是独自一人，事实上我们仍然是在一个团队中，因为那个暂缺的他人对团队的影响力仍然是显而易见的。

"非独立存在"在行动研究中极为重要。尽管研究的关键在于"我"，就像"我"问："我如何改善我现在的行动？""我"的问题很自然地就会假设任何回答都会涉及他人对"我"的影响。同样地，当别人问"我"这个问题时，"我"也会作出相同的假设。在此过程中，"我"并不是一个绝对独立的"自我"，而是处在与他人的联系体中的自立的"自我"，因为在这个过程中每个人都要意识到自己是联系体中的一分子，每个人所产生的影响也会同样作用和被作用于其他人。

行动研究的目的是建构一种能够帮助人们建立尊重关系的方法论。这并不意味着我们每个人都需要拥有相同的社会生活经验（理解不同的观念也是创造性参与的基础），而是意味着每个人都要认同他人的独立个体存在，即使他的行为和想法与自己极为不同时。

4. 道义的承诺

行动研究者们秉持他们所赞同和认可的价值观，并会进一步解释是如何坚持这种价值观及如何为所作出的价值选择负责。由于人们处于不同的文化氛围中并学习不同的文化，而每一种文化都有其独特的价值体系，这需要人们在自己生活的文化环境中选择利于自己更好生活的价值观，甚至有时候当发现自己的价值观与当地的文化观念产生冲突时，我们要学会尝试着去影响这种文化。

然而，无论做什么样的决定，实践目的旨在使自己的行动具有目的性且合乎道义。同时，需要记住的是你不能为其他人的任何决策负责。每个人都可以为自己做决策，每个人的职责就是自己对自己负责，以及尽可能影响他人的学习，而这同样会产生很大的作用。试问一个人是否以强制的方式或更多采用教育手段坚持让他人听自己说话，看似尊重他人意见但仍努力说服他人考虑其他更多的建议和选择？如果持有这种态度将会使其在已经建立的语境中陷入某种困境。

第二节　生活理论行动研究的模式

生活理论行动研究的核心问题是"我如何改善我的实践"。实践研究者基于核心问题展开系列探索，旨在实现创造生活理论，这涉及如下过程：第一，实践过程中，探查"我"的哪些价值遭遇了否定，从而提出克服问题的方法并设计方案；第二，"我"基于所选择的方案监察行动过程；第三，"我"构建理论的效度与合法性；第四，"我"评估自己生成的生活理论；第五，基于自己的评估，完善问题、理念和方法，形成新的生活理论，以指导下一轮行动研究。[1]以上过程中每一步都凸显"我"作为研究中心，并构成一个螺旋上升的循环模式。

一、设置方案

清晰的方案有助于实践研究者审视行动研究过程，为判断自主行动及自身教育的影响做出解释的有效性提供基础，从而使生成的生活理论能够经得住更多的考验。[2]方案的设置开始于一个好的问题，而问题的追问、研究和探寻与价值的澄清紧密相关。

---

[1] Jack Whitehead, "Creating a Living Educational Theory from Questions of the Kind, 'How Do I Improve My Practice?'", *Cambridge Journal of Education* 19, 1989（1）, pp. 41–52.

[2] Jack Whitehead, "Using a Living Theory Methodology in Improving Practice and Generating Educational Knowledge in Living Theories", *Educational Journal of Living Theories* 1, 2008（1）, pp. 103–126.

（一）确定研究问题

特定命题是否正确，是否有意义，依赖于我们想回答的问题，依赖于其他人是否想知道特定命题的正确性与有意义性，但是首先是发现需要回答的问题。换言之，改善实践、生成知识依赖于追问、研究和回答好的问题。以下系列关键性问题，有助于实践工作者探究自身面临的实际工作问题，进而发现行动研究问题，并以此作为行动研究的起点。

1. 问题的界定

回到你所确定的行动研究的主题上，或者在这一过程中又同时出现的新问题，确定这些问题是在你能力解决的范围之内。将所感知得到的重点作为工作的目标指向，并要进行回顾确定自己为什么要在自身所处的相关实践背景选定研究的问题。确定好研究方向后，就要进入下一步"怎样开展"行动研究。研究问题可能会随时间推移产生变化，已经开始的行动研究可能会随着研究进程的发展而无法再保持一成不变。一开始所问的"我怎样更好的安排时间？"，可能会变成"怎样保证我开展研究的时间？"，这一过程称为渐进式聚焦。

2. 问题的依据

实践是有目的的、负有价值和社会取向的一种活动，在实践中我们常常会遭遇价值冲突。这就要求我们确定所要研究的议题，质疑与基础研究工作可以让你对工作更加明了，同时使你在实践过程中能不断践行以努力实现自己的价值观。怀特海举例说，在一次家长会上，他将学生在数学、英文、地理、历史等科目的常模参照测验分数展现给家长，并告知家长学生在班里的名次就是根据这些成绩决定的。会后，他觉得非常沮丧和难过。因为，他认为把学生成绩简单表达为一个分数是非常片面的，是对学生智能一种极为狭隘的理解，由此让他深陷教育价值的矛盾冲突之中。"我居然是以成绩来给孩子们贴上标签，这种评价方法完全缺乏民主、正义、尊重和个体完整性，但是这些价值都是我在个人生活和职业生涯中极为看重的，我不正是处在实践冲突的状态之中吗？我虽然心中所坚持的价值是要肯定每一位学生，但是在实践中又彻底地抛弃了那些价值。"[1]

因此，要展示出进行的实践是超越行动的过程，是现实的实践，是深思熟虑的、坚定的、有道德取向的。记下工作中精神价值所在，展现所取得的成果、相关研究内容及所涉及的文献资料研究，就可以确定其中要展

---

[1] Jack Whitehead，"Creating a Living Educational Theory from Questions of the Kind, 'How Do I Improve My Practice？'"，*Cambridge Journal of Education* 19，1989（1），pp. 41–52.

现的核心价值所在。

3. 对此"我"会做些什么

"我"的选择是什么？与别人相处的关系上"我"能做些什么？什么是"我"需要学习的？如何找到研究切入点？现在就是一个很好的时间点去与别人商讨谁可以进入你的研究之中。对选择研究对象要有一个前瞻性，也能得到更多长远的构思。利用他人的反应来验证你正确的洞察力或是不对的偏见，或是很坚定地激励自己要去处理实践问题，获得他们合理的行动过程的意见，这些能够帮助你避免不恰当的行为。

4. "我"将做什么

思考"我"心中的想法并逐一尝试，一个没有作用就尝试下一个，不断地开展工作。这个过程中"我"不会因为工作不如预期或是出了差错而气馁，错误是研究过程很有价值的资源，"我"也许会从学习过程所犯的错误中发现新的计划目标。当然这样可能会让我们感到焦躁，会让我们停止不前并不去致力于寻找新的方向，但是如果所走的路不对，我们不得不再作出更多的努力，没有谁能够取代，因为这是我们的责任。

认真地储存"我"的工作记录，在"我"的研究日志中记录下行动开展的过程，同时将学术研究记在反思日志中，可以用同一个或不同的日志进行记录。你可在你的日志中设一个专栏记录"我做了什么？"用另一个专栏记录"我学到了什么？"在每个条目之后留出空格或者一个空白的第三列，记录自我发问"我的行动和学术研究过程中最有意义的是什么？"

5. 收集什么样的数据能呈现"我"所研究的情况

数据收集过程中，"我"可以使用同样的数据收集法，也可以有所改变。尽可能富于想象力，同时注意以下原则：不轻易改变调查问卷，创造性地进行思考；有规律地将数据进行分类并不断丰富数据；牢记研究的目的是为了改善当前实践；最后需要呈现工作进程，工作中受到什么样的影响，呈现报告时须涵盖明确的自主评估。

6. 如何检验自身对所拥有知识的有效度

记住问题提出与研究中心是"我"本人，"我"要监管好自身的行为和学问获得的过程，从而使"我"更好地开展下一步的研究工作。那么在实践研究中，"我"如何判断自己是否已经致力于提升自主的学问？这要求回到"我"的研究价值上来，"我"是否在现实研究中有所遗忘？在"我"的工作社会背景和自身的学习过程中，"我"所用的方法是否追求公正、真理和自由？如果"我"回答"是"，那"我"的回答一定是基于真实的证据。"我"的回答需要在实践中显示出其价值，如此，这些价值才可被公认为所做实验的标准和判断的基础。再一次提醒："我"的研究不是对他人的实践进行评价，而是对自己实践的评价。换言之，无论"我"是否保持公正，"我"所要追求的是"我"自己的最高标准。以下知识有效性检验表可以作为"我"的判断标准（见表 5–1）。

表 5–1　知识有效性检验表

"我"的声明	判断标准
"我"宣称"我"已经促进好的工作关系	"我"的数据文档里包含了人们相互间更加有礼而体贴的实例。以前这种相互间的关系不是如此明显。"我"价值观中关于工作中关心与分担的气氛作为我实际工作的判断标准已经实现
"我"宣称"我"已经对"我"所在的部门相互间沟通交流的质量产生了影响	"我"已经得出了实践的例证，比如电子邮件和短信来显示，同事间交流很好很愉快。"我"对于沟通交流与共处的人际关系价值观作为现实的判断标准
"我"宣称"我"已经促进了为同事着想的职业工作与做法	专业化的文件作品集和任务显示了"我"独特而批判性的判断实践。"我"思考中对价值观的自由度及批判性的判断练习作为我现实中的判断标准已经实现

7. 如何确保所得出的结论的合理性与精确性

"我"的研究需要应对他人挑剔性的判断，公众批判的过程是所有研究形式的本质所在，在行动研究中客观性的经验是知识诉求的根基。严谨挑剔的公众在于想看到"我"是否已经对研究提供了阐释与描述，并检查"我"的方法论，"我"是否遵守了伦理性原则，"我"的数据是否真实可信，"我"是否已生成了有根据的关系研究数据，并清晰地表达"我"的判断标准，整个研究的准则是否给予了人们相信"我"的理由。

为研究的反馈做好准备就有可能得到"我"想得到的求知数据。比如，当事情的发展可能并不如"我"所预期的那样，这称为差异数据，他者判断能够对"我"的计划进行价值观引导，从而防止"我"提出不正确的知识诉求。

8. 如何根据评估来修改"我"所关心的问题、想法和实践

"我"如何根据"我"的发现来完善想法和实践？这需要"我"鼓起勇气和决心，转变旧的思维，并进入下一轮实践研究。由于所处的社会环境在不断变化，"我"亦能洞察到研究促使他者的改变，并且一个问题会导致另一个新问题的出现，没有什么是静止的，我们总是在不断地进行着自我及环境的改变。这就是行动研究过程让人感到愉快的地方。这种变革

能够帮助"我"组织新的思维，并用以指导实践，形成一个行动与反思的不断循环。致力于某个问题的研究能够得到新的学问，而学问又能反馈到行动实践的过程中，这一行动实践是新学问产生的根据。这种持续不断的循环能帮助我们不断创新思维，发现多样的实践研究形式中所具有的无限潜能，努力创造新的未来。

因此，在界定研究问题时，应当将"我"，即实践工作者置于研究重心。换言之，"我"身为一名实践工作者，是行动研究的主要个体，"我"这个代名词在行动研究中是很重要的。行动研究者必须考虑："我"身为一名实践工作者，如何才能进行行动研究？实践工作者作为研究的主体，必须要对"我"的行动负责，通过批评反省来审视已有的实践经验，乐意接受可能发生的错误，并且愿意承认自己的错误。[1]

（二）澄清价值

基于"生活矛盾体"理念，实践研究者有必要澄清自身价值，即必须不断反思自己的实践工作是否与自身所持的专业价值一致。

（1）作为实践研究者，"我"必须追问自己所持的专业价值观是否在实践工作问题情境中被否定了；

（2）"我"需要反思自身喜欢的实践工作情景是否符合"我"的价值观；

（3）反思自我在实践工作中的行动是否正当的，是否合情、合理、合法；

（4）将自我的价值观加以陈述并转换为书面记录，并以此为未来参考之用；

（5）其他。

在价值澄清中，"我"需要思考有哪些因素驱使"我"去开展目前的实践工作，进行行动研究的内在动力与内在目的是什么，是否朝着"我"所希望的方式与目的方向进行工作，"我"想达到什么程度标准，以及"我"需要进行什么改变以改善"我"的实际工作情境。

二、监察行动与收集数据

基于前期的方案，作为实践研究者的"我"对自身行动进行监察，监察行动过程也是收集数据的过程，以此来生成证据。

---

[1] Jean McNiff, Pamela Lomax, & Jack Whitehead, *You and Your Action Research Project*, Routledge, 1996, p. 17.

（一）监察行动

行动监察过程中，实践者既需要监察自身学习与行动，也要监察他者的行动与学习。

1. 监察实践研究者自身的学习与行动

为了监察自身学习与行动，"我"必须在开展研究之前明确研究的目的和动机，并在研究的每一个阶段不断地进行反思，包括研究中、研究后等阶段。[①]监察过程中最主要的是事情是聚焦于"我"正在做什么，而不是他者在做什么。"我"站在房间的哪个位置？"我"是怎样表述的？"我"是怎样回应他者的？亦可以让他者监察"我"的行动，主要包括研究参与者，比如"我"的学生，或者其他外界观察者。你需要提醒他们关注你正在做什么。监察自身学习与行动的形式主要有文本、视频等，这为"我"做自主反思提供媒介。

2. 监察他者的行动与学习

前文提及生活理论行动研究将"我"置于核心位置，这意味着整个行动研究的主要聚焦点在"我"。但是，"我"亦可以通过监察他者对"我"的回应，以评估"我"对他者学习的影响，从而探查他们是接受还是拒绝"我"的影响。因此，"我"需要监察他们的回应，当他们回应"我"时，"我"可以及时了解他们是如何调节"我"的影响。这方面的数据收集需要额外注意自身所持价值被他者的框架代替。监察他者的学习意味着邀请"我"的研究参与者，以获得他们的反思日志或学习档案，这些媒介记录了他们学到的新知识，他们对学习的反思，以及评价其意义性。作为研究者的"我"，需要与他们协商，征求他们关于"我"使用数据的同意。与监察自己行动一样，邀请他者参与，通过系统观察获得数据，也可以邀请这些参与者自主观察，并协商获得其允许使用这些数据。

（二）收集数据

数据的收集主要为知识或理论提供支持证据。[②]数据收集与前期制定的标准密切相关。"我"需要展开系列思考与设计，如收集什么数据，谁来收集数据，怎样收集数据及伦理框架是什么。

1. 资料收集前的思考

资料收集前需要思考如下问题——由英语的九大特殊疑问代词来引

---

① Jean McNiff, Pamela Lomax, & Jack Whitehead, *You and Your Action Research Project*, Routledge, 1996, p. 107.

② Jack Whitehead & Jean McNiff, *Action Research Living Theory*, Sage Publications, 2006, p. 63.

领，其中蕴含的是英美文化中特有的思维和行为方式：

（1）是否做（whether）。是不是真要做这个研究？希望做成什么样子？能否做到极致？是否做到只有自己才做得出的珍贵数据资料？我们的基础与所希望做到的相配吗？

（2）为什么做（why）。为什么要收集这些资料？希望从这些资料中学习和了解些什么？在资料收集的策略中，我们希望学到或获知什么？我们所希望知道的和我们所选择的策略适配吗？

（3）做什么（what）。这些资料正是我们要收集的吗？不同来源的资料对于所要研究的问题能否作出最佳解释？有哪些已经存在、已有的资料可供利用？对于这个研究主题，我们需要哪些资料，需要多少资料？

（4）在哪里做（where）。在哪些地方可以收集到这些资料？地点有什么限制吗？收集这些资料时，需要哪些支援？需要哪些人的合作与配合？从正常教学活动中是否有可运用的收集策略？

（5）什么时间做（when）。何时收集资料？时间要多长？在收集资料的时间点上都能及时做到吗？在时间安排上易于实施及掌控吗？我们有足够时间收集这些资料吗？

（6）谁来做（who）。谁来做资料的收集工作？这些资料可以从学生身上得到吗？同事可以提供协助吗？自己可以做哪些？可以控制到什么程度？

（7）怎样做（how）。资料如何整理与呈现？资料是量的、还是质的？如何分析资料，自己计划怎么做？资料主要呈现给谁看？

（8）做哪个（which）。资料里蕴含着哪些东西？要使用哪个视角进行挖掘？要用哪些术语来表达？要选用哪些数据来阐述？

（9）为谁做（for whom）。主要做给谁看？做成什么规范？如何加以美化？

2. 资料收集中的反思

在行动研究中，资料收集是手段而非目的，其过程伴随着反思与思考。因此，这个过程中，教师的反省与批判越深入和广泛，就越有助于理解复杂多变的教育情境，进而提升教师的专业敏感性。劳玛克（Lomax, P.）进一步从批判反思的角度提出了资料收集过程中的反思步骤：第一，围绕某一问题情境或概念，收集所有相关的材料，具体可以包括观察记录、教师的感悟、同事的描述、交流与谈话记录、统计数据、文本资料（如报告、说明或官方文件）等；第二，列出需要思考的重点，先尝试给出解释，然后分析收集到的资料的各种观点或解释是否有值得怀疑的地方，同时审视可能被忽略的信息、资料或解释；第三，把上述的解释或怀疑转化为问题，提出质疑，反问自己，并进一步收集有关的材料，如此反复进行。总之，开展行动研究，其问题不是"该收集什么资料"，而是"收集的资料如何有助于解决研究问题"。优质资料是那些有助于解决研究问题的资料。

3. 资料收集方法

行动研究过程中，资料收集的种类有很多，方法更是不胜枚举。沃尔科特（Wolcott，H. F.）将资料收集方式分成三大类，并将其比喻成一棵大树的三根树枝：分析、观察与访谈。[1] 亨德里克斯（Hendricks，C.）也提出了相似的三大资料收集方法：分析包括学生和教师生成的资料在内的实物，观察研究日志、录像和清单等资料，对个体访谈、焦点组访谈、调查和问卷等资料进行探究。[2] 综合学者们的观点可知，在众多的资料收集方法中，既有定性的数据采集方法，也包含定量的数据采集方法。前者主要包括民族志、教师日志、基于艺术的资料、概念图、净友研究备忘录、访谈、叙事、观察、学生档案、调查报告、分布图、录音磁带、录像带等；而后者着力收集的数据来自教师标准参照测验、常模参照测验、态度量表、标准化测试成绩、学生成绩单，以及能力水平测试等。这些方法的重点不尽相同，并无优劣之分，关键在于是否适切。

数据收集并不是随意的，而是有一定的原则和相对的操作模式。当"我"准备去收集数据时，"我"要牢记"我"的研究目标。数据收集形式主要有文本、表格和多媒体。收集与证据生成过程中需要注意伦理行为，具有高度的道德意识等。

三、构建生活教育理论的效度与合法性

行动监察过程中收集了数据，作为实践研究者的"我"对其进行转译，具体包括整理数据和把数据分类、分析数据、找到标准和判断标准、生成证据，以解释教育对学习的影响，这一系列过程旨在生成教育生活理论。如何证实我们所获得的证据是合理和正确的，这涉及数据的效度和合法性。效度问题在所有研究中都非常重要，关乎于理论的生成和检测。研究者需要知道应用什么作为评估单位及判断标准，旨在检测教育知识的陈

[1]　Harry F. Wolcott, *Writing up Qualitative Research*, Sage Publications, 2001, p. 92.
[2]　Cher Hendricks, *Improving Schools Through Action Research: A Comprehensive Guide for Educators*, Pearson, 2006, p. 121.

述。① 效度是关于建立真理价值，是关于知识的表述。合法性是关于建立产生知识的人的权威性问题，包括在特定社会情境中审视真理权威，即能影响那些可以解释为知识的权力。②

（一）理论效度构建途径

效度的构建包括两种途径。一是个人效度，通常采用自主评估，即依靠自己的内在批判过程，反思效度，去考察自己研究的效度。二是社会效度，通常通过会议形式，如净友或效度小组会议。在机构情境中，社会效度可以转化为制度效度（institutional validation）。净友能够支持"我"，聆听"我"的研究解释。同时他们需要对研究解释进行深度的回应，提出研究者未曾想到的问题。总之，为了研究项目的持续发展，"我"及实践者需要建立一种专业工作关系。效度团的任务是定期与实践者会晤，监察进程。这样的会议中，实践者主要介绍研究进展，找到与自己判断标准相关的证据，以确证自己的知识。效度团成员的责任是认真聆听，评估与知识相关的证据、判断标准是否清晰和可接受性的效度，是否同意进入研究。

（二）理论合法性辩护

对特定理论而言，获得学术合法性是非常重要的一个问题。③ 教育行动研究者主张，知识的合法性是指在公共领域公众对知识的接受性。对生活理论行动研究者而言，对生成理论的合法性辩护的最佳途径是公开学术成果。教育行动研究之所以成为研究，必须是系统的、自主反省批判的探究，而且必须是公之于众的，亦即发表论文、出版著作、登记专利和公演公展作品。教育行动研究者最好尽可能地以简单明了的方式呈现研究报告，仔细考虑如何呈现资料，而不应只是注意由谁来呈现，而且更应该慎重考虑呈现的最有效的时间、态度与地点。④

四、评价生成的生活教育理论

行动研究中的生活理论强调，实践研究者要为自身学习和他人学习的

① Jack Whitehead，"Creating a Living Educational Theory from Questions of the Kind，'How Do I Improve My Practice？'"，*Cambridge Journal of Education* 19，1989（1），pp. 41–52.
② Jack Whitehead & Jean McNiff，*Action Research Living Theory*，Sage Publications，2006，p. 97.
③ Jack Whitehead，"Creating a Living Educational Theory from Questions of the Kind，'How Do I Improve My Practice？'"，*Cambridge Journal of Education* 19，1989（1），pp. 41–52.
④ Jean McNiff，Pamela Lomax，& Jack Whitehead，*You and Your Action Research Project*，Routledge，1996，p. 26.

教育影响的描述提供证据。为了达到这样的目的，他们需要设定"评价标准"。[①] 其判断标准是以自身所持本体论价值、认识论价值，亦即方法论价值作为生活的批判标准，从而判断研究的效度。具体分为三个方面：以本体论价值为本体论判断标准，即人们有能力将其具身知识转为生活教育理论；认识论价值作为判断的认识论标准，实践研究者去检测、澄清和表达自己的生活判断标准，也就是说他们自己必须去检测、澄清并阐明其持有的逻辑；教学法价值作为教学法判断标准，即实践者能够意识到他们自己的教育影响。做研究与撰写研究报告是两个截然不同的活动，并包括不同的技能。做研究通过考察实践，涵括系统的学习发展，通常是社会实践活动。撰写研究报告包括系列语言的系统发展，且作为文本交流的一种方式，通常是个体实践活动。撰写行动研究报告通常由两个部分构成，一是交流研究过程；二是通过阐发实践研究者的经历来吸引读者的注意力。那么怎样评估研究报告中我们对研究的解释？

　　通常研究解释是以语言文本的形式呈现。研究的解释主要是进行前期形成的知识阐述，因此需要判断这些解释是否展现了实践中的行动，这主要涉及文本形式和对文本内容的判断。评价解释文本形式的标准包括以下方面。首先，解释是否可理解。实践研究者不能使用模棱两可的语言，需选用适切的语言来表达。其次，解释是否真实。该标准是指采用权威的证据，清晰阐明证据的性质。再次，解释是否可信。研究者自始至终是否展现了其信用，是否尊重其他传统研究者的观点，并清晰阐明自身的不同观点等。最后，解释是否适切。通常生活理论教育行动研究的文本报告是以教育学文本形式出现的。虽然教育研究共同体已经形成了一些特定的文化，且通常遵循学术威望最高的声音，但是理论也需要从人们的实际生活中生发出来，而这种文本则需要阐发伦理效度，即作者的道德权威和文本的伦理效度。这里，需要再次强调的是：实践者以自身所持价值作为生活标准，用以评判其研究质量。

　　评价解释文本内容的标准包括：第一，探究过程的开展是否系统，方法论标准之一就是行动反思循环；第二，所使用的价值能否清晰界定阐述为教育知识；第三，阐述是否包括从传统教育原则中的批判命题贡献；第四，陈述中的论点是否清晰地呈现；第五，针对教育问题，是否有探究和批判方法的证据。

[①]　Joan Walton，"A Living Theory Approach to Teaching in Higher Education"，*Educational Action Research* 19，2011（4），pp. 567–578.

五、呈现研究结果

生活理论行动研究可以为关心教育革新的社会各界人士提供心智交流的机会，并针对一定的教育问题及其对策进行讨论对话与理性辩论。[①] 除此之外，研究者和行动者如果可以采用富有创意的方式撰写行动研究报告，并公开发表，就能让更多的人了解教育行动研究的过程和结果。

（一）撰写研究报告

教育行动研究有两大目的，一是改善某一个特定的教育实践工作情境，二是增进"我"对教育实践工作的理解，向参与者及其他相关人士阐释"开展教育行动研究的意义与价值"，进而建构起"自己在行动中获得的知识"，以促进个人和集体知识的创造。因此，在撰写研究报告时，应注意真实描述、合理解释、多样呈现和接受检验等要点。[②]

第一，真实描述。报告内容应是以真实的事实描述为依据，这些材料可以来自讨论或会议的录音转译、问卷或访问的数据，或者是研究者对过程和成果的描述，如以日志、个人反应或观察为基础的主观报告。这些主观的报告可能会反映出教育行动研究者独特的观点。

第二，合理解释。要对收集的数据进行合理的分析和解释，具体包括"发现可能的含义""概念化""建构模型""建构关联""批判思考"等过程和方法。

第三，多样呈现。可以采用"自主反思""对话与交流""叙事和故事""周期和螺旋图"等方式呈现研究的整个过程。

第四，接受检验。通过提问、汇报等方式接受自主、共同体（研究合作者）、相关领域研究者的检验，并虚心接纳他人所做的批评和建议。

（二）创新教育理论

怀特海指出，教育行动研究有两个重心：一个重心指向教育实践问题的解决，这是行动研究的"行动"重心；另一个重心指向的是教育理论的创新，这是行动研究的"研究"重心。[③] 这两个重心是相互联系、相互依

---

① John Elliott, *The Curriculum Experiment: Meeting the Challenge of Social Change*, Open University Press, 1998, p.156.
② Jean McNiff, Pamela Lomax, & Jack Whitehead, *You and Your Action Research Project*, Routledge, 1996, p.20.
③ Jean McNiff, Pamela Lomax, & Jack Whitehead, *You and Your Action Research Project*, Routledge, 1996, p.47.

赖的。很多教育实践者容易想到的是行动研究有助于实践的改进，但很少会意识到行动研究有助于理论、知识与思想的创新。事实上，在教育行动研究中，教师既是实践工作者，又是理论研究者。他们应被视为公众行动的合法的参与者，参与到诸如"最值得追求的生活是什么""哪种生活很重要"等问题的公共辩论中，成为公众认可的实践革新者和理论创造者。这一点也很重要。

行动研究者以协同合作而非竞争的方式来分享自身的故事，这些分享促进了实践知识的建构。传统研究以可复证性（replicability）和可类推性（generalizability）为基石建立知识体系，行动研究则建立由个案研究所构成的知识体系。在行动研究中，人们向他人述说自己的故事，而他人再将原先听来的故事重新整合为自己的故事。个别故事的累积展现了一种集体学习文化。这是一种由独立思考者（independent thinkers）共同缔造的文化，每一个人都愿意提出个人对知识的主张，留给他者评断，以确保此宣称是健全且合理的。

（三）分享研究成果

分享研究成果，并不仅仅意味着在公开刊物上发表论文。事实上，把一项研究成果与其他人，包括你的诤友或监察团体来分享，这就足够了。其目的就是邀请他人对你的研究提出批评与建议，以提高研究成果在公开讨论会上的可信度，而且该宣称被认为是有效的。生活理论行动研究的社会与教育价值在于分享个案研究的素材，使人们可以从他人的例子中有所收获。

可与其分享研究的人，最明显的就是你的同事，他们早已知道你正在进行的研究。分享可让他们了解你所进行的研究的价值，而且他们也能从你所做的研究中获得学习。你也可与你的领导协商，公开你的研究成果，让你的研究在机构中被其他人借鉴。专业学习是实践工作的重要部分，对你的研究保持开放，特别是当你的研究对改善机构生活的品质具有相关性的时候，有助于创建机构学习共同体，形成机构的良好学习氛围。也可通过网络，或者公开发表研究成果，让机构之外更多的人了解你的研究，并从中受益，不断提高研究的社会效益。

六、新的研究计划

在此阶段，实践研究者需要根据自主评估及公众评估反馈信息，修改完善自身所关心的问题、想法和实践，以准备进入下一轮生活理论行动研究。① 正是基于问题的研究，衍生出新问题，这样一种循环螺旋上升的探究，使得人们总是在不断地进行自我及环境的改变。

这种变革能够帮助"我"组织新的思维，并用以指导实践，形成一个行动与反思的不断循环，致力于某个问题的研究生成理论，生成的理论又能反馈到行动实践的过程中。这种持续不断的循环能帮助我们不断生成新的生活教育理论，发现无穷的实践研究形式所具有的无限潜能。

第三节　生活理论行动研究的方法

美国著名学者哈格里夫斯（Hargreaves，A.）指出："教师再不能单靠学者来制定和阐明教育的知识基础，也不能单凭实践经验来规范教育行业的实践和特点，而是必须依靠自我的内在力量，确立起自身职业的伦理价值，从而维护其职业的原则和意义。"② 生活理论行动研究的方法主要有实践反思、行动学习、批判性协作探究及自主研究。通过这些方法，实践研究者在对事物与过程的描述、解释、诠释中，促成新知，创造个人生活教育理论。

一、实践反思

行动研究强调反思，且建议实践研究者对日常生活保持批判态度。实践研究者的"反思"和"批判"有利于激活和激励其创造行为，使自己不仅置身在重复的、接受的和服从的日常生活中，而且能不断地将自身带入创造的、发现的和批判的"非日常生活中"。反思也是教师与自我的对话，是教师在教学中发现问题、提出问题和解决问题的思考分析过程，是生活理论行动研究的最基本的方法之一。

（一）实践活动的反思特质

舍恩之所以提出"反思的实践者"这一概念，源于他对专业教育模式局限的觉察。当时，技术理性观念在教育等领域盛行，教育专业活动一度被认为是严格运用科学理论和技术机械地解决实际问题的活动，而这一观点导致教学实践与教育理论的割裂。舍恩主张彻底改变技术理性模式，并指出实践性知识本质上就是"行动中的默会知识，以及实践者就复杂情境

---

① Jack Whitehead & Jean McNiff, *Action Research Living Theory*, Sage Publications, 2006, p. 155.

② 〔美〕安迪·哈格里夫斯、莱斯利·N. K. 罗:《教学中的职业精神 充满矛盾的职业：世纪之交的教学》,《教育展望》2001 年第 2 期。

的突发性问题展开现场反映和实践的能力"。舍恩认为，专业教育的核心在于构建"我们已经知道的知识"，换言之，在于探究优秀实践者在处理实际问题时所表现出的价值取向、观察力及行动方式。为改变这一状况，舍恩主张"教学是艺术而非训练"。具体来说，教学是根据本土知识、质性概念和教育理念的特殊阐释作出特殊的判断，而非仅用现成的理论来描述和反映情境。因此，舍恩采用在自我和情境之间螺旋式相互影响的"经验性知识"（experiential knowledge）来描述教师实践的交往本质和教学活动的反思特质。这样一来，教学作为专业活动就成为一个理解、行动、反思和调整的连续过程，这与运用科学知识验证预期结果不同。[①]

（二）实践反思是教师体验和探究的过程

教学实践层面的反思通常是指对所有教育行动的反思，这个反思过程包括回忆、思考、分析、检讨、总结、评价和探究。具体来说，它包括三种过程：一是教师由发现、分析教学活动开始到获取直接的、个人化的教育教学经验的认知过程，即教师自主经验总结和回顾的过程；二是教师对自身教学经验的理论进行升华和迁移的过程；三是教师主动探究教学问题，继而监控、调节和修正教学实践的过程。由于教师的教学实践贯穿着整个教学活动，教学实践反思的内容才得以丰富且充满个性特征。为了更好地改善当前的教育教学活动，教师教学实践反思总是围绕着教育教学活动所牵涉的各种问题来展开多层面、多视角的反复、认真、深入的审视与思考。教师教学实践反思内容可以分为：课堂教学行为反思、课前教学设计和课后教学评价反思、教师教学行为反思、学生行为反思、教师自身教学行为反思和其他教师教学行为反思等。

（三）实践反思是重构教育情境的过程

舍恩指出："反思的过程是指在实际情况中遇到困惑或感兴趣的事物时，首先要根据具体情况将困惑或感兴趣的事物概念化，然后根据过去的知识和经验重新概念化，最后为未来的行动制订计划。反复概念化令人困惑或感兴趣的事物的过程，实际上是把当前的实践和以往的经验理论化，把别人的知识付诸实践的过程，这也是理论与实践的转化过程。"[②]

教师教学实践反思的本质是通过经验分析而开展的经验活动，是一种从经验中学习的活动。教师教学实践反思活动可以从过去—未来的时间维

① Donald A. Schön, *Educating the Reflective Practitioner Toward a New Design for Teaching and Learning in the Professions*, Jossey-Bass, 1987, p. 79.

② Donald A. Schön, *Educating the Reflective Practitioner Toward a New Design for Teaching and Learning in the Professions*, Jossey-Bass, 1987, p. 134.

度和理论—实践的归属维度来深入分析。在时间维度上，教师对教学实践的反思是从过去的实践情况出发，指向未来行动的改进。在归属维度上，教师教学实践反思以行动为导向，从而在后续教学中作出更好的专业判断和更优的教学设计等。

教师教学实践反思的最终目的是希望自己所寻找的改善教学实践的途径是经过深思熟虑的，解决问题的策略是从多角度思考而提出的。通过院校协作、教师与校长、行动课题组的合作等方式，打破固有的教师个体性的工作习惯，在讨论中探索多样化的行动计划。

二、行动学习

作为行动者的教师，既是研究者，也是学习者，通过将行动与反思结合，围绕具体的问题开展研究或学习。当教师有意识地把自己的课堂和学校作为探究场所时，学习便发生了。教师学习的过程是教师知识生成的过程。[①] 为改进自身教学实践，针对自己的教学问题而开展研究学习，在自己的教学研究过程中学习，即教学学习化，学习寓于教学研究之中。行动学习受人重视，首先是因为它可以让人们在实际情境中面临问题时开展行动和学习，也因为它对专家观点和意见抱有怀疑态度。行动学习相对于行动研究，是基于实用主义的人类行动的一般理论。

（一）行动学习的定义

"做中学"是"行动学习"的本质，此处的"做"强调的是提出新的现实问题并设法将其解决，而非简单借用他人现有经验来解决问题。亦有研究者指出，行动学习有预定的工作目的，目标指向解决问题，是一个在同事支持下的持续不断的反思与学习过程。[②] 马克沃德（Marquardt, M. J.）则将行动学习定义为是一个专业发展的项目，由"致力于解决实际问题"的共同体组成，过程中成员相互支持，在解决问题的同时获得学习与发展。[③]

虽然行动学习在概念上几经变化，但无论哪一流派，都认同以下的元素：成员在实践中解决真实的问题，采取行动，并在这个过程中学习。行动学习最独特的优势在于，在解决问题过程中，个人能力与组织能力同时

---

① 张敏：《教师学习的理论与实证研究》，杭州，浙江大学出版社 2008 年版，第 10 页。

② 〔英〕伊恩·麦吉尔、利兹·贝蒂：《行动学习法》，中国高级人事管理培训中心译，北京，华夏出版社 2002 年版，第 8 页。

③ Michael J. Marouardt, *Action Learning in Action: Transforming Problems and People for World-Class Organizational Learning*, Davies-Black Publishing, 1999, p. 4.

得到发展。本书关于行动学习的理解，是指教师基于教育工作场所的学习，行动学习的过程伴随着行动研究与实践反思，共同服务于问题的解决。

（二）行动学习的要素

环境的快速变化和变幻莫测的挑战，对人与组织的要求不断提高，要求个人与组织必须同时学习和行动。行动学习恰好可以将外部环境的变化转化为组织与个人改变的动力，帮助组织和个人适应社会的新要求。行动学习主要包括六个要素：[①]

第一，问题。对行动学习的参与者来说，解决问题至关重要，是他们参与并投入行动学习的主要动机和动力，也为他们提供学习、获取知识与开发个人及组织能力的绝佳机会。

第二，团队。这主要指参与行动学习和共同解决问题的成员。多元互补的团队可以激发成员从不同角度来思考问题，并激发出新观点，同时要求成员对所需解决的问题有一定的认知基础，有强烈参与学习的意愿并解决问题的责任感。

第三，聆听。行动学习尤为关注对观点的质疑与反思，强调正确的提问比正确的答案更为重要。因此，参与者要意识到他们知道什么、不知道什么。提问可以有效提升组织的凝聚力，激发创造力和系统思维，进而强化学习效果。富有洞察力的提问可以直指问题本质，为解决方案的提出奠定基础。

第四，行动。对行动学习而言，反思不是终结，而是开启下一步行动的关键。行动开始于问题的重新定义和目标的确定，随后确定实施策略和采取相应的行动，并在行动中验证成果，产生影响。

第五，承诺。在行动学习中，学习与行动同等重要，关注问题解决的同时，要关注个人、团队及组织的学习和发展。

第六，顾问。顾问即咨询者，是行动学习的指导者与促进者，在行动学习初期尤为关键，可作为专家资源，通过选择性的介入和富有洞察力的提问等方式，帮助成员反思如何倾听、如何重构问题、如何制订计划和开展工作，以及帮助成员关注他们取得的成果、遇到的困难等。

行动学习在解决复杂问题的同时，有力地促进个人与组织的专业发展。行动学习如此有效，是因为它整合了管理学、教育学、心理学、社会学、动力学等多种学科的最佳实践和原则，并将这些最佳实践和原则作为

---

① 〔美〕迈克尔·马奎特：《行动学习实务操作：设计、实施与评估》（第二版），郝君帅、唐长军、曹惠青译，北京，中国人民大学出版社 2013 年版，第 10 页。

基础。正是由于行动学习能够充分利用不同学科力量的优势，使得它能够达到解决问题、建设团队、组织学习、开发领导力、提升专业等多重目的。近年来，随着学习理论的发展，学者们不再把行动学习仅仅视为一种组织的行为，而是从单一个体的角度来看待行动学习。英国管理学者麦克吉尔（McGill，I.）持有相同的观点，他更多强调在行动学习中个体的行为及其变化，认为行动学习是一连续不断学习与反思的过程，强调经由实际问题解决及反省个人本身的经验，使个人可以从学习中获得成长。①

三、批判性协同探究

生活理论行动研究者在彼此信任、高度支持的团队中，借助批判性协同探究，明确地向他人阐释自己的教学过程，以此提高教学质量。

（一）诤友工作

麦克尼夫和怀特海提出，"诤友"这一术语最先由凯米斯和麦克塔格特提出，用来指代那些愿意倾听研究者阐述教学实践并对其背后的思想进行批评的人。他们所认为的诤友是指研究者们信任的合作者，这些合作者可能来自相同或不同的学科、年级或学校，一人或多人。研究者与合作者组成团队，他们彼此信任、相互支持。合作者倾听研究者阐述研究过程，悉心审查研究过程与结果并给予支持与反馈，帮助研究者完善研究，使得研究者可以从多角度理解与重构其研究。

科斯塔（Costa，A. L.）和卡利克（Kallick，B.）② 对诤友的必要性做了如下的描述：诤友，如名所示，是值得研究者信赖的人，会提出挑战性问题，提供资料来从其他视角审视，并以朋友身份对研究者个人的研究进行批评。诤友不惜花费时间全面理解研究者及其小组所实施的研究情境及研究结果。诤友能从第三者的视角生成参与意识，帮助研究者审视自身的研究。诤友的责任是启发新的想法与解释，对研究者的假设提出疑问，并提供坦率、开放的建设性反馈。

（二）协同研究

在理论层面，批判协同性研究的基础是个人与集体的认知与对话。③

---

① Ian McGill, *Action Learning: A Guide for Professional, Management, and Educational Development*, Kogan Page, 1995, p. 121.

② Arthur L. Costa & Bena Kallick, "Through the Lens of a Critical Friend", *Educational Leadership* 51, 1993（2），pp. 49–51.

③ Stefinee Pinnegar & Mary Lynn Hamilton, *Self-Study of Practice as a Genre of Qualitative Research: Theory, Methodology and Practice*, Springer, 2009, p. 79.

对话使双方共同受益，鼓励出现新的观点，学习者共同思考、协商并社会化地建构对共同任务的理解。

"协作"的现象就是"共同参与"的对话。在与诤友探讨中，研究者要与他们达成共识，不仅需要充分表达自我，成功地说出自己的观点所存在的问题，还需要大家一起共同参与并作出改变。当允许自己的研究接受他人的批评时，研究者的研究质量就会提高，不再局限于自己的视角、判断或观点。

总之，想在研究中保持批判性的立场，教师自主研究者就必须明白，在复杂的情形、矛盾的观点和残酷的现实面前，要坚持变通有力的合作对话，开展协同研究，这是个人学习、思考和认知过程。来自协作和他人的反馈意见，必将有助于拓展个人的理解。

四、自主研究

自主研究是生活理论行动研究所倡导的一种研究方法，它把教师研究作为一个专业工具，可以用于教师学习和调整他们的教学方法，也是创造教学知识的有效途径。[①] 自主研究是一系列关于自身实践的研究，可有效促进教师的教学改进和知识能力提升，主要包括教师课堂研究、教学实践反思和教育行动。自主研究是系统而严格的过程，并且以一定方式让公众了解这个过程，这个过程与哈格里夫斯所讲的教学专业化阶段中的活动是一致的。缺少自主研究，教师的教学就仅仅是一种简单的重复，教师也不会有所进步——教师只是简单地将他人的教学形式与策略作为一个例子进行模仿，但自己没有批判地参与课堂中。尽管很多教育工作者没有意识到他们长久以来都在进行自主研究，但是我们相信只有通过自主研究，教育工作者才有能力真正去理解、质疑，继而改善自己的教学实践。自主研究是扎根于个人教学情境中的个人系统化探究，对个人及组织学习产生影响，以便生产知识，使整个教育界受益。下文通过分析自主研究的误区来揭示自主研究的基本特点。

（一）自主研究不是研究他人的个人探究

自主研究并非研究他人的个人探究。"我"既充当研究者，同时是教育者；"我"应该是研究的局内人，而非局外人。作为一名教师，"我"不应该误解、误导学生的反馈，而教师的身份也给"我"一个特别的机会，

---

① Anastasia P. Samaras, *Self-Study for Teacher Educators: Crafting a Pedagogy for Educational Change*, Peter Lang Inc., 2002, pp. 8–20.

把自己作为研究的工具，澄清自己研究中所隐含的假设。[①] 基于对研究材料的研究和分析，有利于解释"我"在研究中的角色，并进一步明确该角色对"我"和"我"的学生学识所产生的影响。同时，对研究所在的情境进行描述很重要，它可以帮助别人从"我"的经历中再现课堂情境，从"我"的研究中获得经验。

（二）自主研究不是只关乎自我

自主研究并非仅关乎自我，它涉及学生和整个教育，这是研究者可以为他人所做的事情。它超越自我，也超越教师在日常教学实践中所理解和接受的职业。自主研究既不是自我陶醉，更不是对自己的童年和过去的一种心理分析研究。自主研究者声称，自己的故事并非捏造，也不是简单的内心独白。他们热情地邀请读者阅读他们，读懂其作为个案进行研究所收获的经验。对许多自主研究者来说，他们要做的不仅仅是讲述故事，而且似乎有一种义务，要努力地将他们自身置于更普遍的事件、争论、问题或理论情境中去，这样才更能引起他人的兴趣……简言之，自主研究"由我架构，众人受益"，是有意识的研究行为。[②]

自主研究并不是要让自己成为英雄，让研究取得巨大成功。坦率地说，如果研究者能阐明自己研究收获和试图作出的改变，那将会更有价值。此外，自主研究也不是自我批评，其中心既不全部在局内，也不全部在局外，而是在自我与相关实践之间的空间上。自主研究时，"如果研究中心总是在局外，那就否定了研究者将自我当作研究工具这一最有价值的资源"[③]。在研究教学的过程中，教师若想更好地进行教学，就要知道自身的学习状况。在教师专业发展进程中，教师的最终目标是能给学生的学习带来有益的影响。

（三）自主研究不是独自实施

诚然，从字面上看，"自主研究"虽然关乎自我，但它并不是孤立实施的。实际上，自主研究在许多层面上是矛盾的。矛盾之一在于自主研究集个人和集体于一身，它解决的是研究者和他人共同存在的问题。高质量的自主研究包含同行之间互利的审查，是互为净友的研究。就像舒克（Schuck，S.）和拉塞尔（Russell，T.）所说的，"净友关系有双向性，不

---

① John Mason, *Researching Your Own Practice: The Discipline of Noticing*, Routledge, 2002, pp. 77–91.

② John Loughran et al., *International Handbook of Self-Study of Teaching and Teacher Education Practices*, Springer, 2004, pp. 103–150.

③ John Mason, *Researching Your Own Practice: The Discipline of Noticing*, Routledge, 2002, p. 174.

仅实施教学研究的人获益，而且净友也会有所获益。"① 如果想更好地解释研究，那么对该研究的讨论是必不可少的。实际上，净友是一种非常有用的资源，"在与他合作、听取意见的过程中，研究者的个人能力会有所提高"。所以，净友就像监督者和评审团，会在研究者研究的过程中审查进度和论据，对研究者观点的质量提出有用的意见。②

（四）自主研究不仅仅是反思

自主研究"能够促进归纳与演绎探究，但就如所有的其他系统化探究一样，自主研究也必须扎根于现存的文献中，以保证它不只是一种个人的反省活动"③。自主研究是一门学者"认同的学科"，是"创建民主的教学实践共同体，致力于探究教育的学术研究"④。这种研究具有缜密、合理的特点，开展系统化、高质量的研究课题，公开接受他人的评价。洛克伦认为，高质量的自主研究是不言而喻的，它突出严谨而系统的探究，将专业知识看作一项研究成果，通过同行评审来获得评价。教师认为自主研究应该成为一种思维习惯，因此，自主研究不仅有叙事分析、故事讲述，还可以产生新的教育知识。⑤

与其他高质量的研究相似，自主研究者需要做到：明确研究问题或重点；描述情境化的教学实践；阐释自主研究方法及选择该方法的原因；描述多种资料源；清晰地阐释诸如艺术化表征等任何形式的资料；建构可信度；提供全面而透明的资料线索；对自己、他人及该领域公开讨论研究成果。

（五）自主研究不只关乎个人的知识

利用自主研究，研究者可以获得自身专业上的发展，也可以增长自身的教学基础知识。通常认为，教师是教育中的行动者，在日常教学中时时刻刻都做着教学决策。当教学问题不断涌现的时候，教师要观察具体情境，基于教育知识，收集和解读资料，不断地作出评估和决策。学生、学科、教师和社会环境是教学问题的核心。当教师审视自己在教学问题中发挥的作用时，研究问题的焦点就会从"他人做了什么"转到"教师与他人做了什么"。通过自主研究，教师能思考自己对学生学习产生的影响，也

①　Sandy Schuck & Tom Russell，"Self-Study，Critical Friendship，and the Complexities of Teacher Education"，*Studying Teacher Education* 1，2005（2），pp. 107–121.

②　Jack Whitehead & Jean McNiff，*Action Research Living Theory*，Sage Publications，2006，p. 11.

③　Bernard Lonergan，*Method in Theology*，Herder and Herder，1972，p. 26.

④　Jack Whitehead & Jean McNiff，*Action Research Living Theory*，Sage Publications，2006，p. 18.

⑤　John Loughran et al.，*International Handbook of Self-Study of Teaching and Teacher Education Practices*，Springer，2004，pp. 103–150.

能将自己习得的经验与他人分享。

　　总之，自主研究属于实践者研究。在自主研究中，教师成为自主研究者，通过探究自我，提出教学中习以为常的问题。这项研究不仅是教学实践的研究，同时也是以自我为核心的探究，研究者不再是旁观者，他们自身就是研究所探寻的变革对象。就教学和学校教育而言，科克伦－史密斯和莱特尔（Lytle，S. L.）指出，"在课堂上，每个教师都是学习者，每个学习者都是探究者，激进而悄无声息的教育改革正在进行。"[1]

　　沃尔顿给本科二年级的学生开设一门全新课程"积极参与学习（Active Participation in Learning）"。他本人此前对该领域并无涉足，于是他设计和实施了一项"生活理论行动研究在高校教学中的应用"研究，并写成论文发表在《教育行动研究杂志》上。[2] 该研究指出，新兴的学术范式，包括研究、教学、应用和整合学术，需要一种新的实践认识论才能得以实现，这种实践认识论就是行动研究。通过生活理论行动研究，在"参与现实本体论"和"全人学习教学论"的指导下，探究一门名为"积极参与学习"的本科生课程。该研究结果发现，教学过程中师生的投入程度及师生对自身经验的反思，验证了作为一种实践认识论的行动研究的有效性，同时证明了通过生活理论行动研究可以探究如何提升大学生学习质量的可能性。

　　生活理论行动研究在蓬勃发展的进程中，逐步形成了其固有特点，同时建构了"六步螺旋上升"行动研究模式，并为行动研究者提供了四种具体方法。

---

① Marilyn Cochran-Smith & Susan L. Lytle, *Inside/Outside: Teacher Research and Knowledge*, Teachers College Press, 1992, p. 110.
② Joan Walton, "A Living Theory Approach to Teaching in Higher Education", *Educational Action Research* 19, 2011（4）, pp. 567–578.

第六章　系统性行动研究

从系统论的角度来看，基于不同利益相关者协同合作的行动研究在本质上是一个动态系统，所有利益相关者的观念和行动都将对行动研究进程产生影响，并引起其他利益相关者的联动，由此产生复杂的系统动力。随着行动研究的深入发展，系统观念逐渐成为行动研究的思想基础，系统性行动研究成为一种新型范式。

第一节　系统性行动研究的概念

系统性行动研究是基于系统思想和复杂性理论的一种行动研究范式。[①]除了与其他行动研究范式共享实践认识论基础，系统性行动研究还以系统论为主要的理论基础。系统思想的融入，使行动研究具有了独特的价值内涵和研究路向。系统思想最早可以追溯到柏拉图和亚里士多德，但系统论的建立却是 20 世纪中叶发生的事，此后系统论不断发展，至今已经成为影响深刻和改变世界面貌的重要科学理论。

一、系统性行动研究的基础

系统论创立至今历经了四个发展阶段：第一个阶段，对各学科的系统思想进行综合、抽象、概括而产生了一般系统论；第二个阶段，主要是将系统思想应用于人类社会，强调系统干预的作用，从而使系统科学的重心从系统思想转移到系统实践；第三个阶段，重视系统中权力的影响和作用，方法多元主义、边界判断、干预、批判性反思等成为系统论的核心范畴；第四个阶段，将系统作为一种学习方式，强调系统的学习性质和学习功能，产生了学习的逻辑形式（logical types of learning）、二阶控制论（second order cybernetics）和软系统思想（soft system thinking）等理论和

---

① David Coghlan & Mary Brydon-Miller eds., *The SAGE Encyclopedia of Action Research*,
　 Sage Publications, 2014, p. 748.

思想。[1]

这种分类方式，能够析出许多可以为系统性行动研究所借鉴的范畴、概念和思想，但并不足以廓清系统性行动研究建立的理论基础。系统论的发展还可以概括为两个基本系统：一般系统论与复杂系统论。系统科学，尤其是复杂性科学，"更像是一场思维方式的变革运动。在这场运动中，一切传统科学都要进行复杂性再审视，把用传统的分析还原思维遗漏丢弃的东西重新筛选一番，从中找出分析还原方法忽视的东西"[2]。在系统论的基础上，逐渐产生了有别于传统科学的系统思想和系统方法，从而为系统性行动研究奠定了思想基础和方法基础。

（一）从一般系统论到复杂系统论

一般系统论与复杂系统论这两种理论类型在不同的意义上为系统性行动研究提供理论基础。具体来说，一般系统论可以说是系统性行动研究的理论背景，它虽然为系统性行动研究提供了最基本的理论框架，但在具体的理论架构上与行动研究存在着一定的距离。复杂系统论，又称复杂性科学，则为系统性行动研究提供比较具体而直接的理论基础和思想资源。概言之，对系统性行动研究来说，一般系统论是底层基础，复杂系统论是直接基础。

1. 一般系统论

通常认为，一般系统论肇始于美籍奥地利生物学家冯·贝塔朗菲（Von Bertalanffy，L.）。1937年，在一次哲学讨论会上冯·贝塔朗菲第一次提出一般系统论的概念，但迫于当时的压力未将这一研究公开发表。直至1945年他才发表《关于一般系统论》一文，对一般系统的共性作出概括。1968年冯·贝塔朗菲出版《一般系统论：基础、发展和应用》一书，阐述了一般系统论的思想、内容和理论框架。该书的出版标志着一般系统论的确立。

一般系统论并不是研究某一领域或某一具体系统的理论，而是通过对各个学科所提出的系统问题及处理这些问题的概念和方法进行概括，进而建立具有普适性的一般系统论的理论体系。冯·贝塔朗菲将系统定义为"相互作用着的若干要素的复合体"。[3] 并用方程组表示：

---

[1] David Coghlan & Mary Brydon-Miller eds., *The SAGE Encyclopedia of Action Research*, Sage Publications, 2014, pp. 753–754.

[2] 黄欣荣：《复杂性科学的方法论研究》，重庆，重庆大学出版社2006年版，第5页。

[3] 〔美〕冯·贝塔朗菲：《一般系统论：基础、发展和应用》，林康义、魏宏森等译，北京，清华大学出版社1987年版，第51页。

设 Q_i 表示要素 P_i＝（1，2，…，n）的某个量。要素数目有限，情况是为最简单之时，就有如图 6-1 所示的形式。因而，任何一个量 Q_i 起变化，是从 Q_1 到 Q_n 所有 Q 的函数；同时，任一 Q_i 起变化，它都承载着所有其他量及整个方程组的变化。[①] 这就突破了原子式的"世界图景"设定，建构起基于"关系"的结构组织体，将世界的基本假设从"原子式世界"推进到"关系性世界"。关系的形成与变化成为世界发展的基本力量。这是系统性行动研究得以确

$$\left.\begin{array}{l} \dfrac{dQ_1}{dt}=f_1(Q_1,Q_2,\cdots,Q_n) \\[2mm] \dfrac{dQ_2}{dt}=f_2(Q_1,Q_2,\cdots,Q_n) \\[2mm] \cdots\cdots\cdots\cdots\cdots\cdots\cdots\cdots \\[2mm] \dfrac{dQ_n}{dt}=f_n(Q_1,Q_2,\cdots,Q_n) \end{array}\right\}$$

图 6-1　系统简单方程组

立的第一块基石。在此基础上，一般系统论还为系统性行动研究提供了最基本的概念框架和思想范畴，诸如个体、关系、结构、边界、环境、相互作用、反馈、演化作为最基础"元概念"构架了系统性行动研究最基本的"世界图景"。

（1）个体。"个体"（agent）这个概念在系统论中常用"元素"表示，通常只有当特指人时才用"个体"的概念。元素亦即个体是构成系统的基本成分，它本身是系统的一部分，但个体的简单相加不足以成为系统。所以，个体只是系统形成的基本条件，其本身并不反映系统的本质，在个体之间建立起来的关系才反映系统的本质。但是，个体的性质对关系的建立直到系统的整体面貌和性质具有重要的影响。在行动研究中，这个概念转化成"利益相关者"（stakeholder）的形式进行表达。

（2）关系。关系（relationship）表明事物之间存在某种关联（connection），这种关联可能是外界赋予的，如将两张桌子拼在一起，也可能是事物之间内生的，如两个人之间互生情愫。不论以怎样的方式生成，事物之间一旦建立起某种关联，就产生"关系效应"，使其结果超越事物之间简单相加的状态，进入系统的范畴。关系是系统的基本构件，系统性行动研究即着眼于改变系统关系而达到改善系统状态的目的。

（3）结构。结构（structure）是基于关系而形成的组织体，是系统在空间上的整体表现。一个系统通常存在许多不同的关系，这些关系以不同方式组织起来形成不同的系统结构，它们会使系统具有不同的行为表现与功能。合理的系统结构对系统功能的发挥具有重要作用，而关系之间的关系又是系统结构是否合理的基础。因此，通过调整关系而形成合理的系统

---

① 〔美〕冯·贝塔朗菲:《一般系统论:基础、发展和应用》，林康义、魏宏森等译，北京，清华大学出版社 1987 年版，第 52 页。

结构，就成为系统干预的重要任务和内容。

（4）边界。在哲学层面上，从绝对意义上说，一切事物皆处于系统之中。但对一个具体的系统而言，其之所以存在或得以被识别，是由于边界的存在。如果说关系是系统的内在标识，那么边界（boundary）就是系统的外在标识。系统的改变存在两种途径，一是系统结构改变但边界不变，二是系统的结构和边界同时改变。前者属于结构改良，具有封闭性；后者属于整体变革，具有开放性。大规模、大范围的系统边界变革将导致系统的"重定义"，其结果是系统的颠覆性变革。

（5）环境。"广义地讲，一个系统之外的一切事物或系统的总和，称为该系统的环境。"① 所以，对于系统来说，环境（environment）是"非我"的东西。边界将系统与环境区分开来，边界之内是系统，边界之外是环境。从这个角度来说，系统要保持其存在，就要以一定的方式排斥环境的某些因素。然而，系统通常是在一定的环境需要中产生，又随环境的变化而变化，所以环境在某种程度上又是系统存在和发展的依据。此外，系统的存在与演化本身，需要与环境交换物质、信息、能量等，因此环境又是系统存在和发展的条件。

（6）相互作用。相互作用（interaction）与关系存在着密切的联系，以至于有人用相互作用来定义关系。但其实二者表示的是系统的不同方面，关系是系统结构的基本构件，相互作用则是系统行为的基本构件，前者是系统的静力学因素，后者则是系统的动力学因素。相互作用是事物之间物质、能量或信息的交流，这种交流使得相互作用的各方的状态发生改变。相互作用有被动与主动两种形式，有时事物由于被建立关系而产生相互作用，有时又由于相互作用而主动建立关系。

（7）反馈。反馈（feedback）作为系统概念，主要是指系统的一种宏观机制，即对系统作用的某种反应性动作。对一个"活系统"而言，系统内存在着大量的作用行为，这些作用行为可能由系统元素发出，也可能由子系统发出，还有可能是系统作为一个整体发出。一般而言，这些作用行为的发出，要求获得某种反馈，以确定作用行为的作用效果，进而确定是否和如何发出下一个作用行为。如果作用行为没有获得反馈，系统的作用行为就成为单向性行为，行为发动者将无法判断自身在系统中的作用和地位，最终可能脱离系统而消失。因此，反馈是系统存在和发展的基本机制。反馈也是系统性行动研究的最重要机制之一，大量反馈环的建立是系

---

① 苗东升：《系统科学精要》，北京，中国人民大学出版社1998年版，第38页。

统性行动研究设计、实施和顺利推进的重要条件。

（8）演化。演化（evolution）是系统动力学作用下的整体行为表现。一切系统都是一种历时性的存在，都经过产生、存续、发展与消亡的过程。系统演化的外因是环境的变化，内因则是系统不同元素之间相互作用方式的改变，这种改变可能来自环境压力，也可能来自元素自身状态的改变。因此，促使系统演化可以有两种途径，一是改变环境，二是改变系统元素。不论哪种方式，最终都会引起系统结构的改变，从而改变系统的功能。从根本上来说，系统性行动研究的目的就是要推动系统的正向演化。

将上述这些概念、范畴引入行动研究，使行动研究获得了实现系统转向的基础，但这仍不足以使系统性行动研究得以展开，因为系统性行动研究的场域不是任何一个系统，而是由行动者所构成的系统。这类系统具有一般系统的性质与特征，除此之外，还具有更加复杂的结构和机制。具体来说，系统性行动研究面对的是复杂系统，其成功展开需要在一般系统论的底层基础上引入复杂系统论的相关概念、范畴和思想。

2. 复杂系统论

复杂系统论关注的中心是复杂系统。所以，在社会系统中由两个人组成的系统就有可能是一个复杂系统。[①] 复杂系统的基本性质就是复杂性。复杂性的基本特征包括：元素与元素之间的相互联系具有多样性；再者，这些联系是非线性、非对称性，并处于有序与混沌之间的。[②] 总体而言，复杂系统论主要研究系统的复杂性现象，这类现象较之一般系统机制，具有开放性、不可逆性、自组织性等特点。[③] 由此，复杂性科学被称为"非线性科学"。复杂性科学的自组织、分叉、吸引子、协同、涌现、复杂适应系统等概念及其所蕴含的深刻含义，为系统性行动研究提供了丰富的思想源泉。

（1）自组织。自组织（self-organization）是复杂系统理论的核心概念之一，可以说是复杂性科学学科群的一条红线，将各学科贯穿起来。自组织的本质指系统的结构（至少是部分）出现，没有外在的强加干预。在这里，"没有外部压力或来自外部系统的强加干预"，不等于说系统与外界没有交流，是一个封闭的系统。事实上，任何与外界无关的封闭系

① 朴昌根：《系统学基础》，上海，上海辞书出版社 2005 年版，第 216～218 页。
② 颜泽贤、范冬萍、张华夏：《系统科学导论——复杂性探索》，北京，人民出版社 2006 年版，第 203 页。
③ 方锦清：《令人关注的复杂性科学和复杂性研究》，《自然杂志》2002 年第 1 期。

统，都会趋向有序度降低，走向无序、混乱的状态。自组织系统作为一个开放性系统，能与环境进行信息、能量和物质等的交换，从外界输入足够的负熵流，才能使系统向有序的方向演化。从这个角度来说，自组织是复杂系统发展和演化的基本动力，是考察复杂系统不可疏忽的因素。善于利用系统的自组织机制，是系统性行动研究促进者的重要能力。

（2）分叉。分叉（bifurcation）是复杂系统发展和演化的一种现象，也是其演化的一种机制，是指在某一个临界点，系统的发展方向出现两种或两种以上的可能性。这意味着系统发展的不确定性。[1] 在系统的分叉处，系统发展的方向对来自系统内部或外部的干预和扰动十分敏感，往往非常微小的干预或扰动就能打破系统的平衡状态，产生巨大的涨落，引发系统的突变，从而使系统向某个方向发展。在自组织机制的基础上，干预系统并使其分叉和向优化的方向发展，以使系统性行动研究收到事半功倍的效果为目的。

（3）吸引子。因为吸引子（attractor）的存在，即使系统在发展和演化过程中不断分叉，系统也不太可能陷入完全无序的状态。吸引子是在相空间中满足稳定、吸引和终极特性的点集合。[2] 简单地说，吸引子就是系统的某种参量，具有使其他参量向其靠拢的吸引力。吸引子具有整合系统、决定系统整体面貌的潜力，敏锐发现吸引子并使其增大，可有效按照特定的目的使系统发生整体改变。

（4）协同。系统内子系统的相互作用衍生了新的有序状态，而竞争与协同（synergy）是其组分相互作用的方式。[3] 竞争是系统各要素争夺空间，以成为系统的有序参量；协同是系统要素之间的相互合作和协同行动，以决定系统的表现状态。系统进化的动力是竞争，系统差异产生竞争，竞争使系统失稳，失稳产生有序参量，有序参量导致新结构的形成。"协同导致有序，有序需要协同。"[4] 协同是有序参量支配或调节系统的手段，它使组分间相互配合，共同行动，使系统形成新的有序结构和整体。所以，竞争与协同是系统同一过程的两个方面。人们讲竞争比较多，所以需要格外

① 魏宏森、曾国屏：《系统论——系统科学哲学》，北京，清华大学出版社1995年版，第251页。
② 苗东升：《系统科学精要》，北京，中国人民大学出版社1998年版，第68~69页。
③ 颜泽贤、范冬萍、张华夏：《系统科学导论——复杂性探索》，北京，人民出版社2006年版，第43页。
④ 苗东升：《系统科学大学讲稿》，北京，中国人民大学出版社2007年版，第318页。

强调协同。哈肯（Haken，H.）说，"协同学"就是"协调合作之学"。①

（5）涌现。涌现（emergence）是复杂系统发展演化的另一个核心机制，美国圣菲研究所明确提出："复杂性，实质就是一门关于涌现的科学。"② 斯泰西（Stacey，R. D.）认为："涌现是复杂系统中的行动者行为的总体模式（global patterns）的产物。"③ 涌现理论认为，系统为适应环境，在系统组分间相互作用中，通过信息作业，进行差异整合，逐级形成系统等级层次结构，获得系统总体涌现性。系统涌现表现为以下几种性质：第一，表现为全局模式的整体序或宏观序；第二，表现为"从简单中生成复杂"的新颖性；第三，表现为非迭代模拟的不可推导性和不可预测性；第四，表现为层次之间的一定程度的不可还原性。④ 涌现使从简单中生成复杂得以实现，表明了系统超越自身的可能性和现实性。

（6）复杂适应系统。复杂适应系统（Complexity Adaptive System，CAS）的提出是人们在系统运动和演化规律认识方面的一个飞跃，因为它确认了系统主体的主动性和适应性。考温（Cowan，G. A.）认为："复杂系统包含了许多相对独立的部分，它们高度地相互联系和相互作用着。它们大部分是这样的组成部分，这些组成部分要求有再生真正复杂性、自组织、复杂、学习和适应系统的功能。"⑤ 复杂适应系统理论认为，适应性造就复杂性。适应性指系统主体"能够与环境及其他主体进行交互作用。主体在这种持续不断的交互作用的过程中，不断地'学习'或'积累经验'，并且根据学到的经验改变自身的结构和行为方式，整个宏观系统的演变或进化，包括新层次的产生，分化和多样性的出现，新的、聚合而成的、更大的主体的出现等等，都是在这个基础上逐步派生出来的"⑥。

（二）复杂系统论的系统思想

系统思想是理解和改进复杂问题和情境的一种方法，它试图以整体的方式来处理这些问题和情境，而不是像传统科学那样采取还原论的方式。⑦

① 〔德〕赫尔曼·哈肯：《协同学：大自然构成的奥秘》，凌复华译，上海，上海译文出版社2005年版，第5页。
② 〔美〕米歇尔·沃尔德罗普：《复杂：诞生于秩序与混沌边缘的科学》，陈玲译，北京，生活·读书·新知三联书店1997年版，第115页。
③ 〔英〕拉尔夫·D·斯泰西：《组织中的复杂性与创造性》，宋学锋、曹庆仁译，成都，四川人民出版社2000年版，第149~171页。
④ 黄欣荣：《复杂性科学与哲学》，北京，中央编译出版社2007年版，第163~165页。
⑤ George A. Cowan, *Complexity: Metaphors*, *Models and Reality*, Westview Press, 1994, p. 2.
⑥ 许国志：《系统科学》，上海，上海科技教育出版社2000年版，第252页。
⑦ David Coghlan & Mary Brydon-Miller eds., *The SAGE Encyclopedia of Action Research*, Sage Publications, 2014, p. 752.

它是"人脑反映系统的复杂性的一种信息加工方法。它要求把研究对象整合到一个更加广泛和更加丰富的框架内，强调整体与部分之间的相互作用，并且包含和超越人类认识过程中所遭遇的种种逻辑矛盾。"[1] 整体思想、关系思想、非线性思想和过程思想是系统思想的几种形式。

1. 整体思想

整体性，又称整体质或系统质，是复杂系统的一种基本性质。系统的整体性，是凭借系统组成成分之间的相互作用而得以实现。系统组分间的相互作用在各组分的基础上产生"关联力"，使各系统组分形成原组分单独无法形成的结构，从而产生新的系统特质和功能。此外，系统组件内的相互作用"也产生了相互制约的影响，导致作为一个整体的系统各组件受到约束和限制，从而屏蔽了组件本身的某些特性"[2]。因此，系统的性质和运行规律只能从系统的层面来理解，单独检查系统的各组成部分无法推导出系统的行为和复杂性，"需要检查子系统与主系统之间的关系才能更好地了解每个部分的行为"[3]。

2. 关系思想

关系是系统的基本构件。一个系统之所以成为系统，是因为许多个体通过各种关系联系在一起，形成某种结构，从而产生某种功能。系统科学本质上是关系科学。正如朴昌根所说，对事件性质的描述不会改变事件本身，也不会产生新的事物。然而，对这种关系的描述将产生新的结果。新的事物的产生是源自事物之间的关系建立。[4] 对于一个特定的系统，系统与外界有各种各样的关系并且系统内也存在特定的关系。物质关系、能量关系和信息关系是三种基本的系统关系。"在许多复杂系统中，存在着竞争与合作、对立与统一、排斥与吸引。"[5] 对于特定的系统元素，这种关系对要素的性质和行为有一定的决定性影响。考虑系统元素与其他元素的关系可以了解系统要素的性质和行为。决定系统存在、演化和发展的基本因素是关系。

3. 非线性思想

大量复杂非线性相互作用的系统主体经常形成复杂的系统。通过这些

① 张大松主编:《科学思维的艺术:科学思维方法导论》，北京，科学出版社 2008 年版，第 219 页。
② 苗东升:《系统科学精要》，北京，中国人民大学出版社 1998 年版，第 31 页。
③ 〔美〕冯·贝塔朗菲:《一般系统论:基础、发展和应用》，秋同、袁嘉新译，北京，社会科学文献出版社 1987 年版，第 56 页。
④ 朴昌根:《系统学基础》，上海，上海辞书出版社 2005 年版，第 133 页。
⑤ 朴昌根:《系统学基础》，上海，上海辞书出版社 2005 年版，第 134 页。

作用，系统产生复杂的演化行为和路径，从而产生复杂的系统特征，如多样性、差异性、可变性、非对称性、奇特性和创新性。系统只有在非线性的条件下才会出现复杂的情况，例如产生相同结果的不同行为或产生不同结果的相同行为。"各种相互作用在非线性情况下是不可分割的。作为一个各种相互作用的整体系统会表现出强烈的整体行为，因为个体的小小波动会影响整体的行为，以至于自组织系统允许常规系统通过随机运动表现出来。"[1]复杂性科学指出，所有的系统其存在和演化的力量均来自内部元素之间的相互维持作用。所以，系统存在和演化的内在根据，在于非线性相互作用。[2]

4. 过程思想

热力学研究表明，一切系统均具有自发地走向平衡态的性质，一切孤立系统均不可避免地产生熵增现象，从而走向"热寂"状态，而负熵的注入则使系统的熵减少，从而推动系统向有序方向演化。复杂适应系统研究表明，系统中各适应性主体的相互作用促使系统的结构不断改变，推动着系统的发展和演化。"演化是一种具有不可逆性的特殊运动形态，它是复杂系统运动的基本特征。"[3]过程哲学阐明，世界是由组分及其关系构成的有机体，这一有机体具有内在组分的非线性关系和结构，具有生命与活动能力，并处于不断的演化和创造的过程中。

（三）复杂系统论的系统方法

系统方法是指基于系统理论和系统思想而建立的旨在调整系统行为或系统行动，从而改善系统结构和运行的一系列方法或方法论。其中，软系统方法（soft system methodology）和伯恩斯（Burns，D.）的系统方法对系统性行动研究具有比较直接的基础性作用。

1. 软系统方法

软系统方法由英国的切克兰德（Checkland，P.）于20世纪70年代提出，至今已经成为一种影响广泛的系统方法。软系统方法与行动研究具有密切的关系。实际上，它是切克兰德在运用行动研究解决管理者面临的复杂、混乱、结构不良问题时发展起来的，这些问题采用传统的"硬系统"方法，如系统工程学并不能得到预期的结果。布洛（Bulow，V.）对软系统方法概括为："软系统方法旨在通过激发情境参与者的学习过程（理想

[1] 杨博文、谭祖雪：《自然辩证法新编——复杂性科学理论及其哲学》（修订版），北京，石油工业出版社2008年版，第169页。
[2] 颜泽贤主编：《复杂系统演化论》，北京，人民出版社1993年版，第176页。
[3] 颜泽贤主编：《复杂系统演化论》，北京，人民出版社1993年版，第78页。

地说，这个学习过程是一个无止境的循环），使得各社会关切领域得以改进的一种方法。学习通过这样的迭代过程得以实现：运用系统观念反思和讨论现实世界，在现实世界中采取行动，然后再运用系统观念对结果进行反思。这些反思和讨论由一系列系统模型组织起来。这些系统观察以整体的方式考察问题情境的特定方面，而不是仅仅将它们描述出来。这个方法认为，不可能对一个问题情境进行客观并且完整的描述。"①

由此，可总结出软系统方法的以下三个特征。第一，软系统方法能够有效对互动系统的复杂构成进行描述。"系统"这个词不是用来描述实在的一部分，而应理解为与问题情境相关的概念装置。"人类活动系统"（Human Activity System，HAS）这个概念装置是一系列相互关联的目的活动的"理想形态"的集合，它们共同促进被认为是必须的变革。第二，人们总是可以在相同的社会行为上附加不同的意义。这意味着，对任何现实世界的活动都存在着多重解释，因此，任何分析性地应用于人类活动系统的描述，都要与对描述所产生的那个世界的假设联系起来才能得到解释。第三，由前两者可推出，软系统方法可以被看作一个学习系统。这个系统的使用者通过将目的活动（人类活动系统的）的纯粹模型与现实世界情境的发展状态进行比较而学习。通过这种学习，使用者可以对问题情境采取合适的目的活动。②"软系统方法本身就是一种'系统学习'。"③

可见，软系统方法的基本思想是突出强调人的因素，强调研究方法的特点与被研究对象特征的一致性和协调性，强调公认价值体系的形成。通过将现实世界中的问题情形与表达特定世界观的相关有目的的活动模型进行比较，并在结合社会政治分析的基础上对现实世界中的问题情形进行改进。④

20世纪80年代，切克兰德提出了软系统方法的"七步骤模型"⑤：

（1）感知到日常生活中的某种情境，这种情境被认为是有问题的；

① Von Bulow, "The Bounding of a Problem Situation and the Concept of a System's Boundary in Soft Systems Methodology", *Journal of Applied Systems Analysis* 16, 1989（1）, pp. 35–41.
② Sidney Luckett, Steven Ngubane, & Bhekathina Memela, "Designing a Management System for a Rural Community Development Organization Using a Systemic Action Research Process", *Journal of Systemic Practice and Action Research* 14, 2001（4）, pp. 517–542.
③ David Coghlan & Mary Brydon-Miller eds., *The SAGE Encyclopedia of Action Research*, Sage Publications, 2014, p. 727.
④ 邵云峰、蒋丽艳:《软系统方法：信息系统战略思维建立的有效方法》,《情报杂志》2004年第11期。
⑤ Peter Checkland, *Systems Thinking, Systems Practice*, Wiley, 1981, pp. 161–183.

（2）描述这个问题情境【通常运用"富图画（rich pictures）"】；

（3）对可能有助于改进问题情境的相关目的性活动系统进行根定义（root definition）；

（4）为通过根定义所识别出来的（目的性活动）系统建立概念模型；

（5）将所建立的模型与先前描述的现实情境进行比较；

（6）考虑比较的结果，即可行的和可欲的变革；

（7）采取行动，对问题情境进行改进。

后来，他又提出了第二个版本的模型。在这个模型中加入了分析的两条路径，即逻辑路径和文化路径，并将模型简化为四个步骤：

（1）识别问题情境（这包括在软系统方法第二版中加入的文化和政治分析）；

（2）建立某些相关的目的—活动模型；

（3）运用这些模型考察问题情境，以考虑旨在改进问题情境的变革的可欲性和文化可行性，并在有着相互冲突利益的参与者中寻找变革的适应性；

（4）采取行动，实施改进。

软系统方法所干预的主要包括绘制富图画、运用问题与目标定义清单助记符（customers，actors，transformation，world view，owners，environmental constains，CATWOE）进行背景分析、根定义、建立概念模型三个部分。其中，富图画通过分析存在问题的复杂的人类情境的多重相互关系，包括标准、方法和文化政治风险等一系列因素，凸显出其关键信息，从而达到对这些问题情境的理解与解决。背景分析即为使解决方案与背景相关并且能够使之实现，对背景和世界观或"立场"进行定义。根定义帮助确立（目的行动）系统的核心目标，从而使运用软系统方法确定的变革得以实现。概念模型是按一定逻辑集合起来的一系列目的性人类活动，从而使变革过程得以确定。

2. 伯恩斯的系统方法

在《系统性行动研究：全系统变革策略》一书中，伯恩斯提出了其系统性行动研究所依赖的系统方法。他认为："通过转换系统的模式，并使局部的相互联系发生聚集，我们就有可能发现在那些微小的行动机会，这些机会可能为巨大的改变带来难以想象的可能性。"[①] 与切克兰德的系统方

---

① Danny Burns，*Systemic Action Research: A Strategy for Whole System Change*，Policy Press，2007，p. 41.

法不同，伯恩斯的系统方法与其是严格的操作步骤，毋宁是三种系统操作的策略，它们分别是：明确地采取即席创作的方式来促成变革、围绕平行发展原则进行组织、发展与共鸣相适应的策略。

（1）即席创作。在复杂系统中，变革空间的产生和对它的捕捉需要保持开放性的态度，以开放性的方式对系统进行干预和扰动。即席创作（improvisation）并不会自动发生，集体也不会自动涌现，对话并不会"自动"创生出行动的新空间。促成系统的变革，需要贯彻即席创作的三条原则：一是接受参与者；二是在微小的干预中埋下机会空间；三是重建。首先，戏剧的即席创作者的一个重要原则就是不可拒绝进入这些空间的参与者。即使我们不能对所有进入系统的人和事都接受，但保持一种接受的倾向和态度是必要的。其次，有效的即席表演的一个最明显的特征是，演员们相互依赖，依赖于每一个人，依赖于他们的环境。而由于所有事物都相互联系，针对问题的干预并不一定要直接针对这些问题。通过改变意图的中心，触发不同的选择路径，非常微小的行为就可以引起巨大的效果。将原本并不显得有用的一些选项提出来，使其变得可见，就有可能实现这种效果。最后，对系统中发生的事件进行重建，不仅将当前发生的事件跟即将发生的事件联系起来，还将过去发生的事件与即将发生的事件联系起来。

（2）平行发展。复杂系统宜采用多重干预模型。在多重干预模型中，一步接一步的线性因果观念被放弃了，取而代之的是非线性过程的观念，在这里所有因素都是相互联系、相互建构的。这种关系不再将单个因素放在首位，处于首位的是以相互作用和交互因果关系的方式将它们关联起来的联系。这是因为，有意义的共同体参与的基础建立在共同体生活的日常参与活动中，而不是在精致复杂的共同体决策过程中。变化来自多重平行的行动流的自组织模式。通过平行行动的学习开启了仍然显得遥远的可能性空间。而多重故事线索打开了单纯一条路径所不能显现的行动可能性；多条路径会相互强化，虽然在表面上它们显得相互冲突；多种视角和方式保证了整个活动范围的高质量工作和持续性动力，因为人们集中于他们擅长的和感兴趣的地方。总之，"相对于自上而下的计划或基于一致性的计划，平行发展是变革过程的更有建设性的框架。"①

---

① Danny Burns, *Systemic Action Research: A Strategy for Whole System Change*, Policy Press, 2007, p. 54.

（3）共鸣。共鸣的意思包含以下一系列反应：第一，人们"看到"和"感知到"事件之间的联系；第二，他们"知道"这些联系与自己的经验有关；第三，他们被"激发"起来，产生行动。共鸣使意义得以生成，改变发生在共鸣发生的地方。在即席创作领域，行动是从那些引起人们经验的共鸣、支持行动过程的个体决策的聚集中产生出来的。责任在聚集的过程中产生，但这并不是说正式的过程不重要，而是说它们不应当用来阻碍行动。发现共鸣的一个途径是在大量事件中检测涌现出来的观念与解释。另一个途径是收集和分析叙述。故事使人们对具体情境的复杂动力学具有洞察力。叙述常常被局限于特定的情境，但如果将这些叙述集合起来，使人们能够将这些故事联系起来，看到它们与自己的经验存在着共鸣，人们将开始以一种不同的方式观察这个世界，新的行动可能性将在人们对自身处境的共同理解中产生出来。

至此，系统理论、系统思想和系统方法为系统性行动研究提供了丰富而坚实的理论资源和方法论基础，系统性行动研究已经呼之欲出。随着行动研究从协作式发展到参与式，再发展到生活理论、预见式等范式，研究和行动主体的地位不断彰显，主体之间的相互关系和相互影响日益受到重视，行动研究的系统论转向渐渐露出端倪。在这种背景下，行动研究与系统理论的汇流很快碰撞出耀眼火花，系统性行动研究作为一种引人注目的研究范式闪亮登场。

二、系统性行动研究的原理

作为行动研究的一种具体范式，系统性行动研究具有所有行动研究都具有的某些特征，如以研究促进行动、研究即行动、行动既研究。但是，由于采用了系统的观点，系统性行动研究的具体理念和操作方法都具有某些特殊之处，如注重建构系统图景、多点启动探究、多重平行探究、动态化的研究团队。[①]

（一）建构系统图景

为了进入复杂系统，观察和理解这个系统是非常必要的。已经有许多不同的技术运用于建构系统图景，它们通常采用系统地图的形式。伯恩斯发展了建构系统图景的"多级绘图法"（multistage mapping process），包括三个步骤：第一，行动研究促进者与探究中的多方利益相关者建立联

---

① David Coghlan & Mary Brydon-Miller eds. *The SAGE Encyclopedia of Action Research*, Sage Publications，2014，pp. 749–750.

系。第二，统合所有行动研究者的知识，讨论和刻画所有的关系，形成复杂问题图景。第三，刻画大图景中某部分的详细、具体的模式和/或动力学，以便对所研究问题的更广泛的动力学有更深的把握。之后，首先由绘制者，然后由其他利益相关者深入研究这些图景。

（二）多点启动探究

在行动研究中，多方利益相关者参与到研究中非常重要。有不同的方式可以实现这一点，这些方式包含着不同的意蕴。沃兹沃思（Wadsworth, Y.）与他的合作者在澳大利亚维多利亚进行的急性精神科医院实习的开创性研究，就是从那些与专家和管理者进行多种对话的消费者开始的。他们先从医院的一个科室开始探究，再将探究扩大到整个医院，然后扩大到地区的心理健康系统，最后扩展至州和联邦的决策者。行动研究过程在所有参与者中一点点进行，研究结果由 35 个子研究汇总而来。在整个过程中，推进研究进行的小组是那些由心理健康服务使用者组成的小组（与其他利益相关者小组有效合作）。伯恩斯的方法有所不同。他认为，全面了解系统，需要从系统的多个方面开始。

（三）多重平行探究

采用多重平行探究是基于以下原因。第一，需要多角度对系统进行观察才能理解整个系统。第二，多角度考察问题可以看到隐藏在平行视角中的行动可能性，这种可能性在其他情况下不一定能被看到。第三，复杂问题通常包含着权力关系和利益冲突，这意味着人们并不总是在同一个时空内共同探究。随着探究的发展，从一个或多个探究中产生的行动改变了关系场，从不同的研究进程中生成的可能性就可以整合起来。

（四）动态性的研究团队

大部分行动研究的团队形式采取共同探究的方式，由一个相对稳定的小组领导，以建立相互信任，分享研究过程。系统性行动研究随问题的发展而变化，根据探究的进展，不断吸纳新的参与者，增加共同探究的复杂性，分享共同的故事。伯恩斯将系统性行动研究看成在相互权衡的参与者之间发现一些复杂的困境，达到对权力和系统动力学的深度理解，并将两者看作对有效解决行动的批判，而不仅仅是简单的凑合。

三、系统性行动研究的类型

通过分类，可以使系统性行动研究内部的差异得以显现，从而深化对事物的认识。张西云认为，系统性行动研究的历史并不很长，其理论体系尚未达到丰富、完善的程度，其分类体系也显得有些单薄。[1] 当前比较具有参考意义的系统性行动研究类型有科格伦的四层次分类和伯恩斯的二分法。

（一）科格伦的四层次分类

托波特认为，将行动研究与其他研究方式区分开来有三个问题，这三个问题分别指向个人自主意识的第一人称动力学、个人感兴趣的并直接参与的小组的第二人称动力学、包含了个人行动的更大组织机构的第三人称动力学。[2] 由此，行动研究可以分为三类：第一人称研究、第二人称研究和第三人称研究。其中，第一人称研究关注行动研究者自身在其生活中进行探究的能力；第二人称研究关注行动研究者与其他人一起探究他们共同关注的问题并由此创造研究共同体的能力；第三人称研究旨在建立一个比直接介入研究更大的研究共同体，因此更加具有客观性。第一人称研究聚焦于个体层次；第二人称研究聚焦于团体、团体间和组织层次；第三人称研究包括所有层次，关注所有研究形式怎样对理论发展作出贡献。基于此，结合系统的层次性，科格伦将系统性行动研究区分为四个层次：个体层次、团体层次、小组间层次、组织层次。[3]

1. 个体层次的系统性行动研究

严格来说，个体对自身的研究不能说是系统性行动研究，如奇瑟姆（Chisholm，R.）就没有将这个层次纳入进来。[4] 第一人称研究关注个体对自身生活的探究。在行动研究中，第一人称行动研究关注个体怎么对自身的行动进行批判性反思。

个体行动研究的一个重要维度是具有行动科学和发展行动探究的特征。通过这些方法，行动研究的个体学会如何识别决定他们行为的那些假设，并在与其他人一起工作的过程中，对假设与推论进行检查。

2. 团队层次的系统性行动研究

第二人称研究的特征是研究者与其他人一起参与到讨论和行动中。团体层次行动研究的当代方式是合作性研究。在合作性研究中，人们是共

① 张西云：《"知识创造学习"的高中课程开发》，华南师范大学博士学位论文2018年，第35~36页。

② William R. Torbert, "The Distinctive Questions Developmental Action Inquiry Asks", *Management Learning* 30, 1999（2），pp. 189-206.

③ David Coghlan, "Interlevel Dynamics in Systemic Action Research", *Systemic Practice and Action Research* 15, 2002（4），pp. 273-283.

④ David Coghlan, "Interlevel Dynamics in Systemic Action Research", *Systemic Practice and Action Research* 15, 2002（4），pp. 273-283.

同研究者和共同主体，他们共同对感兴趣和关心的问题进行探究。特里莱文（Treleaven，L.）是某所大学的职工发展工作主管，对一所大学的女性的工作生活进行了研究。[①]考虑到不适合采用正式的肯定性行动培训项目，她以个人联系的方式在校园周边与女性接触，并通过公开邀请，建立了一个聚焦于领导力培养的研究小组。这个小组集中了来自大部分学院的研究者。她们还建立了一个"倾听圈"，在这里成员们以讲故事的方式分享她们的经验，尤其是关于她们在一个男性主导文化中作为一名女性的经历。特里莱文指出，这种方法创造了一个空间，通过建立一个框架，形成感兴趣的参与者可以加入合作过程的结构，使得研究得以展开。其中，她在发现和招募参与者的过程中，与小组的潜在成员进行了大量的电话交流。从小组研究的过程中可以发现三个方面的结果：第一，个体发展和专业发展。第二，通过引起对男性气质主义组织的性别文化的注意，产生长期组织变革的可能性，使容纳女性的新型领导方式与参与形式得以建立。第三，与研究内容、研究方法和作为合作研究者的成员的参与有关的研究成果。

3. 小组间层次的系统性行动研究

小组和团队并不是单独工作的。他们通常是更大的系统的成员，这其中包含着组间动力（intergroup dynamics），如在工作流程或信息流通中相互依赖。小组间相互依赖的结果是形成组间动力学，如信息分享、资源谈判、组间偏见、组间冲突。在一个复杂系统中，行动研究者可以在任何一个项目中发现组间动力学。

组间行动研究的一个案例是关于信息技术研究的。已有案例表明，由于缺乏资金、技术、人员和组织等因素的整合，使得持续性的低效能成为顽固的问题，最终使一项信息技术投资失败。缺乏整合的显著一点是执行部门和信息技术部门之间的不同本性：执行部门认为这是一个经济问题，而信息技术专家则认为这是一个技术问题。与此同时，每一个部门都缺乏与信息技术变革相关的人力资源和组织方面的知识。还有行动研究案例将两方面的专家在一个特定的组织中整合起来，在组织决策的层面上管理两个功能性部门的政治和权力关系，以解决组织面临的关于信息技术投资的问题，形成信息技术变革的相关理论。

4. 组织层次的系统性行动研究

组织层次的行动研究意味着项目包含了在竞争性的经济与社会环境中

---

① David Coghlan，"Interlevel Dynamics in Systemic Action Research"，*Systemic Practice and Action Research* 15，2002（4），pp. 273–283.

作为一个整体的组织。这样，项目涵纳了组织的所有关系，包括多组织主体、客户、竞争者的外部利益相关者和个体、小组和组间各层次的内部利益相关者。在这其中，可以在组织发展中发现传统行动研究的常用表达、基于行动研究的组织变革和基于那些在自身的变革过程中的参与性投入。

系统性行动研究也发生在组织间层次，在这个层次，组织为了追求共同的目的和实施合作项目而加入组织间网络。

（二）伯恩斯的二分法

相对来说，伯恩斯的分类更加简单。他将系统性行动研究分为大规模系统性行动研究（large systemic action research）和网络化系统性探究（networked systemic inquiry）两种类型。这种分类是基于对社会和组织学习行动研究（Social and Organisational Learning as Action Research，SOLAR）多年来进行的各项系统性行动研究的实践经验而来，且具有自身的内在逻辑。伯恩斯指出："系统性行动研究是一种特殊的行动研究，将局部行动探究置入更宽阔的系统里，考察清楚系统对局部主题和局部主题对系统的两种效果。"[①] 这就产生了两种方式，大规模系统性行动研究和网络化系统性行动研究，它们能够有效地应用到大规模复杂性系统中。

大规模系统性行动研究是 SOLAR 作为一个研究机构参与的大型行动研究项目，如"墨尔本 U & I 项目"（Melbourne U & I Project）、"布里斯托尔儿童倡议行动探究项目"（Bristol Children's Initiative Action Inquiry Project）、"威尔士联合政府社区优先评价项目"（Evaluation of the Welsh Assembly Government's Communities First Program）、与英国红十字会（British Red Cross）合作的"反思弱点"（Rethinking Vulnerability）项目。这些研究的特点是，参与者一般都是大型组织机构，它们为了某个特定的改革计划而与 SOLAR 合作，SOLAR 则采用系统性行动研究的方式对这些组织机构进行研究，提出改进计划，促进该组织机构的系统变革。

网络化系统性行动研究则是由 SOLAR 的博士研究生在导师的指导下进行的一类系统性行动研究。这类行动研究不如前者那样规模宏大、周期长且有雄厚的资金支持，它们一般是博士研究生为完成毕业论文而进行的研究。每一个博士生所从事的研究，既是从以前博士生的研究中寻找到的相关选题，同时为后来的博士生提供选题线索。因此，所有研究生的研究都存在某种系统性关系，并在导师的研究领域内形成一种网络化的结构。

---

① Danny Burns, *Systemic Action Research: A Strategy for Whole System Change*, Policy Press, 2007, p. 7.

图 6-2 是伯恩斯的系统性行动研究结构示意图。总体来说,大规模系统性行动研究和网络化系统性研究在研究方法和程序上是一致的。有所不同的是,大规模系统行动研究存在着系列行动探究(action inquiry streams),而网络系统性研究则没有。这一区别从大规模系统性行动研究与网络化系统性研究的定位、规模与实施者等方面来看,是不难理解的。当然,虽然牵强,也可以认为这些行动探究在大规模系统行动研究中是共时的,即多个行动探究项目同时推进,而在网络化系统性研究的行动探究进程是历时性的,即由不同博士生在不同时间空间内推进。

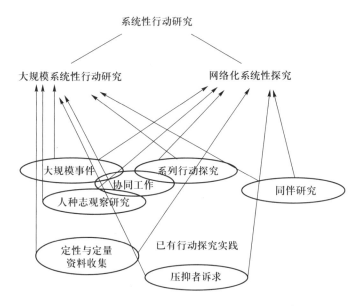

图 6-2 伯恩斯系统性行动研究结构示意图 [①]

第二节 系统性行动研究的模型

从实践层面来讲,系统性行动研究的本质旨在创造性解决问题,指向未来理想状态。在系统论视域下,行动研究的目的是为了系统体系的动态性发展,即原有系统的打破与新的系统的建立,以此来进行创新、拓展。因此,在进行系统性行动研究之前,应先对相关问题及其各系统要素间的关系进行梳理。

---

① Danny Burns, *Systemic Action Research: A Strategy for Whole System Change*, Policy Press, 2007, p. 8.

一、系统性行动研究动态模型的构建

一般来说，动态系统理论可以与涌现主义理论、混沌理论及复杂理论等交替使用。在术语使用中，复杂动态系统理论（complex dynamic system theory）也因涵盖了以上四个理论而更具包含性。[1]

（一）系统性行动研究的根本问题

系统性行动研究的逻辑起点是复杂问题的出现，即一个组织或企业出现了自己无法解决的问题。在系统论中，我们将它称为"面临问题的系统"，需要寻求另外一个组织或机构参与进来开展合作，可称为"矫正系统"。矫正系统通过系统性的思考、系统性的干预、系统性的评估（发现新问题），再到系统性的设计系统性的干预、系统性的评估等迭代的新问题解决过程，帮助问题系统达到创造性的发展，同时，系统自身在创造性地解决问题过程中，矫正系统自身也会经历动态性的发展。在系统性行动研究中，行动者不仅仅是一个人，而是一个组织或机构，如教育组织、培训组织，且它们背后还有提供此项研究经费支持的基金机构，如基金资助机构。由此为了界定清楚，我们将矫正组织称为行动组织系统，即进行系统性行动研究的组织的系统化，将整个参与或干预的活动称为行动系统，即干预行动的系统化，将面临问题组织、提供基金资助的机构等称为利益相关系统。[2]

系统是动态的，所以某些因素的变化或因素之间的相互作用可能会导致系统的演化。而且，系统的长期发展受初始条件差异的影响。系统有时是混乱的，混乱是由多元相互作用和初始条件的差异引起的，但是一定的秩序存在于混乱的表象之下。弗里曼（Freeman，L.）研究得出动态系统具有八个特征，重点强调的是"动态性""复杂性"和"复杂系统包含了系统运行的环境"三大特征。基于这一理论发展起来的行动研究，超越了行动发展的线性或层级模式，走向既有内在决定因素又有外在决定因素的全新方案路径。[3] 因此，需要深入理解和把握好行动、行动者、利益相关者、媒介和环境等概念。

[1] Zoltán Dörnyei, "Researching Complex Dynamic Systems: 'Retrodictive Qualitative Modelling' in the Language Classroom", *Language Teaching* 47, 2014 (1), pp. 80–91.

[2] Zoltán Dörnyei, Peter MacIntyre, & Alastair Henry eds., *Motivational Dynamics in Language Learning*, Multilingual Matters, 2015, pp. 385–407.

[3] Susan Gass & Mackey Alison, *The Routledge Handbook of Second Language Acquisition*, Routledge, 2012, pp. 73–88.

（二）方法论建构

系统论的方法论要求把研究对象视为一个系统，并深入系统组分的要素层面，考察系统与要素间、要素与要素间、系统与环境间的相互作用，从而对研究对象的特质和规律进行解释和处理。系统性行动研究的方法论是系统论，哲学基础是过程哲学，具有创造性解决重大问题的潜在性。它集成了各种系统方法论，并将它们恰当地运用在问题情境中。所以系统性行动研究也是一个系统方法论的系统，是一种元方法或元范式。[1] 系统方法论是一种特殊的科技哲学，渗透着对系统及其认识的元认知，所以采取了反思评论性的系统思维方式。

余璐等提出，行动研究目前已开发出了三重嵌套螺旋模型：第一，制定和实施"常规行动方案"的"行动者的完整活动"或称"常规行动"。第二，制定和实施"嵌套"在常规行动中开展的"专题探究行动方案"的"行动者的探究性活动"或称"专题探究行动"。第三，制定和实施"嵌套"在常规行动和探究行动中开展的"专题行动研究方案"的"专题行动研究活动"。[2] 这一模型的目标是可对关键问题进行深入探究并解决问题。

一个完整的行动系统主要包括：行动者子系统、利益相关子系统、媒介子系统和环境子系统。系统性行动研究的目的在于实现行动系统的变革，实现可持续发展。由此，一个行动系统的颠覆性创新就是系统性研究阶段性的目的。在系统论的框架下，一个行动系统阶段性目标的实现——行动系统颠覆性的变革，可依据三种逻辑，在三种逻辑下，经历三种不同层面、维度和程度的创新实现。由此，可构建出系统性行动研究的动态模型，如图 6-3 所示。

行动是系统本身的变化，对一个子系统来说，上一级的系统就是它的环境，子系统的行动就是它相对于系统的变化。系统特性的表现是系统的行动，可从外部探查。不同系统因其组成元素、结构与环境的不同而具有不同的行动。这告诉我们，在系统性行动研究中，需要关注其组成元素、结构和环境的影响，不能孤立地开展研究。

① David Coghlan & Mary Brydon-Miller eds., *The SAGE Encyclopedia of Action Research*, Sage Publications, 2014, pp. 748–754.
② 余璐等：《构建网络化整体学习方式促进卓越教学能力发展的行动研究》，《中国电化教育》2016 年第 2 期。

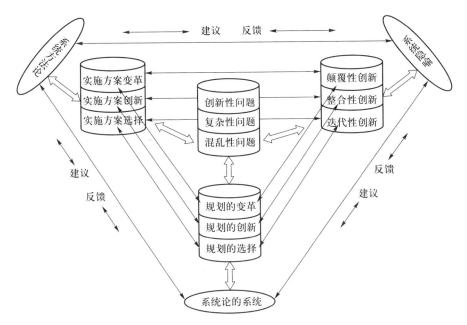

图 6-3　系统性行动研究动态模型示意图

二、系统性行动研究动态模型的展开

通过对系统性行动研究模型的建构及模型的阐释，下文将从三个方面来对模型进行展开，这三个方面表现为迭代性创新、跨界拓展和颠覆性创新。

（一）过程哲学映现出的系统隐喻：迭代性创新

"过程"是过程哲学的核心范畴。"现实世界是一个过程，这个过程就是实际存在物的生成；实际存在物是如何生成的构成了这个实际存在物是什么，因而'存在'是由它的'生成'构成。"[1] 也就是说，事物以过程为存在方式，不存在没有过程的事物。因而，存在以其生成构成，过程以其变化与发展所构成。

"系统"是客观存在的。在组织被视为客观存在的情况下，组织的主观结构就是系统。人们通过各种隐喻构建系统来认识不同的组织系统。

1. 系统隐喻的主要类型

系统隐喻有五种类型，即机器隐喻、生物隐喻、神经控制隐喻、文化隐喻与政治隐喻，其中政治隐喻又分为监狱隐喻、联盟隐喻和团队隐

---

① David Coghlan & Mary Brydon-Miller eds., *The SAGE Encyclopedia of Action Research*, Sage Publications, 2014, p. 727.

喻等。

（1）机器隐喻：强调有效性和控制性，因为机器是由很多有特定功能的部件组成的。系统的机器隐喻在官僚理论和科学管理理论中有体现。

（2）生物隐喻：与机器不同，生物是开放的，追求生存而不是其他目标。所以，生物隐喻的主要特征是生存性、适应性和开放性。当环境复杂且竞争激烈时，如在企业中，可运用系统的生物隐喻。

（3）神经控制隐喻：神经控制隐喻是另一个与生物隐喻并行发展的系统隐喻。它强调主动学习，以理解和把握环境；它施行自主评价，以辨识与追求基于学习和创新的动态目标和关注信息。因此，它通常用于高新技术企业和咨询公司。

（4）文化隐喻：指行为方式、思维方式和内心感觉都是文化。

（5）政治隐喻：体现在政治斗争中。

不同的隐喻承载着不同的认知方式及其所持有的特定的知识论，由此，也体现了不同问题类型及解决问题的具体方案与策略。

2. 确定系统隐喻的方法

不同的系统方法论与不同的问题对应，确定系统隐喻需要经过以下几个步骤：（1）对"面临问题系统"进行全面调查，厘清混乱的问题情境；（2）找出要处理的议题；（3）找出与议题相关的因素；（4）对问题进行分类。

关于问题分类，1984年杰克逊（Jackson，M. C.）将其分成四类，又在1992年将其发展为六类。他对这个分类的描述使用了系统和利益相关者：系统为对所感知的问题情境的复杂度作出反应，可以有两种形式——简单和复杂。为了反映这个情境中的利益相关者之间的关系，可将利益相关者分为一元类、多元类和强制类。将系统形式与利益相关者类型横竖二维交叉结合，得到六格的问题矩阵（见表6-1）。①

表6-1　确定系统隐喻的问题矩阵

	一元	多元	强制
简单	简单一元	简单多元	简单强制
复杂	复杂一元	复杂多元	复杂强制

问题分类为系统方法论分类提供了依据。同时，上述提及的系统方法

---

① 〔英〕迈克尔·C. 杰克逊：《系统思考——适于管理者的创造性整体论》，高飞、李萌译，北京，中国人民大学出版社2005年版，第18页。

论也分为六类，并且与一定的系统隐喻对应。

3. 系统问题的确定

组织能力缺失、合作团队缺失、组织动荡、外部冲击、组织管理及文化的僵化等问题属于"面临问题系统"所面临的问题。从问题的数量看，它们有多个要素、多个利益相关者，因此，这是一个具有复杂情境的系统，这些问题是复杂多元类的。复杂多元类问题对应的系统隐喻是互动计划、软系统方法等。

4. 系统隐喻与知识的迭代创新

为了解决某一特定问题或完成某一个项目，行动共同体系统首先会根据自己行动系统的资源、媒介、环境等条件，设计实施方案。由此，这一阶段的行动是行动系统内部各子系统之间的一种自组织状态。

（1）自组织。"自组织理论认为系统旧结构瓦解、新结构产生的演化过程一般包括两种情况：一种是组织层次的越升，另一种是同一组织层次上的复杂性增长。"[①] 实质上，第一种情况是"无组织"的有序发展。"无组织"是指由一个具有一定结构和功能的系统分解成离散的、独立的部分。第二种情况是在保持组织水平不变的情况下，系统的组织结构和功能由简单变为复杂。在前者，"组织层次的跃迁"通常表现为间歇性突变，这个过程被称为"自制"；在后者，"同一组织层次的复杂性增长"通常表现为连续性的渐变，这个过程被称为"自收敛"。在实际过程中，这两种过程总是有规律地交替出现，两者之间的交互机制本质上是"自组织学习—知识迭代创生"过程（见图6-4）。[②]

（2）整合。整合与转化是组织系统完成自身自创造的过程。但系统内部的转化过程并不是连续性的，有时会发生停滞，有时会发生突变，这主要是由共同体中不同个体的不同行为模式、不同思维方式及不同能力水平造成的。

在组织系统内产生整合式创新的过程中，有两种不同且相互作用的动力机制存在于组织内部，表现成一种约束力，以维持竞争优势，并摆脱传统约束带来的思维定式，寻求实现改变的创造力。

（3）创新。在系统内由个体、团队和组织开展的知识感知、说明、整合和转化等跨层面动态过程即是整合式创新。在此过程中，组织协调运用

① 沈小峰、吴彤、曾国屏：《自组织的哲学——一种新的自然观和科学观》，北京，中共中央党校出版社1993年版，第12~15页。
② 沈小峰、吴彤、曾国屏：《自组织的哲学——一种新的自然观和科学观》，北京，中共中央党校出版社1993年版，第12~15页。

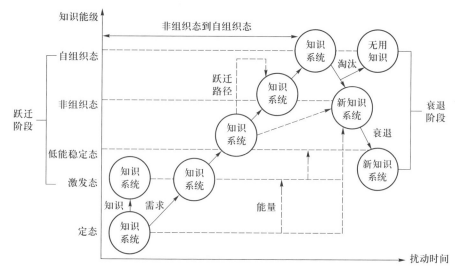

图6-4 "自组织学习—知识迭代创生"能级跃迁过程模型

三个层次的单环、双环和三环整合，在不同层面建立跨层面整合，实现系统的组织学习目标。

（二）关系思想下的跨界拓展：整合性创新

系统论的关系思想能够推动行动系统进行跨界迭代拓展，进入更加广泛的价值空间。当行动系统中各层关系子系统在矛盾冲突达到临界点时，就会产生跨界扩展。这种作用力（子系统内的矛盾与冲突）通过迭代性地突破层级子系统的临界点达到一个新的价值空间，就形成了整合性创新。

在项目实施过程中，这一阶段具体表现为：破坏性的事件出现——行动者共同体系统成员的能力无法解决这类事件，因此，系统内的各子系统逐渐需要与系统之外的组织或机构进行合作，以解决系统内的矛盾与冲突。各子系统在上阶段完成对系统隐喻的确定，在这部分需要针对问题隐喻来寻找最合适的方法。

1. 系统方法论的系统体系选择

行动系统需要面临的问题是复杂多元类的。复杂多元类问题对应的系统隐喻是互动计划、软系统方法等。互动计划与软系统方法面临复杂的问题。在解决多元类问题后，需要使用大脑控制和有机体进行处理。

2. 跨界整合的伙伴选择

跨界整合指的是两个不同领域的合作。跨界整合关键是战略合作伙伴的选择。在行动研究中确立和运行战略合作伙伴关系，先要评价、选择合作伙伴。一般这个过程包括以下四个步骤。第一是"概念"，即关系建立需要定义清楚"概念"的具体内涵，并对其加以检验，第二是"调查"，即对合作企业的评估与挑选；第三是"谈判"，即对合作内容的确定；第四是"执行"，即进一步对合作作出判断。

3. 合作伙伴的评价

关于建立合作伙伴关系的评价指标，每个企业可以从自身利益出发进行选择。需要合作的对象不同，评价标准会不同；合作的目的不同，评价的标准也会不同。吉赛克（Giesecke，K.）将评价指标归纳为"价格、交货、质量、灵活性和能力、地理位置及技术能力"[1]。布里安（Brien，D）认为，"成本、质量和服务是选择合作伙伴最重要的指标。"[2] 綦振法等提出了供应链选择评价模型的六个维度，即"持续时间、交互联系频率、多样性、互补性、合作关系的促进、企业文化"。[3] 余福茂等将合作伙伴选择的指标体系分为"价格、可生产数量、提前交货期、交货期、产品合格率、缺陷成本等几个指标"。[4] 许长军等按照"战略价值、商业价值、合作意愿和综合能力"四个方面建立评价指标。[5]

4. 合作方式的确立

有些研究人员基于合作伙伴的增值作用和竞争优势，将合作方式分为四种模式：战略式合作、竞争式合作、借助影响力合作与普通合作。在系统性行动研究中，合作伙伴是由合作因素来决定的。合作因素主要包括技术与能力因素、资源因素和文化因素。

5. 战略合作伙伴的选择原则

就战略合作伙伴的选择，陈清泰提出了三个原则："第一，硬件和软件的兼容性。硬件包括战略、组织、生产、销售、财务和安全等几个方面。软件因素包括相互信任和公司文化。第二，能力，包括在拟合作领域合作伙伴的活跃程度、对方的市场买力、对方的技术水平、生产能力、销

[1] Kay Giesecke, Thorsten Schmidt, & Stefan Weber, "Measuring the Risk of Large Losses", *Journal of Investment Management* 6，2008（4），pp. 90–104.

[2] David Brien et al., "Application of Advanced Planetary Reactor® Technology for Production of Ⅲ–Ⅴ Compound Semiconductor Materials for CPV on 6″ Ge Wafers", Paper Presented at the 37th IEEE Photovoltaic Specialists Conference，June 19–24，2011，Seattle，USA，pp. 546–551.

[3] 綦振法、程钧谟、徐福缘：《供应链中供应商评价模型的构建及优化选择》,《山东工程学院学报》2002 年第 1 期。

[4] 余福茂、王富忠、沈祖志：《供应链战略合作伙伴选择的智能推理系统》,《商业研究》2006 年第 11 期。

[5] 许长军等：《制造企业供应链战略合作伙伴评价指标体系与评价方法研究》,《制造技术与机床》2011 年第 2 期。

售网络及对方的市场地位。第三，投入意识，包括合作对象的业务范围和退出合作的难度。"[①]

刘昌贵和但斌提出四个原则，并列举了选择方法："资源优势或核心能力原则、兼容与互补性原则、敏捷性与柔性原则、良好的信用原则。关于战略合作伙伴选择的方法包括线形加权法、AHP法、采购成本法、ABC成本法、数据包络分析、逼近理想解的排序方法、群决策、模糊评价、遗传算法、人工神经网络、博弈论及粗集理论。"[②]

（三）系统思想下的动态发展：颠覆性创新

冯·贝塔朗菲指出，所谓的"系统"，指称的是"整体"或"统一体"。[③]所以，系统性行动研究的价值首先体现在其整体思想上，系统的动态发展就是整体的颠覆性创新。颠覆性的创新由以下方面达成。

1. 干预问题情境

用选出来的方法论干预问题情境。问题情境的规划主要是对未来扑朔迷离的愿景运用行动系统所选出来的方法论进行情境规划。

（1）情形策划。情形策划（scenario planning）要求公司先行设计几种可能出现的情况，再去想象将有哪些可意料的事发生。这种分析允许人们进行完全客观的讨论，并使策略更加灵活。"情形策划"可以提供接近于虚拟沉浸游戏的预防机制，在游戏开始之前，想象进入可能的场景，当想象的情景成为现实时，我们可以冷静地处理它。[④]近年来，壳牌公司的情形策划取得了很大成就，企业和学术界越来越热衷于对这些管理方法进行研究和运用，在美国的主流商业媒体中也经常可以看到运用这种方法改变企业的报道。

企业想要在激烈的竞争环境中保持领先，情形策划是一个很好的方法。它既可以为领导者提供一些具体的战略，也可以使他们敏睿地捕捉到变化的信号。系统思考、改变组织的思维模型、激发抱负和想象力是情形策划的核心。情形策划的方法也需要使用批判性系统思维方法。

---

① 陈清泰：《实施"走出去"战略的几个问题》，《企业世界》2005年第11期。
② 刘昌贵、但斌：《供应链战略合作伙伴关系的建立与稳定问题》，《软科学》2006年第3期。
③ William Barta et al., "Promoting a Sustainable Academic-Correctional Health Partnership: Lessons for Systemic Action Research", *Systemic Practice and Action Research* 29, 2016（1）, pp. 27–50.
④ William Barta et al., "Promoting a Sustainable Academic-Correctional Health Partnership: Lessons for Systemic Action Research", *Systemic Practice and Action Research* 29, 2016（1）, pp. 27–50.

（2）系统思考，深入剖析。情景与典型战略计划之间最大的区别在于，它以环境感知为出发点，追求决策的高质量而不是速度。上面已提到过，情形策划就好比一场游戏，在游戏开始时，没有人知道结果，随着游戏的展开，一种或几种意想不到的结果出现。因此，情形策划不仅有"有趣"或"娱乐"等特点，还影响着事物发展的趋势、形态和系统结构。

情形策划是在一系列分析和经验事实的基础上进行的。管理人员可以不受个人因素的影响，采用情形策划方法相对准确地分析影响其决策的所有要素。

2. 系统描述未来世界，全面引导组织变革

首先是思维模式的改变。发展思维的学习方式之一是情形策划。在情形策划中，人们需要意识到他们所做的工作是培养企业领导者的思维模式，同时设计一些未来情景，以便管理者可以发展自己的思维模式。

其次是对未来的实际描述。情形策划不等于场景规划，也就是说，倘若不能开发领导者的思维模式，不能带来由此引发的组织变革，那么组织内真正的价值就很难被创造出来。表格可以帮助情形策划的开展。"列"代表着变化的世界，"当前世界"作第一列，其他几列则分别代表几种可能的"未来世界"；而"环境""控制杆"和"成果"分别位于"行"中。

3. 运用战略性思维，创建规划塑造愿景

情形策划可以激发规划者对未来的想象力。情形策划一般包括以下部分：研究问题与研究背景，确定未来发展的决定因素，对情景进行归类、评价和确定，确认合适的情境组合，情景组合的分析、解释及选定，以及使用情景组合。[①]

情形策划是对系统发展的可能性及其影响因素的描述与分析，旨在提高政策的灵活性和对未来的适应性，以便能够及时有效地应对环境的变化。需要说明的是，规划学者并不是情形策划方法的唯一使用者。在学术界，未来主义、战略学派等研究领域也使用情形分析技术，并且创造了许多鼓舞人心的作品。如罗马俱乐部发表的研究报告《增长的极限》畅想了世界的许多未来场景，"情形"一词首次获得了广泛的关注。最近，因为可持续发展、经济竞争和技术进步等不确定性因素的到来，各种资源、机会和发展方法很难被有效利用或应用。与此同时，由于政策偏差导致的资源配置不均，使得世界性的灾害也在不断上演。因此，人们渴望使用思维

① William Barta et al., "Promoting a Sustainable Academic-Correctional Health Partnership: Lessons for Systemic Action Research", *Systemic Practice and Action Research* 29, 2016（1）, pp. 27–50.

方法和分析工具来制定能够系统地思考、分析、评价和权衡未来可能性的
"无悔策略"（no regret strategy）。^①区别于传统单向的、隐性的规划思路
（见表6-2），根据重要驱动力变化，结合不同利益主体的需求，通过广泛
征集意见，情形策划系统地提出了适当的解决方案以便适应未来的环境，
并且制订了行动计划。因此，情形策划的主要优势在于增强决策的科学性
和民主性。

表6-2　传统规划与情形策划的特征比较

要素	传统规划	情形策划
参与者	主要是专业规划人员	规划人员、地方官员、社区代表、私人企业、公共机构、公众等不同利益主体
目标	预测未来	提高适应未来的能力
对未来的态度	消极的、顺从的	积极的、创造性的
程序	单向的	螺旋上升的
观点	偏颇的	全面的
逻辑	由过去推断未来	由未来反推现在
变量关系	线性的、稳定的	非线性的、动态的
方法	宿命论、量化法	定性与定量结合、交叉影响和系统分析
未来图景	简单的、确定的、静态的	多重的、不确定的，适时调整

三、系统性行动研究的实施过程

伯恩斯认为，伴随着系统性研究过程，以下四个方面的特性是系统性
行动研究的共同之处：第一，关注改变系统动力学的行动——关于需要采
取什么变革以创造持续性的改变；第二，纵横联系的多重探究——关于行
动研究过程的设计；第三，使探究随问题而变化的动态团队组成——关于
研究过程及其对团队组成的意义；第四，强调共鸣——关于对我们对自身
学习的价值与重要性的评价方式。^②可以看出，这实质上表明了系统性行
动研究在每一个阶段的最核心问题，即系统性行动研究的基本过程可以概
括为聚焦、设计、实施和评价四个基本阶段。

① Simon Bell & Stephen Morse, "Triple Task Method: Systemic, Reflective Action Research", *Systemic Practice and Action Research* 23, 2010 (6), pp. 443-452.

② Danny Burns, "Systemic Action Research: Changing System Dynamics to Support Sustainable Change", *Action Research* 12, 2014 (1), pp. 3-18.

（一）聚焦

聚焦也就是目标设定，是确定将要采取什么行动以改善系统。这涉及两个方面：一是采取什么行动；二是实现什么样的变化。其中，后者决定着前者。一般来说，一项具体的系统性行动研究项目要达到的宏观目标是由委托者确定的。诚然，对于一个发展中的复杂系统，研究者并不能事先确定具体的目的，但仍然需要确定项目所大致希望实现的变化，形成宏观的、总体的目标图景。确定了大体目标之后，研究者还要确定采用哪些行动可能有助于达到目标。同样，这些行动在随着研究的进展和系统的发展可能会有变化，但这并不等于说可以不事先设计它们。

聚焦可以为系统性行动研究提供目标图景和行动图景，它们为下一步的方案设计提供了靶性参照。为顺利确定这两个方面，需要研究者与参与者进行一系列的互动，如会谈、访谈、观察。研究者在这个过程中了解系统结构，梳理系统动力学，最终形成系统变革的总体目标和行动图景。

（二）设计

设计就是围绕研究的总体目标和行动图景进行具体的行动研究方案设计。复杂性系统的一个显著特征就是系统内部结构多样复杂，参与者具有多样化的利益需求，其中不少甚至是相互冲突的。因此，行动研究方案的设计要根据系统结构和系统动力学的具体情形来进行。一般来说，复杂系统的演化发展是多线程的，即不同的利益相关者有其自身的行动逻辑，系统的不同部分的发展逻辑也有所不同。因此，系统性行动研究方案的设计一般也要求是多线程的，即存在多重研究进程。为了达到对复杂系统动力学的理解——尤其是难以解决的，研究者有必要与具有不同观念和兴趣的人一起工作。这使得人们可以从不同的角度来观察系统，观察那些其他方式所观察不到的关键部分。由此，设计方案也是开放的，应随问题和情境的变化对研究的具体方案进行灵活调整，使得研究方案和研究行动适应系统发展的不同阶段。

系统性行动研究方案的设计要基于对利益相关者和主题的分析。前者指分析系统内部和外部的利益关系，从而了解和把握利益相关者的具体诉求及相互关系；后者是为了找到能够影响系统改善和行动研究获得成功的关键主题，使研究行动集中于重要的主题。这些主题一般是较多利益相关者或较有影响的利益相关者关注的地方，或者是聚集了大量系统关系的节点，即所谓的"吸引子"。

（三）实施

实施就是根据研究方案和系统的实际状态，对系统进行一定的干预。系统性行动研究的过程首先是一个开放的过程。随着研究的推进，参与者、利益相关者和团队成员也随之改变。参与式行动研究与系统性行动研究存在很多相似之处，但这一点是两者比较显著的不同之处。参与式行动研究是一个封闭性的结构，研究者和行动者是固定的，但由于系统性行动研究面对的是开放性复杂系统，其研究行动是开放性的。随着研究的展开，系统性行动研究需要根据系统发展的具体情况和需要将利益相关者涵纳进来。

系统性行动研究的实施过程还是一个动态的过程，根据研究具体进展，有时需要建立新的研究线程，有时需要合并原来平行的研究线程。系统发展经常产生分叉，系统性行动研究支持这种分叉，因为通过发起行动（并从行动中学习），改变系统的状态，生成新的动力，使系统开始重组。用复杂性科学的语言来说，就是新的吸引子得以产生，从而改变系统动力学。

（四）评价

这里的评价不是指对整个系统性行动研究项目的评价，而是在研究实施的过程中对系统关系和系统变化进行评价，以确定干预的实际效应和系统的发展状态。"共鸣检测"（resonance testing）是系统性行动研究实施过程中的重要评价技术。共鸣检测使研究者得以确定什么是重要的，系统中的变革动力在哪里。

在系统性行动研究中，共鸣检测用于两个方面：第一，识别系统中人们之间关系的结合点；第二，检查问题的合法性。在实施干预的过程中，通过参与者之间的交流互动，一个故事带出另一个故事，一幅更清晰的关于什么是重要的图画呈现了出来。在这个过程中，共鸣从一个地方转移到另一个地方，就像滚雪球一样，聚集越来越多的能量。这是一个比传统方法更有力量的合法化过程。共鸣产生参与感和归属感。从学习的角度来说，它使得我们向大系统输入知识和洞察力并在这个过程中使知识和洞察力获得发展。

第三节　系统性行动研究的方法

系统性行动研究模型的建构及模型的展开需要具体的方法予以支持。人们在探索中开发使用了大量系统性行动研究的有效方法，这里分别从基本原则、干预方法和评估方法三个方面进行介绍。

一、系统性行动研究的基本原则

伯恩斯认为，有效开展系统性行动研究需要遵循一些基本原则。他列举了系统性行动研究的七条基本原则：生成性的设计、探索性的研究过程、不同层次的多线程研究、研究过程与正式决策有机联系的结构、在所有研究线程中发现交叉联系的过程、保持开放性的边界和积极建立分布式领导。[1]

（一）生成性的设计

虽然我们可以明确将要使用的方法、研究的大体结构、预期的进展及某些进展标志，却不能提出详细的研究内容，也不能事先将所有即将使用的方法具体化。在每一个新阶段开始的时候，我们需要问自己：进展情况怎么样？有没有需要注意的新问题？我们是否还保持在原来的研究过程的轨道上？我们的研究目的需要改变吗？是否需要提出新的问题？需不需要开始新的研究？要不要收集新的数据？哪些新的组织和人员需要加入进来？需要采取哪些新的行动？在这个阶段，我们需要采用哪些实践方法？在下个阶段是否需要从工作中产生成果或反馈？

（二）探究性的研究过程

事先为一个大系统探究确定组织上或管理上的目标常常是错误的。这显得过于线性化了，就像将研究小组变成了一个任务小组，从而使参与者还没有首先确定真正的问题是什么，就急急忙忙地想为事先确定的问题寻找解决方案。因此，在寻找研究起点时，建立利益相关者之间的共鸣很重要。可以采用以下策略启动研究过程：在一个项目开始研究主要问题时，启动一个一般性的研究进程；直接针对已经发生的事情；在明显对行动存在兴趣，有助于推进研究进程的地方开创某些领域。

（三）不同层次的多线程研究

研究者需要考虑不同个体在不同背景和时间的具体情况。这意味着，即使在刚刚开始对问题进行描述时，就需要形成多重图景。在研究过程中，一开始确定的问题常常会发生变化。多线程研究过程有几种不同的形式：平行的探究后来在更加基础的层面或战略性的探究过程中合并；附加性的研究成为独立的研究进程；原来的问题衍生出新的问题，从而引发

---

[1] Danny Burns, *Systemic Action Research: A Strategy for Whole System Change*, Policy Press, 2007, p. 85.

了新的研究，呈现为辫状研究或拼贴式研究。行动研究促进者的一个重要角色就是有一种整体观念，在这些联系中进行安排，支持生成性研究的发展。随着研究的进展，越来越多的研究线程产生和启动。于是，越来越多的人加入，并在管理范围内将所有的重要分裂给弥合起来。除了作为方法基础的系统思想，大规模系统行动研究的另一个特征是多线程学习系统。在这里，生成性的探究线程之间的相互关系改进了整个系统的模式，彰显出系统变革的可能性。

（四）研究过程与正式决策有机联系的结构

在很多情况下，系统性行动研究需要得到正式决策的支持，否则很多研究将难以推进。这是因为研究通常涉及众多人员和因素，缺乏决策层的行政手段，很难将参与者分散且相互冲突的利益和诉求统合起来。在研究过程中，研究者从参与者的互动过程中发现和收集大量的信息与证据，并从中发现共同模式和共鸣点。这些模式和共鸣点预示着变革的可能性。这时，行动研究者可将这些信息汇总在一起，形成某种行动方案，呈现给决策层。决策层通过正式的决策程序，将研究方案或行动方案作为正式的决策下达到组织的各层次，这将更加容易推进方案的实施和研究的进程。

（五）在所有研究线程中发现交叉关联的过程

系统性行动研究的另一个更大的挑战是在系统内部将不同的学习进程联系起来，从而发现系统模式。有时，这些模式隐藏在记录材料之中。例如，一项研究关注的是家庭暴力，但在交谈过程中，可能存在着关于其他问题的重要评论，如男性角色、背后的社会规范、领导、儿童照料和隔离。在传统的研究中，这些故事和对话与研究内容的相关性不大，很容易被忽略掉。但在系统性行动研究中，可以将这些发现作为新的研究过程。我们需要追踪这些研究进程，将不同研究进程的某些部分的共同问题联系起来。

比如，这里有四条研究线索：全天工作、上图书馆、儿童照料、家庭暴力。全天工作研究使我们了解到工作与家庭生活的冲突。上图书馆研究关注为什么男人不带他们的小孩去图书馆。儿童照料研究把儿童照料中男人的角色作为核心主题。家庭暴力研究聚焦于社区生活中男性的角色。这样，男性角色作为一个交叉关联研究对象就产生出来了（见图6-5）。

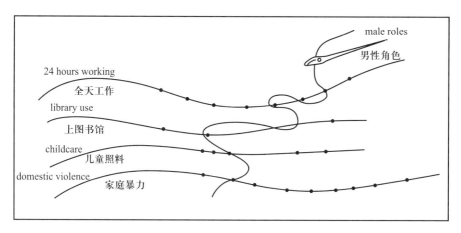

图 6-5　交叉关联研究线程的产生 [①]

（六）保持开放性的边界

保持开放性边界之所以重要，是由于以下两个方面的原因。第一，现实世界的事件不断变化。人们经常换工作，可能突然对某件事情感兴趣，也可能突然失去了兴趣；第二，行动研究中，行动需要领导，领导是生成性事件中的一个。如果我们把研究的边界封闭了，通常就会将我们自己封闭起来，与那些可以推动我们所期望的改变的人们隔离开来。因此，系统性行动研究和合作性探究过程的一个重要区别就在于如何对待研究小组的边界问题。大规模系统行动研究秉持着开放边界的理念，但这并不意味着所有东西都可以进入研究团队。它的真正意思是，保持一种研究团队可变的状态，因为研究团队工作所在的社会与组织环境保持着变化的态势。

（七）积极建立分布式领导

有效的系统性行动研究要求建立强有力的分布式领导网络。分布式领导的内涵包括以下几个方面：第一，分布式领导表明领导是团队的生成性结果，是相互作用的个体之间形成的网络；第二，分布式领导保持领导边界的开放性；第三，分布式领导认为，专业多样性分布在各个地方，而不只是某些地方。分布式领导的建立与发展是大规模系统行动研究的必要组成部分。它不仅是推进研究进程网络发展的副产品，还是其中的必要因素。有效的行动探究依赖于关系的建设。研究过程中产生的领导为研究打开一扇外部促进者无法打开的门。

以上就是系统性行动研究的基本面貌。但是，由于系统思想的系统性

---

① Danny Burns，*Systemic Action Research: A Strategy for Whole System Change*，Policy Press，2007，p. 97.

行动研究在方法论上具有深厚的基础，这就使得系统性行动研究的作用结构具有某些独特的要素和过程。深入探究系统性行动研究的动态模型可以使我们对系统性行动研究有更加深入的了解和把握。

二、系统性行动研究的干预方法

系统思想阐明，在现代实践中万事万物都渗透着人们的建构努力，系统性行动研究中的建构特征是进行系统性的干预。这里简要介绍三种系统性的干预方法，即开放性转录、协同概念构图与质量屋。

（一）开放性转录

开放性转录（Open Transcription）是在实现项目目标和提供评估数据时使用的一种工具。它的特殊价值在于及时发现相同的观点，在项目优先权上估测观点的持续性与变化。[1]一个案例的经验教训是，两个或两个以上的转录员可能需要获取一个完整的小组讨论的记录。此外，提高记录数据的效用，使小组讨论内容结构化。因此，需要确保每个团队成员必须参与，以及团队讨论和审查他们的建议。

特别相关性是开放性转录的基本特征。参与者被要求生成思想，一旦产生想法，参与者需要依据重要性与可行性等变量对记录进行排序。当会议内容经过仔细整理结构化后，转录分析就成为一个更强大的工具图表，从始至终发生在个人身上的变化与团队内的变化都会被图式出来。

（二）协同概念构图

协同概念构图系统的双重身份决定了其存在于两种冲突之中：认知冲突与系统冲突。这决定了协同概念构图系统需要协调好以下两个方面。[2]第一，在协同知识构建方面，学生往往倾向于对同一主题或概念产生认知冲突。认知冲突作为一种支持远程协同学习的协同知识构建工具，必须得到充分的保留和展示，才能促进学习的进一步发展。但是这种认知冲突会导致数据/资源冲突和系统界面的不一致；第二，在群体构成活动中，难免会出现系统冲突，导致系统数据/资源不一致。协同构图系统的界面应保持一致，并建立一套良好的解决系统冲突的协同控制机制。在当下的协

---

① William Barta et al., "Promoting a Sustainable Academic-Correctional Health Partnership: Lessons for Systemic Action Research", *Systemic Practice and Action Research* 29, 2016（1）, pp. 27–50.

② William Barta et al., "Promoting a Sustainable Academic-Correctional Health Partnership: Lessons for Systemic Action Research", *Systemic Practice and Action Research* 29, 2016（1）, pp. 27–50.

同概念构图系统中，加锁、轮序控制或是简单协商常用来实现多人同时不同地的协同概念构图。

（三）质量屋

质量屋由日本质量控制协会开发，第一个图表质量屋是用来制订质量规划的，通常用在具有多方参与者的背景下和共同承担一个复杂问题的系统性行动研究中。对于多方参与的需求，利益功能匹配，一个图对应一个部署，几个相互联系的图对应多个或连续部署。[①]一个完整的质量屋包括六个部分（见图6-6）。

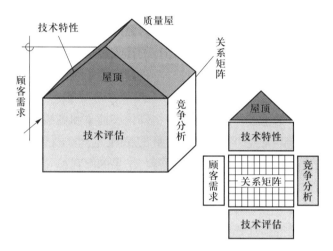

图6-6　系统性评估工具质量屋结构

三、系统性行动研究的评估方法

人们在系统性行动研究中，开发使用了系统性评估的方法。

（一）评估理念

在系统性行动研究的评估中，感官材料分析远比智能化分析重要得多，它需要各行动主体的感觉和情感。[②]视觉材料（例如图片）可以以多种方式使用，并使我们接近认知的不同形式。首先，它可以作为一个行动的触发器，联结人的经验和情绪，以打通行动调查的网络，去解释那些用其他方式无法触及的东西。其次，感官材料可以是一个对人的潜意识的表征，能

① Vivianne Bouchereau & Hefin Rowlands，"Methods and Techniques to Help Quality Function Deployment（QFD）"，*Benchmarking: An International Journal* 7，2000（1），pp. 8–19.

② Danny Burns，*Systemic Action Research: A Strategy for Whole System Change*，Policy Press，2007，p. 117.

帮助我们将一个系统概念化，深度理解一系列问题。行动研究的各研究主体对一个系统概念化或具体化的方式，对他们在这个系统中如何行动会产生相当大的影响。因此，我们需要运用不同的媒介来捕获对行动的感受。[①]

切克兰德和霍尔威尔（Holwell, S.）认为，行动研究是不可以重复的，因此，行动研究的有效性是其能够作为一种方法被清晰提出来的前提。[②]在一个参与式的行动研究范式中，质量的概念比效度、归因、信度、可重复性和可迁移性更重要。有效性不重要是因为它假定了一个真理。复杂性理论告诉我们，线性因果归因的理念不切实际。可靠性意味着"实验"必须能够被重复和产生相同的结果。但正如我们所见，系统性行动研究的研究主体需要完成的基本工作是直接与被研究的人和事接触，需亲身经历真实情景中的行动过程，并观察持续进行的社会过程，而不去打扰、打断或对其施加影响。因此，一个社会过程不仅是不可重复的，而且也不可能出现两个相同的社会过程。

行动研究不是通过去社会化和去情景化来抽象和概括其普遍规律，它的评估过程是将调查或研究的结果向被试反馈，并与被试共同解释结果的过程。告知被试结果后，被试会主动参与结果的解释，并且自行制定改善方案，运用在自己的实践中。这类评估不但是对调查结果的有效检验，更是一种激励政策，激起被试的自觉意识和责任感。研究者的行动带来的变革可由这种方式得到延续，组织内外部的问题都能够得到组织人员的客观分析，采取一定的措施有效克服旧有习惯，进而推动组织系统朝着有利于组织目标的方向进行变革。[③]

（二）模糊层次综合评估法

模糊层次综合评估法（Fuzzy Comprehensive Analytic Hierarchy Process，FAHP）是一种常用的系统综合评估的方法。它是一种将模糊综合评估法（Fuzzy Comprehensive Evaluation，FCE）和层次分析法（Analytic Hierarchy Process，AHP）相结合，基于模糊数学的综合评估模型。在教育领域，模糊层次综合评估法多用于评估行动研究的绩效方案，通过设置评估指标体系与权重体系，用矩阵的形式表示该方案的评估指标与权重，以此来确定评估指标的权重和评估主体给定的评估指标的相对值，最后，

① Danny Burns, *Systemic Action Research: A Strategy for Whole System Change*, Policy Press, 2007, pp. 123–129.

② Peter Checkland & Sue Holwell, "Action Research: Its Nature and Validity", *Systemic Practice and Action Research* 11, 1998（1）, pp. 9–21.

③ Danny Burns, *Systemic Action Research: A Strategy for Whole System Change*, Policy Press, 2007, p. 165.

对方案各指标的综合绩效求和。

这种评估方法是根据美国自动控制专家查德（Zadeh，L. A.）的模糊集合理论，将定性评估与定量评估相结合，先用层次分析法确定因素集，然后用模糊综合评判法确定评判效果，即依据模糊数学的隶属度理论将模糊的、难以量化的评估转化为系统性强、结果清晰的量化评估。它适合体系评估、效能评估和系统优化，解决各种非确定性问题。[1]

模糊理论以人类解决问题的思考模式为出发点，旨在解决现实环境中的不明确性与模糊性，其突出优点是能较好地描述与仿效人的思维方式，总结和反映人的体会与经验，对复杂事物和系统进行模糊度量、模糊识别、模糊推理、模糊控制和模糊决策。[2] 我国在模糊数学和模糊综合评估法领域的研究起步较晚，但近年来，建筑业、水利、医学等领域已经开始应用该理论，并取得一定成效。模糊德尔菲法（Fuzzy Delphi Method，FDM）使用统计分析与模糊计算，实现了主观观点到客观数据的转化。在筛选因素时使用模糊德尔菲法，可以综合考虑专家主观观点的模糊性与不确定性，进而实现研究初期的目标。

层次分析法以隶属度选择某个指标，同时以隶属度 0 选择其他标度值。这种评估法太绝对，缺乏科学性。实际上，在表达判断时，专家们往往会给出一些模糊量，例如三值判断（最低可能值、最可能值、最高可能值）和二值区间（好与坏或高与低）判断。

模糊层次分析（FAHP）—模糊目标规划（Fuzzy Goal Programming，FGP），是系统性行动研究中使用的新的评估方法。在此之前，为了确定评估标准，模糊德尔菲法已被广泛用作输入方法来选择替换方案。对替换方案的选择是一个多层次目标决策问题，需要考虑几个截然不同的指标，有时它们甚至是相互冲突的相关指标。因此，需要可靠的评估方法应对这种复杂性。为了克服数学的复杂性和高容量的计算的困难，近些年研究者们开发了其他的方法，例如，可以在最短的时间内准确高效地评估整个行动研究过程的模糊神经网络（Fuzzy Neural Network，FNN），用以解决不确定且极为复杂的问题。

---

[1] Przemysław Jakiel & Dariusz Fabianowski, "FAHP Model Used for Assessment of Highway RC Bridge Structural and Technological Arrangements", *Expert Systems with Applications* 42, 2015（8），pp. 4054–4061.

[2] Moloud Sadat Asgari, Abbas Abbasi, & Moslem Alimohamadlou Kybernetes, "Comparison of ANFIS and FAHP–FGP Methods for Supplier Selection", *Kybernetes* 45, 2016（3），pp. 474–489.

评估中有很多因素制约着评估者对客观事实的描述，例如，对象的层次性、影响因素的复杂性、评估标准和评估影响因素的不确定性和模糊性。这导致评估中常出现"亦此亦彼"的模糊现象。此外，评估描述常用自然语言，自然语言本身具有的模糊性加剧了这种模糊现象，使得评估现象难以用简化的数学模型表达。因此，模糊综合评判方法基于模糊集合，能够综合性评判被评估事物隶属等级状况，比较评估系统中的各个因素，从而得到客观且符合实际的评估结果。

（三）具体评估步骤

模糊层次综合评估法在系统性行动研究中的具体操作主要有四步：运用层次分析法构建模糊综合评估指标体系、构建评估指标的权重体系、构建关联矩阵，以及合成评估矩阵和权重。

1. 构建模糊综合评估指标体系

模糊综合评估指标体系是进行综合评估的基础，评估指标的选取是否适宜，将直接影响综合评估的准确性。对系统性行动研究的评估渗透于整个研究过程中，因此，依据具体情况，可以使用模糊德尔菲法。模糊德尔菲法是石川（Ishikawa, A.）等人提出的用以克服关于"可（不可）实现程度"的"隶属度"（membership functions）问题。[1] 模糊集是来自传统的最大—最小德尔菲法和模糊集理论。

运用模糊德尔菲法构建模糊综合评估指标体系的步骤如下：

（1）评估指标评分。考虑到所有可能的指标可能会影响替代方案被选择的规则，需要使用专家问卷方式征询专家意见，由专家对每个评估指标的重要性进行评分。由于人的判断往往是模糊的，不能将其与一个数值序列相关联，因此，分析者必须选择适当的评估语言体系，整合所有专家的咨询意见，排除最没有影响力的标准。在调查问卷中，运用最多的语言项目如（见图 6-7）：非常低（very low, VL）、低（low, L）、比较低（more low, ML）、一般（middle, M）、比较高（more high, MH）、高（high, H）、非常高（very high, VH）。

每一评估指标包括两个部分：重要性程度和可接受范围。重要性程度在于评估此指标对上一层评估向度的重要性程度，并填入表示此指标重要性程度的单一值。可接受范围在于评估此指标对上一评估向度的重要性程度的可接受范围，并填入最大值和最小值。

---

[1] Akira Ishikawa et al., "The Max–Min Delphi Method and Fuzzy Delphi Method via Fuzzy Integration", *Fuzzy Sets and Systems* 55, 1993 (3), pp. 241–253.

（2）建立三角模糊函数。计算评估专家给定的每个标准的三角模糊数（见图6-7）。如在模糊层次综合评估法应用在供应商选择的研究中，研究者应用科利尔（Klir，G. J.）提出的几何平均模型和一般平均模型，以找出对一组决策的共同理解。①

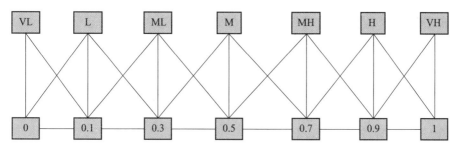

图6-7　三角模糊函数的成员函数

（3）去模糊化。使用简单的重力中心法去模糊化。每个可选择指标的权重$\widetilde{W}_j$的定值S_j可解释为：②

$$S_j = \frac{a_j + b_j + c_j}{3}, \quad j = 1, 2, \cdots, m$$

（4）筛选评估指标。通过设置阈值a，可以从众多评估指标中筛选出合适的指标。筛选的原则如下：如果$S_j \geqslant a$，那么因素 j 就是评估指标；如果$S_j < a$，那么因素 j 就被剔除。

2. 构建评估指标的权重体系

权重（weight，W）就是评估因素的地位和重要程度。如果第一级评估因素的权重相加等于1，下一级评估因素的和也等于1。当其权重分配未说明时，实质上其权重是相同的。多数项目一般会通过两种方式构建权重向量，一种是层次分析法，另一种是专家经验法。由于多组织主体给出的评级分别分配了权重占比，因此，在最后决策时，需要运用关联矩阵分析（relational matrix analysis）确定每个评级因素的相对重要程度。若是多行动主体，也要确定关键行动者与利益相关行动者的地位与重要程度，以

---

① Moloud Sadat Asgari & Abbas Abbasi，Moslem Alimohamadlou kybernetes，"Comparison of ANFIS and FAHP–FGP Methods for Supplier Selection"，*Kybernetes* 45，2016（3），pp. 474–489.

② Moloud Sadat Asgari & Abbas Abbasi，Moslem Alimohamadlou kybernetes，"Comparison of ANFIS and FAHP–FGP Methods for Supplier Selection"，*Kybernetes* 45，2016（3），pp. 474–489.

及根据评估主体给定的评估指标的评估尺度，确定项目关于评估指标的价值评定向量（V_{ij}），以调和各评级。

在指标体系中，各个指标对于评估主体的重要程度是不同的，这种重要程度的差别需要通过在各指标体系中分配不同的权重来体现。一组评估指标所对应的权重组成了权重体系 $\{W_i/i=1，2，\cdots，n\}$，任何一组权重体系 $\{W_i/i=1，2，\cdots，n\}$ 必须满足以下两个条件：[1]

① $0<W_i \leqslant 1$，$i=1，2，\cdots，n$（n 代表加权指数）；

② $\sum_{i=1}^{m} W_i = 1$。

设置一级指标体系 $\{x_i/i=1,2,\cdots,n\}$ 相应的权重体系为 $\{W_i/i=1,2,\cdots,n\}$，则有：

① $0 \leqslant W_{ij} \leqslant 1$，$i=1，2，\cdots，n$；

② $\sum_{i=1}^{m} W_i = 1$。

如果该评价的二级指标体系为 $\{x_i/i=1，2，\cdots，n；j=1，2，\cdots，m\}$ 则其对应的权重体系 $\{x_i/i=1，2，\cdots，n；j=1，2，\cdots，m\}$ 应满足：

① $0 \leqslant W_{ij} \leqslant 1$，$i=1，2，\cdots，n；j=1，2，\cdots，m$；

② $\sum_{i=1}^{m} W_i = 1$；

③ $\sum_{i=1}^{n} \sum_{j=1}^{m} W_i W_{ij} = 1$。

3. 构建行动关联矩阵

构建行动关联矩阵（action evaluation matrix），需要建立适合的隶属函数从而构建好评估矩阵。在教育领域中，系统性行动研究的应用非常广泛，对系统性行动研究的评估也成为各行动主体关注的焦点。构建行动矩阵法是模糊层次综合分析法的关键，主要是用矩阵形式表示每个替代方案有关评估指标及其重要度和方案关于具体指标的价值评定量之间的关系，然后计算不同替代方案评估因素的加权和，具有最大加权和的方案是最好的。相关矩阵分析法主要包括三个步骤：一是确定指标系统和权重系统；二是单项评估；三是综合评估。整个评估程序就如一个矩阵数列。关系矩阵表如表 6-3 所示。[2]

---

[1] Zhuo Yue Li，"Applied Research of the Relational Matrix Analysis in the Road Traffic Safety Measures Decisions"，*Advanced Materials Research* 919–921，2014，pp. 1091–1095.

[2] Zhuo Yue Li，"Applied Research of the Relational Matrix Analysis in the Road Traffic Safety Measures Decisions"，*Advanced Materials Research* 919–921，2014，pp. 1091–1095.

表 6-3　关联矩阵表

	x_1	x_2	...	x_j	...	x_n	V_i
	W_1	W_2	...	W_j	...	W_{1n}	
A_1	V_{11}	V_{12}	...	V_{1j}	...	V_{1n}	$V_1 = \sum_{j=1}^{n} W_j V_{1j}$
A_2	V_{21}	V_{22}	...	V_{2j}	...	V_{2n}	$V_2 = \sum_{j=1}^{n} W_j V_{2j}$
...	...	...	...	...	...	...	...
A_i	V_{i1}	V_{i2}	...	V_{ij}	...	V_{in}	$V_i = \sum_{j=1}^{n} W_j V_{ij}$
...	...	...	...	...	...	...	...
A_m	V_{m1}	V_{m2}	...	V_{mj}	...	V_{mn}	$V_m = \sum_{j=1}^{n} W_j V_{mj}$

在表中，A_1，A_2，…，A_m 代表某评价对象的 m 个替代方案；x_1，x_2，…，x_n 代表评价替代方案的 n 个评估指标；W_1，W_2，…，W_n 代表 n 个评估指标的权重；V_{i1}，V_{i2}，…，V_{in} 是第 i 个替代方案 A_i 的关于 x_j 指标（j=1，2，…，m）的价值评定量。V_i 值最大的方案即为最优方案。

4. 合成评估矩阵和权重

在上述案例中，可以首先从"机会"和"威胁"两个方面找出影响教育行动的关键因素，其次确定权数（依据因素影响程度），最后进行加权评分。合成评估矩阵和权重主要有如下步骤。

（1）为各评估指标和权重进行评分。在对单项因素进行评分时，主要有两种方法：一种是专家评定法，即由专家打分，去掉最低分和最高分，取算术平均值；另一种是德尔菲函询法，即利用专家的知识和长期积累的经验，减少权威的影响。结合交通安全措施决策的相关矩阵评估法案例进行说明。[1] 各个指标分数和加权分数如表 6-4 所示。用每个因素的权重乘以它的评分，即得到每个因素的加权分数。将所有因素的加权分数相加，得到企业的总加权分数。

（2）计算每个评估因素的权重值。事故减少的权重（x_1）: 0.916；行人交通事故的减少的权重（x_2）: 0.175；死亡人数减少的权重（x_3）: 0.232；受伤人数减少的权重（x_4）: 0.164；交通阻塞事故减少的权重（x_5）: 0.111；城市景观优化的权重（x_6）: 0.054；实施成本的权重（x_7）: 0.068。

---

[1]　Zhuo Yue Li, "Applied Research of the Relational Matrix Analysis in the Road Traffic Safety Measures Decisions", *Advanced Materials Research* 919–921, 2014, pp. 1091–1095.

表6-4　指标分数与加权分数矩阵表

评级指标	x_1	x_2	x_3	x_4	x_5	x_6	x_7	评分	修订评分	权重
x_1	\	0.6	0.4	0.6	0.9	1	1	4.5	5.5	0.196
x_2	0.4	\	0.1	0.5	0.9	1	1	3.9	4.9	0.175
x_3	0.6	0.9	\	1	1	1	1	5.5	6.5	0.232
x_4	0.4	0.5	0	\	0.8	0.9	1	3.6	4.6	0.164
x_5	0.1	0.1	0	0.2	\	0.9	0.8	2.1	3.1	0.111
x_6	0	0	0	0.1	0.1	\	0.3	0.5	1.5	0.054
x_7	0	0	0	0	0.2	0.7	\	0.9	1.9	0.068
合并								21	28	1

注：x_1= 事故减少数量；x_2= 行人交通事故减少数量；x_3= 死亡减少人数；x_4= 伤员减少数量；x_5= 交通阻塞减少数量；x_6= 城市景观优化；x_7= 实施成本。

（3）确定评分量表。以交通安全评估评分量表为例，评分量表设计如表6-5所示。[①]

表6-5　评 分 量 表

评估指标 \ 评分	5	4	3	2	1
事故减少数量	≥8	6-7	4-5	2-3	≤1
行人交通事故减少数量	≥5	4	3	2	≤1
死亡减少人数	≥8	6-7	4-5	2-3	≤1
伤员减少数量	≥30	20-29	15-19	10-14	≤9
交通阻塞减少数量	≥30	20-29	11-19	6-10	≤5
城市景观优化	优秀	较好	一般	较差	太差
实施成本	0-20	21-40	41-60	61-80	≥81

（4）预计各替换方案的结果。根据运输设施投资和效果，分析了三个可替换方案，它们的效果分析如表6-6所示。[②]

---

① Zhuo Yue Li，"Applied Research of the Relational Matrix Analysis in the Road Traffic Safety Measures Decisions"，*Advanced Materials Research* 919–921，2014，pp. 1091–1095.

② Zhuo Yue Li，"Applied Research of the Relational Matrix Analysis in the Road Traffic Safety Measures Decisions"，*Advanced Materials Research* 919–921，2014，pp. 1091–1095.

表6-6　替换方案效果分析

替换方案 评估指标	设置交通标志	改建公路	安置交通信号灯
事故减少数量	6	10	10
行人交通事故减少数量	4	8	4
死亡减少人数	6	10	10
伤员减少数量	10	15	8
交通阻塞减少数量	10	20	16
城市景观优化	好	坏	一般
实施成本	100	20	5

计算每个替换方案的分数，可以得到替代方案预期结果的得分（如表6-7所示）。

表6-7　替换方案预期结果得分

替换方案 分数 评估指标	设置交通标志	改建公路	安置交通信号灯
事故减少数量	4	5	5
行人交通事故减少数量	4	5	4
死亡减少人数	4	5	5
伤员减少数量	2	3	1
交通阻塞减少数量	2	4	3
城市景观优化	4	2	3
实施成本	1	5	5

（5）计算每个替代方案预测结果的加权分数。据每个评估指标的权重和评分量表，每个替代方案预测结果的加权分数为：

① 方案 A_1，设置交通标志：

$0.196 \times 4 + 0.175 \times 4 + 0.232 \times 4 + 0.164 \times 2 + 0.111 \times 2 + 0.054 \times 4 + 0.068 \times 1 = 3.246$

② 方案 A_2，改建公路：

$0.196 \times 5 + 0.175 \times 5 + 0.232 \times 5 + 0.164 \times 3 + 0.111 \times 4 + 0.054 \times 2 + 0.068 \times 5 = 4.399$

③ 方案 A_3, 安置交通信号灯:

$0.196 \times 5 + 0.175 \times 4 + 0.232 \times 5 + 0.164 \times 1 + 0.111 \times 3 + 0.054 \times 3 + 0.068 \times 5 = 3.839$

比较这些得分, 方案 A_2 改建公路得分最高为 4.399, 因此是最好的替代方案。

表 6-8 运用相关矩阵表描述了以上的评估的过程。[1]

表6-8 相关矩阵表

	X_1	X_2	X_3	X_4	X_5	X_6	X_7
	0.196	0.175	0.232	0.164	0.111	0.054	0.068
A_1	4	4	4	2	2	4	1
A_2	5	5	5	3	4	2	5
A_3	5	4	5	1	3	3	5

总之, 引入系统的思想使系统性行动研究得以在大型行动研究中把握变动不居的复杂性, 使行动研究者得以巧妙运用系统动力学, 通过利益相关者的协同合作, 实施行动研究方案以引起较大的系统反应, 从而使行动研究收到显著的效果。虽然系统性行动研究的兴起及时反映了科学思想的最新进展, 它更多关注的却是现实中存在的物理系统, 主要是由研究者、行动者和其他利益相关者组成的系统。

[1] Zhuo Yue Li, "Applied Research of the Relational Matrix Analysis in the Road Traffic Safety Measures Decisions", *Advanced Materials Research* 919-921, 2014, pp. 1091-1095.

第七章　预见式行动研究

未来学在迈向民主化的进程中实现了文化转向，注重以人为本，关怀实践。它被引入行动研究，凸显了行动的未来向度，从而生成了面向未来的行动研究新范式——预见式行动研究。

第一节　预见式行动研究的兴起

传统行动研究在迈向参与式行动研究的历程中，培养了民主气质。深切关注现实的情怀推动其进入"作为现在期待的"未来世界之中。同时，未来学以人为本、向往民主的价值追求驱使它与行动研究更加亲和。二者风云际会，创生出具有民主性、整体性与文化性特质的预见式行动研究。

一、预见式行动研究的孕育历程

（一）行动研究的民主化取向

参与式行动研究自诞生之日起，便与和平民主、自由解放和赋权增能结下了深厚的不解之缘。参与式行动研究拥有"真实性参与""实践性行动"和"批判性研究"三个要素与特征。在参与式行动研究中，参与、行动和研究是血肉相连的关系。"参与"是行动和研究的灵魂，"行动"和"研究"是"参与"的肉体。行动研究倡导民主化，倡导行动者参与研究，体现出社会平等和知识民主诉求。行动研究强调对话，在多个行动者、研究者的对话中形成共同体，多个主体民主地沟通，变革时弊，优化行动。民主是行动者、研究者平等对话的前提，与对话、平等、理解、宽容等联系在一起。行动研究的民主化取向不仅仅是一种手段，更是一种精神。行动研究的参与者既是行动者，又是研究者，他们形成共同体，边行动、边研究，彰显了民主性。

行动研究是研究实际工作者的实践，要求实际工作者参与研究，要求专业研究者参与实践，使实际工作过程成为研究过程。这需要研究者和实际工作者密切配合、自由交流与共同协作，在民主化协作的进程中更大地发挥群体的整体效应。总之，民主化取向是行动研究最重要的取向之一。事实上，作为当前社会科学研究方法论革命的先驱，行动研究所带来的绝不止于简单的方法创新，更是一种哲学意义的全面变革。

（二）行动研究与未来研究

肇始于满足社区开发需求的行动研究，从一开始便与未来结缘，其研究过程的第一步就是计划，而计划显然就是面向未来的实践。从行动研究首次被勒温提出至今，几经沉浮，在当前社会科学语境下的行动研究，涵括的内容与意义比原初要丰富得多。行动研究涉及范围广、表现形式多样，虽难以精确地对它进行定义，但不能否认它们都具有一些共同的基本特征。未来学家拉莫斯（Ramos，J.）曾归纳总结出行动研究的五大特征。第一，行动研究是一类为了人类美好未来而产生的实际存在或行动，坚信通过实践或经验世界，人们可以更好地认识世界；第二，行动研究是一个参与式的研究过程，这一过程包容着建构理论与实践的多种认识方式。在此，知识不是静止或普遍的，而是一个过程，一个通过多重视角与背景来共同创造的过程；第三，它是循环且具有启发性的，是持续不断地探究与行动整体进化的过程。每一次循环大多包括分析／诊断、计划／视野、行动／事实、反思／评价等环节；第四，行动研究是参与者为了自身而展开的研究，其最基础的问题就是，研究究竟是为了谁的利益；第五，行动研究最重要的特性之一是深具民主气质，它敢于对权威政治关系进行批判，重视边缘化群体的申诉。

未来研究，顾名思义，是专门研究未来的学科。从最初的占星术到后来的乌托邦，从科学的预测到专门的未来工作室，历史的积淀孕育并催生了未来研究（或称未来学）这一新兴学科。虽然人们对未来研究的学科性质认识不同，但基本达成一致的认识是，未来研究既研究当前趋势以预测未来，也借助未来这一智力工具来关照现在。经过大半个世纪的发展，过去专注于通过科学分析来展望与预测未来的未来研究，开始了文化的转向。在最近二三十年里，未来学家们逐渐意识到主体性、诠释性及文化背景在建构人们理解与创造未来的方式中扮演着越来越重要的角色。许多未来学家不再是纯粹试图去预测未来，而更多的是采用对多元认识方式保持敏感、认可多元价值且能揭示深层世界观的研究方法。斯劳特（Slaughter，R.）与伊纳亚图拉（Inayatullah，S.）便是走在这一前沿阵地的两位领军人物。前者倡导批判性的未来研究，强调研究的整体性和主体的内在世界；后者则提出对行动者脑海中所描绘的未来图景及其意义展开质性研究。在他们的引领下，当代未来研究在迈向民主化的进程中开始与行动研究汇流。

（三）行动研究与未来研究的汇流

伴随着未来研究的文化转向，行动研究走入了未来研究的世界，在为未来研究带来了新希望的同时，其自身也得到了发展。二者之所以能汇流，最根本的原因在于二者所具有的共通性：（1）参与性。由于未来研究日益关注组织或基层的能力建构，致使参与性变得愈加重要；（2）社会变革。未来研究首要探讨的就是社会变革问题，而行动研究则关心社会变革过程中的行动者；（3）知识创造。在拓展与显示严密性、有效性及创造知识方面，未来研究与行动研究都有着显著的发展与创新；（4）系统思维。行动研究和未来研究都越来越受到各种系统思维流派的影响，且都认同系统干预的观点；（5）复杂性。行动研究和未来研究都持有参与性认识论取向。这一认识论取向承认任何一项致力于全面认识给定情境的研究，因其包含的变量非常之多，以至于我们看待世界的方式、世界观、心智模式等都能改变结果；（6）未来愿景。未来研究首要关心的就是愿景，行动研究同样将愿景的方法和框架包容其中；（7）民主信仰。未来研究被视为通过参与性实践来达致预见的民主，而行动研究便是实践存在的基础；（8）社会创新。行动研究通过实践的经验和事实来追求社会创新，未来研究则更多借助抽象的概念和交往过程来追求社会创新。简言之，行动研究与未来研究不仅在瓦解传统方法论的取向上保持一致，而且在创建新世界、丰富自身理解的目标上也达成共识。

基于上述共通之处，行动研究与未来研究逐渐融合、汇流、发展并形成了三大阵营。在第一大阵营中，一些自称行动研究的实践已经暗含着未来研究的方法或思维。例如，库柏里德（Cooperrider，D.）等人提出并发展的肯定式探询（appreciate inquiry）。肯定式探询实质上是一种组织变革方法论，它将组织理解为鲜活的社会性建构的人类系统，通过确定未来图景对其予以规划和实施，从而变革组织。一般来说，它包括四个环节：新知探索（discovery）、梦想构筑（dreaming）、组织设计（design）和把握命运（destiny）。除肯定式探询外，这一类的行动研究还有托波特提出的行动探究（action inquiry）、圣吉（Senge，P.）所倡导的共同体行动研究与组织愿景（community action research and organizational visioning）、弗勒德（Flood，R.）发展的全面系统干预（total system intervention）。

第二大阵营则是未来研究领域内各种隐含着参与式行动的未来研究，例如，贝尔（Bell，W.）描述的参与性未来实践（participatory futures praxis）、容克（Jungk，R.）开发的未来工作坊（future workshops）、贝措尔德（Bezold，C.）提出的预见式民主（anticipatory democracy）、舒尔茨（Shultz，W.）阐述的参与式未来（participatory futures）。

前述两大阵营均是潜意识地在各自的领域内将行动研究与未来研究结合起来展开研究，而真正明确地意识到二者的融合并创生出新型研究方法论的，则要归功于伊纳亚图拉、史蒂文森（Stevenson，T.）等未来学家，他们共同开发并发展了第三大阵营——预见式行动研究 / 学习。

二、预见式行动研究的基本内涵

在预见式行动研究的发展过程中，众多学者挖掘和阐释了质询未来、革新组织机构与社会，以及走向行动研究与学习的基本内涵。

（一）预见式行动研究的基本概念

作为开创者之一，伊纳亚图拉指出，预见式行动研究源自行动研究 / 学习与未来研究，它旨在通过开发一种独特的质询未来的方式从而改变组织机构和社会。这一定义表明，质询未来是改变现实的重要途径。换言之，预见式行动研究不会满足于对未来的预测和展望，更关注对当下的改变与导引。预见式行动研究的另一位开创者史蒂文森则将预见式行动研究界定为一种在一个公开民主的过程中，通过决策、行动、评价来沟通探究、预测及学习这三者的研究范式。从根本上说，它是一种面向未来的行动研究新范式。在史蒂文森看来，民主性是预见式行动研究最核心的价值追求与本质特征。解读以上两位开创者的定义可以发现，前者强调这一范式的行动特性，后者突出其研究特性，行动偏爱改变，研究钟情民主。这两大特性保持着一定的张力，辩证地存在于预见式行动研究中，共同推动其向前发展。

预见式行动研究脱胎于行动研究母体，成长于未来研究的文化转向时期。因此，它与传统的行动研究及未来研究既相互联系又有所区别，它们三者的关系如图 7-1 所示。

首先，传统的行动研究与传统研究方法一样，都立足于当前的研究，但预见式行动研究超越了时间的现实维度，勇敢地面向未来。它要求人们质疑并探询已有的官方性未来蓝图设计，大胆地想象并提出可供选择的新的未来蓝图，进而在行动中去检视这一新的设想。新的未来图景已创造，但质询的过程并未终结。可以说，预见式行动研究就是一个不断质询、创

图 7-1　预见式行动研究关系示意图

造、再质询的反思性过程。其次，与传统未来研究相比，预见式行动研究也具有自身的特点。伊纳亚图拉将其总结为三个方面：第一，它较少被专家的预测所主导，更多的是一种参与式学习过程，尤其是一种质询的过程；第二，关于未来的类型并非预先给定，而是在质询过程中基于参与者的认识范畴而生成；第三，批判的出发点不是某一种批判理论的特殊传统，而是行动者自身的认识论范畴。蔡泽俊等指出，预见式行动研究与未来研究相比，最大的不同就是，研究的目标与方法、行动的目标与方法是在参与的过程中确定的，而不是从一开始就确定研究或行动目标，而后就朝着固定好的目标来展开。[①]

（二）走向预见式行动学习/研究的整合

预见式行动研究，也常被称为预见式行动学习（Anticipatory Action Learning，AAL），伊纳亚图拉和史蒂文森把"预见式行动研究"与"预见式行动学习"等同指称。其他学者如迪克（Dick，B.）和李斯特（List，D.）也将"预见式行动学习"与"预见式行动研究"、"行动研究"与"行动学习"并列或混合使用，不做区分。

行动研究是一种自主反思方式。通过行动研究，人们对自己的事业有了理性认识和正确评价，并加深了对自己工作环境的评价。行动学习理念起源于英国的企业管理人员在职培训，最早由管理学家瑞文斯（Revans，R.）提出，后经其他学者发展并推广运用在专业人员在职学习之中。一般将行动学习定义为学习者以完成预定工作为目的组建小组（一般由 6~8 人构成），在小组同伴支持和专家引领下持续不断地反思与学习的过程，在这一过程中个人和组织都得到了有效的发展。行动研究与行动学习具有很多共同特征。首先，二者都源于行动科学理念，具有行动性。行动研究

---

① 蔡泽俊、左璜、黄甫全：《预见式行动研究：一种面向未来的行动研究新范式》，《电化教育研究》2012 年第 2 期。

和行动学习的问题都来自实践，研究和学习的过程从行动开始，在行动中进行，并以行动结束。其次，行动研究与行动学习都具有实践性，都要求行动者参与研究。再次，行动研究与行动学习都具有合作性。行动研究与行动学习都倡导组建小组，互相批判质疑，共同寻求问题的解决途径，这一过程需要参与者有很强的合作能力。最后，反思是行动研究与行动学习的核心，也是二者的共同特征。行动研究的过程包括计划、实施、观察等环节，而反思则贯穿于整个过程。行动学习也是通过对具体问题的不断反思与行动而实现的。反思不仅是开展行动研究与学习的共同途径，也是其共同运作机制。[①]

邓永超指出，"行动研究首先是行动学习，要学习已有的实践知识，建设学习型社会，创建学习共同体"[②]。行动学习是"做中学习"与"思考中学习"的整合。学习的目的在于应用，在于创造有益的人生价值和社会价值。在当今的知识经济时代，基于知识创造学习的理念，学习就是研究，研究是在学习他人知识的基础上进行的，研究要通过学习才能实现，学习和研究是融为一体的。预见式行动研究／学习是行动研究际遇未来研究后产生融合而创生出的新兴研究方法论，既是未来研究文化转向中方法创新的结果，也是行动研究发展的必然产物之一。可以看出，预见式行动研究与预见式行动学习，在兴起的过程中走向了整合。

三、预见式行动研究的未来创造要旨

预见式行动研究旨在预测未来的基础上采取行动从而创造未来，为此开发了一系列有效方法，其中主要有原因层次分析法和对话未来法。"原因层次分析法"（casual layered analysis）不仅能根据过去和现在的"因果轮回"预测未来，实现预见式行动研究的"预见"，而且进一步从"现象""体制／社会原因""话语／世界观"和"比喻／隐喻"四个层面建构多元未来方案，提供利益相关者参与"行动研究"优选最佳方案，从而在预测未来后融入行动研究。行动研究注重在研究中行动，在行动中研究，强调所有行动者平等参与研究。原因层次分析法的纵向四个层面各有许多不同的利益相关者，他们通过行动研究，不仅在每一层进行横向整合，也纵向整合四个层次不同的观点和措施等（见表 7–1）。

① 王栋：《论英语教师行动研究与行动学习的关系及其启示》，《英语教师》2016 年第 2 期。
② 邓永超：《博士课程开发的案例式预见性行动研究——以华南师范大学"教育与课程文化哲学专题研究"课程为例》，华南师范大学博士学位论文 2015 年，第 78 页。

表 7-1　原因层次分析法纵向四个层面不同行动者参与行动研究优化未来

横向层 纵向层	行动者	问题	措施	信息来源
现象	政府	实证资料揭示的可预测的问题	短期的方法和途径	电视、报纸
体制／社会原因	政府、商业／民间社团、个体	短期历史原因导致的问题	综合性方法、系统性措施	政策性学术期刊、社论
话语／世界观	作家、哲学家等，外显的占支配地位的言论	深层的社会、语言、文化结构	转变意识和世界观，哲学反思自己和他人	一般的学术期刊、具有意识形态属性的杂志、哲学课
比喻／隐喻	神秘主义者、指挥和远见者	由核心神话构成，通常起源于创伤或超常事件	揭开迷思／隐喻及其创造过程，想象新故事意味着怎样的隐喻；非理性的措施	艺术工作者、远见者、神秘主义者、某些电影

　　如表 7-1 所示，纵向四个层面的不同行动者全程参与行动研究，从不同来源收集信息并加工管理，针对各层面的不同问题采取相应措施，整合了所有层面的观点后建构集体的未来愿景。之后试行多元愿景，根据试行结果选择最佳方案并将其付诸实践。预见式行动研究通过原因层次分析法的分层，尽可能广泛地吸纳普通人、实际操作者、管理人员、专家和学者等更多利益相关者参与，而且所有行动者平等参与，每个人的观点都受到尊重。这是对某些更重视权威人士观点分析法的超越。

　　作为预见式行动研究的典型性方法，原因层次分析法主要用于预见式行动研究的预见未来／建构未来、行动实施和反思改进／反思预见等环节。如在"预见未来"环节，可以凭借历史进程的多次因果轮回来预测未来，这是因为过去的因导致了现在的果，现在的果又是导致未来的果的因，如此多次因果轮回，就可以预见未来。在"建构未来"环节，可以尽可能多地吸纳原因层次分析法的客观原因层、世界观层和无意识层的行动者的观点，建构多元未来愿景供优选。在"行动实施"环节，可以用原因层次分析法及时分析和解决行动中的不足，不断提高行动质量。在"反思改进"环节，可以从多个层面反思不足的成因，以便采取措施予以改进。在"反思预见"环节，可以反思已经出现的问题的原因，提出长效对策，并预见可能出现的问题，防患于未然。邓永超和黄甫全指出，以上阐述的只是预见式行动研究和原因层次分析法的一般环节和应用，在实践中，要根据具体情况对其进行灵活调整。①

　　预见式行动研究还有另外一种典型性方法，即"对话未来法"。相比原因层次分析法，对话未来法产生更早，其思想可以追溯到古希腊的柏拉图时期。当然，将其引入未来研究并发展成为预见式行动研究的一种具体方法，则应归功于史蒂文森。史蒂文森在总结个人经验的基础上，提出了预见式行动研究的一般过程，这一过程的大致如下。首先，确定将要参与行动的人员，并容纳尽可能多的各种不同观点，最好有官方人士参与。其次，确定预见的范围，包括时间跨度（一般为 20~100 年）和空间范围，接着对要收集和分析的资料取得共识，包括谁负责收集资料，如何收集资料，如何处理这些资料，等等。再次，进行系统分析，对从外界收集的资料或参与者提供的资料进行趋势分析。最后，以批判的态度审视并反思分析结果，包括其对后代的影响等，从而创设一系列可选择的愿景或未来图景。批判性地分析每一愿景的内涵，综合考虑道德、经济、生态、文明、性别和社会等因素，在此基础上，选择最好的、最合适的未来或愿景，并制订行动计划和实现路径，同时，特别检视行动的诸多细节，包括即将采取的行动等。参与者对整个行动方案完全达成一致后才展开行动，并对行动效果进行评估。整个过程并非单一线性，而需循环反复。

　　由于预见式行动研究中参与人员广泛，必然带来不同群体之间、不同个体之间、不同认识论和价值观之间的碰撞与交流，因而对话处于预见式行动研究的中心。对话使未来学研究成为可能，并使研究理论化，甚至改变未来的目标而共享各种不同的世界观。在史蒂文森看来，平等的对话其实质就是创设新的未来图景的有效方式。如此，对话的前提假设便是存在着认识差距，因而需要通过协商，继而达成共识。基于这样的理解，对话不仅仅是一种单纯的交往活动，而是一种有效的达成共识、展开研究的方法。蔡泽俊等指出，在使用对话这一方法时，需要注意把握以下几个原则。第一，对话法是受文化背景影响的。因此，在运用对话法时要尽量公开进行，坚持合作精神，尊重多元文化；第二，对话法需要解放思想，鼓励发散性思维，允许不同思想观点的交流碰撞；第三，当对话展开域中存在着多元文化和多学科性时，建议进行多重对话；第四，预见式行动研究中的对话非常鼓励质疑精神，因为质疑新问题意味着新理念与新目标的诞生。②

---

① 邓永超、黄甫全：《原因层次分析法：预见式行动研究的有效方法》，《电化教育研究》2014 年第 6 期。

② 蔡泽俊、左璜、黄甫全：《预见式行动研究：一种面向未来的行动研究新范式》，《电化教育研究》2012 年第 2 期。

作为一种整体主义研究形态，预见式行动研究在实施时可以将多种方法整合使用。以"电路设计自动化"博士生课程评价改革为例，具体应用方法如下。第一，用"未来三角法"（Futures Triangle）描绘过去、现在、未来三方面的"角"，即分析政治、经济和文化等方面的历史遗留原因造成的制约课程评价改革的阻力，现代信息社会需要进行改革的动力，以及希望博士生拥有美好未来的拉力；第二，用"凸显问题分析法"（Emerging Issues Analysis）剖析现在和过去的课程评价存在的突出问题，通过实证资料预测未来 15～20 年间电子技术等的发展趋势和相关课程的评价制度等；第三，用"宏观历史研究方法"（Macrohistory）向前、向后延伸以拓展当前的变革空间，通过深入探究信息社会政治、经济、文化和体制等的发展变化、历史谱系和未来趋势，为课程评价改革注入新动力；第四，用"四象限法"（Four-Quadrant Method）对问题成因进行多层探察，剖析"电路设计自动化"课程现有评价制度在个体内部、个体外部、集体内部、集体外部四个象限存在的问题及成因；第五，用"行动方案"（Scenarios）创建课程评价改革要达到的目标，不只是模拟或设计，而是真正改革课程评价制度；第六，通过"想象"（Visioning）"回推"（Backcasting）等优化未来，让博士生和任课教师通过想象 15 年后的课程，回推现在的课程是如何评价的，15 年来的努力及发生的变化，师生一起进行"行动研究"，建构促进博士生长远发展的新评价制度。此外，其他人应用不同的方案，如沃洛斯（Voros, J.）开发了一般性的预见框架（Generic Foresight Framework），包括输入信息、预测未来、输出信息和应用策略四个步骤，预测未来部分主要用"对话未来法"。当然，在具体应用预见式行动研究时不一定采用几种方法，可以根据场景主要选用一种方法。

总之，预见式行动研究是凸显"预见未来""对话未来"和"建构未来"的行动研究新范式，与一般的行动研究相比，其独特之处主要在于：（1）更强调所有利益相关者全程都平等对话，因而能吸纳更多利益相关者参与，能融合更多不同观点；（2）行动研究做计划主要是"为改变当前的实践"，而预见式行动研究做计划，主要是为了预见并建构未来。预见式行动研究更凸显所有主体都对话未来，预见未来社会的需求、特点和影响，预见个人发展趋势等，并建构未来；（3）预见式行动研究在制订"计划"之前，要先用"原因层次分析法"深入"客观原因层"和一般的分析法难以触及的"世界观层"和"无意识层"，层层深入解构现在和过去不足的成因，提出长效对策，设计几种方案，在实施中优选最佳方案并不断改进；或设计一种方案，客观原因层、世界观层和无意识层各有多重措施，在实施过程中协商优选。预见式行动研究的这一独特性在于层层深入解构不足背后的原因，重构多元对策并优选最佳方案，其方案是在实施中生成并不断改进的，而不像一般的行动研究的方案是在一开始就确定的。

第二节　预见式行动研究的基础与模型

预见式行动研究的蓬勃发展与其深层的哲学取向是不能分开的。伴随着哲学本体论的过程转向及认识论的整体转向，预见式行动研究汲取了新的哲学理念，以过程本体为基础，坚持参与认识论与多层认识论的融合，追求多元化的价值，凸显情形策划，并形成未来取向的实施过程模型。

一、理论基础

预见式行动研究兴起于行动研究与未来研究的汇流中，吸收了多种理论的精华，其理论基础非常扎实，主要拥有过程本体论基础、参与认识论取向和多元价值论诉求等。

（一）本体论基础

自亚里士多德提出"实体"概念以来，传统的哲学本体论已深陷实体论的泥潭而难以自拔。直至 20 世纪早期"机体哲学"（Philosophy of Organism）被提出，哲学本体论才第一次正视"动态""发展"与"变化"。正是在本体论的意义上，有学者将"机体哲学"称为"过程哲学"（Process Philosophy），它放逐了"实体"，拯救了"过程"。实质上，"过程"一词本身就表征着一种真正的动态本体，可以说，过程本体论是动态本体观的最佳表达。它强调联结，认可"关系"比之"实体"的优越性，主张实际存在物（entity）之间互为存在。进而，美国过程哲学家雷舍尔（Rescher, N.）指出了过程哲学的两个基本前提：首先，在动态的世界中，不存在无过程的事物；其次，过程比实存要更基础。与实体本体论相比，过程本体论充分肯定采用过程方式来探究世界与实存的本源是可行的。

具体到预见式行动研究，作为一种未来研究的新兴方法论，它关注未来，又投身于现在，还与过去发生着冲突。显然，这一逻辑出发点沟通了过去、现在与未来，实现了时间的动态联结。换句话说，预见式行动研究重视长期被传统研究所漠视的时间维度，采用过程的方式来探究事物的本质。因此，在方法论的意义上，预见式行动研究坚持了过程本体论。与此同时，作为一种行动研究新范式，它秉承了行动过程中改变现实、增进理解、创造知识、追求民主的根本理念，遵循从质询到创造的无限循环上升的反思性规则。从这个意义上讲，预见式行动研究本质上就是一个过程，而且是一个没有终结点的过程。基于过程本体论，预见式行动研究始终坚信，在行动之前不存在一个先有的认识主体，所有主体的自我必须在研究过程中产生。

（二）认识论取向

从笛卡尔（Descartes，R.）的理性认识论开始，主观与客观、理性与情感之间的二元关系问题便深深地困扰着无数的哲学家。其中，针对认识意义的产生问题，大致形成了两个方向：现代主义与实证主义和后现代主义与建构主义。现代主义与实证主义认为，意义存在于人类心智之外的客观世界中，等待着我们去发现；而后现代主义与建构主义则认为，意义纯粹由主观心智来建构，并投射到固有的无意义世界中去。很显然，这两大认识论依然服膺于二元论的原则，积重难返。面对这一认识论困境，由塔纳斯（Tarnas，R.）所发展的参与式认识论（Participatory Epistemology）开始崭露头角。参与式认识论指出，意义是在人的主观心智与自然世界的相互参与中产生的。基于此认识论原理，预见式行动研究十分重视各种个体的参与，因为只有个体参与行动后方能产生真正意义上的认识，才能形成真正的主体自我。此外，参与实质上也是实现个人平等的基本方式，这就为预见式行动研究的民主化奠定了坚实的认识论基础。

当然，不同主体的同时参与也意味着研究过程中必然存在多元化的认知方式，伊纳亚图拉称之为多层认识论原理。在他看来，每次预见式行动研究中至少有四种不同的认知方式：行（do）、知（know）、在（be）、悟（see），与这四种认知方式相关联的知识形式也迥然不同。采用"行"的认知方式，关注的是如何做的实用性知识，维尔德曼（Wildman，P.）也将其称作"工艺"（techne）；"知"的方式产生的是关于解释世界的命题或科学知识，也叫作"认识"（scientia）；"在"的方式被理解为生活的方式，因而它产生的是经验知识，这一认知方式也被称为"实践"（praxis）；而"悟"指的是上升到抽象符号的层面理解世界和自我，它产生的是隐喻知识，又被称为"直觉"（gnosis）。事实上，还存在更多的认识方式，但不可否认的是，承认多层认识论的并存将为预见式行动研究走向整体主义提供认识论条件。

（三）价值论诉求

预见式行动研究拥有了多重价值诉求。一方面，它肩负着完成未来研究文化转向的重任，成为未来研究迈向民主化进程的领路者；另一方面，它又承载着实现人类社会与组织实践变革的时代使命，走在解放人类的前沿阵地。对此，拉莫斯从个体发生学的角度阐释了预见式行动研究产生的基本条件，而这些条件实质也是预见式行动研究所追求的价值目标。第一，将未来作为当前行动的原则。应该指出的是，行动研究作为行动者的实践，它能有意识地改变我们将要生活于其中的未来，而未来研究的价值目标之一就是社会变革。这一共识点成为预见式行动研究的价值诉求之一；第二，赋权增能成为效度。预见式行动研究否定传统的研究将"未来"视为人类意识的表达，而选择把促进人们预测未来的能力建构作为检验研究成果的标准。这一新标准的确立进一步推动了行动者的参与效度，使行动者极大地获得了参与研究的权力和能力；第三，人本化：面向整体的人。在预见式行动研究中，除了自己的认知活动，个体还需了解他者的"世界观"，除了自己具有对未来的认识，还需与他者对话并进行交流，建立共享未来的基础……这一切表明，预见式行动研究追求的是作为整体的人类的发展；第四，整合知识系统。参与行动研究的人来自各个阶层、各个群体组织，虽然他们所具有的认识和观念迥异，但最终都要在研究过程中达成基本共识。也正是在这个意义上，各类知识体系得以整合；第五，追求过程伦理。预见式行动研究不是简单地追求实践的效果，而是重视个体在研究过程中的深度参与。它通过解构参与者自我及他者已有的认知，带来更能促进相互增能的认知范畴、故事及行动。总之，预见式行动研究的价值论诉求是多元的。①

二、情形策划

情形策划很早就出现了，并在未来学的预测研究中作为一种启发式工具得到广泛应用。② 阿默尔（Amer，M.）等人于 2013 年专门做了一个文献综述研究，厘清了一系列情形策划问题：定性和定量的情形设想方法有何不同，优缺点是什么；定量情形策划有哪些方法；情形策划者如何选择用于进一步探索的原始情形；他们应该选择多少种情形；在情形研究中验

---

① 蔡泽俊、左璜、黄甫全：《预见式行动研究：一种面向未来的行动研究新范式》，《电化教育研究》2012 年第 2 期。

② Paul J. H. Schoemaker，"When and How to Use Scenario Planning：A Heuristic Approach with Illustration"，*Journal of Forecasting* 10，1991，pp. 549–564.

证的问题是如何解决的。[①]情形策划是一种战略性、探索性和审慎性的规划过程，旨在找到创新和稳妥的解决方案，以应对复杂和不确定的未来。作为一种方式，情形策划允许不同视角的利益相关者群体通过发展叙事或形象来建立明确的未来心理模型，以重新定位集体行动。情形策划作为一种工具，可以检查似是而非的和期望的未来情形，以及潜在的政策和行动的定性优势与劣势，以调适或减轻不被期望的结果。它还可以为预见式学习、创新和行动提供重要的决策工具。

后来，贝内特（Bennett，N. J.）等人直接将情形策划引入一个预见式行动研究项目之中。他们对研究过程和结果进行了反思，以期实现更有效的学习、创新和行动。从该研究中提炼出的预见式行动研究的场景规划包括以下内容：确定问题、描述系统、确定可选的未来、场景构建、场景测试和政策或行动筛选。对此再加以聚焦，预见式行动研究的情形策划过程可以包含四个阶段：第一，确定情形策划的目标与问题；第二，探索革新的系统和驱动要素；第三，生成可能的未来情形；第四，提出调适建议并确定调适策略的优先次序。[②]

（一）第一阶段：确定情形策划的目标与问题

在第一阶段，首先，组成专门的共同体，包括研究者、本地管理者和各个利益相关者群体等；其次，征求各类利益相关者代表的革新目标，并通过对话研讨，达成共同目标愿景；最后，考察所研究工作事项的现状与目标的差异，从而确定现实状况中的核心问题和研究过程中需要解决的一系列重要问题。

（二）第二阶段：探索革新的系统和驱动因素

在情形策划的第二阶段，组织和要求参与者帮助定义对他们来说重要的本地环境与工作事项的组成部分。将所形成的信息进行分类并记录，张贴在研究工作现场的显著位置，并分发给所有参与者。之后，将参与者酌情分成若干小组，组织并要求他们对照第一阶段确定的目标、核心问题和主要问题，寻找、提炼和确定本地已经或正在经历的不同类型的革新。为促进小组交流和研讨，每个小组的参与者在代表不同类型革新的不同颜色

① Muhammad Amer，Tugrul U. Daim，& Antonie Jetter，"A Review of Scenario Planning"，*Futures* 46，2013，pp. 23–40.

② Nathan James Bennett，Alin Kadfak，& Philip Dearden，"Community-Based Scenario Planning：A Process for Vulnerability Analysis and Adaptation Planning to Social-Ecological Change in Coastal Communities"，*Environment Development and Sustainability* 6，2016（18），pp. 1771–1799.

卡片上写下具体革新内容。随后，主持人将卡片收集起来并将之与参与者分享。重叠的同类革新内容被集中在一起。当主持人大声朗读每类革新内容时，研讨会参与者会被问到他们是否认为这种革新可以由共同体来加以控制。参与者分组研讨每个具体革新，并投票"可以控制""不可以控制"或"可以有所控制"。主持人对可控性的平均评价进行评估，并将这些卡片放在一个"变化和可控性图表"的连续体上。然后，参与者就为什么认为那种革新可以控制、不可以控制或可以有所控制进行讨论。进而，参与者被追问他们是否注意到了这些具体革新，是否想在"变化和可控性图表"中添加任何与所研究工作事项相关的其他具体革新。

（三）第三阶段：生成可能的未来情形

在第三阶段，组织和要求参与者根据第二阶段研讨确定的各种具体革新，展望所研究工作事项的可能和似是而非的未来。一个"小组绘画和/或讲故事"的演练活动可用于探索所研究工作事项的可能情形。参与者进行同性或异性分组。每一组要求描绘三个情形：一个最糟糕的情形、一个一切如常的情形和一个受期待的未来情形。而在组织分组的可能情形描绘活动中，主持人温馨地提醒和要求大家，一定努力做到确保所描绘出的情形都是合理地以先前讨论确定的具体革新为依据。之后，每组选出几位演讲者，向大家报告他们小组所描绘的三类情形。当演讲者讲述每个情形的故事时，主持人采用录音和/或录像的方式将整个故事记录下来，同时提炼出要点，并在海报上写出来与大家分享。

（四）第四阶段：提出调适建议并确定调适策略的优先次序

在情形策划过程的最后阶段，研究共同体确定本地行动与外部政策和项目的优先次序，以适应具体革新并实现预期的未来结果。为了进行头脑风暴并提出想法，需要设计并进行富有文采的命名的聚会活动。以本地本单位特色休闲方式为基础，将"调适建议收集"融入其中，精心设计和组织具体聚会活动，至少包括三轮。在每一轮"特色聚会"研讨中，组织分组反思所研究的本地工作事项的行动及外来支持性的政策或项目，并提出以下建议：与自身利益密切相关的行动、项目或政策的调适建议；与自身利益比较相关的行动、项目或政策的调适建议；与自身利益无相关性的行动、项目或政策的调适建议。小组长或联络员汇总小组讨论通过的解决方案。"特色聚会"期间讨论的所有提议的行动或调适措施都写在图表纸上。为了优先考虑适应方案，所有参与者每人得到几张贴纸，并被要求在"特色聚会"中确定的任何一个解决方案上贴上贴纸进行投票。在汇总和统计大家的投票后，确定外部支持性行动、政策或项目的调适建议并确定调适策略的优先次序。

在设计和实施这种情形策划方式中，民主化价值、不同利益相关者群体的充分参与，以及对话的合理性原则得以充分实现。它们既是必须贯穿到底的，又是必须因地因人制宜的。

三、过程模型

伊纳亚图拉指出，预见式行动研究可应用于以下场景：（1）探询未来，目的是创建可供选择的事物；（2）意义和行动的相互作用最关键的时候；（3）主客体都是真实的；（4）未来不确定，但可以持续重临；（5）通过创造意义和行动构成语言；（6）现实是基于过程的；（7）学习是以程序性知识、探询（未来）和认知方式为基础的；（8）要求所有参与者都回答他们是怎样看待世界的，在这种情况下，参与就产生了；（9）学习在做事和试验中发生；（10）研究议程由调查对象协商确定——未来是被相互定义的。实施预见式行动研究的原则主要包括五个方面：第一，保持对环境的敏感——工作室了解参与者的动态性与方式；第二，在组织机构中质疑，从而引发焦虑；第三，预见式行动研究容易运用；第四，遭遇的阻力需被命名、理解与变革；第五，通过了解他人，未来得以深化。[①]

预见式行动研究一般进行两轮以上，每一轮都包括预见未来/建构未来、研究规划、行动实施、观察评价、反思改进/反思预见和再次建构未来等基本环节，由此形成了实施过程模型（见图7-2），并在应用中灵活整合多种方法。

如图7-2所示，以基于预见式行动研究开发"教育与课程文化哲学专题研究"博士课程为例，课程开发的三阶段（课程规划、课程实施和课程评价）和六要素（课程哲学、课程目标、课程内容、教学方法、评价反馈和课程领导），与预见式行动研究循环往复的五个

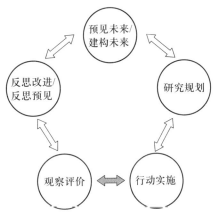

图7-2　预见式行动研究的实施过程模型

---

① 蔡泽俊、左璜、黄甫全：《预见式行动研究：一种面向未来的行动研究新范式》，《电化教育研究》2012年第2期。

环节融为一体。[1]

（一）预见未来／建构未来

第一轮预见式行动研究的第一个环节是"预见未来"，之后轮次的第一个环节是"建构未来"。在"预见未来"环节，课程开发主体（含师生）要先调查学生的学习困难，用"原因层次分析法"深入"客观原因层""世界观层"和"无意识层"，解构学生存在的不足或学习困难的成因，了解学生、用人单位等的需求，预测社会和学生的发展趋势，预见课程开发中可能出现的问题，提出长效的解决措施，"合作开发"几种课程方案供优选。在"建构未来"环节，学生根据前面轮次的学习情况，"自主开发"课程内容，规划下一轮的预见式行动学习，进行职业生涯规划。师生等课程开发主体根据社会发展趋势和学生的职业生涯规划等，"合作开发"学生未来要达到的弹性目标，建构课程开发的多元方案供优选。

（二）研究规划

在"研究规划"环节，课程开发主体根据上一个环节的调查结果，合作选择最佳方案，进行"课程规划"，设计课程的历时六要素（可初步设计为：课程哲学是文化哲学；课程目标是创生并践行知识；课程内容是夯实理论基础，关注学科前沿并在研究中拓展课程内容；教学方法是预见式行动学习、原因层次分析法、理论研习结合案例教学等；评价反馈是学习化评价；课程领导是博士生在预见式行动学习中自主管理，师生共同体互帮互助，开展网络化合作活动学习）。师生等可合作制定（修订）课程开发的"预见式行动研究"方案。学生也可根据自己的兴趣、基础和职业生涯规划等，结合前面的学习情况，自主制订（修订）"预见式行动学习"计划。

（三）行动实施

在"行动实施"环节，师生等课程开发主体将上一个环节设计的课程历时六要素投入"课程实施"，开展网络化合作活动学习，同时对课程开发实施预见式行动研究，并在实施中不断调整预见式行动研究方案。学生实施预见式行动学习，采用高级学研方法等，根据学习进展不断调整预见式行动学习计划，用原因层次分析法克服不足和学习困难，自主开发课程内容，创新并践行知识。教师采用理论研习结合案例教学等，引领学生实施预见式行动学习，对学生的学习实施预见式行动研究，并不断调整课程

---

[1]　邓永超：《博士课程开发的案例式预见性行动研究——以华南师范大学"教育与课程文化哲学专题研究"课程为例》，华南师范大学博士学位论文 2015 年，第 79 页。

内容、教学方法和课程领导等。

（四）观察评价

在"观察评价"环节，师生"合作开发"评价反馈，用三种及以上的研究方法收集学生的学习结果等资料，以便三角互证课程是否有效。课程开发主体进行"课程评价"，对学生的学习进行学习化评价，帮助学生用原因层次分析法克服不足和学习困难。学生自主评价自己的预见式行动学习，并进行同伴互评，还对课程规划、课程实施等进行评价。教师进行"课程评价"，用原因层次分析法对学生的学习及自己的学习和教学进行评价，对自己的课程开发行动和预见式行动研究等进行评价。

（五）反思改进／反思预见

第一轮预见式行动研究的第五个环节是"反思改进"，之后轮次的第五个环节是"反思预见"。两个环节都注重"反思"，师生都要根据"观察评价"环节的结果，全面反思课程开发的行动和对此行动进行的预见式行动研究，对存在的不足进行原因层次分析，提出良策，合作改进课程开发方案。不过，"反思改进"更侧重"改进"：原因层次分析法的客观原因层、世界观层和无意识层各有多重解决问题的对策，在课程开发行动中可以不断优选对策和改进。教师改进教学方法、评价反馈、课程领导等课程要素，学生自主改进自己的学习，师生等课程开发主体合作改进课程开发方案等。而"反思预见"更侧重"预见"：课程开发主体对课程规划和课程实施的结果进行比较，预见下一步可能出现的问题，合作开发几种课程方案，供下一轮预见式行动研究选用。

第三节　预见式行动研究的方法

预见式行动研究是一种面向未来的行动研究新范式，也是未来研究的新方法，甚至在某种意义上可以将其理解为一种新的研究范式，一种融入了当代最新哲学思想的研究文化。但是，观念的改变最终还是要通过实践来予以实现。正因为如此，预见式行动研究在发展的过程中形成了自己独特的研究方法。其中，最具代表性的方法是伊纳亚图拉创立的"原因层次分析法"。[①] 原因层次分析法"几乎是自 40 年前的德尔菲法以来第一个主要的、新的未来研究的理论与方法"，在多个层面多次解构现实，创设多

---

① 蔡泽俊、左璜、黄甫全：《预见式行动研究：一种面向未来的行动研究新范式》，《电化教育研究》2012 年第 2 期。

元未来，超越了传统的未来研究，不仅"预测未来"，也"建构未来"。①

一、原因层次分析法的兴起

为满足人类超越现实、优化未来的需求，原因层次分析法响应建构新型未来的生存论召唤，以"哲学反思""剖析隐喻"和"文化批判"三大支柱为保障，整合了多种理论，兴起于未来研究的实践中。

（一）动因：建构新型未来的生存论召唤

马克思之前哲学的使命主要是解释世界，而人是实践性的存在，人要更好地生存，总是要改变世界、创造未来。马克思主义哲学产生后，哲学方法论实现了"实践转向"，哲学的主题由认识论转向生存论（人学或人论），由解释世界转向改变世界，人类生存的现实危机和个人生存的意义危机成为现代哲学反思的主题。西方国家在实现现代化的过程中，片面追求经济利益，产生了严重的社会危机。许多哲学家开始深刻反思人类的生存危机，批判现代主义的不合理，哲学由此转向了后现代。后现代主义席卷西方并波及全球。后现代主义反对同一性，悦纳不确定性，可分成解构性后现代主义和建设性后现代主义两个阶段。解构性后现代主义以否定和批判现代主义为核心，但其局限性在于重破而轻立，没有提出解决危机的方案。20 世纪 80 年代，解构性后现代主义屡遭质疑，并趋于没落，取而代之的是建设性后现代主义。建设性后现代主义倡导开放、平等、建设性和创造性，针对现代社会所面临的危机，在吸收和批判解构性后现代主义的基础上，既破又立，提出了解决危机的方案，优化了人类的生存环境。受崇尚多元性和变动性的后现代主义哲学的影响，近二十多年来，未来学家越来越意识到多元文化、主体性和诠释性对解释和创造未来的重要性，不再像过去那样只是去预测未来，而更注重采用那些对多种认知模式敏感，认可多元价值且能深入诠释世界观的方法论。未来学家伊纳亚图拉正是处于这一理论与实践转变前沿的领军人物之一。他因应这些需求，吸纳了建设性后现代主义和实践哲学的养分，在批判和解构现实的不合理基础上，重构更合理的现实，不仅提出解决危机的方案，还通过实践变革现实以优化未来，创立了原因层次分析法。响应建构新型未来的生存论召唤，原因层次分析法植根于人的生存环境中，弘扬人的主体性，尊重多元价值，主张众多利益相关者采用多种认知模式，在解构和批判的基础上，提

---

① Paul J. H. Schoemaker, "When and How to Use Scenario Planning: A Heuristic Approach with Illustration", *Journal of Forecasting* 10, 1991, pp. 549–564.

出解决危机、变革现实的方案并予以实施，去化解人类的生存危机，更加强调人的生存意义。

（二）保障：强而有力的"三大支柱"

原因层次分析法主要吸收了后结构主义、宏观历史研究方法和后殖民地多元文化等理论，因而能超越难以深入到世界观和隐喻层的传统社会科学研究和预测方法，通过"哲学反思"和"剖析隐喻"解构传统世界观和隐喻，并通过"文化批判"助力预见式行动研究的批判和变革"行动"。以下的"三大支柱"为原因层次分析法的蓬勃兴起提供保障。

1. 哲学反思

反思有两个基本层次，一是对思想内容的反思，二是对构成思想的根据和原则（逻辑支点）的反思，后者属于哲学反思。人们的思想强烈影响认识和解决问题的方式，构成思想的逻辑支点是具有"逻辑强制性"的隐匿的"手"，制约人的思维和行为，并使它们按照既定的路径发展。不转变不合理的思想，不转变隐匿的构成不合理思想的逻辑支点，就只能被动地按照原来的思维和行为进行下去，形成不合理的未来。只有深入隐匿的世界观，解构这一制约人之思维和行为的逻辑支点，通过哲学反思批判性地超越现实，重构出更合理的逻辑支点和未来愿景，新的思想和行动才能真正生效，由此才能建构出新的更合理的未来。传统的未来研究之所以只是预测未来，没有建构新型未来，就在于没有深刻探察到人的隐匿的世界观，更没有转变具有"逻辑强制性"的这一支点。原因层次分析法吸收了后结构主义等理论，因而能超越难以探察到世界观的传统方法，找到隐匿的构成思想的逻辑支点，解构并转变这一支点，形成新的更合理的思想，在哲学反思的保障下超越现实、优化未来。

2. 剖析隐喻

制约人的思维和行为的不仅包括"有意识"的理性思想，还包括"无意识"的感性思想等。弗洛伊德（Freud，S.）把人的心理结构分成"意识""前意识"和"无意识"三个层次，认为支配人的思维和行为的是无意识，但无意识通常连自己都难以察觉到，要借助"梦、神话、艺术、文学、穿着"等隐喻"争到生活的表面来"才能被人意识和察觉到，进而加以调控。原因层次分析法引入关注隐喻和无意识的新时代/绿色精神观等，因而能超越极少关注隐喻的传统方法，解构隐喻所隐含的支配人思维和行为的无意识的情感、心态、直觉、想象等，并转变其中不合理的要素，吸纳和重组优质要素，从而更彻底地变革现实、更长远地规划未来。

3. 文化批判

20世纪以来，随着工业产业的迅猛发展，西方社会遭遇了严重的文化危机。在西方人表面上是自由的，实际上却深受无形的、异己的文化力量的束缚。为摆脱文化桎梏，人们开始反思文化危机，走向文化批判。未来研究随之实现了文化转向，深入事物复杂多变的文化情境中。原因层次分析法吸收了多种文化理论的精华，因而能独特和深刻地切入曾被忽略和边缘化的文化，对历史和现实进行文化批判，建构出新型未来。新马克思主义文化批判理论注重通过文化批判实施政治和阶级斗争。受此启发，原因层次分析法注重剖析影响社会意识形态的文化力量，主张消解等级制、弘扬平等性。原因层次分析法也吸收了文化/诠释主义的营养，注重从多个层面深入挖掘文化根源，通过多种途径把握社会政治经济的文化发展谱系。

（三）历程：理论滋养的三个阶段

原因层次分析法在孕育、形成和发展的三个阶段中，基于整体主义，主要整合了12种理论的精华。这些理论的基本观点及其对原因层次分析法的影响见表7-2。

如表7-2所示，1975～1990年是原因层次分析法的萌芽阶段。伊纳亚图拉在夏威夷大学攻读学士、硕士和博士学位期间，深受预测/实证主义等的影响，注重从多个视角思考问题，视野很开阔。20世纪90年代，伊纳亚图拉潜心于自己的未来研究实践，在深层文化密码观等理论的影响下，于1993年，和史蒂文森在泰国曼谷召开的世界未来研究联盟会上第一次提出原因层次分析法，用以剖析曼谷的交通污染及社会生态问题。伊纳亚图拉于1995年在《未来学》杂志首次发表阐述原因层次分析法的论文，1998年首次以此为题发表论文，从而正式宣告了原因层次分析法的诞生。之后，原因层次分析法整合了复杂理论等，在应用中不断得到发展。

二、原因层次分析法的内涵

夏威夷大学"最佳未来研究项目"的负责人戴塔（Dator，J.）指出："原因层次分析法在帮助团队思考长远未来时比大多数只是进行单一层面分析的任一种理论或方法都要更有效。""原因层次分析法的核心假设是，

表 7-2　原因层次分析的理论源泉

阶段	理论思潮	基本观点／取向	对原因层次分析法的影响
孕育阶段（1975～1990）	预测／实证主义	重视实证资料，使研究更科学严谨	运用实证资料科学地预测未来
	文化／诠释主义	创设共享言论和真实意义，重视对话	在文化情境中诠释实证资料的意义，关注纵向四个层面的文化
	批判／后结构主义	注重批判和解构，尊重多元价值	批判历史和现实，用后结构主义"工具箱"进行解构和重构
	新马克思主义	在以人为本的思想与关注不变行动者的思想之间存在张力	个体和结构互相影响
	新时代／绿色精神观	关注新故事在创造过程中的变化	注重分析隐喻层的神话等
形成阶段（20世纪90年代）	深层文化密码观	理解不同文化间的关系必须通过正式、非正式的途径了解其文化根源	通过多种途径深入剖析纵向四个层面的文化
	福柯的认识论历史框架	任何知识都是历史的产物	解构历史，进行谱系化
	沙卡（Sarkar, P. R.）阐述的孔萨斯（Kosas）	感知是分层的，在多个层面由浅入深剖析是认识不断深化的过程	在纵向四个层面由浅入深，再由深入浅进行循环分析，能更深入地把握事物
	斯劳特注重行动研究	从优雅象征主义未来研究转向通俗未来研究，用来解决实际问题	注重行动研究
发展阶段（21世纪初至今）	复杂理论	事物是复杂的，有多种表述形式	对调和传统的二分法（如个体和结构）特别有效，用多种认知模式认识事物
	荣格完形（Jungian Gestalt）心理疗治	整合荣格研究和完形心理学，主张通过了解个体躯体状况，认识被压抑的情绪和需求，整合人格分裂部分，改善不良适应	注重外部与内部，理性与非理性分析相结合；在决策前要分理性与感性、逻辑与情感

现实是多层的，认知有多种模式。"①原因层次分析法应用多种认知模式认识世界，创新方法论，从多个层次变革现实。

（一）认识取向：多元认知模式

著名哲学家张东荪重视认识论的复杂性，认为以往的认识论犯了一元或二元的错误，实际上认识是由感觉、经验等构成的，单纯归结为某一元都不合适，从而提出了"多元认识论"。②伊纳亚图拉认为多元认识论是理论和方法的敲门砖，指出未来研究的优势就是多元认识论。社会科学有"实证主义""批判主义"和"诠释主义"三大研究取向，未来研究也有这三种认知模式。"实证主义"注重通过实证方法获取资料，强调未来研究要注重科学严谨性。"批判主义"批判实证主义过于老套，不能有效诠释文化、语言和阶级性。未来研究在发展过程中更注重批判现实，强调不能只满足于预测未来。"诠释主义"看到了二者的弊端，注重对话沟通和分享言论，致力于创造真实的文化意义。在夏威夷未来研究中心工作时，伊纳亚图拉深受这三种模式的影响。

伊纳亚图拉后来在未来研究实践中将上表中三种各有侧重、有机联系、互为补充的认知模式进行优化组合，创新性地提出了更具整体性的原因层次分析法。原因层次分析法是独一无二的，超越了只是应用某一种认知模式的传统未来研究方法，其功能优于三种单一模式的加和。它整合了科学主义和人文主义，运用"预测/实证主义"方法获取资料以科学地预测未来，运用"文化/诠释主义"解释资料在社会情境中的文化意义，运用"批判/后结构主义"批判性地解构，创造出多元未来供优选。

（二）方法创新：多层立体分析

预见式行动研究在质询未来的过程中始终要立足现实，分析现实的不合理现象及其深层次的原因，提出替代性对策，设计多元未来方案供优选。原因层次分析法超越传统的平面式分析，创新了方法论，新增了立体分析的维度，从多个层面去分析现实的不合理，解构成因，重构更优化的对策，建构出多元未来方案，供后续的行动研究优选。原因层次分析法吸收了"孔萨斯"概念，它指感知到的层级越多、越深，就越能挖掘到现实的本质，革新的力量也就越大、变革的空间也就越广、作用的时间也就越长。原因层次分析法对现实进行多层立体分析，从现象、制度/社会原因、话语/世界观和比喻/隐喻四个层级解构现实，其中深层的话语/世

---

① Jim Dator，"Futures Report: The Futures of Futures Studies—The View from Hawaii"，*Futures* 18，1986（3），440–445.

② 张东荪：《知识与文化》，长沙，岳麓书社 2011 年版，第 46 页。

界观层和比喻／隐喻层是传统社会科学研究和预测方法难以触及的，这也拓深了立体分析的层级，因而能更深入、更广泛和更彻底地解构现实，创造出更多、更合理的未来愿景供优选。原因层次分析法在现象层通过实证方法预测危机问题的发展趋势，引起人们的高度重视；在制度／社会原因层从政治、经济、管理等方面的体制入手来剖析社会原因，诠释现象层资料的文化意义并产生怀疑；在话语／世界观层通过哲学反思探察到隐匿的世界观，并解构这一制约思维和行为的构成思想的逻辑支点，而且变革其中不合理的要素；在最深入的比喻／隐喻层剖析和调控无意识的情感、心态、直觉和非理性等（见表 7-3）。

表 7-3　纵向四层立体分析预测未来

纵向层	视角	工具／途径	场景	内外	主观客观	有无意识	主要任务
现象	科学	眼、实证资料等	更富于工具性	外部	客观	有意识、理性	通过资料预测问题的发展趋势
制度／社会原因	社会科学	口、语言、诠释主义、文化等	更富于政策性	外部	客观	有意识、理性	分析社会的政治、经济、文化等体制原因
话语／世界观	哲学	脑、语言、哲学反思、后结构主义工具箱等	抓住根本差异	内外部	主观	有意识、理性	剖析世界观、意识形态等，理清逻辑理路
比喻／隐喻	隐喻	心、艺术、故事原型等	离散，通过想象、感觉等右脑思维方式揭示差异	内部	主观	无意识、非理性、感性	以情感为驱力，调整心态，寻找集体迷思，解决悖论

　　受孔萨斯、复杂理论和荣格完形心理疗法等影响，原因层次分析法注重在纵向四个层面多次反复地由浅入深、由外及里地剖析纷繁复杂的现实。如表 7-3 所示，原因层次分析法在不同的场景下，针对不同的任务，从不同的视角，运用不同的工具，从理性与感性、有意识与无意识等方面去解构和重构现实。这立体四层的分析是有机联系、互为补充的，从现象层到隐喻层，不断向纵深和边缘拓展，如同金字塔，逐渐由窄范围、浅层、短期过渡到宽范围、深层和长期，并立足于下面更深入的世界观层和隐喻层，分别剖析人们主观的理性思维和感性思维，再回眸探察上面浅显的、客观的现象层的发展趋势和社会原因层的现实危机成因，从而形成了从浅到深、又从深到浅、再从浅到深的螺旋理路。这样就既在社会原因层

剖析了客观的危机成因，又在世界观层和隐喻层分别剖析了个体主观的有意识的理性和无意识的感性，践行了整体主义所倡导的尽可能全面分析事物的理念。

总之，原因层次分析法的内涵很丰富，是一种整合与变革的方法。它整合了"实证主义""诠释主义"和"批判主义"三种认知模式，突破了传统的平面式分析，新增了立体分析的维度，在现象层通过实证资料预测现实危机的未来发展趋势，在社会原因层、世界观层、隐喻层分析现实危机的成因并提出对策，既预测未来，也建构未来。

三、原因层次分析法的策略

原因层次分析法自诞生以来，得到了广泛应用。伊纳亚图拉在2009年指出，通过一百多个工作坊和大量论文的应用，原因层次分析法已经由未来教育的批判工具转变为国际、国家、州、地方政府和非政府组织的决策和战略开发工具。

（一）原因层次分析法的优劣势

原因层次分析法已经像其他任何一种有效方法那样经过了组织和个人的检验，美国、泰国、德国、荷兰、新西兰、新加坡、马来西亚和澳大利亚等国在制定政策、改革时弊、规划未来和调控管理等方面高效应用原因层次分析法。每个人都可以使用原因层次分析法来反思自我、剖析他者或制订计划等，多领域的应用大大提升了它的价值，使之优势凸显。原因层次分析法的优势主要体现在：（1）拓展了情境的范围和丰富性；（2）应用于案例研究时，能容纳所有参与者的不同认知模式；（3）在研究未来的过程中，因其能整合非文本与诗意／艺术性的表达，从而能吸引更多人参与；（4）认可参与者的立场并分层，各层面参与者的立场既冲突又和谐；（5）促使研究超越表层和中心，向深层和边缘拓展；（6）允许不同行动者进行系统变革；（7）拓展新的分析层面，引领行动者采取措施；（8）增强对策的可操作性，使之能真正解决问题，而不只是再次登记危机问题；（9）开发短期、中期和长期的策略；（10）恢复社会分析的纵向维度。

但一种理论或方法总难免有局限性，原因层次分析法也不例外。这就警醒人们，需要有意识地加强新对策的制定和实施，如可以借助网络教室、教学博客、网上课件、视频教学和在线同步软件等现代化信息工具，便捷、高效地开展研讨，制定对策并实施，快速地反馈信息，并及时作出调整。里迪认为，"工作坊中的一些参与者也许没有能力深入剖析制约事物发展的社会原因或人的世界观等"①，对此，可以借助语音助手、QQ群、微信群等，给参与者提供更多的在线或面对面交流合作的机会，让他们形成"共同体"互相帮助。这样的广泛开发，已经形成了原因层次分析法的有效策略，概括起来主要有整体主义的"程序图"和后结构主义的"工具箱"。

（二）整体主义的"程序图"

整体主义认为，事物不可能在隔离中被充分理解，要全面和整体地看事物，从多个层面、多个视角立体地对其进行剖析，要整合多个主体对事物的不同认知，珍视多样性、变动性和差异性。整体主义还强调，构成整体的各要素之间是有机联系、相互促进的，要优化组合诸多要素，尽可能强化每一个要素，从而使整体的功能最大化。原因层次分析法创新性地应用整体主义的"程序图"，纵向四层多次反复地解构与重构，有机整合了每一层不同行动者的多元认知模式、方法论和价值观等。以某信息传媒集团改制上市为例，这一操作性的"程序图"通常包括以下五个步骤。

（1）纵向逐层分析面临的困难。现象是某信息传媒集团要改制上市遭遇阻力。从社会原因层到世界观层再到隐喻层三个层面剖析成因。社会原因层是政府要进行社会文化体制改革，以加快文化产业发展，该信息传媒集团属经营性文化事业单位，需把事业单位体制变革成企业体制，才能上市。世界观层是某些利益相关者没有认识到市场经济背景下该信息传媒集团改制上市的重要性和必要性，有些人担心改制上市损坏自己的既得利益。隐喻层是员工情感和心理上不接受转变事业单位员工身份。

（2）横向逐层提供最佳选择。在社会原因层和世界观层通过提问来生成对事业单位改制上市的正确的新认知。首先，在社会原因层，从社会、技术、环境、经济和政治视角来揭示不同行动者对事业单位改制上市的不同认知；其次，在世界观层询问"事业单位改制上市凸显了怎样的价值"，让利益相关者认识到改制上市有利于破解融资难题、规范治理结构、提升企业知名度和提高经营管理水平等；最后，采取相应措施以形成正确的新认知。

（3）重构隐喻。首先，挖掘出隐喻所隐含的制约改制上市认知的无意识，剖析众多利益相关者无意识的情绪和心理等；其次，集体重构该集团改制上市要达到的愿景；最后，分析为实现该愿景，该如何破除当前无意

---

① Chris Riedy, "An Integral Extention of Causal Layered Analysis", *Futures* 40, 2008（2），pp. 150–159.

识的制约因素。

（4）重组问题和重新定义可能的解决方案。为实现该信息传媒集团改制上市这一目标，进行充分的市场调查和可行性研究，提出首次公开募股或买壳等若干方案，集思广益后选择最佳方案。

（5）逐层制定和选择措施。根据选定的最佳方案，在每一层相应精选一项措施进行预见式行动研究，并在循环研究中对其不断改进。"现象层"：选用应急措施，迅速整合资源并妥善安置人员；"社会原因层"：通过顶层设计理顺社会体制，并制定改制上市的激励约束机制；"世界观层"：通过转化构成思想的逻辑支点，尽快转变经营观念；"隐喻层"：选用情感和心理上能让相关人员接受改制上市的措施，可以用"不管黑猫白猫，捉到老鼠就是好猫"这种幽默式隐喻，来揭示"应该破除教条主义和世俗偏见，大胆践行改制上市"。以上步骤不是在每次应用原因层次分析法时都必需的，可以根据目标和场景对其进行灵活调整或简化。

（三）后结构主义的"工具箱"

后结构主义是对结构主义的继承、批判与超越。"结构"也可以看成一个系统或集合。后结构主义质疑"结构"的完整性和不可分割性，分解并拆散"结构"，从而突破传统观念的束缚，在一个更广阔的文化哲学背景中，对事物进行多层面的解构式分析，消解那些制约人的思维和行为的僵化结构。后结构主义认为，世界是多元的，人们的思想不应受制于固定的模式，真理也不是绝对的，而是不可穷尽的，探求真理的途径和方式也应是多元的。原因层次分析法以后结构主义的"工具箱"作为策略之一。该工具箱有解构、谱系、拉远、新型过去和未来、知识重组五个工具，每个工具都配备了大量问题，可以应用于纵向四层立体分析的任一层，当然，有些工具更适用于某些层。以教育技术学博士生创新研究方法为例来分析。

（1）解构是分解制约博士生去创新方法的要素。

（2）谱系是厘清教育技术某研究方法的历史发展理路。

（3）拉远是综述该方法的中外最新研究成果，开阔视野、延伸思维，因为"他山之石，可以攻玉"。

（4）新型过去和未来是转变过去制约教育技术发展的思想，重构更合理的新支点，增加更优化的新要素，形塑新型的过去和未来。原因层次分析法变革现实的不合理，重构新型过去和未来，正好与注重过去、现在与未来动态联结的预见式行动研究相契合。

（5）知识重组类似于解构和谱系，问题包括：根据新情境如何重新优化组合新旧知识要素，进而创新传统研究方法；针对不同主题如何相应创新性地应用同一方法。

　　受建设性后现代主义和整体有机论等影响，原因层次分析法既应用后结构主义"工具箱"在现象、制度社会原因、话语／世界观和隐喻／比喻四个层面去解构原有整体，剖析各要素及其之间的关系，理清发展的谱系，破除不合理的要素；又超越解构性后现代主义，让人们生成建设性的新想法和新观念，通过纵向四层参与者的行动研究拉远与现实的距离，建构新型过去和未来，然后知识重组现实危机问题，或优化重组各要素，或吸纳更优质的要素替换不合理的要素，将被解构的原有整体有机地重构成功能更强大的新整体，使各要素相辅相成、优势互补，从而既破除现实的不合理，又创建更合理的未来。预见式行动研究在循环研究的动态过程中，始终立足过去和现在，面向未来。原因层次分析法凭借后结构主义的"工具箱"等策略沟通了过去、现在和未来，是预见式行动研究的高效方法之一。

第八章　人种志行动研究

传统社会科学研究方法及其认识论基础在遭遇后现代思潮的冲击后开始瓦解，进而转向以整体性、复杂性、参与性和民主化为基本特征的实践取向研究范式。行动研究正是这一范式转型中的产物，它以科学实践观为哲学基础，强调反思理性，融改善社会实践、发展科学知识及推行民主政治于一体。[①] 当前，深切关注实地研究和参与观察的人种志与侧重社会情境和行动反思的行动研究不谋而合，催生出了"人种志行动研究"（Ethnographic Action Research，EAR）。作为一种新兴研究范式，人种志行动研究在萌芽、发展的历程中不断汲取人种志和行动研究的养分，渐渐展现出惊人活力，并开始为研究者所重视；相应地，人种志行动研究的相关研究也日渐丰富，形成了一系列概念、原理、模式和方法。

第一节　人种志行动研究的背景

21 世纪初，以新媒体为媒介的知识经济给人们提供发展机会的同时，面临着如何促进技术、社会和人的可持续发展问题。

一、人种志行动研究的兴起

联合国教科文组织（United Nations Educational，Scientific and Cultural Organization，UNESCO）认识到，信息通信技术在实现发展目标发挥着重要作用，在经济发展、社会变迁和文化发展方面扮演着重要角色。为了使世界上各个国家和人民有效和公平地获得、制作、传播和使用信息并有效和公平地获得发展机遇，通过让"普通"人接触媒体和其他信息通信技术，鼓励他们积极创造自己的本土内容，使他们更好地成为富有积极性的世界公民。

[①] Martyn Hammersley，"Action Research: A Contradiction in Terms？"，*Oxford Review of Education* 30，2004（2），pp. 1-19.

为此，联合国教科文组织开展关于信息通信技术促进减贫等一系列项目，旨在设计一个可转换的方法论以监控和评估社区多媒体中心。这些研究的重点不是技术本身，而是关注技术在各种组合和特定情境中的不同用途。

技术决定论（Technological Determinism）强调技术的自主性和独立性，认为技术能直接主宰社会命运。技术决定论把技术看成人类无法控制的力量，技术的状况和作用不会因其他社会因素的制约而变更。[①] 信息通信技术项目在扶贫活动中遭遇的困境与新媒体扶贫项目研究陷入一种尴尬处境，使用常规基础调查方法来监测、评价和影响评估并没有取得预期效果。这促使人们认识到需要更加细致全面的措施与方法，于是，发展了新的指标体系。新的指标体系不只是关注个体的行为变化，而且专注社区对话和更广泛的社会变革。人们已经认识到，更持久和更大规模的改变可以通过社区水平的社会变革实现，在评估时需要了解以社区为基础的方案的具体问题。

人种志行动研究首先回应了要求细致全面的方法的需求。2002 年，澳大利亚昆士兰科技大学的研究者在斯里兰卡开展的科特梅尔社区无线电与互联网项目（Kothmale Community Radio Internet Project，KCRIP）中，尝试在行动研究的基础上融入人种志，把人种志和行动研究整合到新媒体创制平台的研究与开发中，形成了人种志行动研究。

澳大利亚学者塔基（Tacchi，J.）、赫恩（Hearn，G.）和英国学者斯莱特（Slater，D.）在多年研究的基础上，把人种志和行动研究进行整合并正式提出了人种志行动研究。人们认识到，人种志方法虽然提供了重要和有益的见解，且这些见解能帮助媒体主动有效地发展，但同时也承认，人种志方法单靠自身并不能以有用的和可用的方式应用。尤其是在部分人员对定量指标的适切性产生怀疑，认为定量指标不可能识别和测量生活的各个方面。人种志行动研究不是简单地将人种志与行动研究进行叠加组合应用，而是承认人种志方法在行动研究中提供了重要和实用的洞察力，这种洞察力有助于媒体创制平台的有效发展，再用行动研究的框架把参与技术和人种志方法结合在一起，并融入研究进程。而且，通过新项目的开发和计划，行动研究被用来把研究工作连接到媒体创制平台，目标是整个媒体创制平台发展起了一种研究文化，通过这种文化，知识和反思融为一体以获得持续发展。研究的目标、方法和分析由某一特别的点开始，然后，

---

① 陈昌曙：《技术哲学引论》，北京，科学出版社 2012 年版，第 153 页。

带着更丰富的理解，又反馈回原点。人种志行动研究人员被鼓励把参与者和工人当作信息和研究者伙伴，以行动者和研究者的双重身份进行研究，强调研究者和行动者两位一体，对行动过程中的问题进行研究。他们将人种志研究方式整合到媒体创新及其开发之中，以训练项目工作者自己从事长期人种志工作的能力，并发挥参与式和行动研究的两种传统，显示出强大生命力。

人种志行动研究既不是人种志与新媒体行动研究的机械组合，也有别于人种志和行动研究，它旨在了解和阐述某个地方的文化，而不试图对其所了解的文化进行改造。而行动研究侧重通过行动解决问题，重点在行动本身，而不是建立研究文化或试图先了解文化。人种志行动研究隐含着文化本体论的假设，围绕交往生态的研究焦点。在研究逻辑上，以整体主义消解了技术决定论的主客二元认识论和技术的社会建构论的文化决定论，内在地承认人的无限创造性，追求以价值生态为核心的价值创造。人种志行动研究被认为是探究信息通信技术影响力的最富有创新性的一种研究方法。

二、人种志行动研究的含义

塔基、赫恩和斯莱特在论述人种志行动研究时，对他们的做法和看法进行了描述性的介绍，并没有对人种志行动研究给出确切的定义。人种志行动研究是人种志与行动研究以新媒体创制平台研究与开发为媒介的结合。苏峻、黄甫全进一步指出："实质上，人种志行动研究用行动研究的框架把参与技术和人种志方法结合在了一起。人种志方法和参与技术被用来指引研究进程，而且，通过新活动的开发和计划，行动研究被用来把研究工作连接回到媒体创制平台。"人种志行动研究"是关于知识与行动之间关系的思维方式，而不是一种具体的研究方法，它应该是一个项目或组织文化的一部分"。[①]

（一）人种志行动研究的概念

人种志行动研究是人种志与行动研究综合的结果。[②] 人种志是一种使用一系列方法来进行的定性研究方法，传统上用于深入细致地理解不同文化。行动研究是一种通过对具体情境的理解和把握来开发新知识和新活动

---

① 苏峻、黄甫全：《人种志行动研究：以新媒体为平台的新方法论》，《现代远距离教育》2011 年第 6 期。

② UNESCO Office New Delhi, *Eewthnographic Action Research: A User's Handbook Developed to Innovate and Research ICT Applications for Poverty Eradication*, 2003, pp. 51–100.

的方式。

人种志行动研究不是将研究看作在指定的时间点由外在评价者进行评价发展的活动。就其研究本身来说，人种志行动研究是通过持续的知识建构和反思反馈到研究进展中，以此发展研究文化（research culture）。而对研究者来说，他并不仅参与研究，而且是"社会文化的动画"（sociocultural animation）创作者。值得注意的是这里的研究者并不是传统意义上的独立于被研究者，且与被研究者隔离的研究者。人种志行动研究尽量避免研究者和研究主题相分离，它包含很多不同角色与不同类型的对话。因此，人种志行动研究提供了仔细倾听的系统方法，倾听人们从自身经验中获得什么知识，帮助其将知识更加清晰地结构化，并将之带到规划与行动过程中。通过在研究中不断反思和建构知识，每个人都能明白人种志行动研究就是为了给他们提供一个在需要时可供调用的宝贵资源，以此形成和发展研究文化。

（二）人种志行动研究的结构

人种志行动研究是一种整体主义研究范式，既融合了人种志研究、行动研究等多种研究方法，又体现了交际生态和新媒体等跨界研究的新特点；既可以是视野宏大的广泛研究，也可以是聚焦于具体问题的针对性研究。与其他研究范式一样，人种志行动研究也涉及研究者角色、研究文化和研究伦理等研究元素。

通常说来，人种志行动研究项目包括两项活动：计划和行动。随着研究项目的推进，计划和行动相互作用，相互影响（见图8-1）。

图8-1　人种志行动研究项目活动

但是，在人种志行动研究过程中存在着一个重要环节——研究，研究环节对人种志行动研究项目的发展发挥着建设性作用。在研究观察中，能够产生知识，同时从经验中获得学习。通过对行动和经验进行批判性反思，能够更有效地计划后续行动，可将这种反思称为知情性反思（informed reflection），它贯穿人种志行动研究的始终。①

人种志行动研究不断涉及观察（询问和倾听）和反思（察觉）。所以人种志行动研究包括计划、行动、观察和反思四个环节，这四个环节构成

---

① UNESCO Office New Delhi，*Ethnographic Action Research: A User's Handbook Developed to Innovate and Research ICT Applications for Poverty Eradication*，2003，pp. 51–100.

一个循环体（见图 8-2），持续循环上升，推动人种志行动研究项目发展。

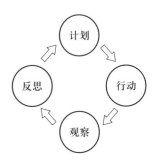

图 8-2　人种志行动研究循环体

人种志行动研究通常分为两个阶段：基线研究阶段（研究项目开始前）、监控和评估研究阶段（评估研究项目进展的如何）。监控和评估研究阶段尝试衡量项目的效果，及其与基线研究阶段间的有效性。通过将研究整合于项目的计划和行动的持续循环圈之中，两个研究阶段得以深度融合。这样就有益于组织能够根据知情性反思而作出改变、适应和回应，而不是简单地衡量影响及不断思考所产生的知识。人种志行动研究所关心的是一个研究项目如何创生出研究文化的，通过不间断的反馈知识和反思来促进研究项目的顺利开展。

毋庸置疑，人种志行动研究项目会涉及和影响很多的参与者和利益相关者，需要理解不同人的观点以便能够形成计划和跟踪过程。人种志行动研究的一个重要特征是计划、行动、观察和反思四个阶段都涉及人的参与。

人种志行动研究采用参与式方法开展研究，参与式方法能够确保研究的目的、方法和分析基于对特定地点与项目的充分理解，且能构建有效的反馈机制。研究侧重于当地人是如何定义问题和机遇的，根据当地实时情况来采取相应的研究方法和设计研究项目。研究者和研究对象间不存在简单的区分，研究包括不同的角色和各种形式的对话。因而，在研究过程中，研究者接触到的参与者可能既是线人又是同伴研究者。人种志行动研究是一种去认真聆听诉说者亲身经历，帮助他们更加有条理地诉说，并且将其融入计划和行动的过程之中。

在开展人种志行动研究前，需要优先阐述清楚以下四个关键问题。这四个问题贯穿研究的整个过程。

第一，我们想做什么。通过反问这个问题来明确研究项目的目的和目标。每一个人种志行动研究项目都要有一个方向和预期结果。公开陈述清楚一个项目的目的以识别出项目的具体情况。对项目的目标定位越准确，越有利于跟踪项目。这些目标能够用于评价一个项目是否成功。

第二，我们如何去做。这个问题促使研究者将目标转化为特定计划。人种志行动研究项目是如何在日复一日的行动研究中尝试着去实现研究项目的目的和目标？这需要研究者重视如下方面：（1）个人项目活动；

（2）在日常生活中，你们作为一个组织，与利益相关者联系着，甚至努力服务社区，努力去实现这些目的和目标；（3）项目内在结构和系统，包括使用项目资源的方式。

第三，我们做到了何种程度。这个问题需要对研究者是如何努力去实现研究项目的目的和目标的状况，或是通过反思、自主意识，或是通过调查有影响力的人，进行有理有据的考评。从本地社区、本地用户、项目成员和志愿者、捐赠者及其他外界机构等多方面了解研究究竟做得如何。

第四，我们如何做得更好。基于研究项目的已有发现，此问题要求研究者重新考评研究项目的目的和目标，回顾研究过程和操作，分析研究的有效性、成果及不足。这需要继续进行新规划和新行动，利用研究反思和评价实施数据，完善项目的整体有效性。主要考虑丰富项目的资源，进一步开发项目短期、中期和长期中的资金来源。整个过程应该允许开发并不断调整短期、中期和长期计划。

在人种志行动研究中，研究者必须定期自问这四个问题，通过回答这些问题，更有效地推进研究项目的开展。除了这些常见问题，随着研究项目的开展，还会出现更多具体的问题。

三、人种志行动研究的原理

人种志行动研究结合了三种研究方法：人种志、参与式技巧、行动研究。人种志和参与式技巧用于指导研究进程，而行动研究通过在持续循环中的开发和规划新的行动来使研究回归创新状态。

人种志行动研究将研究与项目进展相结合。它的设计主要应用于基于社区的信息通信或媒体的项目中。人种志行动研究能帮助评估和监测信息通信技术项目，但它的作用并不止于此。要使人种志行动研究真正有效，需要其成为媒体项目的一个嵌入成分，即与项目本身相整合。

（一）人种志和嵌入式媒体发展

人种志行动研究的参与者都是团队中不可或缺的成员，人种志行动研究的任务通常由团队成员和志愿者共同承担。人种志行动研究参与者有当地的居民，有的可能是完全没有相关研究背景的人。为了推动当地（媒体）中心的发展，他们接受相关训练，施行人种志行动研究。这是一种正在进行的状态。人种志行动研究是媒体中心一个内在的组成部分，与媒体中心本身相整合。理论上，它允许媒体中心完全透明地发展，持续的监测和评价将会影响媒体中心发展的方式，并有助于媒体中心更具灵活性，这样，媒体中心就能适应当地需要和环境变化。人种志行动研究，肩负两个特殊且相关的任务：在媒体中心里发展研究文化，并扮演社会文化的创作场。

（二）研究文化

人种志行动研究，并不是将研究看作在指定的时间点上由外在评价者进行评价的活动，而是将研究整合到项目的策划和行动的不断循环中。人种志行动研究，不是在某个特定的时间点对效果进行测量，而是媒体中心的全体员工和志愿者连续地反思并生成有关他们自己如何工作的知识。为使媒体中心的全体员工和参与者发挥主人翁精神，人种志行动研究者致力于开发一种研究文化，借此让知识与反思以有助于开发的方式加以持续地回馈。人种志行动研究包含了行动研究的共同特点。在整个研究阶段和媒体中心的活动与发展中，它都包括人们一系列的计划、活动、观察和反思。人种志行动研究确保当地的人们及其观点与项目的发展相整合，从而保证媒体中心与人们的期望和当地的情境相关联。

研究聚焦于当地人们如何定义问题和机遇，并允许研究方法和媒体中心本身创造性地适应本土情境。要避免研究者和研究主题相分离。更确切地说，人种志行动研究包含很多不同角色与不同类型的对话。因此，参与者既能够作为信息提供者也能作为研究者的同伴。人种志行动研究提供了仔细倾听的系统方法，倾听人们从自身经验中知道什么，帮助人们将知识更加清晰地结构化，并将之带到规划与行动过程中。

（三）社会文化的创作

人种志行动研究的研究者并不仅仅是参与媒体中心的研究，他们在中心可能有各种不同的角色，同时全体员工和志愿者之间共同分担研究任务。任何时候，研究者都是团队不可或缺的一部分，而不是作为评价他们工作好坏的旁观者。"社会文化动画创作"是这样一种方式：动员个人和社区成员进行社会性的和文化性的参与，从而使他们积极投身到个人自身发展和社区发展之中。在这方面，鼓励他们了解当地社会和文化情境中所有的工作人员和志愿者。研究者不但鼓励项目工作者积极参与项目的计划和评价，也鼓励项目工作者参与当地人们和团体之间的互动，以参与者的方式观察当地的人们和团体，鼓励他们以使世界和他们自己有意义的方式来进行项目评价。在这个意义上，"动画创作"（animation）意味着将项目工作者、当地社区、团体和个人都看作是积极的创作者。

人种志行动研究的研究结果能够以若干种方式反馈到媒体项目的开发中。研究者能够在一定程度上保证研究对于所有相关的人都是合适的和可理解的。研究者通过与全体员工和利益相关者的讨论，通过研究结果的口头报告、书面报告，通过参与会议、一般中心会议和员工会议的计划与评价，来发挥这方面的作用。如果每个人都能明白人种志行动研究就是为了给他们提供一个在需要时可以调用的宝贵资源，那么，研究文化就能发展，人种志行动研究也才可能更有效。

第二节　人种志行动研究的模式

人种志行动研究将人类学原则和行动研究过程进行交叉融合而孕育了独特模式，生成了人种志行动研究特有的原则与过程。

一、人种志行动研究的原则

人种志行动研究至今处于发展进程之中，从中可以提炼出四大原则：人种志方法的开发、行动研究步骤的开发、交际生态方法的开发及研究伦理学方法的开发。

（一）人种志方法的开发

人种志（ethnography）又称民族志、俗民志、族志学等，是人类学特有的一种崇尚客观和描述的定性研究方法。[1]在词源学上，西方文化中的人种志一词源于希腊文 ethno，意为民族、种族或人们，而 graphy 是描绘的意思。所以人种志即对民族／种族或人们生活的描述。[2]人种志就是对某一文化、社会团体或制度的描述和诠释。在研究过程中，研究者对一个团体察觉得到的和习得的行为模式、风俗和生活方式进行考察，并解析其与文化中的人、事、时、地、物各因素之交互影响过程。人种志通常是基于长期的浸入式田野考察，或者是现场勘察。人种志的主要方法是参与式观察，研究者参与其所研究的社会或文化（比如与被研究者一同生活），但是保持一个分析者或观察者的姿态，进而在反思和分析中描述和阐述研究对象。人种志采用整体的方法去观照研究对象，即注重全体的社会环境和社会关系，同时寻求从更广泛的情境中去审视研究对象（比如更广阔的经济领域、政策等）。

对于研究目的，人种志方法目标在于理解正在进行中的项目的完整社会关系和研究过程，包括：人们和积极参与者间的即时模式，如他们是如何组织的，如何开展工作的，研究项目是如何融入他们的生活的；用户的

---

① 冯增俊主编：《教育人类学教程》，北京，人民教育出版社 2005 年版，第 89~90 页。
② 刘彦尊：《人种志方法在比较教育研究中的应用》，《外国教育研究》2006 年第 9 期。

日常生活和行为方式（无论在研究项目中还是在他们的家庭、友谊、社交网、工作中等）；研究项目更广泛的社会情境，比如社区中的社会分层、语言问题、当地经济、社会和文化资源、社区中的权力机构和单位；超越社区的社会结构和进程，如公共设施、政府政策、经济发展。

人种志学者试图去弄清研究场域的每个特征，研究项目不是孤立的，而是与更大的图景相关联。这就是为什么人种志学者很少提及比如"互联网对赋权的影响"问题，这样谈及显得过于抽象，因为这样就认为"互联网"是一个孤立的媒介，"赋权"是一个孤立的指示器。然而我们关注互联网的独特用处和赋权的特定意思。这也意味着我们更加聚焦于实际进程，如互联网如何适应人们传递关于健康或教育的信息的众多不同的方式（通过口头、健康系统、典礼仪式和"迷信"）。

沉浸在田野中（即项目和情境进行的场所中）进行考察，需要灵活敏感地运用系列知识。随同更加正式化的研究活动，比如访谈，每次经历、对话和遭遇都可当作"材料"或"数据"。可以说，在人种志中，"一切都是材料"，都可以记录在案并服务于后续的分析。研究以多种多样的关系和"对话"呈现。尽管研究包括很明显的客观方法，类似于调查，也可将其看作一种与当地和当地人间正在进行的对话或者关系，比如研究者要有兴趣和基于对所研究地区有充分的认识而触发与当地相关的问题，才能设计出一个好的调查。

人种志是一种研究方法论，不是一种具体的方法。事实上，人种志是一种复合方法，并根据研究情境来适时选用和调整研究方法。更为重要的是，人种志尝试着将不同的研究方法整合为一个整体方法，从整体上审视这些知识和经验及其之间相互的关系，通过整合所有的数据材料，综合运用研究方法，更好地理解整个研究。总之，人种志的关键在于要注重精细化和本土化来理解一个特定地区。

（二）行动研究步骤的开发

行动研究是由社会情形的参与者为提高对所从事的社会或教育实践的理性认识和为加深对实践活动及其依赖的背景的理解进行的反思研究。行动研究意为将研究整合于研究项目的发展之中。借助人种志行动研究，通过对社区、项目及所使用的信息通信技术的深刻理解，研究项目将逐渐发展并趋于完善。所以，行动研究取决于与研究项目需求相关的计划。行动研究需要对项目持续关注和积极回应研究。换言之，行动研究的目标在于建构起项目的研究文化，研究和文件编制是每天行动中不可分割的一部分。每位成员学习研究并对其有所贡献，通过在会上讨论，研究成员和志愿者们思考研究计划的每一个活动。

行动研究通过"积极参与""行动性方法"和"生成性行动"三种方式将研究过程与研究项目中的活动紧密相连。

1. 积极参与。行动研究提倡"在行动中研究"。参与是行动研究的显著特征，研究者只有积极参与行动和研究，才能从研究中获益。积极参与主要包括参与定义研究目标，分析研究方向，阐释研究过程，获得结论。行动研究的参与涉及研究的全过程，既包括参与行动前的目标制定、方案拟制、研究工具选择、研究路线设计，也包括参与行动后的材料整理分析、研究结果的总结概括。

2. 行动性方法。行动性方法（action-based method）是行动研究的关键，方法的选择与运用直接决定研究质量的好坏。行动研究参与者于活动和个人的经验之中运用正式的方法来产生知识。一般的研究可作为行动研究的常规方法，常常以组合的形式运用于研究中。此外，如果研究者以结构性和反思性视角思考，新的项目和活动同样可以被当作"实验"，生成新的知识。

3. 生成性行动。研究的直接目标是产生诸如媒介和长期项目计划，包括制订商业计划，新倡议想法，解决问题，命中目标人群，寻找新资源或者新伙伴。因此行动研究是一系列生成性行动（generating action），这些生成性行动在行动研究的过程中不断调整改善。所有实施的研究活动都可转化为行动研究，研究者可以细致入微地反思研究项目，从项目中受教，同时思考如何去完善或者复制项目。

积极参与、行动性方法和生成性行动有效地将研究者、研究方法和研究过程整合成一个有机的整体，既强调了行动研究的不同维度，又使之相互融会贯通，形成系统的良性循环。

（三）交际生态方法的开发

人种志行动研究着眼于个体生活中的通信和信息的整体结构，而不是集中于个体的信息通信技术及其影响。个体开展（或者想要开展）什么样的通信和信息活动？他们可利用的通信资源（媒介内容、技术及技能）有哪些？他们是如何理解这些可利用资源的使用方式的？他们和谁交流及其缘由？通信是如何与人们正在做的事融为一体的？

人种志行动研究融汇了交际生态方法的概念。如果正在研究的是一片森林或者沙漠，此时不是孤零零地看待一个或两个动物或者植物，而是研究动物、植物、土壤、气候及其他事物之间是怎样相互影响的，以及是怎样对其他很多相关事物产生影响的。交际生态方法同样适用于信息通信技术研究，这其中涉及很多不同的人、媒介、活动及各种关系。例如，把"互联网"和"贫穷"分开几乎没有意义，这两个部分都是更加复杂的生态。

媒体组合或媒体指令系统（media mixes or media repertoires）、媒介的社会组织（social organizations of media）和社会网络（social networks）是交际生态的三大特色。媒体组合或媒体指令系统，强调人们不是孤立使用或者考虑媒介的，他们有着一套使用交际媒介和资源的组合或者指令系统。媒介的社会组织，强调不同的人建构的社会组织是迥然不同的，不同的社会组织会有不同的规章与管理、设备设置、社会活动、资源。社会网络，通常包括银行、非政府组织、当地政府官员、教师、医护人员及很多其他人。

在人种志行动研究中，研究者更加侧重于研究交际生态而非媒介影响或者效果，这是因为研究者能够将通信理解为涉及人们通过以特定方式组合起的混合媒介而联系他们社会网络的进程。如果研究者能够把某一种媒介合理地融入此进程之中，那么信息通信技术项目将会运行得很好，由此，研究者也可明白研究服务项目中哪些是最合适的：可能是光盘刻录或影印比邮件更重要，因为两者能更好地适应人们所尝试交流的内容。研究者能够理解不同的交际生态：女性和男性，男孩和女孩，不同的种姓制度或宗教会有不同的社会网络。研究者若是能理解每个人的特定目标和他们所面对的难题，那么将会更好地实施人种志行动研究。研究者可以通过观察这些交际进程是如何随着时间而改变的，来探究研究项目的有效性。研究者可以询问女性的社会网络是如何扩展的，她们是否随着这些社会网络而传递不同类型的信息，而不是简单地问及是否有更多的人在使用互联网。

在信息通信技术案例中，其目标是多媒体功能，关键点是集中于整个画面（人种志）和社会网络。这些是到目前为止还没有固定形式的新媒介。此外，在多媒体案例中，研究者需要将有着不同历史和体系的媒介整合到一起，创造性地改造它们以创生出一些新的且有效的知识，更为重要的是，这要与当地情况相关联和相适应。

（四）研究伦理学方法的开发

人种志行动研究在理解和促进分散式合作时遇到的一些道德问题[1]，在开发方面也存在。由于研究人员观察范围广泛，要从参加者那里获得知情

---

[1] Greg Hearn et al.，*Action Research and New Media: Concepts，Methods and Cases*，Hampton Press，2009，p.95.

同意是困难的，也可能存在伤害参与者的风险。因此，人种志行动研究涉及一系列伦理问题：解释自我，在进行访谈、小组讨论或是调查前，清晰明了地说清为什么做、想发现什么及如何使用所收集的数据材料；尊重他人，研究者需要确保所有访谈必须保密、不会外泄，需要保证在传递材料时，不会使用人们的真实姓名，如在公开的报告之中，妥当地保存录音、副本和田园日志；敏感地对待被调查者，在项目研究中，你可能会对被调查者充满信心，与之建立亲密的关系，这时，需要敏感地对待被调查者，有责任去尊重所发展的研究关系；探究敏感话题，研究者需要准备并找出研究中的敏感话题，即使非常不同意他们对此类问题的观点，也要尊重他人的观点和立场，这一点非常重要。在考虑研究项目和如何挑战他们之前，需要首先理解人们对诸如此类事的观点和信念，不要把他人置于危险之地或者危及他人健康，思考清楚研究对被观察者可能产生的影响，因为报告他们的言行会对他们及项目产生真实后果。没有什么是比人的生命或者生计更重要的。人种志行动研究作为一种特殊的活动，把人及社会关系作为研究对象，不可避免地涉及伦理问题，同样需要遵循自愿参与、避免伤害和保护隐私的伦理原则。

二、人种志行动研究的过程

人种志行动研究的运用与实践遵循系统循环过程，整个研究涉及计划研究，实施研究，组织、解码和分析数据，计划和行动四个阶段（见图8-3）。

人种志行动研究中的每一活动都可遵循这一过程，随时都有可能经历不止一个活动。例如，在计划和行动

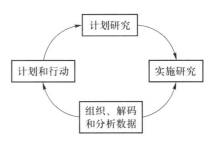

图8-3　人种志行动研究过程示意图

这一最后环节过程，可能涉及开展人种志行动研究中的两类研究——广泛研究和针对性研究。广泛研究帮助研究者理解研究的整个宏观社会背景，针对性研究致力于诠释研究中特定问题或者部分社区。在所有的人种志行动研究活动过程中，必须经历相同的研究过程。

（一）计划研究

在正式实施研究前，任何人种志行动研究相关的活动，需要回答一些基本问题，例如研究是为了什么，想通过研究揭示什么，将如何使用研究结果。尤其是运用参与式行动研究方法进行研究，只有给予参与者充分的

时间和资源，让其了解研究的目的及通过此项研究他们能受益些什么，他们才会全身心地参与到研究活动之中。而通常这些基本问题常常被忽视。非常值得去观察正在接受人种志行动研究培训的研究人员的无私奉献，这时常需要提醒他们不仅要认识到研究的重要性，而且要反思研究的目的。反问这些问题，为研究提供一个健全的环境，将有助于研究发展，确保研究计划的合理性和相关性。随着研究者和其他项目人员逐步认识到研究对项目发展的价值，研究本身的有效性也会随之提高。

无论对于研究本身还是项目发展，一个好的研究计划都是非常有效的。提前制订研究提纲或者计划，会促使研究者去思考为什么要做研究，需要寻求什么样的信息，每项研究活动采用什么样的方法合适，如何应用研究发现。因为每个研究计划是阐述特定地点的特定项目的需求，故而人种志行动研究的每个研究计划不尽相同。

（二）实施研究

研究计划的需求适用于广泛研究（社会地图和情景化）和针对性研究（集中在特定问题或者社区）。方法和参与者的选择也是计划阶段的一个步骤。在制订好研究计划后，进而是实施研究，研究者在着手收集和存储数据时会逐步修正研究计划。随着采用一种方法来收集数据，研究者可能会发现需要加入其他可选择的方法来补充收集数据方法，但是必须提前计划好将会使用到的方法。使用多种方法去调查问题将会增强研究发现的有效性。

在人种志行动研究过程中，研究者会收集到很多的数据资料，需要确保完整地保存了所有数据。研究者可能会实施一系列有趣的深层次访谈，辅之以参与式观察，但是如果不将其及时记录下来，可能会忘记访谈的大多数内容，或者可能只记得当时让其自身感兴趣的资料。因为那些数据材料只是存在于研究者大脑之中，不能够及时解码和分析这些数据材料。

在实施研究的过程中，所论及的文档编制并不是指在数据分析后所撰写的报告、总结或是其他文字，而是指在研究过程中收集的原始材料、详细笔记、文字记录或其他材料。文档编制涉及以下三件事。第一，每天记录详细的现场日志，记录所有访谈和群体讨论的详细笔记，拍照，记录使用者活动范例（绘画、网站、作品）等等；第二，组织笔记，无论将笔记记录于电脑还是笔记本中或二者都有，均需要创建一个归档系统，方便后期查询信息。记笔记时可以采用一些基本信息，比如日期、时间、地点，将数据标签化；第三，时常回顾笔记。人种志行动研究是一个持续的过程，后期研究是基于当前研究发现，因此，不能在所有研究完成后才去思考和理解笔记，而应在研究过程之中，经常性地反思笔记。

文档编制是人种志行动研究的基础。每天花费 1~2 小时用于撰写现场日志，或花 6 个小时去誊录只是 1 个小时的录音访谈。但这是研究工作的一部分，需要分配时间去做这些，同时向同事解释做材料存档工作的重要性。随着研究的逐步开展，笔记和研究材料将会成为人种志行动研究的珍贵资源，成为研究项目和当地社区的详细历史和图像志。但这些都必须基于细心的存档——记录。

（三）组织、解码和分析数据

实施人种志行动研究要求高水平的严格实验。这就必须严格要求和组织好数据收集，管理好实验数据，确保用一些基本信息将所收集的数据标签化和系统化，比如时间、地点、人员。在人种志行动研究过程中，必须遵循一个严格的实验制度，才能深刻理解研究和顺利开展后续研究。研究者在数据和材料收集完毕后，接着需要组织、解码和分析这些数据。

1. 组织和分析数据

解码最重要的功能是可能它能以一种整体连贯的方式看待所有数据。要以被解码部分的主题来组织材料。事实上，在人种志中，将组织数据和探究数据区分开是很难的。同时，对材料探究的越多，解码也会改变和发展得更多，在某种程度上，也会因此而以不同的方式组织材料。

组织和分析材料的基本思想是采用一种解码，然后用其去探究不同来源的所有材料，组织材料，接着通过这些解码来分析所收集整理的材料。

2. 解码和分析数据

分析是人种志行动研究过程中的一个持续部分，不是等到最后收集到了所有数据才进行分析。只要收集到了一些数据，就可着手分析数据。在人种志行动研究中，每天花费一定的时间去阅读和思考所收集的数据材料，其目的在于发现研究中产生的有趣和重要的问题，发展在研究中能追求的新想法和新解释，在所收集的各种材料中探索思想。

在解码和分析数据中，通常寻找在实验方法中出现的一般主题、想法、问题或者难题。这让研究者关注所有材料中的重要主题或者思想。接着，研究者基于对数据的解码和分析，将会考虑发展项目研究和关联研究项目。

解码不是一个机械的或科学化的程序，解码包括阐述和探究研究材料，不同研究者对同一材料有着不同的解码。此外，同样的研究者通常会随着时间、想法、材料的变化而改变他们的解码。研究者所用的解码取决于其所研究人物的重要性，个人对项目的兴趣，个人的思想发展。伴随着研究者分析材料的过程，解码应贯穿整个研究，以便能熟知材料、激发思想，并根据研究发现调整和重新定位研究。

3. 处理代码

组织材料的一个重要方面是要组织代码。最简单的做法是列出一张所使用的所有代码的清单，并且随着代码发展随时更新这张清单。除了简单地列出代码外，还需要明白这些代码的内涵和如何使用这些代码。代码是阐述和探究过程的一部分，它们不是不言而喻的标签。事实上，在代码清单中增加代码的定义是分析数据的一个重要部分。

4. 寻求软件解决方案

可以用于编码等定性分析的软件有 NVivo 和 ATLAS. ti 等。这三类软件可以支持将不同种类的材料输入单一软件环境，使组织不同种类的代码（或者次代码，一组代码等）变得相对容易些。通过软件可以触及一个按钮就生成代码清单，可以给代码增加备忘录，可以给代码增写定义和评论。

5. 分析反思

在人种志行动研究中，很多工作通过组织、解码和分析数据完成。研究者在浏览数据、找寻"技术性难题"的过程中实时进行相关的分析性思考，随着研究发展，研究者会以这种方式探究代码，建立起对项目和社区更加细节化的理解。在这一过程中，研究者也会产生更多研究问题，项目中与所采取的行动和策略相关的发现。随着研究过程的发展，研究者也会思考得更多，尝试去总结源于不同代码相关的各种材料，找寻到研究中的主题与针对性研究的思想密切相关。

人种志行动研究是一种灵活性大、可塑性强，能够有效发展信息通信技术项目的方法。人种志方法确保研究项目在理解当地情境和情境需求的基础上而不断发展。人种志行动研究的组成部分——计划、行动、观察、反思，确保研究数据能够及时反馈至项目活动之中。由于每个研究项目及当地文化情境会呈现不同的机会和挑战，并且资源都会有变化，因而人种志行动研究没有放之四海而皆准的过程。然而，人种志行动研究若是在某一地进行得特别好，那么此项目将会尝试去发展一种"研究文化"，将人种志研究看作独特、有用、参与式的活动。人种志行动研究也可看作可转让的方法——其用处不仅仅局限于使用信息通信技术项目去削减南非的贫困。人种志行动研究在保存了基本的人种志和行动研究的基本准则的基础上，随着在实践中被进一步开发、改造和应用，构建起具有整合意义的信息通信技术知识库。

（四）计划和行动

研究者通过不同的方法收集数据材料，依据代码和主题组织数据，通过组织、解码和分析数据，总结出与人种志行动研究项目相关的发现，确定下一步需要研究的研究领域。就人种志行动研究及其项目发展而言，这是一个持续的周期循环，必须时刻思考，如何将目前的研究发现运用于项目发展之中，如何深化对所探究问题的研究及其他，仍需探讨的问题。研究者可以通过撰写分析报告对人种志行动研究项目进行总结。分析报告有助于广泛传播研究发现，评估项目的所得所获，更为重要的是知晓项目运行中的优缺点。

根据研究发现，研究者可以处理这些研究发现，可以观察和深思这些研究发现是如何工作的或者失效的。这里又一次回到了项目发展循环的始端，每次站在项目的始端，就会加深对项目发展的可能性和何以实现项目目标的理解。

基本上，研究者需要在研究过程中始终思考四个核心问题：想做什么？如何去做？如何做好？如何做得更好？换言之，研究者一直迎头奋进，但是在每一阶段，都有新的感悟，站在新的起点上发展研究项目。

第三节　人种志行动研究的方法

人种志行动研究的主要方法包括：观察与参与式观察、田野调查、深度访谈、小组访谈、日志、信息通信技术 / 媒体内容分析、以问卷调查为基础的抽样调查、公共信息和文件材料、反馈机制等。人种志行动研究者使用一系列基本方法揭示和探究不同类型的知识。除了常规的调查研究方法，人种志行动研究吸收了新媒体技术元素，形成了一系列独特的研究方法。

一、方法情境化

人种志行动研究秉承人类学的文化基因，努力在方法层面实现情境化，着重进行广泛研究的开发、针对性研究的开发、当地文化的整合和社会文化动画师（social-cultural animator）的开发。

（一）广泛研究的开发

人种志行动研究针对项目及其所处的社会情境的宽泛程度，致力于广泛型研究的开发和针对性研究的开发。广泛型研究，主要是通过建立社交地图和情境化（social mapping and contextualizing）一套方法，以建立起对项目及其所处社会情境的丰富理解，包括交际生态。通过这些研究，研究者同同事、使用者、利益相关者建立起了人际关系，确立起一幅需要理解的主题和难题的蓝图。

研究者贯穿一个项目的始终，沉浸在研究项目和当地社区之中。研究的设计目的在于理解当地的地理特征、社会和文化结构，以及社会网络。在整个研究项目中，研究者将会学习到越来越多关于当地的交际生态，觉察到项目所带来的方式改变。

这些广泛型研究的总体目标是建立项目的"更大蓝图"及其社会情境。社交地图必须与你所研究社区的特征相关联，如，谁最穷？贫困所呈现的特殊形式有哪些？他们的生活如何？生存策略怎样？同谁交流？与其他哪类人相联系？是如何组织的？是什么致使他们贫困？最贫穷的人最关心的是什么？对他们来说，什么样的授权会使他们与众不同？总而言之，社交地图的目标可能包括：收集当地人口统计信息，描绘通信及其他服务基础设施，理解当地交际生态，理解当地信息和交际需求，识别利益相关者，建构人际关系地图，反思项目、结构及进程。

（二）针对性研究的开发

一旦研究者对社会环境有了更加清晰的认识，随着人种志行动研究项目的逐步开展，研究项目需要更加集中于具体问题和特定群体。于是，针对性研究就被开发出来了。针对性研究适用于广泛研究中出现的特别问题，目标社区中的特殊团体，或者项目工作的特殊方面。也就是说，从广泛研究之中，将会鉴别出一些与研究和项目发展相匹配的主要问题和工作领域，研究者需要针对这些主题或问题进行研究。

针对性研究有着清晰的聚焦点。比如，研究者可能想探究当地社区中的一些团体为什么不愿意参加项目，或者其他人为什么愿意；可能想探究这些团体想从项目中获得些什么，是否实现了他们的目标。通过这样的方式进行研究，将会获得信息，并将信息反馈至项目发展之中，从而提高自身服务的适切性。通过其他研究，可能会发现一些方法同特定团体结合时会是更加行之有效的，比如年轻女性可能爱在群组中说话，或者将个体访谈与群组访谈相结合会揭示出更多的信息。在研究和项目发展的所有阶段都应开展参与式观察和记录田园日志。针对性研究可以适用于贯穿项目的不同系列难题。

（三）当地文化的整合

人种志行动研究是一种思考知识和行动间关系的方式，而非只是一种特定的研究方法，它应该成为项目或者组织文化的一部分。也就是说，研究者要融入当地文化，应该经常地置身在当地情境进行思考：需要知道什么；已经知道什么；活动产生了哪些知识；如何能知道得更多；如何将他们的知识和计划未来活动相关联。这些问题代表一个连续的过程，应该建设成为项目运行过程中的一部分。很有必要去计划研究、考虑所需资源、发展存储手段、组织和管理研究数据。更为重要的是，作为一个延续的过程，当项目的发展是研究的结果，此时研究需要弄清事情是如何变化的结果。

研究者也可充当一个非常重要富有生机的角色，以确保能够积极参与研究过程。人种志行动研究希望更多的当地人参与，以确保研究能够切实反映所有问题。针对每个项目必须有回应，以确保所有知识能催生出正在进行中的项目的潜在价值，并确保项目通过公开、透明的进程被其社区成员所理解。参与不是指只是在项目开始时邀请参与者，而是在项目的所有阶段都要邀请合适人员参与。参与是一个持续的过程，更是人种志行动研究文化的一部分。

（四）社会文化动画师的开发

在人种志行动研究中，研究者不仅依附于某个项目开展研究，而且需要充当一系列的角色，术语"社会文化动画师"可以很好地诠释人种志行动研究者的内涵。动画师是一个很贴切的术语去描绘研究者这一角色，他赋予项目以生命，并实时跟踪社区动态。研究者作为当地社会文化的动画师，将会同项目员工、当地人及团队一同工作，以便他们能够参与项目活动，帮助建立赋权增能环境和良好人际关系，促进理解不同需求和观点。

二、方法工具箱

人种志行动研究的方法工具箱，由一系列常规的研究方法组成，在使用中灵活组合三种或以上的方法，创造性地发挥各种方法的效用。

（一）观察、参与式观察和实地记录

这是人种志行动研究一直使用的数据收集方法。参与研究的任何人在研究开始时都可以使用这种方法。这种方法要求对所观察到的事物进行思考，并以实地记录的方式将其记录下来。人种志行动研究鼓励向发展研究文化的方向努力，因而要求人种志行动研究者尽可能详细地记录下自己所看到和听到的，并记录下思考和想法。

（二）深度访谈

深度访谈属于定性研究的一种研究方法，一般是以无结构的、直接的、一对一的访问形式进行研究,需要研究者具备较高的访谈技巧,以揭示被访谈者对某一问题的潜在动机、态度和情感。在人种志行动研究的语境中,深度访谈是与一系列的人进行详细的交谈,访谈者遵循访谈程序——在每个访谈中都有一张列出主要问题的清单——并留出足够的空间对受访者有意思的回答进行追问。

（三）参与技巧

使用诸如画图、排序和比较等方式,目的在于使人种志行动研究者开始着手收集数据并迅速了解当地地区、人民和存在的问题。这些技巧与参与式研究中的方法一致。它们补充了人种志研究的工具,这些工具不仅在人种志行动研究开始时是一种有效的途径,在随后以不同方式探究问题的任何时候都可以再利用,也可应用于证明使用不同工具而产生的结果和想法。它们也能用于构建共识。

（四）精简性问卷调查研究

问卷调查是一种高效收集数据资料的研究方法。需要预先拟制好要调查研究的问题,将其编排并打印成书面形式交由调查对象填写,然后收回整理分析,从而得出结论。简短的问卷调查能使研究者获得大量被访谈人的大致信息,并收集到定量的数据。

（五）日记、反馈机制和自主编制文档

所有的参与者能在一系列社会和个人问题上表达自己的思想,记录自己的行动,或者通过文本、录音、照片或图画记载自己的生活。研究者通过每天写日志的方式,记录日常行为及反思;借助研究中心的反馈方式,如留言簿、意见箱和其他方式,记录研究者的看法、想法;通过自主编制文档或以档案袋的形式,记录研究的进展与心路历程。

观察、参与式观察和实地记录,深度访谈,参与技巧,精简性问卷调查研究,日记、反馈机制和自主编制文档是常规的研究方法,对于人种志行动研究都具有应用价值。人种志行动研究需要根据研究问题有选择性地选用这些研究方法,发挥其最大效用。

三、新媒体工具

人种志行动研究的一个特点就是把媒体用作行动研究的工具。媒体是被研究的活动的中心,信息与交往技术自身也被用作研究培训、管理、数据存档和分析的机制或工具。一系列的个人交往和网络工具也可用来支持行动研究。因此,人种志行动研究的新媒体工具包括:新媒体创制平台、交往生态法和系列网络交往工具。

（一）新媒体创制平台

新媒体创制平台团队的成员一般是人种志行动研究者，他们通常还担任其他角色和承担相应责任。新媒体创制平台适用于合作性的行动研究，潜力巨大，能为研究提供一个更具包容性和民主的环境，回应合作研究对增加参与性方面的需求。新媒体创制平台的主要特点是：允许非正式的社会对话、有一定程度的拨款和以用户为主导的创新机制。具体情况是，有数个信息与交往技术中心的网络参与研究项目，它们分散在各地，致力于探索媒体的不同组合是怎样在一起运行的。新媒体创制平台融合了传统媒体与新媒体技术，在具有不同背景的群体中，用一种参与的方式提出不同的问题，保持了持续对话的机制和对创作本身发展的参与。

（二）交往生态法

交往生态法把信息与交往技术（包括无线电、电脑、手机、印刷媒体等）置于各种交往方式的背景之中。这些交往方式具有典型的当地特点，包括面对面的互动，并且如果将它们与现存的、当地的、恰当的系统和结构互相连接，任何所谓作为个体信息与交往技术引进结果而发展起来的"新"的连接和网络（社会的和技术的）将更有效。所有的人种志行动研究者以建立对交往生态的理解作为研究工作的开始，随着理解的逐渐深化，观察使用媒体干预对当地交往生态所引起的变化，以识别和理解现存的正式的与非正式的或社会的与技术的信息和信息流动和渠道，这种干预可加强，也可退出。

为了理解信息流动方式的重要性和使用交往技术，人种志行动研究者需要在首期训练班上识别自己的交往生态并思考影响自己作出交往选择的因素。这些因素主要包括：当地人正在进行的或希望进行的交往和信息活动、当地人可获得的交往资源（媒体内容、技术、技巧）、当地人对资源的使用方式和看法、当地人的交往对象和原因、特定的媒体（广播或互联网）如何融入现存社会的网络、媒体中心怎样与它的用户的社会网络连接在一起。人种志行动研究者可以通过画图的方式来呈现自己的社会网络，并指出从不同的人和地点获得的不同种类的信息（健康、教育、娱乐、家庭、社会事件、当地的和国家的新闻），思考是哪些不同因素把这些信息置于不同的社会网络。交往生态法旨在说明人与人之间的差异，尽管在使用方法初期，研究者认为这些差异是相似的，但随着研究的不断推进，不同的差异则会慢慢浮现出来，例如性别差异、基础设施缺乏的影响、城乡背景的差异、不同价格结构的影响差异。

（三）系列网络交往工具

日常网络交往工具同样支持新媒体人种志行动研究，这些工具包括：社区网络联网的用户目录、博客、讨论板论坛和文件共享区。

1. 社区网络联网的用户目录

这个工具提供途径让社区成员相互了解，提高社区成员对非正式网络的认识，提高整个社区现有的技能和经验。在线社区目录的产生和传播为创建白页列表提供了机会，其中包括参与者和利益主体的联系信息，这可能有助于提高社区效能的水平。每个目录列表都与对应的实体相互连接。目录作为连接网络的起始点，可以用作参与者之间特定信息交流的通道。并且，交流的结果也将最大限度地回馈到整个社区。

通过写作在线网络日志、博客或粘贴现场记录，有助于个体进行关键性的检查和反思，这些都是此项目中的一种重要研究工具。每个研究者都有他/她自己提交的日记帖子。参与者记录的事件、经验、观察结果的笔记，以及电子邮件、即时的消息或聊天记录中的信息，都可以看成是个人的日志。日志可以有私人的和公开的方式。对于后者，可以用来与其他人分享自己的想法，其他参与者可以对公开的事项发表不同的评论。在线日志也是记录社区参与者工作进程的一种手段，它与采访录音和会议记录不同，不需要专门的誊写或秘书的协助。日志涉及记录过程本身，用户既享有所有权，也要承担责任。日志也是透明的和问责的，通过收集个人丰富的反思而变得严谨。

2. 博客

博客的价值和重要性在于，它超越了网站的限制，使网络上的信息得到扩散。而且，博客还为在不同系统中运行的且范围广泛的个人网站之间进行讨论和合作作出了贡献。整个"博客圈"的价值积累，远胜于个人博客。未来，网络平台与其他更为广泛的各种系统的交互将更为有效，在最基础终端上使用的内容追踪和整合工具，可能最终能产生更为成熟的方式，这些方法可能最终能使用各种网络所产生的各种语义倡导的概念。

3. 讨论板论坛

在个人和社会网络层面上，日志是首选的通信工具。讨论板提供了查询和实践的集体元网络的沟通渠道。根据不同的研究主题或社区问题，以及记录集体行动和进展情况的网络文档，讨论板分为多个论坛。讨论板是一个非常公开的、广播式的媒体，有许多未知的在线或离线的听众，有些社区成员可能没有足够的信心对问题提出意见。因此，至关重要是，应该采用更私人和亲密的通信方式对其弥补，例如日志、电子邮件、即时的消息或线下的面对面互动交流。

4. 文件共享区

文件共享区的主要功能是用来收集、存储和归档各种数字文件。这些数字文件包括：书面的文件，如会议纪要、邀请函；视听文件，如图像、地图、照片、图表、录音、歌曲和视频报告。文件共享区将成为一个长廊，用以展示丰富的知识、技术、经验和社区取得的进步。它相当于一个中央在线资料库，反映这个项目社区内存中该项目的虚拟成分。

人种志行动研究与新媒体联系密切，新媒体研究工具有效地促进了人种志行动研究的快速发展。其中，新媒体创制平台、交往生态法和系列网络交往工具就是人种志行动研究和新媒体结合的富有成效的代表，三者均属于研究方法系统，需要研究者具备一定的技能，并需要遵循一定的原理和步骤。

德莱西（Deresse，A.）在美国佐治亚州一个县开展了人种志行动研究，以回答"为什么在他国出生的人口中某些族裔群体患结核病的风险更高"的问题。[①] 该研究采用以社区为基础的参与式人种志行动研究，调查埃塞俄比亚出生个体的结核病与社会文化方面相关，系统结构问卷和焦点小组讨论指南被用作数据收集工具。研究者发现，被调查者们与结核病的认识差距巨大，对结核病的误解和歧视普遍存在，研究者继而指出弥合结核病相关知识和认识差距，是改变现有结核病相关社会文化误解，取得结核病治疗和消除服务成效胜利的第一个关键步骤。

21 世纪以来，人种志行动研究持续受到关注，其中发达国家如英国、美国、法国和加拿大学者对这一研究方法关注得较多，并形成一系列研究成果。随着人种志行动研究的发展，人种志不断地与信息技术相碰撞结合，形成网络化人种志研究，同时人种志行动研究被广泛地应用到不同的领域，与不同领域的研究内容相结合，形成跨学科的人种志行动研究方法。

---

① Aynalem Deresse，"Tuberculosis Among Ethiopian-Born Georgia Residents：An Ethnographic Approach to Understand the Sociocultural Aspects of Tuberculosis"，Capella University，2016，p. 9.

第九章 网络化行动研究

人类发明的技术，一直在反身挑战人类。技术总是"迎合"人类通往可能性世界的理想而四处渗透，出乎意料地悄然改变着人、自然与社会的关系格局。新旧世纪交替之际，信息通信技术的飞速发展与应用，将人类带入一个实然与超然交织的双重生活世界。于是，纯粹的个人和纯粹的自然及其交互所成的熟悉世界，一回首便隐蜕为历史似的背景；而数不胜数的个人及其行为不经意间就"转化"成了一张巨无霸网络里的一个个"节点"，生成了一个似曾相识的"社会性世界"。人的被猛然投放到这个新兴的社会性世界，面对现代社会的剧烈变迁和潜在危机而惶恐不安。对此，人类作出的回应之一是，立足"技术社会化"，通过认同、改造与适应技术，观照社会性世界中的网络化生活，以化解技术文化迅速发展所带来的生存与发展危机感。

与此同时，长期受"科技理性"支配的社会科学研究方法遭遇到了后现代思潮的冲击，与之相关的传统认识论开始瓦解与转化。一种试图抹平本体论与认识论之差异，并引入价值观念和权力向度的新型研究文化正悄然兴起。具有深切现实情怀的行动研究际遇变迁时代中产生的网络社会，催生出"网络化行动研究"（Network Action Research，NAR），并且该研究得到迅速发展与应用。

第一节 网络化行动研究的概念

目前，网络化行动研究在社会学、社会心理学及信息技术研究领域得到广泛使用。在这个数字喧嚣的网络社会中，"网络化学习"也成了文化与人的发展实现整合的核心表征，也是生活在网络社会中的人们的文化存在方式。"在行动研究看来，知识与行动是不能截然分开的"，"在知识镶嵌其中的真实社会文化情境里,行动研究实质上也就是行动学习"。[①] 为此,对网络社会中人们的生命存在及其优化活动的网络化学习的行动研究,实质上就是网络化行动研究。

一、网络化行动研究的演进

网络化行动研究演进过程既受技术哲学发展的影响,也受技术与学习关系发展的影响。近年来,技术哲学经历了从"技术决定论"到"社会建构论",继而走向"共同进化论"的发展过程;技术与学习的关系也经历了"技术作为学习工具"到"技术改变学习方式",再到"技术与学习融合创生为学习环境"的发展历程。

(一)网络化行动研究的萌芽期

网络化学习行动研究嵌入网络化学习的发展过程中。网络化学习发展具有两大源流:其一是 20 世纪 60 年代中期于美国开启的计算机程序教学运动,后来发展为计算机辅助教 / 学(computer-assisted instruction/learning),其二是具有二百多年历史的远程教育(distance education/learning)。前者以 1964~1965 年美国斯坦福实验室展开的小学数学训练实践程序教学实验为起点,拉开了计算机辅助教学活跃于教育舞台上的序幕。[②] 后者则从传统的函授教育发展至基于计算机媒体技术的第二代远程教育,并走向更为灵活开放的第三代远程教育。[③] 随着计算机技术与通信技术的迅速发展与相互结合,计算机辅助教学和远程教育也得以联姻,进而催生出第一代网络化学习。这一时期的网络化学习研究主要围绕计算机辅助教学和远程教育两大主题展开。具体而言,包括教育教学与技术设计、软件开发两大内容。在教育教学领域,受最初斯金纳的程序设计教学影响,人们逐渐把注意力集中在教学设计理论的探索和开发上。这一时期的教学设计研究以认知主义学习理论为基础。在此期间,为了能更好地促进教学与远程教育,学习软件,尤其是交互学习软件得到大量开发。

审视萌芽时期的网络化学习行动研究,技术决定论的价值取向明晰可见。这是一种典型的硬技术决定论思想,与之相对的,还存在软技术决定

---

① 黄甫全:《学习化课程论稿——课程文化哲学初探》,广州,华南师范大学,未出版,第384 页。

② Jerman Max,"Promising Development in Computer-Assisted Instruction",*Journal of the American Society for Information Science* 21,2007(4),pp. 285–292.

③ David W. Birchall,"Third Generation Distance Learning",*Journal of European Industrial Training* 14,1990(7),pp. 17–20.

论思想。软技术决定论虽并未直接强调技术主宰一切，却间接地承认其他活动包括观念的改变都应服从于技术。然而，不管哪一种思想，其背后的深层价值观都是技术决定论。在这样一种价值观主导下的网络化学习，技术本质上简单化为一种学习工具，而学习则成了技术的服务对象。总之，这一时期的网络化学习行动研究十分强调技术的应用价值，重视如何开发更有利于学习的技术工具，关注如何传递和传播文化知识与课程内容。

（二）网络化行动研究的发展期

很快技术作为学习工具的局限性与弊端开始凸显，认知主义学习理论基础也受到建构主义的挑战。恰逢此时，因特网的诞生使得知识、信息的网络化特性与学习的社会性特质得以凸显，社会文化在技术发展与学习中的作用受到前所未有的重视。在这样一种背景下，网络化学习行动研究进入了一个新的发展阶段。在这一时期，它依然是沿着两条路前进：一是发展计算机及其相关技术，包括因特网技术在教学中的运用；二是继续发展远程教育与培训。前者发展出在线学习（online learning）、基于因特网的学习（web/internet-based learning）及电子化学习（e-learning）等。目前使用最多的就是 e-learning 这个术语。后者则发展出网络化远程教育（networked distance education）、开放学习（open learning）。关于这个时期网络化学习行动研究的内容，主要涉及学习、学习技术、学习组织机构及基础理论四大领域。

第一大研究领域是学习。为了保证学习顺利而高效地开展，需要对学习系统内部的诸要素展开研究。从系统的角度来考察，这一领域主要包括了人、内容及人与内容互动三大要素的问题。首先，包括学习系统内的各相关利益者——教师、学生、图书管理员、技术助理、领导等人员；各主体对网络化学习的期望、经验与观念；各主体应具备的相关能力及其培训；各主体彼此之间的关系等。其次，学习中关于内容的研究，实质上就是课程问题研究，主要涵括的主题有课程设计及课程评价的研究。课程设计已拓展到在线虚拟课程设计和虚拟与真实相结合课程设计的研究，课程评价则主要包括评价的标准讨论、评价的方式方法研究及评价的结果研究。其中，评价标准关涉网络化学习的目标，建构新的学习目标体系已成为重要课题，而新的评价方式方法也层出不穷，如用于评价网络化学习效果的项目逻辑评价方法，及将教学方法整合入评价体系的网络化档案袋评价体系。最后，关于人与内容的互动，则主要体现为学习条件、教学模式、教学策略及互动模式等方面的研究。

第二大研究领域主要是学习技术。沿着计算机辅助教学的路向，因特网技术，尤其是虚拟仿真技术的发展，为网络化学习带来了许多新的契机。按照技术所运用场域的不同，大致可以分为校内网络化学习技术、远程网络化学习技术及市场网络化学习技术。目前，由于 3D 技术的繁荣，虚拟学习环境技术已逐渐占据网络化学习技术的中心地带。教育虚拟环境（educational virtual environment，EVE）或虚拟学习环境（virtual learning environment，VLE）的研究逐渐兴起。

第三大研究领域是学习组织机构，它超越了教育教学视角和技术设计视角，跨入了组织、机构与政策、文化的研究。在此层面，网络化学习共同体（Networked Learning Community）的建构与发展成为核心问题。

第四大研究领域，也是网络化学习行动研究自身追求发展不可或缺的一个研究领域，即基础理论。其主要针对网络化学习的理论基础，包括哲学基础、技术哲学基础、社会学基础、教育学基础、学习科学基础等，更为深层的本质性问题。同时，网络化学习行动研究的方法论基础及网络化学习自身的理论模式的探讨与研究开始受到重视。当下，这两大研究领域越来越受重视，并有超越与引领前两大研究领域的发展趋势。

较之初期，虽说第二代网络化学习行动研究极大地丰富了研究主题，然而其技术决定论取向也开始被社会建构论所冲淡。社会建构论认为："技术与其他社会现象或组织机构没有什么本质区别，也不过是社会的终极产物"，即"技术就是社会和文化的产物"[1]。人们逐渐意识到技术的使用者即学习者本身所具有的文化需求和文化观念的重要性。于是，技术就不再仅仅被视为工具了，而逐渐融入学习并改变着学习方式。网络化学习也不再是变换知识传递与传播方式的游戏，而是促进学生主动参与知识建构的重要途径之一。基于建构主义，各种网络化学习技术与平台转向支持学习者在网络化学习中主动参与，师生共同建构知识，同时优化了各种技术。

（三）网络化行动研究的成熟期

基于上述网络化学习研究中出现的问题与方法论的局限，勒维（Levy，P.）在 2002 年召开的第三届网络化学习国际会议上正式提出了网络化行动研究的方法论。这　方法论旨在沟通理论与实践，并坚持从"变化"的视角来展开网络化学习研究。[2] 当然，网络化行动研究并非横空出世，因为从文化哲学的视角审视，一方面，研究方法文化的自身发展必

---

[1] Hearn Greg et al., *Action Research and New Media: Concepts, Methods and Cases*, Hampton Press, 2009, pp. 21–48.

[2] Philippa Levy, "A Methodological Framework for Practice-Based Research in Networked Learning", *Instructional Science* 31, 2003（1–2）, pp. 87–109.

然生成新的研究方法；另一方面，网络化学习这一新兴文化领域也需要创新方法论。作为一种新的研究方法论，网络化学习行动研究实现了多重超越。

事实上，网络化行动研究的诞生和成长，隐含着深层的人性发展基础。首先，网络化行动研究观照的是网络化学习。回望网络化学习形成与发展的历史便能发现，人、技术及学习三者不断交织，共同推动网络化学习的发展。从一开始，个体学习时间的有限与教育要求的不断提高这一基本矛盾催生了网络化学习。借助网络化技术，个体学习的时间得到延伸，技术也就第一次借助支持学习来促进人类的发展。然而，随着技术的飞速发展，网络化学习已渗入教育的方方面面，且爆炸性增长的知识和信息又加剧了个体学习时间有限与教育要求提高之间的矛盾。当前，技术大有凌驾于学习之上的趋势，作为一种文化的技术已经在不经意间开始重构人的主体意识，而真正的文化主体则抽身隐退于技术世界身后。因此，唤醒网络化学习的主体意识已迫在眉睫，网络化行动研究正是在这一文化需要的土壤中孕育生成的，它是走向教育人性化的根本途径之一。其次，按照复演论的观点，个体认知从混沌的纯粹经验到区分你我的经验，再到认知你我对立的反思性经验的发展，复演着整个人类的心智进化史。由此可推断，研究方法的发展也将从单纯的"信仰和膜拜"到"形而上的思辨"，再从"科学实证"走向当代的"行动研究"的方法论。行动研究方法的根本特征就是"反思性实践"。借助反思性实践，在技术社会中，"随着低层知识的逐一遮蔽，人的主体性得到越来越充分的展现。"[①]

在后现代思潮的冲击下，当下将"研究"视为一种生命历程、一种生活方式的观点层出不穷。法国历史学家哈多特（Hadot，P.）甚至认为哲学也是一种生活方式，他直接把组成哲学的逻辑学、物理学和伦理学看成整体行动的语言、世界观及道德实践。[②] 基于此，凯米斯直接将行动研究定义为一种元实践。他认为，或许行动研究不应再被看作是一种特殊的社会科学方法，它更是一种实践的、哲学的生活方式，一种我们可以在人类活动及社会实践中开展集体学习的方式。[③] 而怀特海从教育学理论发展的角度出发，于 1989 年首度提出了旨在发展"活的教

① 吕乃基：《技术"遮蔽"了什么？》，《哲学研究》2010 年第 7 期。
② Pierre Hadot, *Philosophy as a Way of Life: Spiritual Exercises from Socrates to Foucault*, Wiley-Blackwell, 1995, p. 267.
③ Kemmis Stephen, Action Research as Practice Based Practice. *Educational Action Research* 17, 2009（3）, pp. 463–474.

育学理论"的行动研究范式，这一范式要求教育行动研究者首先检视自己的价值取向和内在观念，然后进行自我否定，在行动中生成生活冲突（living contradiction），继而通过不断追问"我如何在实践中更为充分地实现自己的价值理念？"来描述和解释自己的行动与教育发展。① 麦克尼夫等人宣称，如果你能有效说明自己如何通过行动研究改善自己的教育的话，那么你就创造了一种"活的教育学理论"。② 这样的观点同样适用于网络化学习行动研究。由此可以看出，网络化行动研究从人性发展的立足点出发，通过反思性实践来竭力唤醒主体的文化自主性，回归人性，实现个体自主性的超越。

在文化哲学看来，人以什么方式认识和理解世界，他／她就以什么方式存在着。因此，网络化学习行动研究作为一种新的认识方式，它标志着一种总体性的生存方式的生成。通过"行动"这一介质，知识、生命、社会、价值和文化等观念都被联系和统一起来。在行动研究中，"知识"被赋予了绝对的价值，即凡是知识就是有用的。换言之，有用即是检验知识的标准。人类这一有机生命体天生就具有两大缺陷：一是"易逝"，二是"狭小"。为了弥补这样的缺陷，知识诞生了。它能抓住正在流逝的生命而使其固着，同时又能通过沟通被传播和扩大，进而集合生命，形成社会得以形成。正是在这种意义上知识与生命被统一起来。知识为生命而存在，而生命又恰恰透过知识来呈现。随着知识的沟通，社会得以形成，而伴随知识的积累，文化也自然生成，个体生命也得以放大与持存（即获得永生）。一言以蔽之，知识、生命、社会、文化、价值，"这五者在根本上不啻为一件事"③。基于这样的认识，网络化学习行动研究将已有各种具体的研究方法都容纳为己用。率先提出"网络化学习行动研究"概念的勒维，就在自己的研究案例中将质性研究方法与量化研究方法、网上在线数据收集与面对面数据收集进行了成功的整合。这样，网络化学习行动研究在方法论层面实现了对量质之争的超越，逐步走向整体主义。由此，以实践为导向且形式灵活多样的行动研究，在满足当代"网络社会"发展需求的过程中，网络化行动研究走向成熟。

---

① Jack Whitehead, "Creating a Living Educational Theory from Questions of the Kind, 'How Do I Improve My Practice?'", *Cambridge Journal of Education* 19, 1989（1）, pp. 41–52.

② Jean McNiff, Pamela Lomax, & Jack Whitehead, *You and Your Action Research Project*, Routledge, 1996, pp. 164–168.

③ 张东荪:《知识与文化》，长沙，岳麓书社 2011 年版，第 46 页.

二、网络化行动研究的内涵

网络化行动研究的内涵可以从行动研究、网络社会、网络化学习、网络化学习行动研究和网络化行动研究等概念谱系中把握。

（一）定义

1. 行动研究

随着传统认识论话语体系的解构，人们对知识的追求逐渐转向关注人的生存实践与实用价值，尤其在直接观照人类社会生活现实的社会科学中，研究旨趣更是径直指向道德实践的善与生活取向的美。这无疑为已有的量化研究和质性研究设置了合法性难题，并提出了严峻挑战。对此，社会科学家的回应是创新以实用为核心价值的更具包容性的行动研究。

2. 网络社会

技术创新已为新型"网络社会"的诞生奠定了物质基础。信息网络技术借助数字化媒介创生出虚拟的日常生活世界，将活生生的现实人与物转化为数字符号与网络节点，打破了传统的时空观，网络社会演变为公域与私域并存、有序与无序共在的复杂性世界。过去的人与自然之间的关系钟摆常常往来于"人依赖自然"与"人主宰自然"之间，但信息通信技术的革命性介入突破了这一窠臼，创生了新的自主性文化，使得人与自然的关系演变成人与文化的关系，进而使分离对立的"个人世界"与"自然世界"走向整合，从而创生了"社会性世界"，即当今的"网络社会"。

"网络社会"的指涉大致可以归纳为两大类：作为一种新社会结构形态的"网络社会"（network society）和基于互联网架构的电脑网络空间（cyberspace）的"网络社会"（cybersociety）。这就意味着，广义上的"网络社会"泛指信息化社会的社会结构形态，而狭义上的"网络社会"则仅指涉及基于互联网架构的虚拟社会。在卡斯特（Castells，M.）看来，虚拟社群在持续互动形成的关系网络中存在"互惠"和"支持"，并可以发展成为实质的群体关系。[1] 这样，"网络社会"就应该是包含了日常现实空间中的社会形态和基于互联网架构所形成的虚拟空间中的社会形态，它们是信息化社会中的不同层面的"现实"。[2]

在网络社会里，技术与社会的关系已成为一个核心问题。针对这一问题，存在着技术决定论和技术的社会建构论两种倾向。技术决定论认为，技术，尤其是信息网络技术是解决一切问题的工具。与之相反，技术的社

---

① 〔美〕曼纽尔·卡斯特：《网络社会的崛起》，夏铸九、王志弘等译，北京，社会科学文献出版社 2006 年版，第 444～445 页。

② 郑中玉、何明升：《"网络社会"的概念辨析》，《社会学研究》2004 年第 1 期。

会建构论则强调社会对技术的支配性作用。不过，正如沃尔帝（Volti, R.）所指出的，"一个理智的人不会否认技术是创造我们生活世界的一个重要力量，但是我们也应注意到技术不能脱离它所处的社会而独立运行。"[①]因此，我们相信技术与社会是共同发展的，单一的建构主义或纯粹的客观主义都是难以圆满解释技术的发展的。事实就是，"技术与社会是相互塑造的。技术塑造了社会和文化，反过来，社会文化也要求与之相适应的技术，规范着技术可能的发展方向、方式和途径。"[②]如今，信息网络技术渗入现代社会后，便催生出了以"网络化生活"为基本特征的社会性世界。

社会性世界的诞生，首先带来的是"社会"本质的变化。这里的"社会"符合对称性原则，融科学技术于文化模式之中，强调代理主体（agency）的能动性，它更适合被理解为一种"历史质"（historicity）。其次，社会性世界改变了社会人的生存境遇。处于这一世界中的个体内在地被要求不断追寻和建构认同，这是社会意义的基本来源。一种新的人类尺度已出现，转化行动对此已经作出了有效的尝试和探索，它强调在社区的层面下行动，人类的社会性也将被重新塑造。[③]最后，社会性世界也全面挑战着传统的社会科学研究方法。新媒体的出现从内容、技术及社会三个层面重构了社会，并进一步影响和改变着人的认知结构、思维逻辑和行为方式。由此，崭新的社会学知识标准也应运而生，它倡导在社会行动的过程中动态发现、理解、阐释和形成关于行动者本身的真切知识。正如图赖纳（Touraine, A.）所倡导的行动社会学理论所指出的，参与社会行动，与行动者互动是获得真实有效的新兴社会认知途径之一。正是基于这样的诉求，以实践为导向且形式灵活多样的行动研究，在满足当代"网络社会"发展需求的过程中创生出一种新的形态：网络化行动研究。

3. 网络化学习

在我国，"网络化学习"这一概念最早出现在教育信息技术研究领域，它用来指称的是"建立在因特网（Internet）等广域网（WAN）或校园网等局域网（LAN）基础上的一种远程学习方式"[①]。此后，它常常以学习方式的身份出现在各种各样的研究与文献中。尽管对这一学习方式

---

① Rudi Volti, *Society and Technological Change* (6th edition), Worth Publishers, 2008, p. 760.
② 张桂芳、陈凡：《技术与生活世界》，《哲学研究》2010年第3期。
③ 邱立军：《重塑人类的社会性》，《世界博览》2010年第9期。
④ 张劲、杨纪生：《网络化学习——21世纪学习的革命》，《今日科技》1999年第9期。

的描述异同互见，但其性质是同一的，指的就是一种与传统学习方式相区别的新学习方式。网络化学习对应的英文术语是"e-learning"或"web-based learning"。王松涛曾经尝试拓展 e-learning 的内涵，将网络学习界定为"通过网络进行学习的过程""学习网络本身的过程""开发和利用网络知识与信息资源的过程"，网络学习还意味着"把网络作为学习的一种环境"①。随着 ICT 的飞速发展与普及，它对传统教育带来了全面冲击，于是更多的人开始在教育环境的意义上使用"网络化学习"这一概念，也有人直接使用"网络教育"来取代"网络化学习"。这样，它就被描述为"在非限定的时间和流动的空间里发生并发展的、可虚拟的，网络学生可超常选择的自主学习活动"②。

"网络化学习"的英文术语包括"network learning""networked learning"等。"Network learning"是来自社会组织学习领域的"网络化学习"，主要指一种不同于"个人学习""学校学习"和"职场学习"的新兴学习方式，它强调的是组织间的学习，以奈特（Knight，L.）等人为代表。③ 而与中文的"网络化学习"概念所指较为匹配的则是来自教育信息技术研究领域的"networked learning"。确立"网络化学习"为一个专门研究领域的标志性事件是在 2002 年于英国谢菲尔德召开的网络化学习国际会议上，经济社会研究委员会（Economic and Social Research Council，ESRC）发布了一份高等教育"网络化学习"的宣言。④ 自此，网络化学习研究专门的学术团体开始形成并逐渐壮大。古德伊尔（Goodyear，P.）等人在回顾网络化学习研究的综述中是这样定义"网络化学习"的："网络化学习是指借助信息通信技术来促进学习者之间、学习者与指导者之间、学习共同体与学习资源之间不断联通的活动。它包括电子化学习（e-learning），网络学习（web-based learning）和在线学习（online learning）。"⑤ "网络化学习"的核心是借助 ICT 及人工智能实现人与人之间的互动，而这种互动必然带有一定的教育承诺与学习信念。

① 王松涛：《论网络学习》，《教育研究》2000 年第 3 期。
② 马治国：《网络教育本质论》，东北师范大学博士学位论文 2003 年，第 216 页。
③ Louise Knight，"Network Learning: By Exploring Learning by Interorganizational Networks"，*Human Relations* 55，2002（4），pp. 427–454.
④ Economic and Social Research Council，"Working towards E-Quality in Networked E-Learning in Higher Education: A Manifesto Statement for Debate"，*Report of UK Economic and Social Council Seminar Series*，March 26，2002，Sheffield，UK.
⑤ Peter Goodyear et al.，"Research on Networked Learning: An Overview"，*Proceedings of the 3rd International Conference on Networked Learning*，April 5–7，2002，Sheffield University，Sheffield，UK，pp. 1–9.

我们更倾向于将"网络化学习"定义为网络社会中人们的学习生命存在及其优化活动。在网络社会中,学习的"网络化"特质得以凸显,它表现在网络化主体、知识网络的形成及网络化的学习方式等方面。当然"学习"在此已超越了传统的学习概念,它指代的是实现人与文化整合的根本途径,涵括了教育、教学与传统的学习。而"网络化"一方面修饰和限定了学习的范围,另一方面又与学习具有文化结构同源性,即"网络化"本身就是一种"学习"。基于上述分析,"网络化学习"不仅仅是对已有教育活动与方式的拓展和延伸,更是生活在网络社会中的人们的文化存在方式,它呼唤并催生新的研究方法论出现。

4. 网络化学习行动研究

伴随着网络化学习世界的生成,网络化学习行动研究得以产生和发展。因而网络化行动研究从一开始就与网络化学习紧密联系在一起,它自始至终都指向网络社会中的学习生命存在及其优化。

围绕这一特殊的生命存在,网络化行动研究逐渐展开,形成包含"为了网络化学习的行动研究"(Action Research for Networked Learning)、"网络化学习中的行动研究"(Action Research in Networked Learning)、"关于网络化学习的行动研究"(Action Research on Networked Learning)等丰富内容。

(1)为了网络化学习的行动研究。借助信息通信技术,新的教学手段以视觉化、动态化、资源最大化、及时化等特点吸引了无数教育工作者,人们正在努力尝试或者已经借助 ICT 及人工智能来促进学生开展网络化学习。这一方面的行动研究聚焦的问题是如何走向学习的网络化,具体表现在以下三个方面:

第一,将 ICT 及人工智能应用于正规教育中以促进教育质量的全面提升。例如,已有研究探讨了如何利用以计算机为媒介的交流互动(computer-mediated communication,CMC)来形成更为灵活的教学方式。[1]借助 ICT 及人工智能,许多学校教育教学方式与手段得到创新、开发与应用,逐渐走向新的网络化学校教育。

第二,应用 ICT 及人工智能来开发更适合于学习者自主学习的网络课程。除了已开发的大量存在的网络在线课程,目前国外也在开发与校内课程同步的移动课程。可见,除了将 ICT 及人工智能引入教育用以创新教学

---

[1] Christine Steeples, Peter Goodyear, & Harvey Mellar, "Flexible Learning in Higher Education: The Use of Computer Mediated Communications", *Computers & Education* 22, 1994(1–2), pp. 83–90.

方式和手段，它还被用于挖掘新型课程，由此带来的便是课程目标、理念与内容的相应革新。

第三，培养学习者应用 ICT 及人工智能的能力和素养。许多研究者正在积极探索如何促进各级各类教育机构的师生使用 ICT 及人工智能技术。例如，有研究致力于在各科教学中渗透信息技术能力的培养，也有研究旨在通过培训以提高教师应用信息技术的能力。不管从哪方面着手，研究者的主要目标始终集中在如何帮助学习者实现学习的网络化这一根本问题。

以上三个方面的问题均属于"网络化学习行动之前"的主题域，是"为了网络化学习的行动研究"，属于第一层面的网络化学习行动研究。

（2）网络化学习中的行动研究。通过引入 ICT 及人工智能发展起来的丰富的网络化学习世界，需要进一步理解其实际过程，关注师生的网络化学习经验，努力发现问题并予以不断的修正与完善。目前，这一层面的行动研究表现形式多样，有质性的描述分析，有量化的调查统计，还有基于文献的理论分析。不管采用哪种具体的研究理路，最终都将服务于优化网络化学习的过程。具体来说，优化网络化学习的行动研究体现在学习主体、学习互动过程及学习结果三个方面。

首先，在学习主体方面，有研究者专门研究了网络化学习风貌（learning presence），包括网络学习者的自主效能、网络学习动机、认知及相应的行为。[1] 对网络化学习风貌的探索能促进对网络化学习者角色的深入理解和把握。还有研究者关注了影响学习者在线社会互动（即有意识社会行为）的影响因素。

其次，在学习互动过程中，过去的研究大多认为网络化必然促进学生的互动，进而提升学习质量。但也有研究显示，学习者在网络上不一定有互动或高质量的互动，原因在于，人们理所当然地认为凡是参与网络学习的学习者必然进行交流互动，而往往忽略了社会交往互动的社会心理逻辑。[2] 随着网络化学习的不断开展，网络化学习过程中的这些问题才得以展开，对这些问题的研究也不断深入。

最后，对学习结果的探讨，既有将传统学习方式与现代学习方式进行

① Baohui Zhang et al., "Deconstructing and Reconstructing: Transforming Primary Science Learning via a Mobilized Curriculum", *Computers & Education* 55, 2010（4）, pp. 1504–1523.
② Karel Kreijns, Paul A. Kirschner, & Wim Jochems, "Identifying the Pitfalls for Social Interaction in Computer-Supported Collaborative Learning Environments: A Review of the Research", *Computers in Human Behavior* 19, 2003（3）, pp. 335–353.

比较的研究，也有探讨网络化对学习所产生的影响结果的研究。[①] 可以预言，未来对网络化学习过程及其结果的评价也将成为研究的热门主题。事实上，网络化学习行动过程中还存在大量的主题需要我们去做进一步的深入探究。

以上问题属于第二层面的网络化学习行动研究，即"网络化学习中的行动研究"。

（3）关于网络化学习的行动研究。网络化教育行动之后需要对其在更高层面上进行理论与技术关照。我们可将其称为"元网络化学习行动研究"（Meta-Network Action Research of Networked Learning）或"关于网络化学习的行动研究"，这属于第三层面的网络化学习行动研究。目前，它主要表现在呼唤主体意识的觉醒、理论的升华与技术的创新三个层面。当不知不觉地被投放到网络化学习世界中，人们常常并未觉察到个人的行动。因而有研究者专门设计了社会网络监控系统——KIWI，以此来促进网络成员对社会网络互动的意识[②]，这为网络化学习的深入研究提供了借鉴和参考。同时，网络化学习内在地要求发展理论以应对动态、复杂而开放的现代化教学活动。系统理论及行动者网络理论目前被尝试用于分析网络化教学设计。[③] 此外，网络化教育行动研究质量的提升也有赖于研究工具的开发和利用，目前已出现了大量可用于质性和量化的社会网络分析法的电脑工具，以及大量可用于分析在线互动（包括知识的建构和知识的误解产生等过程）的电脑技术与工具。[④]

网络化学习行动研究所涵指的这三个层面在时间流上虽有不同，但又彼此不能分开。在理论上，这三个层面互相影响而呈现出螺旋式上升的递进关系；在实际中，这三个层面又相互交织而呈现出网络化结构的分布状态。但不管哪一层面，它都伴随着实践与认识两种基本活动，即包含行动与反思两个根本维度。当然，这三层含义在理论上和思维中存在区别，但在现实世界中它们彼此交叉、相互影响，在动态发展的过程中建构起网络化学习行动研究多维、立体的内涵。

① Angela Yan Yu et al., "Can Learning Be Virtually Boosted? An Investigation of Online Social Networking Impacts", *Computers & Education* 55, 2010（4）, pp. 1494–1503.

② Candima Rita et al., "Promoting Social Network Awareness: A Social Network Monitoring System", *Computers & Education* 54, 2010（4）, pp. 1233–1240.

③ Baykal Ali, "Open Systems Metaphor in Instructional Design", *Procedia: Social and Behavioral Sciences* 1, 2009（1）, pp. 2027–2031.

④ Kueh Chin Yap & Kok Pin Chia, "Knowledge Construction and Misconstruction: A Case Study Approach in Asynchronous Discussion Using Knowledge Construction-Message Map（KCMM）and Knowledge Construction-Message Graph（KCMG）", *Computers & Education* 55, 2010（4）, pp. 1589–1613.

5. 网络化行动研究

"网络化行动研究"译自英文 "network action research"，网络化 "network" 是其中的关键词。"Network" 包含有三层意思，其一是作为名词，不仅指大家一般认为的互联网，还指网状物及非正式联通起来的人群或组织；其二是作为及物动词，主要指的是连入网络或以网络的形式覆盖或联播；其三是作为不及物动词，表示的是正在网络化的过程。[①] "Network" 是一个组合词，由 "net" 和 "work" 组合而成。Net 可指称一种新型网状结构，为我们描绘出一幅静态的社会文化图景；work 则指代 "活动"，是指人的感性的物质活动与理性的认识活动的 "实践"。二者相互交织形成了当前社会性世界的根本特性，创生了动态的富有生命力的新社会文化景象。

（二）特征

植根于网络化学习文化这一特殊背景的网络化行动研究也开始生成和浮现出一些主要特征，将其归纳起来大致包括以下四点：

1. 重视反思性日志

由于网络化学习行动研究最核心的心理机制是 "反思"，因而反思性日志的撰写就成了研究过程中必不可少的要素。网络化技术支持的日志形式多种多样，既包括主体规范地撰写的研究性日志或反思性日志，也包括即兴而作的网络上的博客（Blog）及推特（Twitter），还包括计算机记录的同步留存的网络日志（Weblog）。透过多种媒介所生成的日志，为进一步的反思与行动提供了有效数据，更为重要的是，撰写日志的过程本身就是一种创作的过程。卢科尔（Luker，K.）说过："写作与读和说是不一样的，它是通向魔法世界的。……这或许就是现象的社会版本。"[②]

2. 借助媒介技术

网络技术的魅力不仅在于它促进了人与人之间的互动，还在于它能帮助人们实现对自身限制的超越。曾经无法留住的那些思维和行动，如今都能透过技术媒介来承载，这就为我们突破低阶思维走向高阶思维奠定了基础。如前面提及的社会网络监控系统 KIWI 能为反观和研究置身于网络化学习中的主体的社会互动意识提供技术平台，而由加拿大学者威尼（Winne，P. H.）及其研究团队共同开发的综合性学习网络工具 nStudy，则

---

① Marcus Foth, "Network Action Research", *Action Research* 4, 2006（2），pp. 205–226.

② Kristin Luker, *Salsa Dancing into the Social Sciences：Research in an Age of Info-Glut*, Harvard University Press, 2008, pp. 334–336.

为研究网络化学习者的学习策略选择和认知加工过程提供了可能性。[①] 此外，随着技术的发展，各种在线互动分析工具、视觉文化研究工具也应运而生。可以说，无论作为研究工具还是作为研究对象本身，媒介技术都是网络化学习行动研究必不可少的部分。

3. 注重对话

基于前述的认识论假设，网络化学习行动研究尤其强调对话。当然，这里的对话主要是指理论工作者与实践者之间的对话。勒维指出，网络化学习行动研究就是研究者与参与者的信念、前概念及实践通过研究不断挑战或接受挑战的辩证过程。而在凯米斯看来，教育行动研究的旨趣实际上并不是要跨越"理论与实践"之间的鸿沟，而是要弥补理论工作者与实践者之间的差距。[②] 基于这样的认识，凯米斯提出了教育行动研究中理论工作者与实践者的对话关系。在网络化学习行动研究中，教育理论工作者与实践者之间所展开的多重对话，成为实现"自主变革"（self-transformation）、改善实践、建构教育理论的根本途径。

4. 强调包容

"包容"一词在这里含义很广，它涵括主体的全纳性，在网络化学习行动研究中以"共同体"（community）来表征。"包容"也涵指方法的整合，基于实用主义的真理观将传统的研究方法统合起来。"包容"也意指研究领域的综合。美国教育传播与技术协会（Association for Educational Communications and Technology，AECT）2009 年学术年会以"整合方法：迎接挑战"（Integrative Approaches: Meeting Challenges）为主题，就是教育研究方法朝综合性方向发展的一个重要标志，而网络化学习行动研究正是应这一趋势而产生的，它倡导多领域的跨学科合作。这样大型的项目更能体现出网络化学习行动研究的包容性。此外，"包容"还指称价值的多元性。勒维所倡导的网络化学习行动研究在关注实践的基础上拓展到理论的建构，但我们更愿意将网络化学习行动研究发展为关注实践、建构理论及提升精神境界的整体主义方法论。

---

① Luc Beaudoin & Philip H. Winne, "nStudy: An Internet Tool to Support Learning, Collahoration and Researching Learning Strategies", Paper Presented at the 7th Annual Canadian E-Learning Conference, June 17–19, 2009, Vancouver, Canada.

② Stephen Kemmis, "Action Research as Practice Based Practice", *Educational Action Research* 17, 2009（3）, pp. 463–474.

三、网络化行动研究的理论基础

网络化行动研究的哲学基础是本体论、知识论与价值论的统一。从本体论视角来说，"网络化"实质上成了当代文化的本体，为网络化行动研究奠定了本体论的基础；基于知识论的文化转向，网络化行动研究形成了独特的知识论基础，确立了"地方性知识"的合法性地位；网络化行动研究彰显了价值自觉，形成了坚持以人为本，追求实现文化主体的自主性，借助技术的社会化，满足多元的文化需求的价值论基础。

（一）本体论基础

"网络化"成为了当代人生存的基本状态，一方面，它要求人们被动地反映它，进而影响到当代人的文化心理结构；另一方面，"网络化"又常常为人们的主体意识所牵制和引导，不断创生出新的网络文化。站在本体论的立场上，"网络化"实质上成为了当代文化的本体。它包含着两层基本含义，一是指与人的本质相联系的、体现人网络化的生命价值结构，即网络化存在；二是指人的精神、生命结构的外化和客观化的活动，即网络化行动。这样的一种文化存在为网络化行动研究奠定了本体论的基础。

人类自愿或不自愿被投放进社会性世界之中，进而自觉或不自觉地开始新的发展。回望漫长的人类历史，马克思早已发现和揭示人的发展的基本线索，这也成为马克思哲学思想发展的整个历史线索：异化的人—社会的人—文化的人。[①]这一线索在认识论中则表现为：经典科学认识论—交往认识论—文化认识论。基于文化认识论，"认识的本质是观念地反映与客观地表现的有机统一，也就是在人化活动基础上以主体为载体的客观性的反映与以客体为对象的主体性的表现的有机统一。"[②]它包含了主体与客体互为载体的交互性"主体性表现"和"客观性反映"两层活动。因此，从文化认识论视野来看，为了实现并优化网络化生存，社会性世界中的人必须付诸网络化行动，而这一行动又必然包括实物操作层面的"网络化行动"及思维运演层面的"网络化的行动研究"。前者包含了认识的生存要素，后者则更为注重认识的理智要素，二者融汇于"网络化行动研究"之中。显然，"网络化行动研究"从一开始就蕴含了两个层面的认识，其反映在社会性世界中则表现为网络化生活（实践）

---

① 何萍：《文化哲学：认识与评价》，武汉，武汉大学出版社 2010 年版，第 20 页。
② 吴家清：《从普通认识论到文化认识论：认识论视角的新转换》，《现代哲学》1999 年第 1 期。

与网络化研究（认识）。

一方面，众所周知，符号的诞生曾经使人从自然实践走向文化认识。如今网络技术这一新型符号的发展，使得人几乎完全可以摆脱自然而走向纯粹的符号指代符号的生活世界，而这样的生活世界是在历史上都不曾出现过的。处在网络化社会转型时期的人们由于文化的历史惯性，尚未建构和形成网络化生存的意识，尚未充分做好网络化生存的准备。网络化生存不期而至的境遇需要在网络化行动的过程中逐步养成这种意识，并在参与行动的过程中不断改善这种生活。为了满足这一文化自主的需求，人们在网络化行动过程中不断实践、不断反思、不断改进，自发的"网络化行动"很快就上升为自觉的"网络化行动的研究"。

另一方面，作为一种特殊而具体的行动研究方法，网络化行动研究指的是将信息网络技术转变为社会行动工具而展开的网络化的行动研究。尽管技术导致的生态危机已是不争的事实，但那是被人滥用的后果，技术本身是具有社会与自然亲和性的。尤其是信息通信技术，它努力追求"更多的环境改造界面、更广的人际交往互动及更好的用户中心开发，具有很强的实践取向"[1]。它促进人类的多元交往和社会互动，生活在网络社会中的人们已经把交往方式演变为"在线与离线""全球化与地方化"和"集体式与网络式"相互交错并存，塑造出了新型的"交往生态"（communicative ecology）。因此，传统的单一集体式人际交往模式被打破，社会与个体、政府与公民、集体与个人之间的互动方式也开始发生变革。信息通信技术在减少传统集体交往的同时又为增进个体的社群性（包括虚拟的与实在的）提供了新的契机。据此，传统的个人主义走向了"既体现自主中心又建立起良好社会关系的网络化个人主义（networked individualism）"[2]。借助信息通信技术前所未有的强大实践性与社会支持性，网络化行动研究在参与、行动、反思与改进的循环过程中不断向着元网络化（meta-network）深化，最终发展为促进网络化社会转向的重要途径和有效方法。

因此，网络化行动研究充分观照社会性世界中人的网络化生活，是一种特殊的文化认识活动，既涵指一种融"虚拟"和"实在"为一体的生

---

[1]　Greg Hearn et al., *Action Research and New Media: Concepts, Methods and Cases*, Hampton Press, 2009, p. 117.

[2]　Marcus Foth & Greg Hearn, "Networked Individualism of Urban Residents: Discovering the Communicative Ecology in Inner-City Apartment Buildings", *Information, Communication & Society* 10, 2007（5）, pp. 749–772.

存实践——网络化行动，又关涉对网络化生活的自觉反思——网络化行动的研究，同时指涉以信息通信技术为工具的思维创造——网络化的行动研究。从某种意义上来说，对于网络化行动研究既是一种新的生存方式，也是一种为了实现新的自由而在生存过程中不断参与、改进、理解和认识行动的研究方式。

（二）知识论基础

深入知识论的层面考察网络化行动研究不难发现，知识论的文化转向为网络化行动研究铺垫了基石。传统的认识论把真理性的知识理解为主观认识与客观对象相互符合的结果，却未深入追问知识何以可能的真实前提：真正的知识与人类的生存实践之间到底是什么关系呢？基于知识论的文化转向，网络化行动研究形成了独特的知识论基础，它从新的视角回应了知识论的三大基本问题：网络化行动研究所认可的知识是什么？这样的知识是如何产生的？检验知识的真理性标准又是怎样的？

1. "地方性知识"合法性地位的确立

随着传统认识论基础的瓦解，新的知识观正悄然兴起，"地方性知识"（local knowledge）作为当地知识，恰好是在这一变革过程中得以明确的。地方性知识最初起源于解释人类学，如吉尔兹（Geertz，C.）在《地方性知识——阐释人类学论文集》中所分析的，它"旨在揭示认知的具体性、穿透性和阐释性"[①]。很快地，在新实用主义、法兰克福学派和后结构主义对科学的政治批判中，地方性知识为社会构造论等研究思潮所拥护，逐渐发展为批判传统科学知识的普遍效用性及其"逻各斯中心主义"的有力武器。从库恩的"范式"到波兰尼（Polanyi，M.）"个人知识"的提出，再到科学知识社会学（Sociology of Scientific Knowledge）的出现，这些都是地方性知识观念在科学哲学领域的正面探索。

地方性知识十分强调知识总是在特定的情境中生成的，它关注知识生成的情境条件。因此，"知识在本质上不是一系列既成的、被证明为真的命题的集合，而是活动或实践过程的集合。……在这里，我们应该把科学或知识理解为动词，即拉图尔所谓的'行动中的科学'。"[②]

网络化行动研究正是立足于网络化生活，将研究对象定位于自然—社会之间，即一种自然的与社会的"融合物"（hybrids），通过发展具备现代理性特征的社会行动工具——技术，来搭建沟通自然与人类之间的桥梁，

① 〔美〕克利福德·吉尔兹：《地方性知识——阐释人类学论文集》，王海龙、张家瑄译，北京，中央编译出版社 2000 年版，第 55 页。
② 盛晓明：《地方性知识的构造》，《哲学研究》2000 年第 12 期。

以"社区"或"共同体"作为人类新的标尺来开展有效行动，进而发展地方性知识。

2. 行动者网络理论与反思性实践

知识观念的更新悄然带来认识方式的转变。无论哲学还是社会学，也无论自然科学还是人文科学，对地方性知识的追求催生出各种具有"实践"或"行动"特性的认识理论。当然，强调通过"实践"来认识、理解世界，进而获得知识的思想古已有之。从亚里士多德到维科（Vico, G. B.）和尼采（Nietzsche, F. W.），再到马克思和杜威等，哲学家们早就意识到，"如果不通过人们在互相的提问与回答中不断地合作，真理就不可能获得。因此，真理不像一种经验的对象，它必须被理解为是一种社会活动的产物。"① 以法国新社会学派代表人拉图尔为首所倡导的行动者网络理论，作为当代科学知识社会学的一个重要流派，特别强调一切科学知识必须通过具体的社会因素来加以构建。如前所述，在拉图尔看来，知识本质上是一种活动或实践的过程，因此对科学知识的考察就必须从行动者（即当事者）的现场活动出发进行考察。"行动者网络理论"重组了"社会"，认为社会的本质在于联系（association）。在此基础上，拉图尔提出了行动者（agency）、介导者（mediator）、网络化（network）等关键概念。行动者指可以在行动中制造出差别而改变事物状态的所有存在，包括行为人与物体，同时必须具有行动，因此我们需要到行动的过程中去认识、理解和解释、说明行动者是什么。介导者与其说是一个概念，不如说显示了一种对待行动者的态度，它凸显出行动者的重要性，强调行动者不仅仅是中介者，而是介导者。介导者会在行动中改变（transform）、转译（translate）、扭曲（distort）和修改（modify）他们本应表达的意义或元素，从而改变行动或认识的结果，这就要求我们重新去关怀和看待行动者。网络化在此指涉一系列行动，是一种描述社会联系的方法，它强调工作、互动、流动和变化的过程等。总的来说，行动者网络理论是网络化行动研究的认识论基础，它从嵌入其中的社会联系的视角出发，很好地阐明了在网络化行动研究过程中知识是如何产生和构建的。

此外，网络化行动研究也常常宣称它超越了传统的理论与实践的鸿沟。的确，网络化行动研究中包含的两个关键词——"行动"与"研究"，本身就显示了其努力超越"实践"与"理论"分离对立的旨趣。自柏拉图创构"理念世界"以来，"理性"思维就拥有了比"实践"更高的地位。

① 〔德〕恩斯物·卡西尔：《人论》，甘阳译，上海，上海译文出版社1985年版，第8页。

此后，虽然经过无数哲人的努力，包括像康德的"哥白尼式革命"，理论与实践的等级关系已被打破，但二者之间的距离依然存在。直到实用主义的出现，杜威所提出的"反思性实践"从认知机制层面沟通了"理论"与"实践"，揭示出科学探究活动并非是脱离实际生活的。舍恩在杜威的基础上，基于对"技术理性"的批判，将"反思性实践"发展成为一种有效的学习理论，这也进一步从内在心理机制层面论证了网络化行动研究的反思性实践认识本性是何以产生的。

3. 实用主义真理观

当代西方哲学中的存在主义、生命哲学、语用学及知识社会学等的共同旨趣，也都是把知识奠基于人类的生存实践活动。基于这样的认识，网络化行动研究则直接面向"网络社会"，将价值取向定位于改善实践、创新知识与追求民主。当然，即使网络化行动研究支持者宣称其根本价值在于改善实践和政治生活，但作为一种研究方法，它始终回避不了寻求知识的根据这一基本问题，而实用主义真理观则为其确立了检验知识的标准。

在实用主义看来，知识是否为真，不在于认识与客观实在的符合，也并非简单地通过推理来证实，最根本的在于知识的"效用"。"基本上思想状态的真理意味着一种有价值的引导作用。当我们在任何种类的经验的一个瞬间，受到真的思想的启发时，这就意味着迟早我们会由于那种思想的指导而又重新投入经验的各种细节中，并且和它们发生了有利的联系。"[①]实用主义整合了符合论与融贯论，将真理视为动态的、相对的、可变的过程，其通过直接或间接与经验联系来获得证明；同时，真理已不再是外在于生活实践的绝对永恒的东西，而成为帮助人们走向自由、幸福的工具。由此，网络化行动研究所孜孜追求的真理就在走向网络化的过程中不断接受检验。

（三）价值论基础

作为文化认识的一种具体形式，网络化行动研究充分体现着文化的自觉性，具体表现在"主体自觉""方法自觉"和"价值自觉"的实践与意识等方面。

1. 以人为本

无论作为实现网络化生活的途径，还是作为网络化社会研究的有效方

---

① 〔美〕威廉·詹姆士：《实用主义》，陈羽纶、孙瑞禾译，北京，商务印书馆1979年版，第105页。

法，网络化行动研究始终都围绕着人的网络化存在来展开。以人为本、追求实现文化主体的自主性是网络化行动研究的核心价值取向，这也是网络化行动研究的首要原则。一方面，面对网络社会，网络化行动研究重视主体参与，既强调个性化，又关注和理解网络社群中的个体。所有行动研究者在网络化生活过程中实现着自我超越，通过反思性实践展开自主生存研究，文化自主性得以凸显，网络化个人主义开始诞生并发展。基于此，生活在网络社会中的人们在行动研究中努力寻求网络社区的认同，这也是新兴网络化生活的首要意义；另一方面，作为具体行动研究方法，网络化行动研究同样强调主体参与，坚持"以人为本"。[1] 所有的行动，包括技术的设计与应用都需要考虑用户的基本需求，用户本人也以研究主体的身份参与到行动中来，他们的发声能被倾听甚至被适当采纳，自主性获得充分体现。以人为本是网络化行动研究的第一大基本原理。

2. 技术社会化

基于信息通信技术的网络化行动研究，技术成为重要的研究工具。信息通信技术既能作为媒介工具，传播与创造文化，又能作为社会行动工具，改造社会结构，完善网络化生活。由此可见，信息通信技术与社会联系紧密，社会依托技术不断向前发展，同时技术依存于社会并被不断改造。网络化行动研究一方面强调提高技术的社会适应能力，发挥技术的积极效应，改善"网络化生活"，另一方面强调需要通过"不断地改造、调适与整合技术"来改善"网络化技术"。二者相融相促，协变互惠，共同发展。这意味着网络技术催生出节点与节点连接的网络化新型社会组织结构，每个个体成为多个网络社群中的一个节点，技术在网络化过程中也已不知不觉社会化了。因此，技术社会化是网络化行动研究的第二大基本原理。

3. 价值多元化

网络化行动研究还努力追求行动质量，并重视提升理论与研究的能力。[2] 如果将网络社会生成视为一种新型文化，那么，网络化行动研究可谓在努力实现一系列的文化需求，它包含着多元的价值取向。在垂直意义上，网络化行动研究聚焦于行动本身，必然追求行动质量，而它又直接关怀着人的网络化生存，对各种生存与幸福需求的满足则使得它的

---

[1] Greg Hearn et al., *Action Research and New Media: Concepts, Methods and Cases*, Hampton Press, 2009, p. 117.

[2] Greg Hearn et al., *Action Research and New Media: Concepts, Methods and Cases*, Hampton Press, 2009, p. 117.

价值不再仅仅停留在行动质量上，还会关注知识的发现与理论的提升，以满足精神文明的需要。在水平意义上，网络化行动研究将聚焦之光径直投照于生活在网络社会中的人，价值之波由此荡漾开去，各级各层的个体，包括技术人员、行动参与者、理论研究工作者、管理者等都将因此受惠并获得发展。所以，价值多元化成为网络化行动研究的第三大基本原理。

第二节　网络化行动研究的方式

方法论的问题是任何学科或领域发展的首要问题，只有正确的方法论才能指引学科、研究和实践的合理发展。事实上，随着文化的发展，方法论这一术语的含义也在不断丰富。但是不管有多少种表达方式，它始终存在三个基本的层次，即方法的描述、方法的信念和方法的学科。这里，从研究类型、研究模式、研究取向这几个方面来阐释网络化行动研究方式。

一、网络化行动研究的类型

网络化行动研究既可从学科视角来分类，也可从研究水平来分类。

（一）基于学科视角的分类

在一般化的模式内，由于价值取向及理论视角的不同，网络化学习行动研究也存在诸多变式。首先，任何网络化学习行动研究的背后都或明或暗地隐含着一定的理论视角。到目前为止，大致形成的理论视角主要有教育学、心理学和社会学等。对此，古德伊尔在其回顾性的研究综述中也专门提及了。譬如，针对网络化学习中涌现的"合作""协作""共同体"及"对话"等专门术语，教育学将其归入"解放教育学"或"激进教育学"的作用结果；心理学则努力去探究和说明在对话与理解之间、协作与有效解决问题之间的联系；从社会学理论出发，它们则被归结为社区、实践及身份认同等问题，将学习视为共同体内合法的、减少边缘性参与的实践，强调在持续性活动系统中学习的情景性。[①] 显然，网络化学习作为一个新兴的领域，需要对其从各个理论视角进行审视和阐释，进而更为全面地理解和优化它。

---

① Peter Goodyear et al., "Research on Networked Learning: An Overview", Paper Presented at the 3rd International Conference on Networked Learning, April 5–7, 2002, Sheffield University, Sheffield, UK, pp. 1–9.

（二）基于行动研究水平的分类

　　根据行动研究自身的水平高低，网络化学习行动研究也可区分为技术的、实践的、批判的三种基本类型。需要注意的是，这里的"技术"含义与之前技术设计模式中的"技术"是完全不同的。凯米斯等人最初是根据哈贝马斯所提出的建构社会生活的三大主要中介——"语言、劳作和权力"这一框架而将行动研究划分为这三个层次的。[1] 在凯米斯看来，行动研究能改善实践、改善对实践的理解并改善实践的条件，这三方面"团结一致"，从而整体改变人们的生活。从行动研究者的角度出发，技术的网络化学习行动研究其根本旨趣在于改变他们的实践，比如提高学生的学习成绩。因此，其他参与者、合作者都被视为"第三者"，被置于行动研究客体的位置上。而实践的网络化学习行动研究者旨在能更为明智、审慎地展开行动。此时，参与者被认可为"你"，在研究中具有主体性的地位，于是行动研究者与参与者建立起互惠关系。而在批判性网络化学习行动研究中，这样的研究一般是集体的行动，所有参与者都变成了"我们"，类主体性得以凸显。批判性研究的根本目的是通过教育实践去促进个人、经济、生态与物质、道德与社会、文化等的可持续发展。[2] 由于不同层面的网络化学习行动研究需要从不同理论视角去观照，因此上述各种取向的网络化学习行动研究在实际中彼此交织，很难清晰地划分彼此的界限（见图9-1）。

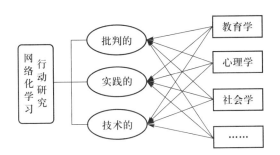

图9-1　网络化学习行动研究的取向与基础

　　实际上，由于网络化学习行动研究是一种极具包容性的整体主义方法论，因而其内部具有多样的视角、多元的价值取向及多重的结构，形成了

[1] Stephen Kemmis，"Action Research as Practice-Based Practice"，*Educational Action Research* 17，2009（3），pp.463-474.
[2] Stephen Kemmis，"Action Research as Practice-Based Practice"，*Educational Action Research* 17，2009（3），pp.463-474.

纷繁复杂的研究体系。

二、网络化行动研究的模式

根植于深厚的文化历史与时代背景下的网络化学习行动研究，尽管在实践中表现形态各异，但仍然具有一般化的实施模式。因为网络化学习行动研究实质上是沟通信息技术与人的学习生命存在的重要途径，所以它从一开始就沿着两条路向前进：在技术领域研究如何发展技术以适应学习需求；在教育领域研究如何提升学习能力、改进学习方式以适应技术发展。现实中这二者又是相互交织、相互影响，甚至是融合在一起而无法被完全区分。基于此，网络化行动研究也形成了具有共同特质的两种基本模式：个人发展模式与技术设计模式。

（一）个人发展模式

个人发展模式以人为本，基于行动研究者的前经验、前假设，强调行动研究过程中反思、对话和解释，达致改善行动、理解行动、发展自身多重目标。这以勒维所提的网络化学习行动研究模型为代表（见图9-2）。[1]

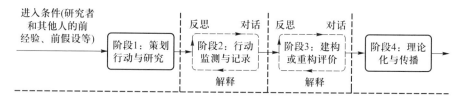

图9-2　勒维提出的"网络化学习行动研究"模型

（二）技术设计模式

技术设计模式重视网络学习技术的开发与设计，基于需求而展开技术的设计、测评与修订，追求设计满足个性化要求，进而促进技术开发与具体学习需求的完美结合。这以班南－里特兰（Barman-Ritland，B.）所提出的"整合式学习设计"（Integrative Learning Design，ILD）模型为代表（见图9-3）。[2]

---

① Philippa Levy, "A Methodological Framework for Practice-Based Research in Networked Learning", *Instructional Science* 31, 2003（1-2）, pp. 87-109.

② Brenda Bannan-Ritland, "The Role of Design in Research: The Integrative Learning Design Framework", *Educational Researcher* 32, 2003（1）, pp. 21-24.

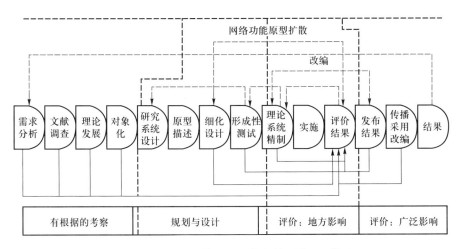

图 9-3 班南 – 里特兰 "整合式学习设计" 模型

对比二者可以发现，尽管这两种模式由于侧重点不同导致具体的操作步骤有所不同，但它们的逻辑基础与整合性取向是完全一致的（见图 9-4）。

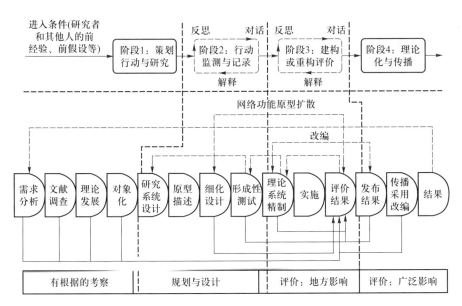

图 9-4 网络化学习行动研究的个人发展模式与技术设计模式整合图

三、网络化行动研究的取向

立足学习、技术与社会的关系世界中，网络化学习行动研究从 "学习与技术" 和 "学习与社会" 两个维度，分别形成了双向互动的研究范式和改造型研究范式。

（一）双向互动的研究取向

随着网络化学习研究的不断发展及技术哲学研究的逐步推进，技术影响学习、促进学习的单向度研究范式遭到质疑，人们更倾向于承认学习与技术之间是互相影响的"共生"（symbiotic）关系。基于此，越来越多的研究范式开始转变思维模式，从单向度的影响研究转向学习与技术的双向互动研究。深入考察这一研究范式，方法论的关系主义（methodological relationism）逐渐主导其价值取向，并产生了许多新的研究问题。

"方法论的关系主义以关系作为基本单位去分析人类行为和价值观，思考重心不在个人而在关系，但并非否定个人利益，而是优先确保关系安全和关系利益，以便更好保证各自利益，优先考虑关系的最优可能性以求开拓更大的可能利益和幸福。"① 正是基于这样的价值观，网络化学习研究开始重新审视已有的学习与技术之关系，打破了技术工具主义或技术决定论，尝试从二者的关系出发，通过寻求关系的最优可能性进而促进学习与技术的共同存在与发展。

基于共生论，网络化学习行动研究的问题也逐渐发生变化，从简单的因果关系问题转向了学习与技术的互动关系问题。与单向度研究范式类似，这一范式下的研究也可分为干预评价与描述理解两大类，其基本的核心问题可表述为"学习与信息通信技术之间是如何相互影响的"，以及"学习与人工智能之间是如何相互影响的"。所有双向互动研究思考的逻辑起点已不再是学习或技术的其中之一，而是二者之间的关系。哈斯（Haas，C.）通过对读写教育的研究提出了信息通信技术与读写教育发展之间存在"共生"关系。② 伽里托（Garito，M.）很早就指出："教育人工智能已经有力促进了教学关系的进化。"③ 迪克逊（Dickson，B.）考察表明："人工智能和机器学习正在重新形塑教育与学习。"④ 依此推理，学习与技术之间的关系就是一种双向互动关系，不仅技术会影响学习，学习也会影响和促进技术的发展。然而，这仅仅是在静止状态下考察二者之间的关系，

① 赵汀阳：《深化启蒙：从方法论的个体主义到方法论的关系主义》，《哲学研究》2011年第1期。
② Christina Haas, *Writing Technology: Studies on the Materiality of Literacy*, Routledge, 1995, pp. 205–232.
③ Maria Amata Garito, "Artificial Intelligence in Education: Evolution of the Teaching-Learning Relationship", *British Journal of Educational Technology* 22, 1991（1）, pp. 41–47.
④ Ben Dickson, "How Artificial Intelligence Is Shaping the Future of Education", *PC Machine*, 2017, pp. 105–115.

事实上，学习与技术这两种现象都是动态发展的。考虑到这一点，安德鲁（Andrews，R.）等人提出了网络化学习研究的"共同进化模型"（Co-Evolutionary Model）。

　　该模型大致可分为四个阶段。第一是基础阶段，学习与技术既相互影响，又在时间维度上发生着变化（见图 9-5）。[①]

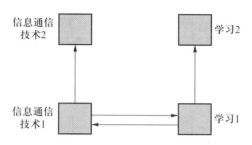

图 9-5　学习与技术共同进化模型（阶段一）

　　由图 9-5 可知，学习与技术一旦相遇，双方便会互相影响。技术的发展从未停歇，而学习的方方面面（包括课程、课堂教学等）也在发生着变化。要研究学习与技术之间的关系，我们既需要具有辩证思维，还需要考虑到时间的要素。当新的技术与新的学习出现后，它们之间又会互相影响。不仅如此，更为重要的是，它们还会产生逆效应（backwash influences）与延迟效应（delayed influences）。这就进入学习与技术共同进化模型的第二阶段（见图 9-6）。[②]

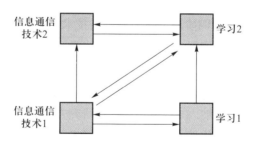

图 9-6　学习与技术共同进化模型（阶段二）

①　Richard Andrews & Caroline Haythornthwaite eds., *The SAGE Handbook of E-Learning Research*，Sage Publications，2007，p. 37.
②　Richard Andrews & Caroline Haythornthwaite eds., *The SAGE Handbook of E-Learning research*，Sage Publications，2007，p. 37.

由图 9-6 可以看出，这样一种滞留、回溯、巩固的过程，对于学习与技术的共同发展十分重要。在此过程中，旧技术并非被新技术完全取代，而是与新的学习形式发生新的关联。出于节约的经济目标，旧技术还拥有自己的一席之地，甚至还会影响到新的网络化学习。当学习与技术继续发展时，更为复杂的阶段三便出现了（见图 9-7）。[1]

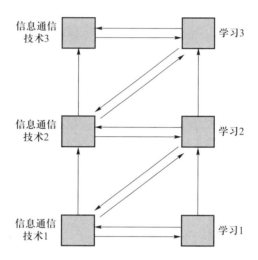

图 9-7　学习与技术共同进化模型（阶段三）

在阶段三，学习与技术在发展过程中继续互相影响，且新的学习形态与旧技术之间也存在着互动关系。当然，切换到技术的角度来看，技术每前进一步，就会对原来阶段的学习形态产生效应，且效应是双向（见图 9-8）。[2] 于是，进入第四阶段，学习形态与技术进步双向交互影响。

以上四个阶段向我们展示了网络化学习中学习与技术之间的共同进化关系，这种关系具有开放性，并且循环递进。总的来说，共同进化模型旨在更真实地建构学习与信息通信技术 / 人工智能之间的动态关系，它超越了简单的因果关系描述，同时纳入了时间维度。从研究方法来看，此理论模型提供了一种描述和分析网络化技术与学习之间辩证发展关系的方式。[3] 基于这样

① Richard Andrews & Caroline Haythornthwaite eds., *The Sage Handbook of E-Learning Research*，Sage Publications，2007，p. 38.

② Richard Andrews & Caroline Haythornthwaite eds., *The Sage Handbook of E-Learning Research*，Sage Publications，2007，p. 38.

③ Richard Andrews & Caroline Haythornthwaite eds., *The Sage Handbook of E-Learning Research*，Sage Publications，2007，p. 39.

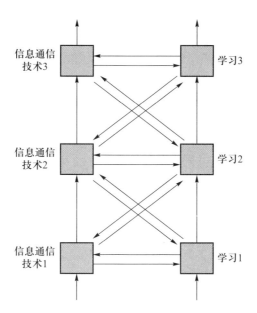

图 9-8　学习与技术共同进化模型（阶段四）

的理论模型，各种具体的网络化学习研究问题都会在其框架内予以审视，包括干预评价类与描述理解类的研究。换言之，不管是出于什么需要，或设计、或干预、或评价、或理解，都需要在共同进化的理论背景下形成问题，并采取适宜的方法解决。

与单向度研究范式不同，双向互动的网络化学习研究并不把网络化学习看作单一或独立的实体，而是将其置身于各种社会文化背景中。因此，双向互动研究范式常常需要采用控制论与系统思维方式。在网络化学习的共同进化模型中还需增加外界的影响要素，考察的基本问题可表述为：网络化学习的共同进化还受哪些因素的影响？针对这样的问题，帮助理解复杂系统的控制论与系统思维往往能发挥作用。当前，控制论已经应用于网络化学习研究之中。例如，利贝尔（Liber，O.）基于控制论，吸收有关思想，为描述网络化学习环境与系统提供了新的方式。[1] 人们还采用系统思维的方法对网络化学习展开研究，提出以"多维"隐喻和视角连接为基础的互动新模式，它将开启走向更加自然和有效的学习经验的新方向。因此，双向互动的研究范式能考察更多的元素，也能更加真实地反映网络化学习中学习与技术的关系。

---

[1]　Oleg Liber，"Cybernetics，E-Learning，and the Education System"，*International Journal of Learning Technology* 1，2004（2），pp. 127–140.

（二）改造型研究取向

从学习与社会的关系出发，改造型研究范式试图跳出学习的小圈子，迈向社会大世界。在知识商品化的今天，"截然分开知识的生产和传递……是有害的。"[①] 基于这样认识，教学与研究互补，教学不再是简单再生产，而更多需要扩大再生产。

当今时代，知识的传递（传统的学习）与知识的生产（研究）已经紧密地融合在一起，它们共同影响并推动社会的发展。由此，学习的文化功能得以拓展，不仅需要保存和传递知识，还需要创造和发展知识。在此意义上，学习与社会的联系更加紧密。随着人们对学习与社会之间关系认识的不断加深，网络化学习研究不再仅仅关注学习本身，而是从学习与社会的关系这一逻辑起点出发来探究问题。若从"学习即知识创造"这一隐喻出发，网络化学习直接影响着社会。正因如此，我们把这一类网络化学习研究称为"改造型研究范式"。所谓改造型研究范式，主要包含以下内容：其一，它强调将学习的知识传递功能与知识创造功能统一起来；其二，它重视学习与社会的关系，以关系为出发点来开展具体的研究；其三，在理论与实践的关系问题上，它主张二者应该从分离走向对话。还必须指出的是，这里的"改造"，一方面是指学习者对知识的创造，另一方面是指学习这一活动对社会的改造。

从这样的价值取向出发，改造型网络化学习研究主要考察的问题不再单一地围绕学习来提出，而是基于方法论的关系主义，从学习与社会的关系出发来考察，其关心的主要问题是"如何在提高学习质量的同时也促进社会的发展"。这一问题驱使人们反思过去的研究模式——"研究—开发—推广"（Research–Development–Diffusion），即先开展研究产生理论，而后再推广理论。明显地，这种研究思路是顺承式的。改造型研究要求我们将研究、知识创造与社会变革沟通起来，通过开发新的研究方法来实现改造。

在网络化学习研究中，基本能够实现这一目标的主要研究方法是行动研究。起源于 20 世纪初期的社会开发领域，并复兴于 20 世纪 60 年代教育界的行动研究，从一开始就与社会行动联系在一起。当前，它正处于蓬勃的发展过程中，不仅成为变革社会、帮助解决实际社会问题及促进个人专业发展的有效途径，而且是非常重要的社会科学研究方法。同时，它与

---

① 〔法〕让-弗朗索瓦·利奥塔尔：《后现代状态：关于知识的报告》，车槿山译，北京，生活·读书·新知三联书店 1997 年版，第 14~110 页。

系统科学相遇，成为有效的软系统方法论。人们经过多年努力，总结并提炼出一套十分有效的软系统方法论，它分为七个阶段：无结构的问题情境；表达问题情境；各个相关系统的根定义；构造多个概念模型；检验系统模型；可行的、合乎需要的变革；改善问题情境的行动。[①] 无论社会科学领域内的行动研究，还是切克兰德等人所倡导的软系统方法论，它们在演绎与归纳思维的不断迭代上是一致的。由此看来，行动研究具有极强的包容性。在行动研究展开的过程中，它倡导采用多种方式进行数据收集与分析。总之，行动研究方法立足于"知识与行动"关系之上，拥有"多元和谐的价值追求"，在既促进学习又改变社会这层意义上，它属于改造型研究范式。

第三节　网络化行动研究的方法

网络化行动研究直接观照社会性世界，在这样一个世界中，人与技术、文化与社会相互塑造，彼此融合，进而形成一个不可分割的共存整体。面向社会性世界，作为坚持以人为本、追求技术社会化并涵盖多元价值取向的新兴方法论，网络化行动研究正在努力涵养整体主义的思维方式。这一整体主义的思维方式在文化认识论基础上，逐渐演绎出和建构起既强调网络化社会整体又重视网络化个人的网络化行动研究体系。这个新兴体系从社会出发，逐步形成"展开"（deployment）到"稳定"（stabilization），再到"创作"（composition）的螺旋式主题域，[②] 同时着眼社会中的个人活动，构建"流通""识知"和"多样"的动态化原则，并开发"子网切入""交流反馈"和"核心价值驱动"的有效性策略，还形成一系列新兴具体研究方法。

一、螺旋式问题域

网络社会形态的转型亟待人们融入其中，采用将社会改造与社会认知相结合的方法，对社会性世界的"展开""稳定"及"创作"螺旋式主题进行深入的研究。目前，网络化行动研究在社会学、社会心理学及信息技术等研究领域内得到广泛的应用。纵观已有研究，网络化行动研究主要聚

---

① 〔英〕皮特·切克兰德：《系统论的思想与实践》，左晓斯、史然译，北京，华夏出版社1990年版，第203页。
② 吴莹等：《跟随行动者重组社会——读拉图尔的〈重组社会：行动者网络理论〉》，《社会学研究》2008年第2期。

焦于"描述网络社会的展开""促进网络社会的稳定"和"追求网络社会的创作"等主题。

（一）描述网络社会的展开

新型网络社会需要我们通过追踪生活世界中的各种不确定性来将其展现。这一主题涵括各种各样的子问题：网络社会组织是如何建构起来的？它具有哪些特征？网络中各种资源流（物质的、符号的、情感的）是怎样运转的？网络中各种联系的数量、方向、密度、力度如何？这里的网络社会组织包括基于网络技术而建构的虚拟社区以及虚拟社区与真实社区之间互动所产生的网络社会组织。

（二）促进网络社会的稳定

基于实用主义观念，网络化行动研究首要的目标就是改善社会实践，即借助新媒体去跟随行动者解决各种实际的问题，进而把这种处理方法继承下去并将其传播。这一主题也包括许多子问题，如：优化和提升网络社区质量的方法和策略有哪些？技术对于促进社区生活起到了哪些作用？福斯（Foth，M.）等人从 2002 年末开始，对澳大利亚一个中心城市内的一个住宅区展开长达四年的网络化行动研究。该研究旨在对城市内居民邻里之间的社会网络进行分析和理解，进而发现新媒体和信息通信技术，尤其是互联网等工具的应用，是如何改善邻里关系和住户之间社会结构的。[①]网络化行动研究一方面需要关注网络化这一行动如何改善社会生活，另一方面它也在参与社会行动的过程中完善技术，重构和优化网络化社会组织。

（三）追求网络社会的创作

网络社会的转化过程必然影响到文化与权力，信息与知识的流动将重构社会的权力结构。于是，权力有了新的定义，它不再代表着专制，而是具有生产性、积极性和策略性等特征。权力是在人们与他人交流时得以行使。因此，从某种意义上说，权力就在行动之中。在网络化行动过程中，新媒体专家的知识与使用新媒体的社区成员或员工的知识都和权力有着内在联系，因而网络化行动研究倡导参与，赋予行动者创造和享用知识的权力。这一主题包括的子问题主要有：知识在网络化行动过程中是如何扩散和增长的？它对网络化组织带来了哪些影响？网络社会组织的权力分享机制是怎样的？网络社会中如何实现民主？

---

① Greg Hearn et al., *Action Research and New Media: Concepts, Methods and Cases*, Hampton Press，2009，p.109.

二、动态化原则

作为文化认识的一种特殊形式，网络化行动研究直接关涉社会性世界中的生活实践，因而它富有灵活性与动态性，呈现网络化的结构特点，需要采取一定的措施予以保障。同时，网络化行动研究本身具有极大的文化包容性，所以它采用的具体方法与技术是多元的。并且考虑到知识与权力的关系，网络化行动研究过程具有政治性。基于以上特性，人们在开展网络化行动研究时提出并遵循以下动态化原则。

（一）保障流通渠道顺畅以实现网络化

在一般行动研究的基础上，网络化行动研究还需特别关注网络内各节点之间的互动和交流，这是保障行动质量的重要环节，也是实现网络化的关键。网络化行动研究包含着各种资源流，唯有保证资源流流通渠道的畅通，节点与节点之间、子网与子网之间方可实现资源最优化，从而真正实现网络化。同时，网络化行动研究还特别提倡各子网络行动研究彼此交流、互动，进而组合成行动研究网络群，继而建立更大范围的元网络，元网络反过来又引导所有子网络开展团体行动与反思。

（二）综合采用多元化方法以追求知识

格林伍德（Greenwood，D. J.）曾提出行动研究应该采用"多方法的研究策略，只要这些方法是合乎情境的"[①]。网络化行动研究同样如此，只要能实现研究目标，更好地描述、解释和优化社会性世界，所有量化研究方法，包括调查研究都允许被采用。同样地，所有质性研究方法，只要有助于更好地理解网络社会，包括深度访谈、个案分析等，也都可以被使用。此外，网络化行动研究更强调充分利用信息网络技术，在原有研究方法的基础上发展出更为适切的网络研究方法，例如网络日志的收集与分析、网络数据的挖掘及网络分析等新兴研究技术。实际上，在网络化行动研究中，不存在某一种方法优于另一种方法，所有的方法，包括各种具体收集资料和解释资料的方法都服从于实现和优化网络化生活这一根本旨意。当然，同时采用多元方法以增进研究的信度，也是追求知识的根本性保障。

（三）尊重参与主体的多样性以促进民主

与一般的行动研究一样，网络化行动研究也采用计划、行动、观察和反思这一循环往复的活动程序。但与之根本不同的是，为了提高行动者的

---

① Davydd J. Greenwood & Morten Levin, *Introduction to Action Research: Social Research for Social Change*（2nd edition），Sage Publications，2006，p. 98.

参与度，网络化行动研究者需要与组织中的所有成员接触和交往。为此，研究者需要遵守下列基本原则：（1）尊重所有参与者的差异性；（2）承认所有参与者对研究过程都产生影响；（3）考虑容易受忽视的女性及边缘人士等。各种信息通过扁平式结构进行流通，但要采用匿名等方式保障边缘人士或反对派人士的积极参与。为了保证参与的民主性，网络化行动研究还要求参与者公开他们的日程安排，表达各自的价值观和观点，从而在相互理解、彼此信任和开明的交往环境中建立和谐的关系。而且，从批判反思到再行动过程间，网络化行动研究关涉决策问题，因而它提倡决策过程透明化，从而保障参与的民主化。

三、有效性策略

与其他所有类型的研究一样，网络化行动研究渗透了人们的秩序性与有效性诉求，因而从一开始就在努力开发甚至创新使用各种方式、技术和工具，以保障研究顺利开展并取得一定成效，进而生成一系列有效的实施策略，主要包括"恰当选择子网切入策略""及时反馈交流策略"和"核心价值驱动策略"。

（一）恰当选择子网切入策略

"网络是一组内部连接的节点，而节点是曲线图形内部相交叉的点。网络是没有终点的，其包含的仅仅是节点。每个节点对于网络来说具有不同的关联性。"① 因此，网络化行动研究者的任务就是将每一个子网络，也就是节点的探究联结起来，形成一个更大范围的实践性网络群。研究者在承认网络的流动性、动态性、群聚性及混合性的前提下，依然需要粗略规划和组织社会性世界中已存在的各种网络（包括正式的和非正式的），从中选择子网络作为研究切入点。同时，网络化行动研究鼓励所有参与者从一个子项目开始展开多元化的行动研究，然后这些子项目又在一个更高的层面上，即元层面上组成一个更大的行动研究项目。透过对比传统行动研究与网络化行动研究的交往生态圈，可清晰地发现网络化行动研究的网络化特征（见图9-9）。② 网络化行动研究尤其强调先选择合适的子网切入再展开研究，以免造成不必要的资源浪费和研究效果的降低。

---

① 〔美〕曼纽尔·卡斯特：《网络社会——跨文化的视角》，周凯译，北京，社会科学文献出版社2009年版，第3页。
② Greg Hearn et al., *Action Research and New Media: Concepts, Methods and Cases*, Hampton Press, 2009, p.111.

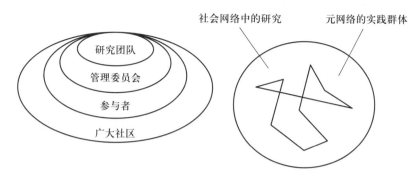

图 9-9　传统行动研究与网络化行动研究的交往生态圈比较

（二）及时反馈交流策略

前已述及，网络化行动研究十分重视行动者的参与度，因此它要求研究者领导能及时对每个行动研究参与者所作出的努力给予反馈，使参与者能真正意识到自己的反思与行动是改善自身生命实践的必要途径，而不是一种额外负担。同时，也要求各子项目的行动参与者能通过面对面、网络或社餐等形式与研究者领导进行沟通，进而形成更为广泛的研究网络。事实上，网络化行动研究也十分提倡在一个元网络驱动下，开展团体协同行动与反思的不断循环的活动。

（三）核心价值驱动策略

由于行动组织的多元化、结构的网络化，网络化行动研究容易出现各子网价值多元的情况，甚至各价值之间产生矛盾，这也就相应地容易导致网络化行动研究的流产或失败。但是，采取以核心价值驱动网络化行动研究策略，可弥补这一局限。核心价值驱动提倡行动研究者进行随时监察。随时监察指的是网络化行动研究者需要监视网络社会组织中已有的交往生态，从而及时为不同的利益相关者添加必要的网络节点，即创建一个能让相关行动者彼此自由交流信息和交换经验的平台。因此，在网络化行动研究中，倡导通过已有子网络与元网络之间的互动来促进信息交流，也提倡充分利用各种非正式的网络组织和交流形式来展开研究。

四、新兴具体方法

从知识建构理论出发，可以将网络化行动研究的新兴方法归纳为计划阶段的知识共享法、实施阶段的知识转化法及反思阶段的知识创生法。在计划阶段的知识共享中，社区制图法呈现实践现状，在线头脑风暴法

（Electronic Brain Storming，EBS）澄清研究问题；在实施阶段的知识转化法中，数字故事法丰富传统叙事，视觉人种志收集研究资料；在反思阶段的知识创生法中，关键性变革评估考察研究前提，引导型博客支持过程反思。

（一）社区制图法

访谈、问卷和观察法在调查研究中发挥着重大作用，但其缺点也显而易见：一是实践者容易受到更多"研究效应"的影响；二是要求实践者具有一定的文化知识水平和语言表达能力；三是它们都属于研究者工具，与行动研究力图实现的研究者与实践者地位平等的旨趣不一致。网络化行动研究者在弥补这些不足的过程中，受到地貌制图学的启悟，创制了社区制图法。

1. 主要特征

社区制图法是由某个共同体的成员，通过收集和分析地方性知识、经验和资源，以绘图的方式进行表征的视觉型研究方法，它的常用工具是"地理信息系统"。社区制图法具有包容性、透明性和赋权增能等突出特点，它与行动研究相结合，在形象地展示行动者所在区域资源和实践情况等方面表现出如下优势。首先，参与人群和表征形式从单一走向多元。社区制图法通过改变准入资格和排除技术障碍，赋予先前被传统制图学排斥在外的普通成员参与资格，开发包括文字、图像和数字等在内的多样化制图形式。其次，制图目标、情境和归属从隐掩走向显达。这与传统"不知源自何处"、在"貌似中立的科学面具"背后进行操作的地图学形成鲜明对比。社区制图法不仅让研究对象参与研究，而且公开研究过程和研究成果，在一定程度上挑战了研究者的知识霸权地位。最后，行动者从被动变为主动。通过社会性变革，参与者不仅增加了相关知识和政治意识，而且提高了自身和集体行动的能力。

2. 基本步骤

参与者既能在线作业，又可利用纸笔制图。社区制图法一般遵循以下四步：一是挑选项目参与者。例如，在"青年友好型医疗服务行动研究项目"中，研究者选取两所学校的高中生作为合作者，调查当地医疗服务现状和高中生的看法；二是参与者熟悉研究场域。在该项目中，研究者委托当地非政府组织帮助这些参与者熟识整个社区医疗；三是输入和解释制图数据。由于地图的制作是基于成员共识的，因此，在制图前，参与者必须对所输入内容进行讨论并取得一致意见。为确保地图内容聚焦于研究主题，研究者要求参与者围绕两大问题作图："从小到大，哪些东西支持和改善你的健康，而哪些又对你的健康提出挑战"和"你理想中的医疗服务是怎样的";四是生成地图。[1] 按照知识建构论，行动者在参与行动研究项目前，已通过自身实践和其他途径，形成自己关于客观现象的看法，即前概念。它们对于行动者全面而准确地认识社区现状造成困难。因此，社区地图不仅转变了研究者和青少年先前关于社区医疗服务的认知、发掘了隐性资源，而且为研究者提供了翔实的研究资料，更为重要的是，它可以协助研究者发现研究问题、确认变革目标、区判革新优先等级。[2]

社区制图法是一种思维可视化技术，它使过去模糊的现实状况变得明晰，具有深度揭开资源间联系的独特之处。除了这种方法，行动研究者为辨别经济领域中利益相关者及其之间的相互关系，还使用了网络爬行制图法、基于参与者或角色的"价值网络分析法"（Value Network Analysis，VNA）等。

（二）在线头脑风暴法

研究问题控制整个行动研究过程的发展和导向，它来源于行动者的实践归纳。因此，在运用社区制图法考察行动的本来面貌后，就要从中寻找、提炼、拟定和表述有价值的研究问题。调查发现，行动者在提问时"有的停留在一般的经验总结，有的盲目追逐'热点'，有的则脱离自己的实践"[3]。由于提问对行动者的能力要求比较高，因此，需要同伴的帮助和专家的指引。由于 EBS 能够集思广益，因此在问题选择和论证方面具有独特优势。

1. 主要特征

在线头脑风暴法采取会议的形式，引导和鼓励参与者围绕某个对象尽可能多地提出见解。根据成员数量和技术类型，在线头脑风暴法可分为四种：名义小组技术（nominal group technique）、匿名 EBS、实名 EBS 及面对面头脑风暴法（Verbal BS，VBS）。实证研究表明，EBS 小组比 VBS 小组能产生更多、更高质的观点，并且成员满意度更高。[4] 具体而言，EBS 小组成员可以发表不被接受的观点而不用担心遭受批评；别人在组内提出

---

[1] Guillermo C. Martínez-Verduzco, J. Mauricio Galeana-Pizaña, & Gustavo M. Cruz-Bello, "Coupling Community Mapping and Supervised Classification to Discriminate Shade Coffee from Natural Vegetation", *Applied Geography* 34, 2012, pp. 1–9.

[2] Darcy White & Rob Stephenson, "Using Community Mapping to Understand Family Planning Behavior", *Field Methods* 26, 2014（4）, pp. 406–420.

[3] 罗生全、敬仕勇编著：《教师行动研究艺术》，成都，西南交通大学出版社 2011 年版，第 101 页。

[4] Darleen DeRosa, Carter Smith & Donald Hantula, "The Medium Matters: Mining the Long-Promised Merit of Group Interaction in Creative Idea Generation Tasks in a Meta-Analysis of the Electronic Group Brainstorming Literature", *Computers in Human Behavior* 23, 2007（3）, pp. 1549–1581.

争议性观点，对其他成员而言是一种激励；视觉化符号的缺失，比如反对者的面部表情和身体动作，也降低了成员提出争议性观点的焦虑。如前所述，行动者的前概念对正确认识的形成产生消极影响，因此，通过EBS这种引发认知冲突的策略，实践者从多角度、多方位发表见解和论证设想，察觉其他新看法与自身原有认知的矛盾，并通过反复对比，揭露前概念的局限性，从而生成具有价值性和代表性的研究问题。

2. 基本步骤

研究者开发了一个 EBS 系统平台（见图 9-10），实施 EBS 需依从一定的原则和步骤。首先，登录 EBS 系统，电脑屏幕最左边呈现参与者名单，如图 9-10 中①；其次，中间空白处弹出进行头脑风暴的一个具体任务或主题，如图 9-10 中②。在以往筛选教育行动研究问题时，学校领导、科研人员和任课教师需要面对面共同分析教学存在的问题，而 EBS 则提升了这一活动效率。再次，小组成员在系统中输入自己的见解。系统自动将这些看法汇聚到指定位置，并为所有人同步所见，如图 9-10 中③，这一共享空间也称为"组织记忆"（group memory）。进行问题澄清时，EBS 重视研究者与行动者之间的民主与合作。因此，最后，在"头脑风暴"结束后，参与者能对这些提法进行评判。

图 9-10　EBS 系统界面

作为一种会议形式，EBS 正以其独特的规则不断鼓励人们参与交流。研究者认为实施行动研究，就是亲身经历行动和研究，并从中获得学习经验。因此，在问题澄清阶段，行动研究要求每一位行动者都参与问题的讨论，在独立思考分析的基础上，以合作的方式对问题和任务进行探讨和交流。

行动研究不仅产生纯学术的成果，而且能生成行之有效的实践性知识。知识建构具有三个阶段，即"共享和比较信息，发现和探索不同观点、概念和命题之间的差异和矛盾，意义协商和共同建构知识，对共同建构的结果进行验证或修正，并取得一致性的结论 / 应用"[①]。在网络行动研究计划阶段，研究者和行动者依托社区制图法和 EBS，共享事实性知识，进行对比分析并挖掘其中矛盾，提出并论证研究问题。

（三）数字故事法

讲故事是行动者向外界讲述自身想法、研究者了解行动者的生活世界的重要途径。该方法能够克服传统教育叙事形式单一化的局限性问题，它运用多样的媒体元素和表现手段，构造富有逻辑的情节，创造生动有趣的故事情境，丰富故事的内容及其呈现形式，重塑研究过程。因此，数字故事法在网络化行动研究中大有作为。

1. 主要特征

数字故事法指人们将传统的故事创作艺术与信息技术工具相结合，整合包括计算机图形学、录音、电子文本、视频短片和音乐等多媒体元素，生成可视化故事来传递知识和思想的方法。在教育领域，数字故事创作的通用工具是 PPT，也可以选用其他多媒体手段。因此，数字故事法具有真实性和技术性。此外，它还具有可读性。无论选用哪种素材或平台，故事内容是核心。按照波兰尼的知识观，故事是实践者的个人隐性知识，具有不可完全表达性，因此，需要并且可以借助非语言的工具获取。故事存在于行动者的头脑中，反映了行动者的生活过程和心智模型，只有通过思维和讲述过程才能呈现出来。行动者在运用数字化技术编讲故事的同时，将原本的经验型隐性知识转化为形式化隐性知识，即在讲故事中掌握数字故事法。

2. 基本步骤

数字故事法汇集和分析教育材料遵循四个步骤，下面以"寻音之旅"（Finding a Voice）行动研究为例进行说明。首先，确定故事主题和收集创作素材。研究者举办工作坊，指导项目成员创建资料储存文件夹，寻找图画、地图、表格等资源，音乐、演讲、访谈、音响效果等音频资源，以

---

① 甘永成：《虚拟学习社区的知识建构分析框架》，《中国电化教育》2006 年第 2 期。

及网站、Word 文档、PPT 课件等内容资源。其次，择用合适素材并置入创作软件。参与者挑选能够表达自己心声的素材，并将其与编辑软件进行整合。再次，设计作品脚本和录制故事旁白。在"寻音之旅"中，参与者运用 5W 创作故事法，即"发生了什么""涉及哪些人员""什么时候发生""在哪里发生"，以及"为什么发生"，来撰写脚本。接着，运用计算机的麦克风并按照脚本录制旁白，将旁白置入软件并将数字故事生成WMV 文件。最后，阐释故事内容和评估创作过程。考虑故事内容和目标观众的特点，参与者选择合适的传播策略，将数字故事展示给同伴看，并获取反馈信息，思考如何完善和扩展自己的故事。①

数字故事的创用使故事叙述更加真实和有趣，使研究者或教师对现象的思索和对问题的研究更加深入。然而，由于数字故事创作要求将多种元素进行糅合，需要讲述者，比如教师、学生等掌握较多的知识和技术，投入更多的时间和精力，因此在推广上有一定难度。

（四）视觉人种志

近年来，各种基于照片和视频的方法被用于研究资料的收集、整理和分析。这是因为照片和视频能够全面真实地再现研究情景的动态性和复杂性，刺激研究者和行动者对事件的回忆，使研究者的观察、编码、归类和分析更加有序和清晰。视觉人种志参与行动研究大多是以录像和拍照的形式进行。

1. 主要特征

视觉人种志是将照片、电影、视频和超媒体运用于人种志和社会研究的一种资料收集和分析的方法。对视觉人种志特征进行考察后，归纳出它作为记录活动的媒介而被广泛应用于行动研究中的原因有三点：其一，收集技术具有易用性，因此，该方法尤其适用于受教育水平低、语言表达能力不高的参与者，这些人可以创造音像，表达自己的关注点和需要；其二，资料类型具有沉浸性，视频能够清晰地记录和再现身体动作、现场情境及参与者的眼神和言语交流；其三，研究资料具有互动性，该方法能为研究者和实践者收集大量的可供对比的材料。

2. 基本步骤

视觉人种志的实施过程分为三步，下面以新西兰一项物理专业的户外教师教育项目"灌木丛露营"为例进行说明。第一，在技术种类方面，运

---

① Alaa Sadik, "Digital Storytelling: A Meaningful Technology-Integrated Approach for Engaged Student Learning", *Educational Technology Research and Development* 56, 2008（4），pp. 487–506.

用摄像机、照相机和计算机软件等收集研究资料和表现复杂的社会关系等。这些设备既可用于小组讨论、参与者观察、人种志研究，以及口述史等情境，也可用于需要排除观察者效应、不欢迎研究者的情况。在该项目中，教师和本科生作为行动研究者，通过拍照，收集共同体成员在灌木丛露营项目中的表现；第二，在媒体类型方面，产生照片、纪录片、戏剧、艺术品等。这些是人类活动的主要证据，是共同体成员产生的复杂的视觉沟通系统的一部分，可以为社会学知识所解构和分析；第三，在呈现形态方面，运用视觉技术产生连续的画面来实现沟通。研究这些影片，可以评估它们对制作者和观众的意义。活动结束后，师生采取照片引谈法（photo-elicitation）对所选照片进行描述，并采取层次分析法（layered analysis）对它们进行分析。描述照片，主要是回答几个问题：照片所处的情境是什么？照片的内容是什么？照片想要表达和揭示什么？为什么这张照片对我很重要？这张（些）照片如何证明户外教师教育的体验学习？尽管视频促进行动研究的资料收集和分析，但在使用中仍然存在一些障碍。因此，如果要保证资料收集和分析的信效度，那么实施视觉人种志还需要包括一些其他要素，例如指导参与者如何录制和剪辑视频。

（五）关键性变革评估

问题评估是反思的关键。行动研究的问题产生于实际工作情境之中，并且其计划的内容并非在决定以后就一成不变，而是根据实际情况对其随时检讨，不断修正。在评估方式上，尤其对问题的审视，关键性变革评估（Most Significant Change，MSC）是后起之秀。[1]

1. 主要特征

关键性变革评估具有两大特征：一是逼促参与者进行深层思考，引起他们思维深处的变化；二是协助行动研究者把握改革形势和调整行动方向。达特（Dart，J.）和戴维斯（Davies，R.）精辟地指出："关键性变革评估的首要目标就是持续性将实践导引至有价值的方向、远离无价值的目标，促进项目的完善。"[2]

2. 基本步骤

一般而言，关键性变革评估依循六个步骤：（1）掌握关键性变革评估的实施过程。例如，在一项乳业生产合作项目"目标 10 号"中，为使参

---

[1] Greg Hearn et al., *Action Research and New Media: Concepts, Methods and Cases*, Hampton Press, 2009, p. 63.

[2] Jessica Dart & Rick Davies, "A Dialogical, Story-Based Evaluation Tool: The Most Significant Change Technique", *American Journal of Evaluation* 24, 2003（2）, pp. 137–155.

与者熟悉故事收集法，研究者开发"故事收集表"（见表9-1）；（2）确定需要评估的领域，即各个故事所属类别。比如，利用德尔菲法，调查150位项目利益相关者对变革领域选择的看法，并通过多次反馈和修改，最终得到"决策技能""农场实践""利润／产量"及"其他"四大变革领域；（3）成立咨询小组，监督学习过程，鼓励根据当地条件对行动进行调整；（4）收集和审核变革的故事。所有员工和委员会成员都得到《故事收集表》去采集真实的改革故事；（5）举行会议。在项目结束时，挑选八个影响力较大的人或资助者举行圆桌会议，来审核故事。在会议之前，给每个故事打分。会议形式为小组讨论，资助者要求参与者陈述自己对故事的想法；（6）对所有故事进行二次分析：故事的来源、主题、所收集的故事与没收集的故事之间的关系。[①] 关键性变革评估作为一种过程性评价，通过收集和评估变革故事，突出关键点，将研究者和行动者从庞杂的研究资料中解放出来，持续、详细地跟踪和反映变革轨迹，诊断并调选研究问题，这有利于批判性思维能力的提高。

表9-1　故事收集表

故事题目	
所属领域	决策技能的变革
	农场实践的变革
	利润／产量的变革
	其他的重大变革
记录故事的人	
所在区域	
叙述时间	
故事发生地	
故事发生时间	
**	
发生了什么事	
为什么你认为这是一个重大变革	
它已经或者将对未来产生什么影响？	

---

① Jessica Dart & Rick Davies，"A Dialogical，Story-Based Evaluation Tool：The Most Significant Change Technique"，*American Journal of Evaluation* 24，2003（2），pp. 137–155.

（六）引导型博客

反思不是自动的过程，它需要引导。很多日志是单纯的活动或事件描述，这是反思的对象，非反思本身。反思是隐性的，需要具体的活动刺激才能进行。此外，网络日志比纸笔日志更能激发参与者反思动机。因此，现实需要和 Web 2.0 催生了网络化引导型反思日志。其中，博客的运用相对较广。

1. 主要特征

博客是一种在线网络日志，用户可以使用自己的语言撰写和发表博文并进行持续更新。除了文本，用户还可插入图片、音频、视频或网址等来提升博客吸引力。[①] 实证研究表明，博客促进批判性反思和专业发展。[②] 这种促进机制可从以下两方面进行分析。首先，从博客本身来说，第一，它具有开放性，使读者群体多样化，除了博主的同伴，还有其他潜伏的公众用户。纸笔反思日志的读者是实践中的分散个体。第二，它构建互动机制，使读者可以对博文进行评论。第三，它突破时间和空间限制，使参与者的讨论更加方便。[③] 其次，从博主自身而言，第一，关爱自我。用户可以在博客里提出困惑、抒发情感和分享经验。第二，建立社交网络。用户可以在全球范围内获得或提供支持。第三，促进专业发展。用户建立可以进行讨论和提出解决方法的共同体。第四，激发反思动机和促进自主评估。总而言之，这种开放性反思具有社会支持性价值，一则是对行动者独立反思给予赞赏鼓励，二则是为行动者提供积极的"形成性评价"，助力其改善自主反思的偏差。

2. 基本步骤

在一项探讨学生对网络化引导型反思日志的态度的行动研究中，弗格森（Ferguson，J.）等人以作业的形式，设计"消费者行为"和"体验式营销"两门课程的网络化引导型反思日志，要求学生共同反思小组项目实施情况，并为小组撰写一份日志，上传到博客，供全班分享。为保证学生

---

① Tasneem Poonawalla & Richard Wagner, "Assessment of a Blog as a Medium for Dermatology Education", *Dermatology Online Journal* 12, 2006（1）, p. 5; Helen Hickson, "Reflective Practice Online—Exploring the Ways Social Workers Used an Online Blog for Reflection", *Journal of Technology in Human Services* 30, 2012（1）, pp. 32–48.

② Katherine Chretien, Ellen Goldman, & Charles Faselis, "The Reflective Writing Class Blog: Using Technology to Promote Reflection and Professional Development", *Journal of General Internal Medicine* 23, 2008（12）, pp. 2066–2070.

③ Shih-Hsien Yang, "Using Blogs to Enhance Critical Reflection and Community of Practice", *Educational Technology & Society* 12, 2009（2）, pp. 11–21.

进行反思、规范读者的评论行为，研究者设计了自评自改的博客撰写和互评互改的点评原则进行引导。博客撰写规则具体包括如下，第一，每个小组发布一篇博文，反思小组的学习经验。第二，在"学科领域"栏，注明组名和主题。第三，在"正文"部分，将小组的文章拷贝进去。反思主题包括成员对小组合作的积极或消极的看法、说说这种经历如何帮助自己学习，以及自己在团队合作学习中的体验等。第四，字数限制在 250～300 个单词。第五，老师鼓励小组坦诚，但也提醒每个小组他们的博文将为全班所见。博客点评规则包括，第一，反思自己的学习经验，并与所读博文进行对比，指出异同处。第二，评论必须呈现自己从该博文中所学到的内容或者为该小组所遇到的困难、挑战提供可行的解决建议。第三，字数控制在 140 个之内。①

网络化引导型反思日志有助于研究者和行动者梳理和掌握新认识、新思想产生的过程机制，即如何作出判断、如何解决问题等，它们标志着行动者的变化。网络化引导型反思日志具有重大的价值和潜力。

知识的构建与知识的验证紧密相连。实践性知识产生于行动者对自己经验的反思和提炼。在行动研究中，研究者和行动者依凭关键性变革评估和引导型博客，在反思中不断激活并重构自己的实践性知识。

赫恩及其同伴报告了他们的一项网络化行动研究。② 随着网络技术的日益更新，人与人之间的关系逐渐从传统的线下物质世界转移到线上虚拟世界，并创生了基于互联网的新的社会结构形态——网络社会。网络社会中的社会群体，在虚拟社群的持续互动中，可以发展为实质的群体关系。随着网络社会逐渐成形，其影响范围逐渐扩大，如何优化网络社会也成为行动研究的焦点之一。网络化行动研究作为一种特殊而具体的行动研究范式，帮助处在网络化社会转型期的人们构建网络化生存的意识，为网络化生活做好准备。网络化行动研究秉持以人为本，以技术为基本手段，在追求行动质量的同时关怀人在网络化社会中对各种生存与幸福需求的满足。

---

① Jodie Ferguson, Suzanne C. Makarem, & Rebecca E. Jones, "Using a Class Blog for Student Experiential Learning Reflection in Business Courses", *Journal of Education for Business* 91, 2016（1）, pp. 1–10.

② Greg Hearn et al., *Action Research and New Media: Concepts, Methods and Cases*, Hampton Press, 2009, pp. 171–187.

第十章　结语：行动研究范式的开发

　　进入新世纪，行动研究的应用越来越广泛。越来越多的人深刻认识到，思辨研究、量化研究抑或质性研究已经不能满足实践者们创造性地解决实践问题的需要。比如，生活的实践性、临场性与多样性不能通过思辨研究或实证研究充分地表现出来。理论与经验二分、抽象立论与实际背景疏离、研究者支配行动者等，已成为传统研究范式的痼疾，严重阻碍着富有应用价值的理论的发展。而行动研究有机地整合行动与研究，观照问题的多样性和情境性，开辟了改进实践并生产情景知识的崭新道路。在实践认识论和整体主义方法论的融合中，行动研究学术性和效率性不高的问题有望得到突破。在教学学术勃兴和人工智能异军突起的新背景下，学习学术和媒介理论逐渐成为行动研究的新原理。同时，现代科技的发展使关乎行动研究客观性和科学性的研究抽样日益得到重视和开发。传统的或其他研究范式的具体研究策略，比如口述史、听众反应技术和价值网络分析，在新兴理论和技术的推动下，也得以"盘活"或得到改造，从而成为行动研究的新策略。

第一节　行动研究的新原理

　　进入学习型社会和人工智能时代，行动研究在发展中打上了学习学术和人工智能技术的烙印，形成新的学习学术原理和介导作用原理。

一、学习学术与人工智能的兴起

　　行动研究也是行动学习（action learning）。在"学习共同体""学习型组织""学习型政府"及"学习型社会"等成为高频词的今天，学习成为核心概念。因此，人们对学习的期待大增，而对已有学习模式大加诟病，严厉批评传统学习模式忽视"行动"和"研究"，效果差效率低，无法应对日新月异的环境变化，无法满足飞速发展的社会需要。学习、行动和研究"联姻",不仅生成了行动研究和行动学习,更催生了学习学术新理念。而且,随着信息技术／人工智能的飞速发展,学习信息化正迈入智能化学习和研究的新阶段。行动学习与行动研究合二为一,将学习学术和人工智能应用到行动研究中,构成了行动研究发展的新背景。

(一)学习学术彰显行动研究学习取向

悄然间,科研活动与学习学术在各种组织活动领域应运而生。随着临场研究(clinical research)方式推广到各个领域,发源于教师专业发展领域的学习学术科研活动,从中小学幼儿园贯穿到了大学,成为整个学校教育系统的一项基本活动,进而从教育领域扩散到众多领域。由此,实践活动形态得以彻底重构,发展为"教""学""研"三元交融化形态。学习学术的融汇,彰显了行动研究的学习取向,为各个领域的专业发展带来挑战与机遇。

(二)人工智能强化行动研究的技术特性

当今,人工智能飞速发展,人工智能与学习科学相结合开创了教育人工智能(educational artificial intelligence)这一新领域,其关键技术主要体现在知识的表示方法、机器学习与深度学习、模式识别、自然语言处理、智能代理、情感计算等方面,其应用与发展集中表现为智能导师与助手、智能测评、学习伙伴、数据挖掘与学习分析等方面。

人工智能给行动研究带来深刻影响。21世纪以来,行动研究与信息通信技术／人工智能整合生成的新方式犹如雨后春笋,层出不穷,诸如"新媒体行动研究"(New Media AR)、"在线行动研究"(Online AR)、"螺旋技术行动研究"(Spiral Technology AR)、"视频行动研究"(Video AR)及"网络化参与式行动研究"(E-Participatory AR),使得行动研究范式飞速发展,并得到广泛开发利用。

人工智能的发展,为行动研究带来了一系列创新,为行动者学会和应用研究、减轻研究负担提供了新的可能。首先,基于人工智能的行动研究有助于实现学习内容创新,包括提供个性化和便于意义建构的学习内容,以减轻行动学习者外部和内部认知负荷,以及提供促进元认知发展的学习内容,来提升行动学习者关联认知负荷;其次,基于人工智能的行动研究有助于实现行动学习方式的创新。智能化行动研究彰显了个性化学习、深度学习和自主学习等方式,是行动者学习如何开展研究的有效方式;最后,在人工智能背景下,评估发生了巨大变化,数据挖掘与学习分析技术、自适应测验、网络化自主评估等悄然兴起,为评价行动研究成效、提高行动研究质量提供了多种可能。[①]

二、学习学术原理

大学已经成为一种产生学习的机构,这种转型将改变高等教育的一切。在学习范式中,学习不再仅仅是知识的简单回忆,而是理解和建构的创造。[②]现代教育从教授到学习的重大转变既是现代方式的重要组成部分,也为传统主义者转变成为创新者提供可能空间。[③]博伊尔的教学学术只关注教师的教授活动,舒尔曼(Shulman,L. S.)的教学学术在教授活动的基础上关注到了学生的学习。但在学习化的现代社会,教师的教授与学生的学习不再是相互分离的。从教学哲学层面来看,随着教学的不断进化,教学已经实现了从"教材中心"到"学习中心"的发展,观照的是教学活动中教师、教材、学科与学生之间的关系,实现了从"实体本体论"到"关系本体论"的进化。因而,教学不再仅仅局限于教师的教授和学生的学习的双边活动,而是教师和学生的共同学习与教师基于学生学习的学习。教学的本质规定性已经嬗变为"学习性"了,学习学术应运而生。

2012年,克姆贝(Kember,D.)和吉恩斯(Ginns,P.)率先在他们的著作中提出了"学习学术"一词。有学者认为学习学术就是应用学术和反思的工具,去发现意义和改进我们的教学实践。[④]科莱博(Kreber,C.)和科朗恩通(Cranton,P.)将学术的特性阐述为"发现性研究""经验型知识"和"学术性方式"。[⑤]而舒尔曼已经指出,探究教学问题、公开研究结果和建构实践是教学学术的三大要素。整合科莱博和科朗恩通的三大学术特性观与舒尔曼的教学学术三大要素观,学习学术就显现出发现性研究、经验知识、公开发表和实践应用四大特征。

---

① 曾文婕等.《减负与基于人工智能的教育创新》,《中小学德育》2018年第5期。
② Robert Barr & John Tagg,"From Teaching to Learning—A New Paradigm for Undergraduate Education",*Change: The Magazine of Higher Learning* 27,1995(6),pp. 12–26.
③ Gill Nicholls,*The Challenge to Scholarship: Rethinking Learning, Teaching, and Research*,Routledge,2005,p. 81.
④ Huang-Yao Hong & Florence R. Sullivan,"Towards an Idea-Centered, Principle-Based Design Approach to Support Learning as Knowledge Creation",*Education Technology, Research and Development* 57,2009(5),pp. 613–627.
⑤ Carolin Kreber & Patricia Cranton,"Exploring the Scholarship of Teaching",*The Journal of Higher Education* 71,2000(4),pp. 476–495.

（一）发现性研究

当学习成为学术，教授与学习的丰富内涵和复杂问题也就为教师的研究提供了广阔疆域。发现性研究是教师在学习基础上的再创造，是对教授与学习问题进行系统研究，发现问题，解决问题，形成实践性经验，并将其应用到实践中的不断循环往复的过程，超越了传统的知识记忆性学习。教学目标的综合性、教学内容的高深性、教学方法的多样性、教学对象的差异性、教学情境的复杂性和教学评价的多元性，决定了教师在教授中必须不断地进行发现性研究，融入教师自身对所授知识的消化、理解和整合，使其以一种更为有效的方式呈现出来。教师要用系统性和学术性的方法来研究解决"教师如何教学更有效"和"学生如何学习更有效"一系列问题。由此，教授就成了一种长期探究知识的活动，从而不断创造出新的关于有效教授和有效学习的实践性知识。大学教授活动就是一种充满学术气质的创造性活动，同专业学术研究一样，它本身是一门无穷无尽的学问。①

（二）经验知识

根植于经验与理论的基础知识是所有专业的中心。经验不仅是知识的原材料，而且本身就是一种特殊的知识，它与理论一样，共同构成人类发展的基石。来自教学实践的经验知识，由教师进行发现性研究而产生，它既能通过学术性的方式公开发表而成为公共资源，也能转化为教师再学习的个体资源。学习学术注重教学理论知识和系统研究，但同样强调教师的教学经验知识，即教师的"实践智慧"。教师通过对课目或活动主题进行学习实践，开展发现性研究，形成自身独特的体验、认识，从而获得经验知识。借鉴哈贝马斯的知识类型划分，教育中的知识可以分为控制型——经验性知识、本质型——教化性知识和获救型——体验性知识三种类型。经验性知识是一种基于经验的理智认识，以实证为主要特点，这类知识已经成为知识的典范，在课程或教育中占据了绝对优势的地位。② 而教化性知识和体验性知识是形成经验性知识的根基，只有基于一定的知识基础和一定的亲身体验，才能产生经验性知识。如教师要创造新的教育实践性知识，那么他／她必须具备一定的通用教育学知识、课目主题知识等教化性知识，同时要掌握一定的教育情境知识，这样，他／她才能对自身的教学和学生的学习实践进行审视与反思。经验知识遵循由新生的、个体的到成

---

① 时伟:《大学教学的学术性及其强化策略》,《高等教育研究》2007 年第 5 期。
② 魏宏聚:《经验、知识与智慧——教学经验的价值澄清与意义重估》,《教育理论与实践》2009 年第 3 期。

熟的、普遍的发展路径。公开交流能加速经验知识成熟与传播的速度，促使这种知识变成教师的公共学习资源。

（三）公开发表

从建构论者的立场来看，个体并不是内容和理性的占有者，而是它们的分享者。博学而合理的陈述并不是内部心理的外部表达，而是在不断进行的社会交流中的整合。[①]公开发表是各种形式的学术的核心内涵，唯有将研究成果公开发表，才能实现学术的社会价值，体现学术的公共性。适当的公开发表能检验知识，并加快知识的传播与运用。传统学术的公开发表，或诉诸讲坛或诉诸文字，随着学术制度的演进，论文和专著逐渐成为公开发表的主要形式。事实上，学术和教化天然一体，相对于文字的发表，学习学术则与讲坛有着天然的联系，无论西方先哲还是东方圣贤，他们皆以教化为本，以讲坛为公开发表、传播与检验学术成果的主舞台。因此，常规课、观摩课、研讨课、公开课和讲座等各类形式的讲坛，应成为教师公开发表学习学术的主要阵地。任何经过批判和系统地研究的课程、教学和学习的材料，如开发的课程、教学设计、教学活动、教学实录、教学叙事，都是公开发表的内容。注重研究成果的公开性，显示出学习学术具有被教师普遍认可的学术标准。通过公开发表，学习学术能够被教师同行评审，为他人所参考，进而推进实践应用。在这一点上，学习学术与传统学术是相近的。

（四）实践应用

教师不但要关注自身课堂教授的改进，也要有一种推动更普遍实践的视野。[②]致力于提升专业学习实践，是学习学术的根本出发点。学习学术无论被理解为包含公开教学成果、接受同行评议、改进教学与研究这三个步骤，还是被视作涵括吸收他人的教学成果、反思自身的教学实践和公开交流形成新观念这三个元素，实践应用都是其题中之义。学习学术的实践应用遵循着"实践—学习—检验—实践"路线，反复循环，螺旋上升（见图10-1）。该路线具体表现为：教师组织学生开展学校和班课里具体的课目或专题的学习活动，在活动过程中以自身的课目教授和学生的课目学习作为研究对象，基于已有的课目教育学知识和教学经验知识对整个课目教学过程进行反思学习，形成新的经验性实践知识，再通过学术方式公开发

[①] 高文：《基于学习创新的课程与教学研究——研究背景、改革理念与研究方法》，《全球教育展望》2014 年第 5 期。

[②] Michael B. Paulsen，"The Relation Between Research and the Scholarship of Teaching"，*New Directions for Teaching and Learning* 2001，2001（86），pp. 19-29.

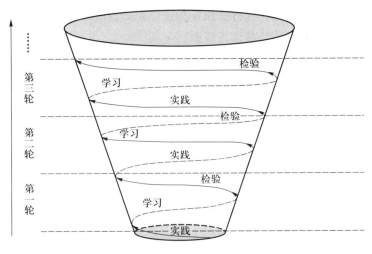

图 10-1　学习学术实践应用模型图

表，接受同行批判与评审，优化实践知识，最后将经过优化的实践知识运用于新的具体课目的教学活动中，完成一轮循环；接着，教师将经过优化的实践知识运用于新的具体课目的教学活动中，开发新的教学设计，施行新的教学实践，开始新一轮的循环。以新的课目教学活动作为研究对象，又产生新的经验性实践知识，新的经验性实践知识又接受同行检验，再运用到新的课目教学实践中……如此循环往复，不断优化发展。教师不断对自身的课目教授和学生的课目学习进行探究，不断解决学校和班课里的真实学习问题，提升了学生的学习质量，真正惠及学生的学习实践；同时，教师得以通过常规实践和创新性实践的循环，不断夯实自身的课目教育学知识基础、反思已有的教学经验知识和检验新的经验性实践知识，改善专业实践，彰显教师专业发展的有效性。学习学术源于对学习实践的观照，并最终服务于学习实践的发展。

　　如果说教授学术隐含了教师学习的思想，教学学术明确地包含了学生的学习，那么，学习学术则以一种确定的姿态直指师生学习。伴随知识的发展和社会的进步，学习变得更加复杂多样，要求教师与学生一起成为知识和学习的生产合作者。[1]学习学术把学习作为学术的主轴，以经验反思为基石，创造新知识，回馈新实践，有效地促进了教师的专业发展。

---

① Robert Barr & John Tagg, "From Teaching to Learning—A New Paradigm for Undergraduate Education", *Change: The Magazine of Higher Learning*, 1995（6）, pp. 13–25.

三、介导作用原理

神经科学研究的价值在于厘清大脑神经与人类行动之间的交互作用关系，探究文化中的脑——脑的功能与结构如何受到社会意义与文化实践的影响，以及脑中的文化——神经过程如何产生社会成员共享的意义与实践。[①] 研究脑与心理之间认知过程及机能的认知心理学，在发展过程中形成了联结主义范型、符号范型与具身范型三种主要研究范型。[②] 在一定程度上，联结主义范型与社会介导作用、符号范型与神经科学的符号介导作用、具身范型与生理介导作用分别存在较为对应的指向关系，三种介导作用共同构成文化大脑生命活动介导作用原理，亦即第四种文化介导作用原理。

（一）社会介导作用

社会介导作用是指特殊社会活动作为媒介来激发、实现和形塑人们的生命交往活动。认知神经科学中的交互作用理论着力于教育情境与神经发育的生成性动态建构，从神经机制层面揭示人类学习中遗传与环境的复杂关系，强调遗传和环境对人类产生的影响往往经由生理和心理并通过外在行为表现出来，而外在行为又必须借助社会媒介发生作用和实现影响，再由外向内地传递。

1. 学习的社会性支持

人的心理发展经由活动过程得以实现，活动过程内在地包含社会文化历史经验，它们作为学习媒介促成了人的心理发展。对于学习的社会性支持，可以从作为学习对象的知识的社会性、学习者的社会性和学习过程的社会性这三个方面进行考察。知识的社会性主要体现在知识产生过程的社会性、现存知识整体的社会性和知识存在的社会性。所有人类知识都是处于一定的社会建构过程之中的信念，受到社会因素，如环境、文化的影响和制约，都是处于一定的社会情境之中的人们进行协商的结果。学校学习的知识，是社会特意选择的结果。因此，进入课程领域的知识，可能不仅仅取决于知识的内在品质，也取决于知识的社会控制作用。学习者的社会性指的是学习者所承载的社会文化因素对学习本身的影响，强调个体是群体生活经验载体的单位。对学习者的社会性的揭示，旨在探究学习者所承

---

① Juan F. Domínguez D. et al., "The Brain in Culture and Culture in the Brain: A Review of Core Issues in Neuroanthropology", *Progress in Brain Research* 178, 2009, pp. 43-64.

② Stephen R. Campbell et al., "The Engrammetron Establishing an Educational Neuroscience Laboratory", *SFU Educational Review*, 2007, pp. 17-29.

载的社会积淀是如何影响其学习方式和效果的。不同的环境培养了不同的行动能力和行动方式，从而形成了不同的文化。在个体的层面上，个人的外在社会文化条件影响自身的认知和学习。学习过程的社会性表现为，在自然情境中，学习本身即是一种社会活动。在学习过程中，学习者不仅处于一个学习情境中，更处于一个更为广阔的社会世界中，学习是存在于社会世界的方式。社会文化原理的倡导者维果茨基（Vygotsky，L.）提出了学习社会性的观点，揭示了学习与社会互动过程中萌生的强有力的介导作用，为行动者之间的合作学习铺垫了道路。

2. 彰显合作学习

不同的学习者背后蕴含着不同的社会媒介，学习者之间进行合作有利于实现社会媒介之间的交互与融合，扩展学习资源与方式。因此，与社会介导作用相对应的学习方式是合作学习。20 世纪 70 年兴起的合作学习受到了普遍重视，合作学习实质上是指学习共同体成员通过共同工作达成共同学习目标和实现共同学习效果最大化。合作学习建基于建构主义理论基础，认为知识不仅是个体在与物理环境的交互中建构起来的，而且社会性的交互（协作）更加重要。学习是人的社会化方式，是学生基于自身经验与社会媒介交互进行的过程；学习是社会性行为，无论学习的目的、方式，抑或内容，都沁染着社会属性，并且绕不开无处不在、无时不有的社会媒介。在合作学习共同体中，每一个成员都有自己的知识经验，在合作的过程中不同成员之间的经验以媒介的形式相互交融碰撞，建构起新的经验媒介。同时，共同体整体所形成的知识经验媒介又与外部社会经验媒介之间发生交互融合，形成新的经验媒介，从而为学生的学习提供更多社会性相互作用资源，促进学生的高级心理机能发展。

（二）符号介导作用

符号介导作用是指特殊符号活动作为媒介来激发、实现和形塑人们的生命的心智活动。特殊符号活动借助表征着符号介导作用丰富结构和深层意义的学习符号资源，使人类的心智操作越过被动与无效的灌输学习、机械学习，实现学生的自主发展。

1. 学习的符号性支持

"在文化发达的社会里，很多必须学习的东西都储存在符号里。"[①] 如果没有符号的使用，人的学习生命将空洞狭隘，找不到通往"理想世界"的路径。无论信息加工学习理论提出的学习是学生主动进行信息加工的过

---

① 郑太年：《论学习的社会性》，《全球教育展望》2003 年第 8 期。

程，还是建构主义学习理论阐明的学习是学生主动建构知识的过程，均离不开符号所发挥的重要介导作用。信息加工学习理论认为，人类的学习是复杂多样的，复杂的高级学习以简单的低级学习为基础。学习由简单到复杂可分为八个层次，在每个学习层次当中，符号既化身为或隐或显的学习材料，又作为学习工具与介质贯穿学习全过程，学生在大脑内部通过对符号开展识别、分析与推理等一系列运演活动获得心智的发展。符号具有抽象性、简约性与概括性特征，能在一定程度上表征知识与经验，并超越时空的局限扩展学习的深度与广度。符号学习对于发展学生认知能力，尤其是逻辑智能，具有无可比拟的优越性。大脑经过一系列的符号选择和加工，才能在一定程度上获得直接经验；而间接经验的获得则需要学生将知识创造者创造知识的思维过程在大脑中重演，这无形之中训练了学生的思维能力。现代社会的高速运转、信息技术的迅猛发展正在创造着越来越多的符号，这些符号为学习提供丰富的材料与资源。而如何有效利用这些符号服务于学习还需要学生去辨别、遴选、加工与开发，于是学习的符号性支持指向学生的学习自主。

2. 彰显自主学习

"师生对符号反馈与学习的思考有益于学生的自主学习。"[1] 自主学习是指学生自己制订学习计划、设计学习目标、确定学习内容、选定学习方式和实施学习评价，并在此过程中开展元认知、寻求学习帮助和恰当管理时间。对自主学习来说，学生对自己学习负责的立场相当重要，这意味着他们有潜能按自己的目的来塑造自己的学习，并能主动依据环境变迁而调整自己的学习。[2] 其中，符号形式的介导作用实现了学生对各类学习证据的深度掌握，在学生的心智网络中建立起了先前—当下—未来的超时空链接，凭借着信息刺激—符号媒介—心智操作路径，持续培育自主学习能力。符号媒介不是钝化信息的载体，而是鼓励学习者在各种学习行为中建立起符号化的联系，在由外而内的思维操作中经历着符号的缩略过程，形成图式并将其以符号的形式保存下来，为未来的心智操作和行动需要奠定基础。这关联着符号的抽象一般化，不断深化对外部标准的表征、提炼与再表征，掌握越来越复杂的认知图式和原则；也蕴含着符号的情境具体

① Eleanore Hargreaves，"Inquiring into Children's Experiences of Teacher Feedback：Reconceptualising Assessment for Learning"，*Oxford Review of Education* 39，2013（2），pp. 229-246.

② Barry Zimmerman & Dale Schunk，*Self-Regulated Learning and Academic Achievement：Theoretical Perspectives*（2nd edition），Lawrence Erlbaum Associates Publishers，2001，p. 1.

化，将内化了的认知图式用于新的情境、设立新的提升标准和目标导向。[1]
自主学习是个体、行为与环境之间相互影响的辩证建构论，是在个体、符号媒介及社会环境的多元交互中发展起来的。[2] 符号介导作用赋予了学生自主学习的睿智洞见，将无形的未来学习在思维中悄然运演，连通了师生过去经验、当下行动和未来视野的时间向度。

（三）生理介导作用

生理介导作用是指特殊生理活动作为媒介来激发、实现和形塑人们的生命神经活动。在人类的前语言阶段，身体扮演着重要角色，身体的各种组织和感官系统都担当着信息—媒介、媒介—信息的双重任务。[3] 到了 21世纪，有研究者认为身体的介导作用正逐步隐退，而符号的介导作用则不断增殖。其实，如果从外在的符号传播来看，电子媒介与符号化媒介越来越呈现垄断之势，但从人类内在生理机制来看，内在于身体之中的生理媒介一直发挥着不可或缺的重要作用。

1. 学习的生理性支持

人类大脑的神经细胞被几乎 160 万千米长的神经纤维所连接，人类拥有地球上所有生物中最大面积的自由皮层，这赋予了人类杰出的灵活性和学习能力。作为大脑皮层细胞的神经元，通过突触的微小间隙持续放电、整合和生成信息，神经元以单个轴突的方式向外延伸，当由遗传编码所致或由环境刺激所形成的轴突偶然碰到旁边细胞的树突时，就在生理上构成了学习。人类学习与神经系统密切相关，不同的大脑神经区域对不同的学习活动具有特定反应，语言、运算和音乐等不同的学习活动能激活不同的脑区。按照大脑皮层神经结构划分，凭借脑成像技术，人们已经探明，在语言学习活动中，左半脑的前额叶主要负责语法加工，左脑和右脑的后侧区域主要负责语义加工；在数学学习中，颞叶、顶叶与前额叶等区域组成的神经网络共同负责数字思维的加工，数字的语义表征主要由大脑左右半球的顶叶区域负责。值得注意的是，即使像数字这样简单的问题也涉及大脑的两个半球。这些基本的脑结构功能在促进学习科学发展中起到了基础性的作用，人们目前正在从基因遗传与社会文化两个角度对脑结构功能进

---

[1] Jaan Valsiner, "Process Structure of Semiotic Mediation in Human Development", *Human Development* 44, 2001（2-3）, pp. 84-97.

[2] Susanne P. Lajoie, "Metacognition, Self-Regulation, and Self-Regulated Learning: A Rose by Any Other Name?", *Educational Psychology Review* 20, 2008（4）, pp. 469-475.

[3] 王彬：《身体、符号与媒介》，《中国青年研究》2011 年第 2 期。

行重新认识。[①] 有学者尝试对不同神经结构间的相互联结进行分析，以获取相关教育信息，结果发现了由成束纤维联结形成的、被神经科学家称为大脑中"信息高速路"的白质束，对白质束的分析可以帮助人们理解学生如何达到某种行为水平，以及明确哪些发展路径在起重要作用。[②] 大脑神经为人类学习提供了原始生理基础，各项学习活动得以开展，对大脑神经作用机制的探究将有助于强化神经之于学习的积极作用，促进学习的深化。

2. 彰显深度学习

借助先进的功能性磁共振成像（Functional Magnetic Resonance Imaging，FMRI）等技术，人类能清楚看到大脑神经的激活区域与样态，以及神经活动中物质活动的走向。随着人们对大脑神经活动研究的深化，社会对学习也提出了不断深化发展的要求，于是，深入神经、机制与活动层面的学习成为新时期的诉求。黎加厚认为：深度学习是指在理解学习的基础上，学习者能够批判性地学习新的思想和事实，并将它们融入原有的认知结构中，能够在众多思想间进行联系，并能够将已有的知识迁移到新的情境中，作出决策和解决问题的学习。[③] 深度学习的基础是理解，在理解的基础上进行批判、融合、联系、迁移与决策，这一系列学习活动均与人类神经活动息息相关。探究深度学习背后涉及的大脑神经活动部位与活动机制，有针对性地激活或强化该神经机制将有助于促进学习的进一步深化。如前所述，不同的大脑神经区域具有"相对一侧化"功能，学习活动中的设计、辨别、记忆等认知活动主要由大脑的额叶负责；语言、数学、感觉等认知活动主要由大脑的顶叶负责；字词识别主要由颞叶负责；视觉加工、差异辨别主要由枕叶负责。基于大脑神经的可塑性，在进行深度学习过程中可设计特定的学习活动来有意识地激活相应的神经部位。研究表明，不同类型的学习与经验以不同的方式改变大脑的结构。同样是脑的活动，但是学习与练习都可能对脑产生不同的影响，学习增加突触的密度，而练习增加血管的密度，这表明突触和血管由不同的生理机制和不同的行为事件所驱动。所以，基于脑的教育可以促进认知心理学的研究成果转化为教育实践。[④]

---

① 姜永志、白晓丽：《教育神经科学通向"循证"教育学发展的路径》，《教育导刊》2013年第 11 期。

② Usha Goswami, "Principles of Learning, Implications for Teaching: A Cognitive Neuroscience Perspective", *Journal of Philosophy of Education* 42，2008（3–4），pp. 381–399.

③ 何玲、黎加厚：《促进学生深度学习》，《现代教学》2005 年第 5 期。

④ 周加仙：《"基于脑的教育"理论述评》，《外国教育研究》2007 年第 2 期。

（四）文化介导作用

只有当教育者与认知神经科学家对话并共享其专业知识时，我们才期望教育能构建出一个可以相互作用的生理—心理—社会模型。[①] 在对学习的生理—心理—社会模型的探索中，有研究者从强调环境刺激对个体习得行为影响的行为主义观，注重知识的内在表征、类型及其获得的认知心理学观和以"人—人"或"人—物"互动方式来解释学习的社会特性的社会文化观的教育视角切入进行探讨；[②] 也有研究者从解释心理语言"机器"如何通过脑来运作的生理理论、以心理模型来阐释外部世界联系的表征理论和界定人类心理语言及与之相连的"机器"的信息加工理论的认知科学视角来看待这个问题，[③] 虽各有侧重，但共同回答了人类学习的实质、过程与发展等问题。如今，一种共识渐次达成：应持联系态度，对来自不同思路的解释予以整合。[④]

对此，教育神经科学文化介导作用进行了有益尝试。文化介导作用是指特殊生理的、符号的和社会的活动作为连续性的和交互性的媒介来激发、实现和形塑人们的生命活动。社会介导作用、符号介导作用与生理介导作用三者交互，共同构建了文化介导作用模型（见图10-2）。生理介导作用处于核心地位，在整个文化介导作用的圆台图的底部，渐次往上的是

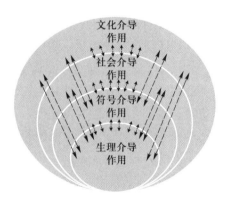

图10-2　文化介导作用模型图

① John Geake & Paul Cooper，"Cognitive Neuroscience：Implication for Education?"，*Westminster Studies in Education* 26，2003（1），pp. 7–20.

② David C. Berliner & Robert C. Calfee eds.，*Handbook of Educational Psychology*，Macmillan，1996，pp. 15–46.

③ Earl Hunt，"Cognitive Science：Definition，Status，and Questions"，*Annual Review of Psychology* 40，2003（40），pp. 603–629.

④ 胡谊：《改良教育心理学：来自认知神经科学的影响》，《心理学探新》2007年第1期。

符号介导作用、社会介导作用。它们之间两两交互、三三交互，既相互区分地交互在一起，又遵循一致的交互原理，形成系统的文化介导作用。

行动研究是研究者立足于社会学领域，广泛借鉴其他学科领域的理论成果而形成的研究范式。所以，要深入理解行动研究，首先应探究其理论渊源。以往研究者多从哲学、社会学、教育学视角探讨行动研究的理论基础，比如参与世界观、过程哲学、马克思主义辩证法、进化认识论、解释主义、批判理论、反思性实践和系统思维等，但忽略了行动研究的学习理论、心理学理论及大脑神经科学基础等。因此，学习学术和媒介原理对加强行动研究的客观性具有重要的意义。

第二节 行动研究的新方法

创造科学性、普遍性的知识，是行动研究的价值论诉求。实证主义者认为，生产科学知识，社会科学研究者必须遵循并使用自然科学研究方法，规范取样，使用信效度较高的研究工具，收集并分析中立的数据，从而证实或证伪研究假设。其中，抽样对科学研究至关重要。行动研究的首要议题也是抽样方法的选用。霍格金森（Hodgkinson H.）《行动研究批判》（"Action Research：A Critique"）[1]一文发表后，在行动研究实践性与科学性综合体中，科学性缺失范式暴露出来。对此，行动研究从与文献研究、量化研究和质性研究的对立中走了出来，走向整体主义。[2]整体主义行动研究不仅运用传统研究范式的资料收集和分析方法，更引入抽样技术，力图解决自身的客观性危机。然而，当前国内外学者尚未对行动研究的抽样技术进行系统讨论。因此，本节结合人工智能时代下行动研究及其抽样技术的新进展，从进化、概念和意义三个层面，梳理和阐释相关理论知识，为行动研究的实践提供指引，以推进行动研究方法论发展。

一、行动研究抽样技术的进化基础

行动研究兴起之初，一线教师囿于课堂和学校，往往"就地取材"开展研究。然而，"方便"常常使行动研究结论的普适性遭到批判。一些学者把这类研究结果贬抑为解决问题的"线索"和"提示"。面对质疑，研

---

① Harold L. Hodgkinson, "Action Research：A Critique", *Journal of Educational Sociology* 31, 1957（4）, pp.137-153.

② 黄甫全、左璜：《当代行动研究的自由转身：走向整体主义》，《教育学报》2012 年第 1 期。

究者不仅划分案例研究的类型，扩展普遍性的概念，而且引进其他抽样方法和人工智能技术，使行动研究的选样更加客观、智能和有效，样本更加丰富。

（一）传统时代的方便抽样

行动研究是一线教师独自探究或与外来专家合作解决自身教育实践问题的研究活动。在信息技术普及之前，教师采取案例研究和方便抽样，以当下教学情境和学生作为研究对象和样本开展研究。

1. 方便抽样的兴起和实施

方便抽样是研究者从最方便可得的被试选择中抽取样本的方法。选用方便抽样，既是行动研究性质使然，也是出于便利原则。传统上，研究者提出感兴趣的理论问题，选取并调查一定的样本，统计分析研究数据，得出预期研究成果。然而，在行动研究中，教师的研究问题来自当下实践，需要采取及时行动进行解决；同时，网络条件、技术手段、社会地位、关系资源、时间精力及工作性质等因素，限制了教师只能以所在的学校、年级和班级为研究对象，开展面对面研究。这种方式的好处是灵便，但缺点也显而易见，比如非概率抽样、样本太小、缺乏控制，以及无法运用分析软件。

2. 方便抽样的难点和对策

困扰早期行动研究者的难题之一是，"个案研究中的发现能否推论到总体？"[1] 面对不绝于耳的质疑声，支持者进行了强有力的反驳和论证。有些学者驳斥批评者不加区分地运用调查法的抽样逻辑和评价标准来审查行动研究结论的代表性，也有一些学者在对话和争论中对个案研究和普遍性的概念进行重构。比如，国内学者依据研究目的，将个案研究分为探索性、证伪性和外推性三种，前两种不涉及样本代表性，第三种具有同质总体代表性。[2] 因此，若将行动研究用于探索或证伪，那么不须过多考虑研究样本的代表性和研究结果的普适性问题。国外学者认为普遍性不仅仅指统计学意义上的"统计外推"和"统计内推"，还包括"分析外推"和"个案间推引"。[3] 行动研究结论具有"分析外推"和"个案间推引"特

---

① 王富伟：《个案研究的意义和限度——基于知识的增长》，《社会学研究》2012 年第 5 期。
② 钟柏昌、黄纯国：《个案研究的分类及其在教育研究中的应用现状评析》，《教育研究与实验》2015 年第 2 期。
③ Willian A. Firestone，"Alternative Arguments for Generalizing from Data as Applied to Qualitative Research"，*Educational Researcher* 22，1993（4），pp. 16–23.

性①，与统计学意义上的普遍性不同。

研究普遍性的分类，使行动研究在与传统研究的论辩中扳回一局。然而，人总是生活在理想的世界中，总是向着可能性行进。具备批判和革新精神的行动研究者更是如此。因此，伴随行动研究的整体提升和信息通信技术的极速推广，抽样技术迈进了信息时代多元发展的新阶段。

（二）信息时代的多元抽样

因应研究主体、理论基础和技术工具的变化，行动研究由初期的独立式和协作式衍变出更多的范式。因此，新兴的行动研究范式和信息技术工具，逼促研究者和一线教师跳出案例研究和方便抽样的舒适区，开发和应用更多适宜的抽样技术。

1. 行动研究的范式

信息通信技术与行动研究的整合催生了性质各异的行动研究范式。半个多世纪来，行动研究范式丛生，比如参与式行动研究、局内人行动研究、生活理论行动研究、预见式行动研究、人种志行动研究、网络化行动研究、评价式行动研究、多位点行动研究、新媒体行动研究、在线行动研究、螺旋技术行动研究及视频行动研究。② 这些范式立足于不同学术视点和技术手段，对教学实践问题进行多维度关照，很大程度上增大了样本甄选的复杂性和困难性。案例研究和方便抽样已然不能完全适用于主体和问题都发生变化的行动研究范式，这一矛盾成为行动研究者借用或创用其他抽样技术的重要原因。

2. 抽样方法的类型

信息通信技术是扩展人类器官功能的工具。近年来，得益于信息通信技术工具的推动，抽样技术呈井喷式涌现，为行动研究向纵深拓展和焕发活力，注入持久的生命能量。抽样技术分为随机抽样和非随机抽样。前者广泛应用于量化研究，常用的五种方法包括简单随机抽样（simple random sampling）、分层随机抽样（stratified random sampling）、系统随机抽样（systematic random sampling）、整群随机抽样（cluster random sampling）及多阶段随机抽样（multistage random sampling）。后者根据研究目的决定抽样的边界，即在有限的时间和方法范围内，哪些方面的案例可以作

① Sarah Curtis et al., "Approaches to Sampling and Case Selection in Qualitative Research: Examples in the Geography of Health", *Social Science & Medicine* 50，2000（7–8），pp. 1001–1014.
② 陈思宇、黄甫全、曾文婕：《"互联网+"时代行动研究的知识建构法》，《中国电化教育》2017年第1期。

为研究对象。常用的十八种方法包括定额抽样（quota sampling）、关键案例抽样（critical case sampling）、理论抽样（theory-based sampling）、证实和证伪案例抽样（confirming and disconfirming sampling）、政治重要性抽样（politically important sampling）、极端案例抽样（extreme case sampling）、重点抽样（intensity sampling）、同质抽样（homogeneous sampling）、分层目的抽样（stratified purposeful sampling）、滚雪球或链式抽样（snowball or chain sampling）、标准抽样（criterion sampling）、机会抽样（opportunistic sampling）、典型案例抽样（typical case sampling）、最大差异抽样（maximum variation sampling）、随机目的抽样（random purposeful sampling）、混合目的抽样（mixed purposeful sampling）、多阶段目的随机抽样（multistage purposeful random sampling）及多阶段目的抽样（multistage purposeful sampling）。①

单一的案例研究不能全方位地解答行动研究问题。为此，行动研究者们从多个视角和渠道进行取样，使抽样出现多种途径交叉融合的趋势，为科学选样提供新的可能性。

（三）智能时代的经验抽样

从案例研究抽样逻辑向调查法抽样逻辑的转变，体现了专家学者的不懈努力和行动研究的长足进展。然而，哲学的经验转向和工具的智能发展，使研究者深刻地认识到把人类生活经验作为研究对象的重要性，以及精确采集和辨别人类生活经验的可能性。因此，行动研究引入心理学的经验抽样法（experience sampling method），改变以往仅以"人"为样本的取样方法。

1. 经验抽样的历史合理性

研究方法的发展表现出一定的趋势，其合理性以一种潜在的力量，将研究方法引至某一方向。经验抽样法产生的深层原因在于当时的观察法、日志法和心理测量法不能完全洞察常人外在经验表现之下的内在心理活动。社会心理学之父、行动研究鼻祖勒温认为，理解人的思维行为模式，先要研究人的心智活动。之后，其追随者基于行为主义理论开发了观察法。该法较为严谨，但它只能记录人的外显行为，而无法在不干扰研究对象的情况下，收集有关他们隐蔽生活的资料。针对这一难题，研究者逆向开发了日志法，希冀使研究方法从观察和记录他人向研究对象自主回忆和

---

① Anthony J. Onwuegbuzie & Nancy L. Leech，"A Call for Qualitative Power Analyses"，*Quality & Quantity* 41，2007（1），pp. 105–121.

撰写日志转变。但是，由于霍桑效应和记忆延迟，研究对象无法如实撰写日志。这样，研究者同样无法考究研究对象对不同生活体验的深层思考。后来，人格研究的发展促使研究者采用心理测量法（问卷和访谈）来评估个体的思维感受。

但研究继续指出，人们不擅长建构事后经验，依赖回忆的测量法生态效度较低。从观察法到日志法再到问卷法和访谈法，研究的客观性逐步提升，然而，探视人类心智活动的问题仍未在方法层面得到突破。心理学从研究个体稳定特征转向研究情境影响主观体验的趋势，孕育着破解这一僵局的新进路。最终，布兰兹塔特（Brandstätter，H.）通过整合具有生态效度的日志法和具有严谨性的心理测量法，提出了经验抽样法。虽然经验抽样法不是万能钥匙，但它通过互联网和信息技术，及时获取关于个体外显行为及其当下心理活动的数据，将其作为研究样本，可以克服先前方法的一些局限性。[①]

2. 经验抽样的现实可行性

经验抽样法进入行动研究抽样领域，不仅因其适用范围广泛、适用人群多样、研究结果稳定可靠，更因其开路带头，率先使用人工智能，叩响抽样技术与人工智能的融合之门。在人工智能风靡世界之前，经验抽样法借助传统的技术手段进行抽样，比如蜂鸣器（beeper watch）、个人数字助理（personal digital assistant）、电子邮件、生理传感器（physiological sensors）及手机短信（SMS/text message）。此外，研究者因势而新，开发出多种经验抽样法软件，而应用较为广泛的是"生活志"（Participation in Everyday Life，PIEL）和"生命之旅"（Life Data）。PIEL 用于记录人类日常生活和抽取资料数据。相比传统抽样工具，它可为参与者设置多种不同类型的问题和进度提示以使参与者完成调查（见图 10-3、图 10-4 和图 10-5）。还有一种实时收集样本数据的软件是"生命之旅"。该软件为研究者设计不同类型的问题及其选项，设置进度条和提醒时间，推送至参与者，邀请他们作答，自动下载和存储参与者提供的答案（见图 10-6），供研究者随时调取分析。比如，美国奥多明尼昂大学的弗吉尼亚联盟临床心理学项目运用生态瞬时评估法（ecological momentary assessment），收集女大学生的情绪、思维和行为样本，以此调查她们每日的身体和精神健康状况。宾夕法尼亚大学佩雷尔曼医学院（Perelman School of Medicine）的

[①] Mihaly Csikszentmihalyi，*Flow and the Foundations of Positive Psychology: The Collected Works of Mihaly Csikszentmihalyi*，Springer，2014，pp. 21-54.

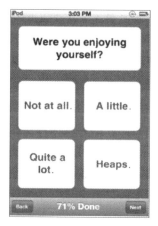

图 10-3　选择题（按钮）

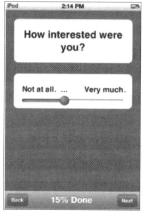

图 10-4　程度等级（滑动条）

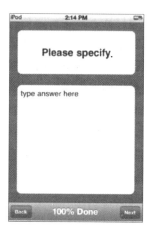

图 10-5　主观题（文本框输入）

儿科医生为脑颅损伤儿童提供智能移动设备，随时随刻获知儿童身体情况。医生依据这些样本，观察儿童脑震荡情况，以及这些症状与儿童认知和身体运动之间的关系。PIEL 和“生命之旅”为世界多所大学和研究机构所采用，比如哈佛大学、耶鲁大学和悉尼大学。①

	A	B	C	D	E	F	G	H	I	J	K	L	M	N	O	P	Q	R	S	T	U	V
1	Survey Name	Inclusion Pilot																				
2	Survey Author	Demo																				
3	Survey Version	1																				
4	Subject ID	Demo																				
5																						
6	Start Time	End Time	1	2	3	4	5	6	7	8	9	10	11	12	13	14	15	16	17	18		
7	2012-09-12T08:30:06+1000	2012-09-12T08:30:32+1000	3	3	3	3	3	3		2	2		3	3	4	3	4	3	4	4		
8			2012-09-1	2012-09-1	2012-09-12	2012-09-1	2012-09-1	2012-09-1	2012-09-1	2012-09-12	2012-09-1	2012-09-1	2012-09-12	2012-09-1	2012-09-1	2012-09-1	2012-09-1	2012-09-1	2012-09-1	2012-09-12T08:30:29+1000		
9	Start Time	End Time	1	2	3	4	5	6	7	8	9	10	11	12	13	14	15	16	17	18		
10	2012-09-12T08:40:07+1000	2012-09-12T08:40:33+1000	3	3	3	3	3	3		2	2		3	3	4	3	4	3	4	4		
11			2012-09-1	2012-09-1	2012-09-12	2012-09-1	2012-09-1	2012-09-1	2012-09-1	2012-09-12	2012-09-1	2012-09-1	2012-09-12	2012-09-1	2012-09-1	2012-09-1	2012-09-1	2012-09-1	2012-09-1	2012-09-12T08:40:29+1000		
12	Start Time	End Time	1	2	3	4	5	6	7	8	9	10	11	12	13	14	15	16	17	18		
13	2012-09-12T08:51:16+1000	2012-09-12T08:51:42+1000	3	3	3	3	3	3		2	2		3	3	4	3	4	3	4	4		
14			2012-09-1	2012-09-1	2012-09-12	2012-09-1	2012-09-1	2012-09-1	2012-09-1	2012-09-12	2012-09-1	2012-09-1	2012-09-12	2012-09-1	2012-09-1	2012-09-1	2012-09-1	2012-09-1	2012-09-1	2012-09-12T08:51:38+1000		
15	Start Time	End Time	1	2	3	4	5	6	7	8	9	10	11	12	13	14	15	16	17	18		
16	2012-09-12T14:20:08+1000	2012-09-12T14:21:43+1000	1	3	3	3	2	2		2	1	2	2	2	2	2	2	2	2	2		
17			2012-09-1	2012-09-1	2012-09-12	2012-09-1	2012-09-1	2012-09-1	2012-09-1	2012-09-12	2012-09-1	2012-09-1	2012-09-12	2012-09-1	2012-09-1	2012-09-1	2012-09-1	2012-09-1	2012-09-1	2012-09-12T14:21:40+1000		
18	Start Time	End Time	1	2	3	4	5	6	7	8	9	10	11	12	13	14	15	16	17	18		
19	2012-09-12T14:31:02+1000	2012-09-12T14:32:44+1000	2	2	3							3	3		4	2	4	2	2	2		
20			2012-09-1	2012-09-1	2012-09-12T14:31:22+1000							2012-09-1	2012-09-12T14:32:12+		2012-09-1	2012-09-1	2012-09-1	2012-09-1	2012-09-1	2012-09-12T14:32:40+1000		

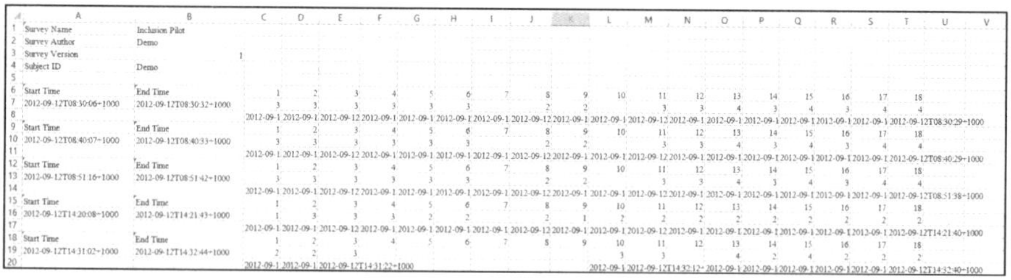

图 10-6　抽样结果输出

行动研究抽样技术从便利性向多元化、经验性和智能化的演进，彰显了行动研究者的学术智慧：既重视活生生的当下，争取更好条件，满足功利诉求；又崇尚理想追寻，超越平凡琐事，履行学术重责。

二、行动研究抽样技术的概念基础

行动研究者采用多种抽样方法。受行动研究范式本身的性质影响，这些抽样技术在运用中被赋予新的特征和原则，并呈现新的趋势。

① Peter Reason & Hilary Bradbury eds., *The SAGE Handbook of Action Research: Participative Inquiry and Practice*, Sage Publications, 2008, p. 552.

（一）行动研究抽样技术的本质特征

在二元对立理论框架下，研究与行动、理论与实践不可通约、互相排斥，出现了奇异的二律背反困境。文献研究被指责为书斋玄思，质性研究被看成经验总结，量化研究则被批判具有方法中心论倾向。然而，每种研究范式的合理性皆有限度。因此，整合研究与行动、主张研究行动连续体的行动研究应运而生。行动研究的落脚点是"研究"，它具有理论性，同时，具有实践关怀。

1. 理论先行

"理论先行"指抽样原因和过程合理清晰，研究者需取之有道。道即道理、理据，体现了行动研究的"研究极"。当前该范式面临的诘难是其客观性较差。这归咎于部分学者和教师对行动研究的误解和误用，而且，很多行动研究论文对抽样原因和过程避而不宣。然而，第一，从研究主体来说，行动研究是研究者与反思性实践者共同协作甚至合二为一的研究范式；第二，就理论基础而言，行动研究以参与世界观和过程哲学作为本体论，以马克思主义辩证法、进化论和解释主义为认识论，以自由解放为价值取向，以反思性实践、批判理论和系统思维为方法论[1]；第三，从论文规范来看，越来越多的学者在其论文中详细阐释了选样的方法、原因、过程及其困难等。因此，批评行动研究及其抽样缺乏科学性有失偏颇。

2. 实践关怀

实践关怀源自行动研究的"行动极"，指抽样要反映教师所关心的学生群体、所从事的教学活动及所要解决的实际问题。[2]传统教育研究由专家主裁。学者们依据自身的研究兴趣和学术主流来选取样本和取得成果，收获学术成长。相反，在行动研究中，教师扎根于学校课程与学习，直面活生生的教学活动。因此，在选样时，教师不能像研究者们那样，弃教育实践于不顾，追求大规模的取样和宏大理论建构，而必须紧扣实践难题开展抽样工作。研究以行动为始，在行动中进行，并以行动成效高低作为检验研究质量的标准。

教育情境动态多样，因此，行动研究不仅是理论的、行动的，亦是生成的，不能被周详设计并沿着既定方案进行。所以，抽样的严谨性和相关

---

[1] Zmud Bob，"Editor's Comments：IS Research：Issues and Contexts"，*Management Information Systems Quarterly* 20，1996（2），pp. xxi–xxiv.

[2] 梁迎丽、刘陈：《人工智能教育应用的现状分析、典型特征与发展趋势》，《中国电化教育》2018 年第 3 期。

性还与行动研究者的适应性和灵活性息息相关，研究者必须能够随时调整研究。

（二）行动研究抽样技术的发展动力

新世纪行动研究抽样技术的深度发展，根本动力在于人工智能技术的变革与满足行动研究学术合法性建立的需要。

1. 外部动力：人工智能技术的变革

人工智能的触角已延伸至社会的各行各业和生活的方方面面。在经过图灵测试、基于概率统计模型的新方法及深度学习技术的洗礼后，人工智能正在从计算智能和感知智能走向认知智能。[①] 行动研究抽样技术与人工智能的整合，因应了信息技术的颠覆性改变。智能导师系统（intelligent tutoring system）和教育服务机器人（educational service robot）等，为行动研究者解决专家和其他资源不足等问题提供强有力的技术支撑，比如整合人工智能和运筹学研究方法的专家 / 智能决策支持系统（expert/intelligent decision support system）。[②]

研究者除了直接开发诸如 PIEL 和"生命之旅"等抽样工具，还提出能够为实践者提供及时、充分且低成本研究咨询服务的专家咨询系统（expert consultant system），如图 10-7 所示。[③] 该系统的主要原理是，首先，基于专业研究者的知识，利用 Shell 脚本，建立知识库，构建专家模型，用以表示行动研究领域的相关知识，以及作为专家能够基于这些知识解决有关问题的求解知识。[④] 其次，通过推理机（inference engine），转化并表征研究领域的专业知识，同时，接收、编码和提取来自学校研究者的问题。最后，通过用户界面，针对问题，提供有效建议，实现学校研究者与专家咨询系统的互动。该系统集成经验丰富的专业研究者的核心领域知识，仿真人类专家的能力，控制知识与问题情境特点之间的链接，建立运行程序和设计用户界面，与学校研究者产生互动，为学校研究者提供有效

---

① Pedro Barahona & Rita Ribeiro, "Building an Expert Decision Support System: The Integration of Artificial Intelligence and Operations Research Methods", *Knowledge, Data and Computer-Assisted Decisions* 61, 1990, pp. 155–168.

② Wendell Wallach, Stan Franklin, & Colin Allen, "A Conceptual and Computational Model of Moral Decision Making in Human and Artificial Agents", *Topics in Cognitive Science* 2, 2010 (3), pp. 454–485.

③ 张剑平：《关于人工智能教育的思考》，《电化教育研究》2003 年第 1 期。

④ Neda Barqawi, Kamran Syed, & Lars Mathiassen, "Applying Service-Dominant Logic to Recurrent Release of Software: An Action Research Study", *Journal of Business & Industrial Marketing* 31, 2016 (7), pp. 928–940.

的、通用的专家咨询服务。其服务频率和解答深度，是一般人类专家所不能企及的。

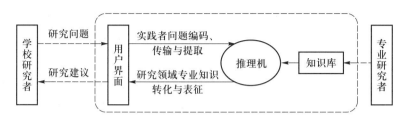

图 10-7　行动研究的专家咨询系统

2. 内部动力：解决合法性危机的需要

行动研究自提出以来，在传统研究的攻击下，无论在理论发展和实践应用层面，还是在理论基础、过程模型、抽样技术、资料收集及分析层面，均深陷危机之中。这些危机有的一直延续下来，以至于直到现在行动研究者不得不作出回应。行动研究的学术合法性危机具体表现在客观性衰微和普适性走弱两个方面。因此，提高行动研究的信效度，满足行动研究学术合法性建立的需要，是行动研究抽样技术发展的内在动力。

提升行动研究的客观性和普适性，需要从以下四点着手。一是多视角观照。单一环境的研究样本降低研究结果的推广程度，而观照过程细节及多个利益相关者的观点，能够打破这一局限性[1]；二是三角互证。最大变异抽样和三角互证可以提高行动研究资料的可信度和一致性；三是进行KMO（Kaiser-Meyer-Olkin）取样适切性检定[2]；四是清晰阐释抽样过程，使研究的透明度和重复性更高。

（三）行动研究抽样技术的实施原则

去情境化的传统教育研究被窄化为专业研究者的活动，作为教育教学实践主体的师生则被遮蔽和排斥。然而，行动研究是多个利益相关者协作建构意义的过程，漠视任何一方将导致研究价值受到质疑。尊重个人、对方受益和公平原则是社会科学界遵循的基本伦理原则。[3] 结合文献和实践，

① Marziyeh Asadizaker et al., "Design and Evaluation of Reform Plan for Local Academic Nursing Challenges Using Action Research", *Asian Nursing Research* 10, 2016（4）, pp. 263–270.

② 黄盈盈、潘绥铭：《中国社会调查中的研究伦理：方法论层次的反思》，《中国社会科学》2009 年第 2 期。

③ Gabriella Berger & Anita Peerson, "Giving Young Emirati Women a Voice：Participatory Action Research on Physical Activity", *Health & Place* 15, 2009（1）, pp. 117–124.

文化主体论主张行动研究抽样应遵守两个原则：征得学校（伦理委员会）同意和尊重师生隐私。[①]

1. 符合学校伦理规定

开展行动研究要充分考虑利益相关者的要求与期望。教育活动包括教育管理者、教师、学生及其家长四类主体。开展行动研究必须征求学校（伦理委员会）同意并取得家长委员会的理解和支持。首先，在行动方案和研究方案的设计阶段，各方共同探讨抽样涉及的伦理问题，并提出可行的解决方法；其次，依据大学、院系或中小学幼儿园制定的研究伦理列表，对照、检查和调整抽样中的有关伦理问题，签署后送交学校伦理委员会审批；最后，经批准后方可进行选样。[②]

2. 切实保护师生权益

大学学者、一线教师和学生通过参与、互动和协作，达成相互理解、问题解决和专业成长，三者的关系对研究过程和结果及下一轮行动研究的抽样产生直接影响。因此，研究者应充分保证师生知情权、保护参与者免受身心伤害。比如详细告知研究目标、抽样原因、样本大小、研究时长、研究结果呈现形式、目标读者、潜在风险和利益。例如，某研究者以自身标准和课堂观察，判断某校教师的教学有效性。在教师未知情的情况下，该校行政人员获取这些数据并得知哪个教师被划归为"低效"。该教师后续的职位晋升和工资调整等都受到消极影响，这也导致了研究者在后续研究中遭到教师抵制，从而导致流失样本。[③]

行动研究抽样具有理论丰富性和成果导向性。抽样时，需重视人工智能对于建立行动研究学术合法性地位的重要性，同时遵循研究伦理，尊重学校和师生。

三、行动研究抽样技术的意义基础

目的无方法则空，抽样无问题则盲。抽样技术本身并无优劣之分，每种技术都有各自的适用范围，关键在于把抽样技术的选取与实现研究目的、解决研究问题及适切研究设计相结合。

---

① 文雯：《英国教育研究伦理的规范和实践及对我国教育研究的启示》，《外国教育研究》2011 年第 8 期。

② Meredith Damien Gall，Walter R. Borg，& Joyce P. Gall，*Educational Research: An Introduction*，Pearson Education Inc.，2003，p. 72.

③ Peter Reason & Hilary Bradbury eds.，*The SAGE Handbook of Action Research: Participative Inquiry and Practice*，Sage Publications，2008，p. 21.

（一）实现研究目的

从目的手段论来看，研究目的决定研究手段。明确研究目的是制定抽样设计的第一步。行动研究的目的可归纳为"生成有效知识""改善教学实践"和"创新实践条件"。[①]

1. 生成有效知识

生成有效知识既是行动研究的基本功能，也是首要目的。有别于传统的显性知识、公共知识和核心知识，行动研究生成文化性、地方性和实践性知识。行动研究创造知识，既遵循基本原理，又独具双重逻辑。换言之，行动研究者制订计划，选取样本，收集和分析资料，研究解决实践问题；同时，通过观察和反思结果，增长新洞见并为下一步计划奠定可靠的基础。在此过程中，行动研究以具体问题为导向，在实践逻辑与研究逻辑之间运转，将个人经验外在化和社会化，将理论知识内在化。这一过程就是生成有效知识的过程。研究目的产生研究目标。研究目标分为探索、描述、解释、影响和预测。[②] 探索指运用归纳法讨论某一概念、现象或者情境从而推导出假设或一般原理。由此，生成有效知识的研究目的体现为探索目标。

2. 改善教学实践

行动研究的主要目的之一是外来专家与师生合作或师生共同合作，解决事关教学发展的实际问题。为了实现这一目的，需要抽选与该问题直接相关的师生样本，而超出这一范围的样本，并非总是合适。改善教学实践需要了解实践问题的来源、阐述解决策略等，因此，它体现为描述和解释目标。描述指寻找并描写某种现象的历史起源、主要性质及其产生原因。解释指说明不同概念或现象之间的关系，进而发展理论。

3. 创新实践条件

创新实践条件是行动研究的动力性目的。按照辩证法的观点，教学认识来源于教学实践，而教学认识的终极目的是为实践提供更好的方向和可能性，因此，教学实践又是教学认识的归宿。与研究目的相对应的研究目标是影响和预测。影响指控制情境或者变量，以产生某种期待的效果。预测指使用已有知识或理论来及时预见未来。

为改善教学实践和创造实践条件，研究者需要将探索、描述、解释、

①　Burke Johnson & Larry Christensen，*Educational Research: Quantitative, Qualitative, and Mixed Approaches*（2nd edition），Allyn and Bacon，2004，p. 104.

②　Anthony J. Onwuegbuzie & Nancy L. Leech，"Linking Research Questions to Mixed Methods Data Analysis Procedures"，*Qualitative Report* 11，2006（3），pp. 474–498.

影响及预测等研究目标转化为具体的研究问题。

（二）解决研究问题

俗话说：秧好一半谷，题好一半文。研究问题很大程度上规定了研究设计、样本大小、抽样方案及分析技术等。整体主义行动研究涵括文献研究、量化研究和质性研究，因此，其研究问题由文献研究[①]、量化研究和质性研究问题构成。以下重点介绍量化研究和质性研究问题。

1. 量化研究的统计问题

量化研究的统计问题是行动研究问题的重要组成部分，它关注"什么对什么是否具有显著效应/效果"问题。但这并非简单的"是/否"的问题，它细化为描述性、比较性和关系性[②]三类问题。描述性问题将一个或多个变量的特征数量化，其问题表述包含"有哪些"和"有多少"，比如，某地学生 PISA2009 阅读高分的原因有哪些。比较性问题则对比两个及以上小组的结果变量及因变量，其表述常出现"区别于""相比"等，提问方式为"哪个组与哪个组相比，在哪个方面（因变量）存在哪些区别？"比如，男中学生与女中学生对数学的态度相比存在哪些区别。关系性问题关注两个及以上变量的发展趋势，问题包含类似"关系""趋势"等，可简化为"在某个群体中，因变量和自变量的关系是什么"。

2. 质性研究的机制问题

质性研究问题是行动研究问题的另一重要组成部分。量化研究对比不同小组或探讨变量之间关系，而质性研究探索某种过程。质性研究的提问方式是"什么对什么是如何产生显著效应/效果的？具有什么样的机理？"它解决"如何"问题，获取处于特殊地点和情境中对某种特定教育、家庭、社会的过程和经验的洞察，因此在表述时，避免使用"影响""相干"等字眼。为收集质性数据，研究者采取人种志、现象学及自传等研究设计。

提出并清晰界定行动研究问题，需要认识到行动研究包含多重问题，同时，在分析时，需将其降解为因变量、自变量及其之间的关系，进而确定研究设计和抽样技术。

[①] 注：文献研究的提问方式是"某个事物或某一主题研究发展现状是怎样的？"在行动研究中，文献研究的意义在于，使行动研究者能够一方面从众多实践问题中挑选具有研究价值的问题来开展研究，另一方面将自己研究所得的创新性比照出来。由于篇幅所限，这里不再赘述。

[②] Anthony J. Onwuegbuzie & Nancy L. Leech, "Sampling Designs in Qualitative Research: Making the Sampling Process More Public", *Qualitative Report* 12, 2007（2）, pp. 238–254.

（三）适切研究设计

继确定研究目标和研究问题之后，需要进行研究设计。它决定着抽样类型及其具体技术的选择。一般来说，随机抽样用于量化研究，非随机抽样用于质性研究。由于行动研究问题蕴含着量化研究和质性研究问题，因此，国内外已有行动研究论文或使用随机抽样，或使用非随机抽样，或两者兼用。

1. 量化研究设计

问题分解和研究设计是抽样的前提。与研究问题相对应的量化研究设计包括描述性、比较性和关系性研究设计。第一，描述性设计解决内含描述性问题的行动研究问题。例如，要回答"中学生数学成绩高低与他们对阻碍数学学习因素的认知存在什么关系"，首先要解析研究问题。该问题包含"中学生数学成绩是多少？"和"中学生认为哪些因素阻碍了数学学习？"两个子问题，前者是描述性问题，后者是质性研究问题。其次，选择研究方法。教师先抽取学生样本进行数学测验，获取他们的分数，接着，教师对这些样本进行访谈或填写问卷，了解他们对阻碍数学学习因素的认识。针对描述性问题，常用描述性统计分析，即中位数、平均数和标准差等。第二，因果—比较设计回答以比较性问题为主的行动研究问题。例如，教师调查男女生对钢琴课的课堂氛围的看法有何不同。该问题可以分解为"有哪些男女学生选修钢琴课程？""他们对这门课的课堂氛围有哪些观点？"及"从性别来看，这些观点有何不同？"因此，首先，教师进行目的抽样，挑选学习钢琴的男生和女生；其次，就钢琴课课堂氛围访谈学生或请学生填写开放式问卷；最后，对两个群体的观点进行整理和比较。相应地，运用 T 检验、方差分析（ANOVA）、协方差分析（ANCOVA）、多因素方差分析（MANOVA）及多因素协方差分析（MANCOVA）等方法。第三，实验设计解决由关系性问题构成的行动研究问题。比如，要探究"抗抑郁新药对青少年的副作用"，研究者首先进行实验设计，有目的地抽取青少年抑郁症患者作为样本，将他们随机分配为实验组（新药治疗）和控制组（心理治疗）；其次，通过个案研究，访谈实验组和控制组，对比访谈结果，调查新药的副作用。对于关系性问题，则采用相关分析，即相关系数、回归分析、判别分析、逻辑分析和典型相关分析。

2. 质性比较研究设计

以上三种设计可以解决由量化研究问题和质性研究问题构成的行动研究问题。此外，质性比较研究设计可以探讨以比较性质性研究问题为主的行动研究问题。例如，调查"高中数学学习体验良好与不佳的新生在大学微积分课程中的学业表现有何不同"，教师可以采用人种志研究设计，通过访谈或观察，调查新生高中数学学习体验。接着，通过分析研究结果，将这些新生分为高中数学学习体验"良好"和"不佳"两个小组，对他们实施微积分测验，并比较两组测验分数。量化研究问题类型清晰，分析技术的选择较为明确。然而，由于研究者本人的参与，质性研究资料不易客观。因此，为保证质性分析的信度与效度，已有研究对质性分析方法进行地毯式开发，例如持续性比较、关键词寻找、词频统计、典型内容分析、领域分析、类型分析及成分分析。此外，如果涉及多个案例，面对浩瀚的资料，还创用了元矩阵表（meta-matrices）分析法，不仅要寻找相对合适的分析法，还要开展三角互证。

在行动研究中，描述性、因果—比较及实验设计并非截然对立，可交叉使用。选择哪种研究设计及其抽样技术，主要依据研究目的和问题。人工智能时代的到来，使学校研究者在解决某个具体的研究问题时，能够与软件智能体或教育机器人等进行互动，澄清研究具体细节，将行动具体化。

经历了几十年的发展，行动研究中的抽样技术初步形成了若干基本原理。然而，关于该领域的开发尚处于摸索阶段，未能形成气候，本研究也存在若干不足，它们为开展后续研究提供了新的生长点，比如创造智能化抽样工具，探讨每种抽样技术的具体操作，以深化行动研究的方法论开发，提升行动研究的科学性。

第三节　行动研究的新策略

新研究策略的诞生往往需要经过大量的实践、反复的提炼、精心的开发及长期的验证过程。因而，研究者会通过"直接引用"或"改造后使用"其他学科领域业已成熟的研究策略或因使用成本高等而被学界逐渐弃用的旧策略。学习学术理念的传播、信息技术和人工智能技术的发展，使行动研究的学者们重新审视一些已有方法策略，并将其与现代科学技术进行整合，使之更加灵活、便利和高效。这些策略主要有口述史、听众反应技术及价值网络分析。

一、口述史

口述史是一种古老的历史叙述形式。现代口述史兴起于 20 世纪 40

年代，美国哥伦比亚大学历史学家内文斯（Nevins，A.）在 1938 年出版的《通往历史之路》（*The Gateway to History*）一书中，最早提倡开展现代口述史研究。1984 年，英国学者汤普逊（Thompson，P.）的《过去的声音——口述史》（*Voice of the Past: Oral History*）面世，成为现代口述史研究走向成熟的标志。① 由于口述史是行动者亲历并叙述的事件，在历史的还原和剖析上具有得天独厚的优势，因此，在国内外学术史研究中享有广泛的受众和影响。近年来，行动研究也开始引入口述史。

（一）主要特征

第一，口述史调动社区成员参与项目的积极性和帮助学者发现社区需求；第二，口述史保证参与者的主体地位。边缘群体和弱势群体得到发言的机会，叙述个人生命史，表达自己的观点。口述史实现当地社区成员的赋权增能；第三，口述史使学者能够倾听主流社会以外的声音，揭示掩藏在公共领域之中的个人经验和生活其他方面。因此，对学者而言，口述史是发现社区成员共同经历，更加深刻地认识社区现状与其历史、文化遗产关系的机会；第四，口述史可以增强人际关系。

（二）实施过程

口述史是参与式评估法的重要研究手段之一，是在摆脱传统只注重社会上层人物的精英历史观、倡导"眼光向下"、关注小人物的平民史观的过程中发展起来的。口述史的访谈对象不受限制，但这并不意味着其不接受相关专业训练、不遵照口述史的规范，不意味着任何人都能作出有价值的口述史。因此，口述史者必须掌握一套行之有效的方法。口述史的操作程序既简单又复杂，首先，选择一个自己感兴趣的课题或主题；其次，尽可能多方收集并熟悉有关这个课题的文献档案材料，同时，寻访和联系与事件相关的不同类型的历史见证人；再次，准备详细的采访提纲，以访谈的形式、以倾听者的姿态，努力挖掘受访者的深层"记忆"；最后，以精良的录音或录像设备记录现场的采访内容。

数字技术正在改变着口述历史法的使用和资料的获得。数字索引（digital index）已经使得学者在采访中收集和寻找相关材料变得更加简单。重要的是，这些技术正在优化访问口述记录，有利于学者们更有可能考虑到人们关于生活的讨论的多重意义。②

① 朱志敏：《口述史对中国当代学术史研究的三方面影响》，《河北学刊》2013 年第 1 期。
② Katie Holmes et al.，"Oral History and Australian Generations"，*Australian Historical Studies* 47，2016（1），pp. 1–7.

二、听众反应技术

听众反应技术起源于 20 世纪 50 年代的军队教育，其理论研究和应用探索已有半个世纪的历史。在最近 20 年来，该方法不仅为商业、军事等领域所择用，而且被广泛应用于多个学科课程中，比如临床心脏病学、家庭医学、妇科医学、生理学、物理基础、放射学、安全开药。同时，听众反应技术也是新兴的资料收集方法。[1] 散见于不同论文的听众反应技术具有多种名称，比如团体反应系统（Group Response System）、分步反馈系统（Paced Feedback System）、认知分析器（Perception Analyzer）、实时反应器（Real Time Response）、民调（Worm Poll）、拨号调查（Dial Test）。在教育领域，听众反应技术则称为课堂反应系统（Classroom Response System）、学生反应系统（Student Response System）、电子反应系统（Electronic Response System）、个人反应系统（Personal Response System）、应答器（Clicker）、键区（Keypad）、课堂交流系统（Classroom Communication System）和课堂网络（Classroom Network）。[2] 听众反应技术是基于互动式学习理论设计的一种学生或参与者通过手持终端电子设备实时回应教师或研究者问题的方法。

（一）主要特征

在教育行动研究中，听众反应技术对参与者或学生产生了积极影响。一方面，该方法具有便捷性，提高研究数据收集效率。与运用纸笔为媒介收集资料的传统研究方法相比，听众反应技术可以在更短的时间内从更多的研究对象中收集信息。已有研究表明，该技术大大缩短了数据录入时间，因为研究者可以直接进入系统，与键盘联系，下载参与者的应答记录，加大了研究者进行大规模数据调查和分析的可能性；另一方面，该方法具有参与性，增加行动者的研究参与度。该系统被越来越多地引介到教育行动研究中，研究指出，听众反应技术的应用对研究产生了正面的影响。听众反应技术提供了研究者与参与者双向互动工具。

（二）实施过程

听众反应技术类似于数码电视遥控器的微型传送装置，组成部分有

[1] José Fernández-Alemán et al., "An Empirical Study of Neural Network-Based Audience Response Technology in a Human Anatomy Course for Pharmacy Students", *Journal of Medical Systems* 40，2016（4），pp.1-12.

[2] Jane Caldwell, "Clickers in the Large Classroom: Current Research and Best-Practice Tip", *CBE Life Sciences Education* 6，2007（1），pp.9-20.

发送器、接收器和软件。参与者通过按压应答器上的按钮进行选择和回答。早期的应答器仅有简单的反应按钮，而目前使用的不仅可以进行正误判断、问题选择、数字输入，还有简单的文本输入功能键、发送键和电源键，具备信息双向传送功能，也就是学生或者参与者以应答器为媒介，向研究者或教师发送答案，同时，发送结果还能够显示在应答器的屏幕上，如图 10-8 和图 10-9 所示。早期应答器使用的是有线技术进行系统连接，现在改进应答器则借助了无线技术。在该系统中，每个应答器发送的信号都是唯一的，保证了每个学生的答案能被接收器所辨识和记录；同时，在问答环节结束后，所有参与者的答案都会显示在大屏幕上，这使得研究者或教师对参与情况了然于心。最近，听众反应技术在高等教育中颇受欢迎。它可适用于任一班级规模。①

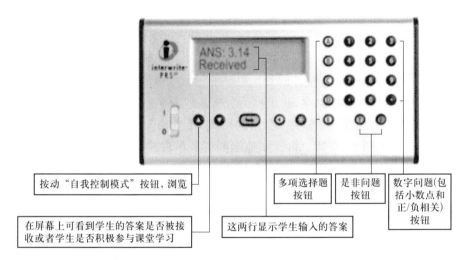

图 10-8　Qwizdom Q5 听众反应系统手持式远程遥控

图 10-9　个人反应系统设备

① Erina L. MacGeorge et al.，"Student Evaluation of Audience Response Technology in Large Lecture Classes"，*Educational Technology Research and Development* 56，2008（2），pp. 125–145.

三、价值网络分析

得益于信息技术的普及、网络理论的发展和博弈论的应用，因应现代组织复杂性问题解决的需要，价值网络分析法顺势而生，成为社会网络分析法中一种十分重要的制图技术。[①] 价值网络分析法由美国商业顾问、作家艾莉（Allee，V.）于20世纪90年代提出。在价值网络分析法诞生之前，工程再造法被人们广泛应用于传统工商业中，试图创造一种可复制、可预期的过程。然而，现代组织处于错综复杂的环境里，这一目标难以企及。与之相反，艾莉设想建立一种能够活现系统的动态特征、活动流程及成员作用的价值网络。

（一）主要特征

价值网络是任何一种可以在两个或更多的个体、小组、组织中，通过复杂、动态的交流产生价值的关系网。[②] 比如，公立教育通过学校、顾问、营养师、体质教育、家长支持都为学生提供除知识和技能以外的价值。因此，不同于专注组织里个体间知识分享的组织网络分析法（Organizational Network Analysis，ONA），价值网络分析法致力于网络中人与人的价值互动，它可以探索存在于高绩效团队里的隐性关系、过程和产出。具体而言，处于网络中的个体，将其所控制的有利条件转变为可协商的价值形式，扩大至或提供给网络的其他个体。因此，价值网络分析法具有两大特征：一是能够准确地检验个体自身的增值能力；二是清楚地观察个体传至他人的具体价值形式和内容。价值可以分为有形的、契约的和无形的、非正式的。有形价值通过契约的或规定的活动产生。这些活动对经济增长或预期服务产生直接影响；无形价值通过非正式或非规定的活动而产生。这些活动深化商业关系，对提高运作效率产生直接影响。[③]

（二）实施过程

对价值网络进行分析，先要按照常规步骤绘制价值网络图。第一，划定制图的范围；第二，确定制图的层次，比如学校、街道、城市、国家层次；第三，召集合适参与者；第四，描述个体与生态系统互动的情境；第

---

① 刘宇：《价值网络分析方法研究新进展》，《江西教育学院学报》2012年第5期。

② Verna Allee，*The Future of Knowledge: Increasing Prosperity Through Value Networks*，Butterworth-Heinemann，2003，p.192.

③ Camille Venezia，Verna Allee，Oliver Schwabe，"Designing Productive Spaces for Mobile Workers：Role Insights from Network Analysis"，*Information Knowledge Systems Management* 7，2008（1–2），pp.61–75.

五，辨识生态系统中的重要角色；第
六，进行头脑风暴，讨论生态系统中
发生的所有交易，并将它们分为有形
或无形的，运用方框、箭头等将它们
置于地图的某个位置；第七，将所有
活动进行排序，检查并保证所有的交
易都被包括在内。价值网络图的三个
主要因素是角色、传递和交易，如图
10-10。网络中真实的人抑或参与者
担任角色，他们履行职责并作出贡献。

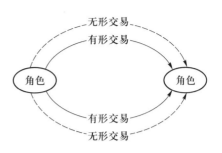

图 10-10　价值网络图制作技巧

角色得到赋权，从而作出决策、开展行动并进行交易。角色可以是
个人、小组或团队、业务单位、整个组织、全部集体等，如微商、商业
连锁网或工业集团、社区甚至国家。传递是从某一角色传到另一个角色
的实际事务。传递是多种形式的，既可以是文件或表格等实体，也可以
是某种具体技术方法或是赠予接收者的好处或赞扬。交易起于一个角色，
止于另一个角色。图 10-10 中，箭头标示两类角色之间行动传递的走
向，实线指关于产品和收益的正式合同交换，虚线指无形的市场信息流
和利益流。[1]

分析价值网络图，主要从交换分析、影响分析及价值创造分析三
个方面进行。[2]首先，交换分析，即系统的整体交换模式。分析对象包
括价值在整个系统中的流动是否有一个连续的逻辑和流程；系统中有形
和无形的交换是否健康；是否有一个互惠的交换模式；其次，影响分析
指影响每一个参与者价值输入的因素。每一个输入会引起相应的反应，
这就是处理输入和利用接收到的价值所产生的成本，每一个输入能直
接或间接影响有形和无形价值；最后，价值创造分析指通过分析增加价
值、传递价值或转化价值的过程，发现创造、传递和利用价值的最佳
方式。

任何方法和策略都不是万能的，方法和策略需要与研究对象和研究问

① Maya Townsend，"Finding Value：Using Ecosystem Mapping and Value Network Analysis
to Navigate Complexity in Corporations and Communities"，*OD Practitioner* 45，2013（2），pp.
6–13.

② Verna Allee，"Value Network Analysis and Value Conversion of Tangible and Intangible
Assets"，*Journal of Intellectual Capital* 9，2008（1），pp. 5–24；刘宇：《价值网络分析方法研
究新进展》，《江西教育学院学报》2012 年第 5 期。

题相契合。方法和策略只是一种工具，不需强分新旧，也难以抽象地判断优劣。方法和策略的价值在于它们能否较好地解决问题，只要合理和合用，新旧方法均具价值。反之，新方法难免不知所云，被生搬硬套；旧方法也难免缺乏新意、陈陈相因。

参 考 文 献

中 文 译 著

［1］〔美〕威廉·詹姆士:《实用主义》,陈羽纶、孙瑞禾译,北京:商务印书馆 1979 年版。

［2］〔德〕恩斯特·卡西尔:《人论》,甘阳译,上海:上海译文出版社 1985 年版。

［3］〔美〕冯·贝塔朗菲:《一般系统论:基础、发展和应用》,林康义、魏宏森等译,北京:清华大学出版社 1987 年版。

［4］〔德〕伽达默尔:《赞美理论——伽达默尔文集》,夏镇平译,上海:上海三联书店 1988 年版。

［5］〔英〕皮特·切克兰德:《系统论的思想与实践》,左晓斯、史然译,北京:华夏出版社 1990 年版。

［6］〔美〕米歇尔·沃尔德罗普:《复杂:诞生于秩序与混沌边缘的科学》,陈玲译,上海:上海三联书店 1997 年版。

［7］〔法〕让－弗朗索瓦·利奥塔尔:《后现代状态:关于知识的报告》,车槿山译,上海:上海三联书店 1997 年版。

［8］〔美〕克利福德·吉尔兹:《地方性知识——阐释人类学论文集》,王海龙、张家瑄译,北京:中央编译出版社 2000 年版。

［9］〔英〕拉尔夫·D.斯泰西:《组织中的复杂性与创造性》,宋学锋、曹庆仁译,成都:四川人民出版社 2000 年版。

［10］〔美〕霍林斯沃思主编:《国际视野中的行动研究:不同的教育变革实例》,黄宇等译,北京:中国轻工业出版社 2002 年版。

［11］〔美〕莱斯利·P.斯特弗等编:《教育中的建构主义》,高文等译,上海:华东师范大学出版社 2002 年版。

［12］〔英〕伊恩·麦吉尔、利兹·贝蒂:《行动学习法》,中国高级人事

管理培训中心译，北京：华夏出版社 2002 年版。

［13］〔美〕罗伯茨、普鲁伊特：《学习型学校的专业发展：合作活动与策略》，赵丽、刘冷馨、朱晓文译，北京：中国轻工业出版社 2004 年版。

［14］〔美〕罗伯特·K.默顿：《科学社会学》，鲁旭东译，北京：商务印书馆 2004 年版。

［15］〔德〕赫尔曼·哈肯：《协同学：大自然构成的奥秘》，凌复华译，上海：上海译文出版社 2005 年版。

［16］〔美〕曼纽尔·卡斯特：《网络社会的崛起》，夏铸九、王志弘等译，北京：社会科学文献出版社 2006 年版。

［17］〔德〕阿诺德·盖伦：《技术时代的人类心灵：工业社会的社会心理问题》，何兆武、何冰译，上海：上海科技教育出版社 2008 年版。

［18］〔美〕曼纽尔·卡斯特主编：《网络社会——跨文化的视角》，周凯译，北京：社会科学文献出版社 2009 年版。

［19］〔美〕克里斯·阿吉里斯、唐纳德·舍恩：《组织学习Ⅱ：理论、方法与实践》，姜文波译，北京：中国人民大学出版社 2011 年版。

［20］〔美〕罗洛·梅：《人的自我寻求》，郭本禹、方红译，北京：中国人民大学出版社 2013 年版。

［21］〔美〕迈克尔·马奎特：《行动学习实务操作：设计、实施与评估》（第二版），郝君帅、唐长军、曹慧青译，北京：中国人民大学出版社 2013 年版。

中 文 原 著

［22］魏宏森：《系统科学方法论导论》，北京：人民出版社 1983 年版。

［23］沈小峰、吴彤、曾国屏：《自组织的哲学——一种新的自然观和科学观》，北京：中共中央党校出版社 1993 年版。

［24］颜泽贤主编：《复杂系统演化论》，北京：人民出版社 1993 年版。

［25］魏宏森、曾国屏：《系统论——系统科学哲学》，北京：清华大学出版社 1995 年版。

［26］苗东升：《系统科学精要》，北京：中国人民大学出版社 1998 年版。

［27］陈向明：《质的研究方法与社会科学研究》，北京：教育科学出版社 2000 年版。

［28］许国志：《系统科学》，上海：上海科技教育出版社 2000 年版。

［29］ 郑金洲、陶保平、孔企平:《学校教育研究方法》,北京:教育科学出版社 2003 年版。

［30］ 冯增俊主编:《教育人类学教程》,北京:人民教育出版社 2005 年版。

［31］ 朴昌根:《系统学基础》,上海:上海辞书出版社 2005 年版。

［32］ 黄欣荣:《复杂性科学的方法论研究》,重庆:重庆大学出版社 2006 年版。

［33］ 颜泽贤、范冬萍、张华夏:《系统科学导论——复杂性探索》,北京:人民出版社 2006 年版。

［34］ 赵健:《学习共同体——关于学习的社会文化分析》,上海:华东师范大学出版社 2006 年版。

［35］ 黄欣荣:《复杂性科学与哲学》,北京:中央编译出版社 2007 年版。

［36］ 苗东升:《系统科学大学讲稿》,北京:中国人民大学出版社 2007 年版。

［37］ 谢立中:《西方社会学名著提要》,南昌:江西人民出版社 2007 年版。

［38］ 梁漱溟:《东西文化及其哲学》,北京:商务印书馆 2008 年版。

［39］ 林志斌、张立新:《打工者:参与式行动研究》,北京:社会科学文献出版社 2008 年版。

［40］ 杨博文、谭祖雪:《自然辩证法新编——复杂性科学理论及其哲学》,北京:石油工业出版社 2008 年版。

［41］ 张大松主编:《科学思维的艺术:科学思维方法导论》,北京:科学出版社 2008 年版。

［42］ 张敏:《教师学习的理论与实证研究》,杭州:浙江大学出版社 2008 年版。

［43］ 何萍:《文化哲学:认识与评价》,武汉:武汉大学出版社 2010 年版。

［44］ 罗生全、敬仕勇编著:《教师行动研究艺术》,成都:西南交通大学出版社 2011 年版。

［45］ 张东荪:《知识与文化》,长沙:岳麓书社 2011 年版。

［46］ 陈昌曙:《技术哲学引论》,北京:科学出版社 2012 年版。

［47］ 韩鸿:《参与式影像与参与式传播》,成都:电子科技大学出版社 2012 年版。

［48］ 黄甫全主编:《现代课程与教学论》(第三版),北京:人民教育出版社 2014 年版。

中 文 论 文

［49］ 郑金洲:《行动研究: 一种日益受到关注的研究方法》,《上海高教研究》1997 年第 1 期。

［50］ 吴家清:《从普通认识论到文化认识论: 认识论视角的新转换》,《现代哲学》1999 年第 1 期。

［51］ 林茵:《从真理到实践之间》,《社会科学》1999 年第 5 期。

［52］ 张劲、杨纪生:《网络化学习——21 世纪学习的革命》,《今日科技》1999 年第 9 期。

［53］ 王松涛:《论网络学习》,《教育研究》2000 年第 3 期。

［54］ 盛晓明:《地方性知识的构造》,《哲学研究》2000 年第 12 期。

［55］ 刘良华:《行动研究的史与思》, 华东师范大学博士学位论文 2001 年。

［56］ 刘朋:《走向以人为本的行动研究——试论教育行动研究的伦理问题》,《教育理论与实践》2001 年第 8 期。

［57］ 方锦清:《令人关注的复杂性科学和复杂性研究》,《自然杂志》2002 年第 1 期。

［58］ 綦振法、程钧谟、徐福缘:《供应链中供应商评价模型的构建及优化选择》,《山东工程学院学报》2002 年第 1 期。

［59］ 马治国:《网络教育本质论》, 东北师范大学博士学位论文 2003 年。

［60］ 陈向明:《实践性知识: 教师专业发展的知识基础》,《北京大学教育评论》2003 年第 1 期。

［61］ 张剑平:《关于人工智能教育的思考》,《电化教育研究》2003 年第 1 期。

［62］ 郑太年:《论学习的社会性》,《全球教育展望》2003 年第 8 期。

［63］ 周钧:《霍姆斯小组与美国教师教育改革》,《比较教育研究》2003 年第 11 期。

［64］ 郑中玉、何明升:《"网络社会"的概念辨析》,《社会学研究》2004 年第 1 期。

［65］ 石中英:《行动研究本体论假设的再思考》,《教师教育研究》2004 年第 4 期。

［66］ 段晓明、黄文键:《英国教师的"自我专业发展计划"》,《世界教育信息》2004 年第 5 期。

［67］ 高文:《基于学习创新的课程与教学研究——研究背景、改革理念

与研究方法》,《全球教育展望》2004 年第 5 期。

[68] 邵云峰、蒋丽艳:《软系统方法:信息系统战略思维建立的有效方法》,《情报杂志》2004 年第 11 期。

[69] 肖瑛:《"反身性"研究的若干问题辨析》,《国外社会科学》2005 年第 2 期。

[70] 高淑婷等:《瑞典的"学习圈"》,《中国远程教育》2005 年第 4 期。

[71] 何玲、黎加厚:《促进学生深度学习》,《现代教学》2005 年第 5 期。

[72] 刘良华:《重申"行动研究"》,《比较教育研究》2005 年第 5 期。

[73] 孙美堂:《从价值到文化价值——文化价值的学科意义与现实意义》,《学术研究》2005 年第 7 期。

[74] 陈清泰:《实施"走出去"战略的几个问题》,《企业世界》2005 年第 11 期。

[75] 甘永成:《虚拟学习社区的知识建构分析框架》,《中国电化教育》2006 年第 2 期。

[76] 刘昌贵、但斌:《供应链战略合作伙伴关系的建立与稳定问题》,《软科学》2006 年第 3 期。

[77] 杨凌芳:《基于 PDCA 循环的校本教研持续改进模型探讨》,《教学实践与研究》2006 年第 4 期。

[78] 凌海衡:《批判理论》,《国外理论动态》2006 年第 7 期。

[79] 刘彦尊:《人种志方法在比较教育研究中的应用》,《外国教育研究》2006 年第 9 期。

[80] 余福茂、王富忠、沈祖志:《供应链战略合作伙伴选择的智能推理系统》,《商业研究》2006 年第 11 期。

[81] 李子建、宋萑:《专业学习共同体与课程发展》,《课程·教材·教法》2006 年第 12 期。

[82] 韩江萍:《校本教研制度的回顾与展望》,《教育实践与研究》2006 年第 16 期。

[83] 胡谊:《改良教育心理学:来自认知神经科学的影响》,《心理学探新》2007 年第 1 期。

[84] 张强、宋伦:《系统自组织观》,《系统科学学报》2007 年第 1 期。

[85] 周加仙:《"基于脑的教育"理论述评》,《外国教育研究》2007 年第 2 期。

[86] 时伟:《大学教学的学术性及其强化策略》,《高等教育研究》2007 年第 5 期。

［87］ 李子建:《大学与学校伙伴协作式行动研究:从 4P 迈向 4R》,《上海教育科研》2007 年第 8 期。

［88］ 阳利平:《对"教师即研究者"命题的探析》,《教育发展研究》2007 年第 20 期。

［89］ 吴莹等:《跟随行动者重组社会——读拉图尔的〈重组社会:行动者网络理论〉》,《社会学研究》2008 年第 2 期。

［90］ 黄盈盈、潘绥铭:《中国社会调查中的研究伦理:方法论层次的反思》,《中国社会科学》2009 年第 2 期。

［91］ 魏宏聚:《经验、知识与智慧——教学经验的价值澄清与意义重估》,《教育理论与实践》2009 年第 3 期。

［92］ 宋言奇:《全球社区参与式研究的运作》,《国外社会科学》2010 年第 1 期。

［93］ 张桂芳、陈凡:《技术与生活世界》,《哲学研究》2010 年第 3 期。

［94］ 吕乃基:《技术"遮蔽"了什么?》,《哲学研究》2010 年第 7 期。

［95］ 邱立军:《重塑人类的社会性》,《世界博览》2010 年第 9 期。

［96］ 王彦雨、马来平:《"反身性"难题消解与科学知识社会学的未来走向》,《自然辩证法通讯》2011 年第 1 期。

［97］ 赵汀阳:《深化启蒙:从方法论的个体主义到方法论的关系主义》,《哲学研究》2011 年第 1 期。

［98］ 王彬:《身体、符号与媒介》,《中国青年研究》2011 年第 2 期。

［99］ 许长军等:《制造企业供应链战略合作伙伴评价指标体系与评价方法研究》,《制造技术与机床》2011 年第 2 期。

［100］ 苏峻、黄甫全:《新媒体行动研究:ICTs 研究的新路向——新媒体行动研究述略》,《现代远距离教育》2011 年第 3 期。

［101］ 苏峻、黄甫全:《人种志行动研究:以新媒体为平台的新方法论》,《现代远距离教育》2011 年第 6 期。

［102］ 文雯:《英国教育研究伦理的规范和实践及对我国教育研究的启示》,《外国教育研究》2011 年第 8 期。

［103］ 黄甫全、左璜:《当代行动研究的自由转身:走向整体主义》,《教育学报》2012 年第 1 期。

［104］ 蔡泽俊、左璜、黄甫全:《预见式行动研究:一种面向未来的行动研究新范式》,《电化教育研究》2012 年第 2 期。

［105］ 左璜、黄甫全:《关照社会性世界的网络化生活——国外新兴网络化行动研究述论》,《学术研究》2012 年第 2 期。

［106］ 刘宇:《价值网络分析方法研究新进展》,《江西教育学院学报》2012 年第 5 期。

［107］ 王富伟:《个案研究的意义和限度——基于知识的增长》,《社会学研究》2012 年第 5 期。

［108］ 朱志敏:《口述史对中国当代学术史研究的三方面影响》,《河北学刊》2013 年第 1 期。

［109］ 左璜、黄甫全:《方法论的变革:走向网络化——新兴网络化学习行动研究述论》,《现代远程教育研究》2013 年第 4 期。

［110］ 杨甲睿、黄甫全:《院校协作的互惠原理》,《教育发展研究》2013 年第 4 期。

［111］ 姜永志、白晓丽:《教育神经科学通向"循证"教育学发展的路径》,《教育导刊》2013 年第 11 期。

［112］ 路宝利:《美国中等职业教育发展的职业主义与民主主义之争:"普杜之辩"研究》,华东师范大学博士学位论文 2014 年。

［113］ 邓永超、黄甫全:《原因层次分析法:预见式行动研究的有效方法》,《电化教育研究》2014 年第 6 期。

［114］ 肖竹筠、秦雪英:《社区参与式研究在公共卫生领域的应用对策探讨》,《现代医药卫生》2014 年第 8 期。

［115］ 邓永超:《博士课程开发的案例式预见性行动研究——以华南师范大学"教育与课程文化哲学专题研究"课程为例》,华南师范大学博士学位论文 2015 年。

［116］ 孔祥渊:《略论教育学的类型与特征——基于教育研究者与教育实践者关系的视角》,《上海教育科研》2015 年第 1 期。

［117］ 刘济群:《研究对象的在场:在图书情报学领域中引入参与式行动研究》,《图书与情报》2015 年第 2 期。

［118］ 钟柏昌、黄纯国:《个案研究的分类及其在教育研究中的应用现状评析》,《教育研究与实验》2015 年第 2 期。

［119］ 潘蕾琼、黄甫全、余璐:《学习中心与知识创造——21 世纪学习学术发展彰显课程改革两大新理念》,《课程·教材·教法》2016 年第 1 期。

［120］ 史敏、石丽明:《阿柯夫的社会系统科学理论及其价值》,《科学与管理》2016 年第 1 期。

［121］ 王栋:《论英语教师行动研究与行动学习的关系及其启示》,《英语教师》2016 年第 2 期。

［122］ 余璐等:《构建网络化整体学习方式促进卓越教学能力发展的行动研究》,《中国电化教育》2016 年第 2 期。

［123］ 袁勇、谢少华:《局内人行动研究:一种统合研究者与实践者的新方法论》,《现代远程教育研究》2016 年第 5 期。

［124］ 陈思宇、黄甫全、曾文婕:《"互联网+"时代行动研究的知识建构法》,《中国电化教育》2017 年第 1 期。

［125］ 张西云:《"知识创造学习"的高中课程开发》,华南师范大学博士学位论文 2018 年。

［126］ 姚文峰:《走向生活:教育行动研究的本体意义》,《教育研究》2018 年第 2 期。

［127］ 梁迎丽、刘陈:《人工智能教育应用的现状分析、典型特征与发展趋势》,《中国电化教育》2018 年第 3 期。

［128］ 曾文婕等:《减负与基于人工智能的教育创新》,《中小学德育》2018 年第 5 期。

英 文 著 作

［129］ Michael Polanyi，*Personal Knowledge: Towards a Post Critical Philosophy*，University of Chicago Press，1958.

［130］ Alfred Jay Marrow，*The Practical Theorist: The Life and Work of Kurt Lewin*，Basic Books，1969.

［131］ Bernard Lonergan，*Method in Theology*，Herder and Herder，1972.

［132］ John Irvine，Ian Miles，& Jeff Evans，*Demystifying Social Statistics*，Pluto Press，1979.

［133］ Richard H. Price & Peter E. Politser eds.，*Evaluation and Action in the Social Environment*，Academic Press，1980.

［134］ Richard J. Bernstein ed.，*Habermas and Modernity*，The MIT Press，1985.

［135］ Wilfred Carr & Stephen Kemmis，*Becoming Critical: Education, Knowledge and Action Research*，Falmer Press，1986.

［136］ Donald A. Schön，*Educating the Reflective Practitioner Toward a New Design for Teaching and Learning in the Professions*，Jossey-Bass，1987.

［137］ Patricia A. Adler & Peter Adler，*Membership Roles in Field Research*，Sage Publications，1987.

[138] William Foote Whyte ed., *Participatory Action Research*, Sage Publications, 1990.

[139] James McKernan, *Curriculum Action Research: A Handbook of Methods and Resources for the Reflective Practioner*, Kogan Page, 1991.

[140] Orlando Fals-Borda & Muhammad Anisur Rahman eds., *Action and Knowledge: Breaking the Monopoly with Participatory Action-Research*, Apex Press, 1991.

[141] Marilyn Cochran-Smith & Susan L. Lytle, *Inside/Outside: Teacher Research and Knowledge*, Teachers College Press, 1992.

[142] John Elliott ed., *Reconstructing Teacher Education: Teacher Development*, Falmer Press, 1993.

[143] Gary Anderson, Kathryn G. Herr, & Ann S. Nihlen, *Studying Your Own School: An Educator's Guide to Qualitative Practitioner Research*, Corwin, 1994.

[144] George A. Cowan, *Complexity: Metaphors, Models and Reality*, Westview Press, 1994.

[145] Norman K. Denzin & Yvonna S. Licoln eds., *Handbook of Qualitative Research*, Sage Publications, 1994.

[146] Christina Haas, *Writing Technology: Studies on the Materiality of Literacy*, Routledge, 1995.

[147] Ian McGill, *Action Learning: A Guide for Professional, Management, and Educational Development*, Kogan Page, 1995.

[148] John Heron, *Co-Operative Inquiry: Research into the Human Condition*, Sage Publications, 1995.

[149] Pierre Hadot, *Philosophy as a Way of Life: Spiritual Exercises from Socrates to Foucault*, Wiley–Blackwell, 1995.

[150] Wilfred Carr, *For Education: Towards Critical Educational Enquiry*, Open University Press, 1995.

[151] David C. Berliner & Robert C. Calfee eds., *Handbook of Educational Psychology*, Macmillan, 1996.

[152] Jean McNiff, Pamela Lomax, & Jack Whitehead, *You and Your Action Research Project*, Routledge, 1996.

[153] John Elliott, *The Curriculum Experiment: Meeting the Challenge of*

Social Change, Open University Press, 1998.

［154］ Corrine Glesne, _Becoming Qualitative Researchers: An Introduction_, Longman, 1999.

［155］ Evert Gummesson, _Qualitative Methods in Management Research_, Sage Publications, 1999.

［156］ Michael J. Marouardt, _Action Learning in Action: Transforming Problems and People for World-Class Organizational Learning_, Davies-Black Publishing, 1999.

［157］ Art Kleiner & George Roth, _Oil Change: Perspectives on Corporate Transformation_, Oxford University Press, 2000.

［158］ Clarissa Rile Hayward, _De-Facing Power_, Cambridge University Press, 2000.

［159］ Barry Zimmerman & Dale Schunk eds., _Self-Regulated Learning and Academic Achievement: Theoretical Perspectives_ (2nd edition), Lawrence Erlbaum Associates Publishers, 2001.

［160］ Harry F. Wolcott, _Writing up Qualitative Research_, Sage Publications, 2001.

［161］ Thomas A. Schwandt, _Dictionary of Qualitative Inquiry_ (2nd edition), Sage Publications, 2001.

［162］ Anastasia P. Samaras, _Self-Study for Teacher Educators: Crafting a Pedagogy for Educational Change_, Peter Lang Inc., 2002.

［163］ John Mason, _Researching Your Own Practice: The Discipline of Noticing_, Routledge, 2002.

［164］ Meredith Damien Gall, Joyce P. Gall, & Walter R. Borg, _Educational Research: An Introduction_, Allyn and Bacon, 2003.

［165］ Verna Allee, _The Future of Knowledge: Increasing Prosperity Through Value Networks_, Butterworth-Heinemann, 2003.

［166］ Burke Johnson & Larry Christensen, _Educational Research: Quantitative, Qualitative, and Mixed Approaches_ (2nd edition), Allyn and Bacon, 2004.

［167］ John Loughran et al., _International Handbook of Self-Study of Teaching and Teacher Education Practices_, Springer, 2004.

［168］ Bridget Somekh, _Action Research: A Methodology for Change and Development_, Open University Press, 2005.

[169] Bruno Latour, *Reassembling the Social: An Introduction to Actor-Network-Theory*, Oxford University Press, 2005.

[170] David Coghlan & Teresa Brannick, *Doing Action Research in Your Own Organization* (2nd edition), Sage Publications, 2005.

[171] Gill Nicholls, *The Challenge to Scholarship: Rethinking Learning, Teaching, and Research*, Routledge, 2005.

[172] Cher Hendricks, *Improving Schools Through Action Research: A Comprehensive Guide for Educators*, Pearson, 2006.

[173] Davydd J. Greenwood & Morten Levin, *Introduction to Action Research: Social Research for Social Change* (2nd edition), Sage Publications, 2006.

[174] Jack Whitehead & Jean McNiff, *Action Research Living Theory*, Sage Publications, 2006.

[175] Alice McIntyre, *Participatory Action Research*, Sage Publications, 2007.

[176] Danny Burns, *Systemic Action Research: A Strategy for Whole System Change*, Policy Press, 2007.

[177] Richard Andrews & Caroline Haythornthwaite eds., *The SAGE Handbook of E-Learning Research*, Sage Publications, 2007.

[178] Sara Kindon, Rachel Pain, & Mike Kesby eds., *Participatory Action Research Approaches and Methods: Connecting People, Participation and Place*, Routledge, 2007.

[179] Craig Mertler, *Action Research: Teachers as Researchers in the Classroom*, Sage Publications, 2008.

[180] Kristin Luker, *Salsa Dancing into the Social Sciences: Research in an Age of Info-Glut*, Harvard University Press, 2008.

[181] Peter Reason & Hilary Bradbury eds., *The SAGE Handbook of Action Research: Participative Inquiry and Practice*, Sage Publications, 2008.

[182] Rudi Volti, *Society and Technological Change* (6th edition), Worth Publishers, 2008.

[183] Greg Hearn et al., *Action Research and New Media: Concepts, Methods and Cases*, Hampton Press, 2009.

[184] Stefinee Pinnegar & Mary Lynn Hamilton, *Self-Study of Practice as a*

Genre of Qualitative Research: Theory, Methodology and Practice, Springer, 2009.

[185] Penelope Peterson, Eva Baker, & Barry McGaw eds., *International Encyclopedia of Education* (3rd edition), Elsevier Science, 2010.

[186] Jean McNiff & Jack Whitehead, *All You Need to Know About Action Research* (2nd edition), Sage Publications, 2011.

[187] Susan Gass & Alison Mackey eds., *The Routledge Handbook of Second Language Acquisition*, Routledge, 2012.

[188] David Coghlan & Mary Brydon-Miller eds., *The SAGE Encyclopedia of Action Research*, Sage Publications, 2014.

[189] Mihaly Csikszentmihalyi, *Flow and the Foundations of Positive Psychology: The Collected Works of Mihaly Csikszentmihalyi*, Springer, 2014.

[190] Stephen Kemmis, Robin McTaggart, & Rhonda Nixon, *The Action Research Planner: Doing Critical Participatory Action Research*, Springer, 2014.

英 文 论 文

[191] Kurt Lewin, "Action Research and Minority Problems", *Journal of Social Issues* 2, 1946 (4).

[192] Harold L. Hodgkinson, "Action Research: A Critique", *Journal of Educational Sociology* 31, 1957 (4).

[193] Sherry Arnstein, "A Ladder of Citizen Participation", *Journal of American Institute of Planners* 35, 1969 (4).

[194] Jeffrey W. Riemer, "Varieties of Opportunistic Research", *Urban Life* 5, 1977 (4).

[195] Stephen Kemmis, "Action Research in Retrospect and Prospect", Paper Presented at the Annual Meeting of the Australian Association for Research in Education, November 6–9, 1980, Sydney, Australia.

[196] Gerald J. Pine, "Collaborative Action Research in School Counseling: The Integration of Research and Practice", *The Personnel and Guidance Journal* 59, 1981 (8).

［197］ Shirley Grundy，"Three Modes of Action Research"，*Curriculum Perspectives* 2，1982（3）.

［198］ Jim Dator，"Futures Report：The Futures of Futures Studies—The View from Hawaii"，*Futures* 18，1986（3）.

［199］ Sharon Oja & Gerald J. Pine，"Collaborative Action Research：Teachers' Stages of Development and School Contexts"，*Peabody Journal of Education* 64，1987（2）.

［200］ Lisa Smulyan，"Collaborative Action Research：A Critical Analysis"，*Peabody Journal of Education* 64，1987（3）.

［201］ Maryellen C. Ham，"Enhancing Supervisory Effectiveness Through Collaborative Action Research"，*Peabody Journal of Education* 64，1987（3）.

［202］ Cream A. H. Wright，"Collaborative Action Research in Education（CARE）—Reflections on an Innovative Paradigm"，*International Journal of Educational Development* 8，1988（4）.

［203］ Jack Whitehead，"Creating a Living Educational Theory from Questions of the Kind，'How Do I Improve My Practice?'"，*Cambridge Journal of Education* 19，1989（1）.

［204］ Von Bulow，"The Bounding of a Problem Situation and the Concept of a System's Boundary in Soft Systems Methodology"，*Journal of Applied Systems Analysis* 16，1989（1）.

［205］ Pedro Barahona & Rita Ribeiro，"Building an Expert Decision Support System：The Integration of Artificial Intelligence and Operations Research Methods"，*Knowledge，Data and Computer-Assisted Decisions* 61，1990.

［206］ Marilyn Cochran-Smith & Susan L. Lytle，"Research on Teaching and Teacher Research：The Issues That Divide"，*Educational Researcher* 19，1990（2）.

［207］ Renée Clift et al.，"Restructuring Teacher Education Through Collaborative Action Research"，*Journal of Teacher Education* 41，1990（2）.

［208］ David W. Birchall，"Third Generation Distance Learning"，*Journal of European Industrial Training* 14，1990（7）.

［209］ Sharon Oja，"Developmental Theories and the Professional

Development of Teachers", Paper Presented at the Annual Meeting of the American Educational Research Association, April 16–20, 1990, Boston, USA.

[210] Paul J. H. Schoemaker, "When and How to Use Scenario Planning: A Heuristic Approach with Illustration", *Journal of Forecasting* 10, 1991.

[211] Maria Amata Garito, "Artificial Intelligence in Education: Evolution of the Teaching—Learning Relationship", *British Journal of Educational Technology* 22, 1991（1）.

[212] Robin McTaggart, "Reductionism and Action Research: Technology Versus Convivial Forms of Life", Paper Presented at the Second World Congress on Action Learning: Reflecting the Philosophy of Collaborative Change in Government, Industry, Education and the Community, September 10–13, 1992, Brisbane, Australia.

[213] Stephen Kemmis, "Action Research and Social Movement: A Challenge for Policy Research", *Education Policy Analysis Archives* 1, 1993（1）.

[214] Arthur L. Costa & Bena Kallick, "Through the Lens of a Critical Friend", *Educational Leadership* 51, 1993（2）.

[215] Inger Margrethe Holter & Donna Schwartz-Barcott, "Action Research: What Is It? How Has It Been Used and How Can It Be Used in Nursing?", *Journal of Advanced Nursing* 18, 1993（2）.

[216] Akira Ishikawa et al., "The Max–Min Delphi Method and Fuzzy Delphi Method via Fuzzy Integration", *Fuzzy Sets and Systems* 55, 1993（3）.

[217] Willian A. Firestone, "Alternative Arguments for Generalizing from Data as Applied to Qualitative Research", *Educational Researcher* 22, 1993（4）.

[218] Christine Steeples, Peter Goodyear, & Harvey Mellar, "Flexible Learning in Higher Education: The Use of Computer Mediated Communications", *Computers & Education* 22, 1994（1–2）.

[219] Jean King & Peg Lonnquist, "The Future of Collaborative Action Research: Promises, Problems, and Prospects", *Action Research*, 1994（2）.

[220] Allan Feldman, "Teachers Learning from Teachers: Knowledge and Understanding in Collaborative Action Research", Paper Presented at the Annual Meeting of the American Educational Research Association, April 4–8, 1994, New Orleans, USA.

[221] Robert Barr & John Tagg, "From Teaching to Learning—A New Paradigm for Undergraduate Education", *Change: The Magzine of Higher Learning* 27, 1995 (6).

[222] Orlando Fals-Borda, "Research for Social Justice: Some North-South Convergences", *Sociological Imagination* 33, 1996 (2).

[223] Zmud Bob, "Editor's Comments: IS Research: Issues and Contexts", *Management Information Systems Quarterly* 20, 1996 (2).

[224] Allan Feldman, "Enhancing the Practice of Physics Teachers: Mechanisms for the Generation and Sharing of Knowledge and Understanding in Collaborative Action Research", *Journal of Research in Science Teaching* 33, 1996 (5).

[225] Caroline Wang et al., "Photovoice as a Participatory Health Promotion Strategy", *Health Promotion International* 13, 1998 (1).

[226] Peter Checkland & Sue Holwell, "Action Research: Its Nature and Validity", *Systemic Practice and Action Research* 11, 1998 (1).

[227] Alexander M. Clark, "The Qualitative–Quantitative Debate: Moving from Positivism and Confrontation to Post-Positivism and Reconciliation", *Journal of Advanced Nursing* 27, 1998 (6).

[228] Caroline Wang et al., "Photovoice: A Participatory Action Research Strategy Applied to Women's Health", *Journal of Women's Health* 8, 1999 (2).

[229] William R. Torbert, "The Distinctive Questions Developmental Action Inquiry Asks", *Management Learning* 30, 1999 (2).

[230] Vivianne Bouchereau & Hefin Rowlands, "Methods and Techniques to Help Quality Function Deployment (QFD)", *Benchmarking: An International Journal* 7, 2000 (1).

[231] Maritza Montero, "Participation in Participatory Action Research", *Annual Review of Critical Psychology* 2, 2000 (2).

[232] Ralph Douglas Stacey, "The Emergence of Knowledge in Organizations", *Emergence: Complexity and Organization* 2, 2000 (4).

[233] Sarah Curtis et al., "Approaches to Sampling and Case Selection in Qualitative Research: Examples in the Geography of Health", *Social Science & Medicine* 50, 2000（7-8）.

[234] Mike Kesby, "Participatory Diagramming as a Means to Improve Communication About Sex in Rural Zimbabwe: A Pilot Study", *Social Science and Medicine* 50, 2000（12）.

[235] Kathy Peca, "Positivism in Education: Philosophical, Research, and Organizational Assumptions", *Educational Philosophy* 12, 2000（33）.

[236] David Coghlan, "Insider Action Research Projects: Implications for Practicing Managers", *Management Learning* 32, 2001（1）.

[237] Jaan Valsiner, "Process Structure of Semiotic Mediation in Human Development", *Human Development* 44, 2001（2）.

[238] Sidney Luckett, Steven Ngubane, & Bhekathina Memela, "Designing a Management System for a Rural Community Development Organization Using a Systemic Action Research Process", *Systemic Practice and Action Research* 14, 2001（4）.

[239] Michael B. Paulsen, "The Relation Between Research and the Scholarship of Teaching", *New Directions for Teaching and Learning* 2001, 2001（86）.

[240] Ted Benton & Ian Craib, "Philosophy of Social Science: The Philosophical Foundations of Social Thought", *Revista Española de Investigaciones Sociológicas* 1, 2001（112）.

[241] Kathy Doncaster & Stan Lester, "Capability and Its Development: Experiences from a Work-Based Doctorate", *Studies in Higher Education* 27, 2002（1）.

[242] Tracy C. Rock & Barbara B. Levin, "Collaborative Action Research Projects: Enhancing Preservice Teacher Development in Professional Development Schools", *Teacher Education Quarterly* 29, 2002（1）.

[243] Júlio Emílio Diniz-Pereira, "'Globalisations': Is the Teacher Research Movement a Critical and Emancipatory Response?", *Educational Action Research* 10, 2002（3）.

[244] David Coghlan, "Interlevel Dynamics in Systemic Action Research", *Systemic Practice and Action Research* 15, 2002（4）.

［245］Louise Knight，"Network Learning：By Exploring Learning by Interorganizational Networks"，*Human Relations* 55，2002（4）．

［246］Betty Ragland，"Fostering Professional Development and Evaluation Through Collaboration"，Paper Presented at the Annual Meeting of the Mid-South Educational Research Association，November 6–8，2002，Chattanooga，USA.

［247］Economic and Social Research Council，"Working Towards E-Quality in Networked E-Learning in Higher Education：A Manifesto Statement for Debate"，*Report of UK Economic and Social Council Seminar Series*，March 26，2002，Sheffield，UK.

［248］John M. Peters et al.，"Collaborative Action Research in Three Settings Community College University and Secondary Education"，Paper Presented at the Annual Meeting of the Mid-South Educational Research Association，November 6–8，2002，Chattanooga，USA.

［249］Mark Cotter，"Collaborative Learning in the Counselor/Student Relationship"，Paper Presented at the Annual Meeting of the Mid-South Educational Research Association，November 6–8，2002，Chattanooga，USA.

［250］Martha Merrill，"Collaborative Learning in Information Technology"，Paper Presented at the Annual Meeting of the Mid-South Educational Research Association，November 6–8，2002，Chattanooga，USA.

［251］Peter Goodyear et al.，"Research on Networked Learning：An Overview"，Proceedings of the 3rd International Conference on Networked Learning，April 5–7，2002，Sheffield University，Sheffield，UK.

［252］Brenda Bannan-Ritland，"The Role of Design in Research：The Integrative Learning Design Framework"，*Educational Researcher* 32，2003（1）．

［253］John Geake & Paul Cooper，"Cognitive Neuroscience：Implication for Education?"，*Westminster Studies in Education* 26，2003（1）．

［254］Kenneth J. Gergen，"Action Research and Orders of Democracy"，*Action Research* 1，2003（1）．

［255］Philippa Levy，"A Methodological Framework for Practice-Based Research in Networked Learning"，*Instructional Science* 31，2003

（1–2）.

[256] Jessica Dart & Rick Davies, "A Dialogical, Story-Based Evaluation Tool: The Most Significant Change Technique", *American Journal of Evaluation* 24, 2003（2）.

[257] Mats Alvesson, "Methodology for Close up Studies—Struggling with Closeness and Closure", *Higher Education* 46, 2003（2）.

[258] Catriona Paisey & Nicholas J. Paisey, "Developing Research Awareness in Students: An Action Research Project Explored", *Accounting Education* 12, 2003（3）.

[259] Karel Kreijns, Paul A. Kirschner, & Wim Jochems, "Identifying the Pitfalls for Social Interaction in Computer-Supported Collaborative Learning Environments: A Review of the Research", *Computers in Human Behavior* 19, 2003（3）.

[260] Earl Hunt, "Cognitive Science: Definition, Status, and Questions", *Annual Review of Psychology* 40, 2003（40）.

[261] Claudia Balach & George Szymanski, "The Growth of a Professional Learning Community Through Collaborative Action Research", Paper Presented at the Annual Meeting of the American Educational Research Association, April 21–25, 2003, Chicago, USA.

[262] John Tagg, "Alignment for Learning: Reorganizing Classrooms and Campuses", *About Campus* 9, 2004（2）.

[263] Martyn Hammersley, "Action Research: A Contradiction in Terms?", *Oxford Review of Education* 30, 2004（2）.

[264] Ned Kock, "The Three Threats of Action Research: A Discussion of Methodological Antidotes in the Context of an Information Systems Study", *Decision Support Systems* 37, 2004（2）.

[265] Oleg Liber, "Cybernetics, E-Learning, and the Education System", *International Journal of Learning Technology* 1, 2004（2）.

[266] Judi Marshall, "Living Systemic Thinking Exploring Quality in First-Person Action Research", *Action Research* 2, 2004（3）.

[267] Elizabeth Elliott, "Building a Partnership Through Collaboration, Reflection, Dialogue", *Journal of Early Childhood Teacher Education* 24, 2004（4）.

[268] Gaby Weiner, "Critical Action Research and Third Wave Feminism:

A Meeting of Paradigms", *Educational Action Research* 12, 2004 (4).

［269］ Lauge Baungaard Rasmussen, "Action Research—Scandinavian Experiences", *AI & Society* 18, 2004 (4).

［270］ Mary Egan Helene et al., "Enhancing Research Use Through Online Action Research", *Canadian Journal of Occupational Therapy* 71, 2004 (4).

［271］ Jack Whitehead, "Do the Values and Living Logics I Express in My Educational Relationships Carry the Hope of Ubuntu for the Future of Humanity?", *Symposium of the British Educational Research Association Annual Conference*, September 16–18, 2004, Manchester, UK.

［272］ Donna Ladkin, "'The Enigma of Subjectivity': How Might Phenomenology Help Action Researchers Negotiate the Relationship Between 'Self', 'Other' and 'Truth'?", *Action Research* 3, 2005(1).

［273］ Maurice Kriby & Jonathan Rosenhead, "IFORS' Operational Research Hall of Fame: Russell L. Ackoff", *International Transactions in Operational Research* 12, 2005 (1).

［274］ Evan M. Glazer & Michael J. Hannafin, "The Collaborative Apprenticeship Model: Situated Professional Development Within School Settings", *Teaching and Teacher Education* 22, 2005 (2).

［275］ Sandy Schuck & Tom Russell, "Self-Study, Critical Friendship, and the Complexities of Teacher Education", *Studying Teacher Education* 1, 2005 (2).

［276］ Susan Groundwater-Smith, "Painting the Educational Landscape with Tea: Rereading Becoming Critical", *Educational Action Research* 13, 2005 (3).

［277］ Jackie Amsden & Rob VanWynsberghe, "Community Mapping as a Research Tool with Youth", *Action Research* 3, 2005 (4).

［278］ Bridget Somekh, "Constructing Intercultural Knowledge and Understanding Through Collaborative Action Research", *Teachers and Teaching: Theory and Practice* 12, 2006 (1).

［279］ Anthony J. Onwuegbuzie & Nancy L. Leech, "Linking Research Questions to Mixed Methods Data Analysis Procedures", *Qualitative*

Report 11，2006（3）．

［280］ David Bargal，"Personal and Intellectual Influences Leading to Lewin's Paradigm of Action Research: Towards the 60th Anniversary of Lewin's 'Action Research and Minority Problems'(1946)", *Action Research* 4，2006（4）．

［281］ Harvey A. Skinner, Oonagh Maley, & Cameron D. Norman, "Developing Internet-Based eHealth Promotion Programs: The Spiral Technology Action Research (STAR) Model", *Health Promotion Practice* 7，2006（4）．

［282］ Stephen R. Campbell et al., "The Engrammetron: Establishing an Educational Neuroscience Laboratory", *SFU Educational Review*, 2007.

［283］ Anthony J. Onwuegbuzie & Nancy L. Leech, "A Call for Qualitative Power Analyses", *Quality & Quantity* 41，2007（1）．

［284］ Jane Caldwell, "Clickers in the Large Classroom: Current Research and Best-Practice Tip", *CBE Life Sciences Education* 6，2007（1）．

［285］ Jonas Roth, Abraham B. (Rami) Shani, & Myleen M. Leary "Insider Action Research: Facing the Challenges of New Capability Development Within a Biopharma Company", *Action Research* 5，2007（1）．

［286］ Alireza Moghaddam, "Action Research: A Spiral Inquiry for Valid and Useful Knowledge", *Alberta Journal of Educational Research* 53，2007（2）．

［287］ Anthony J. Onwuegbuzie & Nancy L. Leech, "Sampling Designs in Qualitative Research: Making the Sampling Process More Public", *Qualitative Report* 12，2007（2）．

［288］ David Coghlan, "Insider Action Research Doctorates: Generating Actionable Knowledge", *Higher Education* 54，2007（2）．

［289］ Kathleen M. Armour & Martin Yelling, "Effective Professional Development for Physical Education Teachers: The Role of Informal, Collaborative Learning", *Journal of Teaching in Physical Education* 26，2007（2）．

［290］ Lesley A. Wood, Tulsidas Morar, & Linda Mostert, "From Rhetoric to Reality: The Role of Living Theory Action Research in

Transforming Education", *Education as Change* 11，2007（2）.

[291] Maria Lovett，""Writing' Research with Video: Exploring Video Action Research from the Classroom to the Filed in New Orleans", *Journal of Curriculum & Pedagogy* 4，2007（2）.

[292] Darleen M. DeRosa，Carter L. Smith，& Donald A. Hantula，"The Medium Matters: Mining the Long-Promised Merit of Group Interaction in Creative Idea Generation Tasks in a Meta-Analysis of the Electronic Group Brainstorming Literature", *Computers in Human Behavior* 23，2007（3）.

[293] Anlı Ataöv，"Democracy to Become Reality: Participatory Planning Through Action Research", *Habitat International* 31，2007（3-4）.

[294] Max Jerman，"Promising Development in Computer-Assisted Instruction", *Journal of the American Society for Information Science* 21，2007（4）.

[295] David Coghlan，"Insider Action Research: Opportunities and Challenges", *Management Research News* 30，2007（5）.

[296] Marcus Foth & Greg Hearn，"Networked Individualism of Urban Residents: Discovering the Communicative Ecology in Inner-City Apartment Buildings", *Information, Communication & Society* 10，2007（5）.

[297] Jack Whitehead，"Using a Living Theory Methodology in Improving Practice and Generating Educational Knowledge in Living Theories", *Educational Journal of Living Theories* 1，2008（1）.

[298] Verna Allee，"Value Network Analysis and Value Conversion of Tangible and Intangible Assets", *Journal of Intellectual Capital* 9，2008（1）.

[299] Camille Venezia，Verna Allee，& Oliver Schwabe，"Designing Productive Spaces for Mobile Workers: Role Insights from Network Analysis", *Information Knowledge Systems Management* 7，2008（1-2）.

[300] Chen Schechter，"Organizational Learning Mechanisms: The Meaning, Measure, and Implications for School Improvement", *Educational Administration Quarterly* 44，2008（2）.

[301] Erina L. MacGeorge et al.，"Student Evaluation of Audience Response

Technology in Large Lecture Classes", *Educational Technology Research and Development* 56, 2008（2）.

［302］ Sarah Flicker et al., "E-PAR: Using Technology and Participatory Action Research to Engage Youth in Health Promotion", *Action Research* 6, 2008（3）.

［303］ Xavier Fazio & Wayne Melville, "Science Teacher Development Through Collaborative Action Research", *Teacher Development* 12, 2008（3）.

［304］ Usha Goswami, "Principles of Learning, Implications for Teaching: A Cognitive Neuroscience Perspective", *Journal of Philosophy of Education* 42, 2008（3-4）.

［305］ Alaa Sadik, "Digital Storytelling: A Meaningful Technology-Integrated Approach for Engaged Student Learning", *Educational Technology Research and Development* 56, 2008（4）.

［306］ Kay Giesecke, Thorsten Schmidt, & Stefan Weber, "Measuring the Risk of Large Losses", *Journal of Investment Management 6*, 2008（4）.

［307］ Susanne P. Lajoie, "Metacognition, Self-Regulation, and Self-Regulated Learning: A Rose by Any Other Name?", *Educational Psychology Review* 20, 2008（4）.

［308］ Tim Brown, "Design Thinking", *Harvard Business Review* 86, 2008（6）.

［309］ Katherine Chretien, Ellen Goldman, & Charles Faselis, "The Reflective Writing Class Blog: Using Technology to Promote Reflection and Professional Development", *Journal of General Internal Medicine* 23, 2008（12）.

［310］ Juan F. Domínguez D. et al., "The Brain in Culture and Culture in the Brain: A Review of Core Issues in Neuroanthropology", *Progress in Brain Research* 178, 2009.

［311］ Engin Karadag & Nihat Caliskan, "Interaction and Communication in the Process of Education and Shared Common Life Area in the Classrooms", *College Student Journal* 43, 2009（1）.

［312］ Gabriella Berger & Anita Peerson, "Giving Young Emirati Women a Voice: Participatory Action Research on Physical Activity", *Health &*

Place 15, 2009（1）.

[313] Jack Whitehead, "Generating Living Theory and Understanding in Action Research Studies", *Action Research* 7, 2009（1）.

[314] Shih-Hsien Yang, "Using Blogs to Enhance Critical Reflection and Community of Practice", *Educational Technology & Society* 12, 2009（2）.

[315] Sidney N. Mitchell, Rosemary C. Reilly, & Mary Ellin Logue, "Benefits of Collaborative Action Research for the Beginning Teacher", *Teaching and Teacher Education* 25, 2009（2）.

[316] Stephen Kemmis, "Action Research as Practice-Based Practice", *Educational Action Research* 17, 2009（3）.

[317] Sofia Avgitidou, "Participation, Roles and Processes in a Collaborative Action Research Project: A Reflexive Account of the Facilitator", *Educational Action Research* 17, 2009（4）.

[318] Huang-Yao Hong & Florence R. Sullivan, "Towards an Idea-Centered, Principle-Based Design Approach to Support Learning as Knowledge Creation", *Education Technology, Research and Development* 57, 2009（5）.

[319] Judy Oliver, "Continuous Improvement: Role of Organisational Learning Mechanisms", *International Journal of Quality & Reliability Management* 26, 2009（6）.

[320] Luc Beaudoin & Philip H. Winne, "nStudy: An Internet Tool to Support Learning, Collaboration and Researching Learning Strategies", Paper Presented at the 7th Annual Canadian E-Learning Conference, June 17–19, 2009, Vancouver, Canada.

[321] Marilys Guillemin & Sarah Drew, "Questions of Process in Participant-Generated Visual Methodologies", *Visual Studies* 25, 2010（2）.

[322] Marion Jones & Grant Stanley, "Collaborative Action Research: A Democratic Undertaking or a Web of Collusion and Compliance?", *International Journal of Research & Method in Education* 33, 2010（2）.

[323] Wendell Wallach, Stan Franklin, & Colin Allen, "A Conceptual and Computational Model of Moral Decision Making in Human and

Artificial Agents", *Topics in Cognitive Science* 2, 2010（3）.

［324］ Angela Yan Yu et al., "Can Learning Be Virtually Boosted? An Investigation of Online Social Networking Impacts", *Computers & Education* 55, 2010（4）.

［325］ BaoHui Zhang et al., "Deconstructing and Reconstructing: Transforming Primary Science Learning via a Mobilized Curriculum", *Computers & Education* 55, 2010（4）.

［326］ Simon Bell & Stephen Morse, "Triple Task Method: Systemic, Reflective Action Research", *Systemic Practice and Action Research* 23, 2010（6）.

［327］ Ada Freytes Frey & Cecilia Cross, "Overcoming Poor Youth Stigmatization and Invisibility Through Art: A Participatory Action Research Experience in Greater Buenos Aires", *Action Research* 9, 2011（1）.

［328］ David Coghlan, "Action Research: Exploring Perspectives on a Philosophy of Practical Knowing", *The Academy of Management Annals* 5, 2011（1）.

［329］ Kamini Jaipal & Candace Figg, "Collaborative Action Research Approaches Promoting Professional Development for Elementary School Teachers", *Educational Action Research* 19, 2011（1）.

［330］ Bob Dick, "Action Research Literature 2008–2010: Themes and Trends", *Action Research* 9, 2011（2）.

［331］ Christopher Winch & Lorraine Foreman-Peck, "Teacher Professionalism, Educational Aims and Action Research: The Evolution of Policy in the United Kingdom", *Teacher Development* 4, 2011（2）.

［332］ Ayesha Aziz, Meenaz Shams, & Kausar S. Khan, "Participatory Action Research as the Approach for Women's Empowerment", *Action Research* 9, 2011（3）.

［333］ Joan Walton, "A Living Theory Approach to Teaching in Higher Education", *Educational Action Research* 19, 2011（4）.

［334］ David Brien et al., "Application of Advanced Planetary Reactor® Technology for Production of Ⅲ–Ⅴ Compound Semiconductor Materials for CPV on 6″ Ge Wafers", Paper Presented at the 37th

IEEE Photovoltaic Specialists Conference, June 19–24, 2011, Seattle, USA.

[335] Guillermo C. Martínez-Verduzco, J. Mauricio Galeana-Pizaña, & Gustavo M. Cruz-Bello, "Coupling Community Mapping and Supervised Classification to Discriminate Shade Coffee from Natural Vegetation", *Applied Geography* 34, 2012.

[336] Pongchawee Vaiyavutjamai et al., "Collaborative Action Research to Promote Reflective Thinking Among Higher Education Students", *Procedia-Social and Behavioral Sciences* 47, 2012.

[337] Helen Hickson, "Reflective Practice Online—Exploring the Ways Social Workers Used an Online Blog for Reflection", *Journal of Technology in Human Services* 30, 2012（1）.

[338] Darío Luis Banegas, "Identity of the Teacher–Researcher in Collaborative Action Research: Concerns Reflected in a Research Journal", *Profile Issues in Teachers' Professional Development* 14, 2012（2）.

[339] Eeva-Liisa Peltokorpi, Kaarina Määttä, & Satu Uusiautti, "How to Ensure Ethicality of Action Research in the Classroom?", *World Journal of Education* 2, 2012（3）.

[340] Rajnish Kumar Rai, "A Participatory Action Research Training Initiative to Improve Police Effectiveness", *Action Research* 10, 2012（3）.

[341] John A. Ross & Catherine D. Bruce, "Evaluating the Impact of Collaborative Action Research on Teachers: A Quantitative Approach", *Teacher Development: An International Journal of Teachers' Professional Development* 16, 2012（4）.

[342] Zhoujing Lin, "Collaborative Action Research: An Effective Way to Promote EFL Teacher Development", *Journal of Education and Practice* 3, 2012（14）.

[343] Muhammad Amer, Tugrul U. Daim, & Antonie Jetter, "A Review of Scenario Planning", *Futures* 46, 2013.

[344] Eleanore Hargreaves, "Inquiring into Children's Experiences of Teacher Feedback: Reconceptualising Assessment for Learning", *Oxford Review of Education* 39, 2013（2）.

[345] Maya Townsend, "Finding Value: Using Ecosystem Mapping and

Value Network Analysis to Navigate Complexity in Corporations and Communities", *OD Practitioner* 45, 2013（2）.

［346］ Tor Hernes & Eirik J. Irgens, "Keeping Things Mindfully on Track: Organizational Learning under Continuity", *Management Learning* 44, 2013（3）.

［347］ Kelly F. Jackson, "Participatory Diagramming in Social Work Research: Utilizing Visual Timelines to Interpret the Complexities of the Lived Multiracial Experience", *Qualitative Social Work* 12, 2013（4）.

［348］ Zhuo Yue Li, "Applied Research of the Relational Matrix Analysis in the Road Traffic Safety Measures Decisions", *Advanced Materials Research* 919–921, 2014.

［349］ Danny Burns, "Systemic Action Research: Changing System Dynamics to Support Sustainable Change", *Action Research* 12, 2014（1）.

［350］ George Rust et al., "Grounded Practice Putting the 'Self' Back into Self-Evaluation", *Educational Action Research* 22, 2014（1）.

［351］ Zoltán Dörnyei, "Researching Complex Dynamic Systems: 'Retrodictive Qualitative Modelling' in the Language Classroom", *Language Teaching* 47, 2014（1）.

［352］ Qiang Wang & Hong Zhang, "Promoting Teacher Autonomy Through University–School Collaborative Action Research", *Language Teaching Research* 18, 2014（2）.

［353］ Crelis F. Rammelt, "Participatory Action Research in Marginalised Communities: Safe Drinking Water in Rural Bangladesh", *Systemic Practice and Action Research* 27, 2014（3）.

［354］ Darcy White & Rob Stephenson, "Using Community Mapping to Understand Family Planning Behavior", *Field Methods* 26, 2014（4）.

［355］ Przemyslaw Jakiel & Dariusz Fabianowski, "FAHP Model Used for Assessment of Highway RC Bridge Structural and Technological Arrangements", *Expert Systems with Applications* 42, 2015（8）.

［356］ Md Nazmul Hasan, "Positivism: To What Extent Does It Aid Our Understanding of the Contemporary Social World?", *Quality and Quantity* 50, 2016.

［357］ Muhammad Hudaya & Ciorstan Smark，"The Role of Case-Study Research in Investigating Local-Government Accountability Reporting: Evidence from Indonesia"，*Procedia Economics and Finance* 35，2016.

［358］ Angela Yicely Castro Garcés & Liliana Martínez Granada，"The Role of Collaborative Action Research in Teachers' Professional Development"，*Profile Issues in Teachers' Professional Development* 18，2016（1）.

［359］ Hidenori Sato，"Generalization Is Everything, or Is It? Effectiveness of Case Study Research for Theory Construction"，*Annals of Business Administrative Science* 15，2016（1）.

［360］ Ieda M. Santos，Nagla Ali，& Anthony Hill，"Students as Co-Designers of a Virtual Learning Commons: Results of a Collaborative Action Research Study"，*The Journal of Academic Librarianship* 42，2016（1）.

［361］ Jodie Ferguson，Suzanne C. Makarem，& Rebecca E. Jones，"Using a Class Blog for Student Experiential Learning Reflection in Business Courses"，*Journal of Education for Business* 91，2016（1）.

［362］ Katie Holmes et al.，"Oral History and Australian Generations"，*Australian Historical Studies* 47，2016（1）.

［363］ William Barta et al.，"Promoting a Sustainable Academic–Correctional Health Partnership: Lessons for Systemic Action Research"，*Systemic Practice and Action Research* 29，2016（1）.

［364］ Kitt Lyngsnes，"A Reflexive Eye on a Collaborative Action Research Project in School"，*Qualitative Report* 21，2016（2）.

［365］ Moloud sadat Asgari，Abbas Abbasi，& Moslem Alimohamadlou Kybernetes，"Comparison of ANFIS and FAHP–FGP Methods for Supplier Selection"，*Kybernetes* 45，2016（3）.

［366］ Marziyeh Asadizaker et al.，"Design and Evaluation of Reform Plan for Local Academic Nursing Challenges Using Action Research"，*Asian Nursing Research* 10，2016（4）.

［367］ José Luis Fernández-Alemán et al.，"An Empirical Study of Neural Network-Based Audience Response Technology in a Human Anatomy Course for Pharmacy Students"，*Journal of Medical Systems* 40，

2016（4）.

［368］ Neda Barqawi, Kamran Syed, & Lars Mathiassen, "Applying Service-Dominant Logic to Recurrent Release of Software: An Action Research Study", *Journal of Business & Industrial Marketing* 31, 2016（7）.

［369］ Sonam Zamir et al., "Video-Calls to Reduce Loneliness and Social Isolation Within Care Environments for Older People: An Implementation Study Using Collaborative Action Research", *BMC Geriatrics* 18, 2018（62）.

索　引

人 名 索 引

英文人名

A

阿德尔曼（Adelman, C.）8

阿多诺（Adorno, T. W.）10

阿什莫尔（Ashmore, M.）93

艾莉（Allee, V.）310

埃利奥特（Elliott, J.）8

安德鲁（Andrews, R.）263

安格瑞斯（Argyris, C.）102

安斯坦（Arnstein, S.）64

B

巴特科（Bartunek, J.）103

巴特利特（Bartlett, S.）93

班南－里特兰（Barman-Ritland, B.）260

贝措尔德（Bezold, C.）192

贝尔（Bell, W.）192

贝内特（Bennett, N. J.）201

波兰尼（Polanyi, M.）254

波利泽（Politser, P. E.）1

伯恩斯（Burns, D.）153

柏格森（Bergson, H.）115

柏拉图（Plato）145

博奥（Boal, A.）84

博格（Borg, W. R.）101

博伊尔（Boyer, E. L.）51

布迪厄（Bourdieu, P.）79

布拉德伯里（Bradbury, H.）64

布莱希特（Brecht, B.）84

布兰兹塔特（Brandstätter, H.）297

布里安（Brien, D）169

布洛（Bulow, V.）153

C

查德（Zadeh, L. A.）181

D

戴科（Docherty, P.）97

戴塔（Dator, J.）208

戴维斯（Davies, R.）277

德莱西（Deresse, A.）237

德里达（Derrida, J.）9

迪克（Dick, B.）193

迪克逊（Dickson, B.）262

笛卡尔（Descartes, R.）199

杜威（Dewey, J.）38

术 语 索 引

后　记

　　行动研究方法论的种子，由我的恩师王逢贤先生在我博士生入学第一课上播撒在了我的心灵深处。1991年8月底，我幸运地考入东北师范大学教育系，成为王逢贤先生的入室弟子。那届他只招了我一个学生，常叫我到他家客厅上课。他第一课给我讲了三个问题，可以归纳为十二个字："自主学习""学当教师"和"贵在践行"。这第三个问题，他上下五千年，一下就把上课内容拉进了历史深处。他说，几千年前孔子为我们树立了榜样，成为我们的至圣先师！孔子的思想已经演化成了中华民族文化精华。其中的核心，对我们当教师的来说，就是"贵在践行"。孔子的"践行精神"意思为，你主张什么就做到什么！孔子一生立志"弘道"，先是"致仕弘道"，没走通；退而求其次，"为师弘道"，就成了。

　　就在那年，我研习了英文期刊《教育论坛》(*The Educational Forum*)上刊登的专题论文《识知方式与课程》("Ways of Knowing and the Curriculum")。其间，我在那本刊物上，第一次读到了"行动研究"(action research)这个术语。我当时感到惊异，一惊学术研究竟然可以是行动研究！二惊为什么教育科学研究方法的教科书里没有"行动研究"呢？带着这些疑惑，我查阅学习了一些论述"行动研究"的文献。在课堂中，我向恩师请教要不要在博士学位论文研究中对行动研究加以学习运用。恩师说，学习应用是要的，但是现阶段你得主要进行理论研究，也就是学习思辨研究方法。因为任何类型的研究，都必须有理论观照。而理论观照的前提是学习掌握理论。你的理论学习掌握到什么程度，直接决定你的研究可能出什么样的理论成果！听罢我明白了，并把主要精力投入课程理论及其哲学和心理学理论基础的研习，博士学位论文选题就选择了调查研究方法。

　　1994年博士毕业以后，我在好几年内继续深化理论学研，同时积极收集有关行动研究的资料。转眼到了1999年1月，我有幸参加了在北京师范大学召开的由教育部基础教育司组织的"新一轮基础教育课程改革研讨会"。随后全国性的"新课程改革"启动，国家颁布实施了一系列重要文件，其中就有倡导"行动研究"。为顺应时代需要和回应学科发展要求，自此我正式带领学生从理论研究转向行动研究，在我们负责的小学教育专业培养模式及其课程与教学改革中开展行动研究，同时为教师教育实践教学创新浪潮所驱使，走进小学课堂创用"互惠性院校协作行动研究"。恩师王逢贤先生当年曾经谆谆教导我，学术研究的创新至少有两个方面，一是主题创新，二是方法创新。其中方法创新更重要，它是主题创新的保障。可以说，没有方法创新，就没有主题创新。我带领团队，自觉地开展研究方法创新使用，率先提出了整体主义行动研究方法论。

十数年来，我带队在建构和应用整体主义行动研究方法论过程中，搜索、学习和应用国际上雨后春笋般兴起的各种行动研究范式。有我率先做，继而指导曾文婕、潘蕾琼、陈思宇与曾育芬诸位博士参与的参与式行动研究，有指导杨甲睿博士为主做的协作式行动研究，有指导蔡泽俊博士和邓永超博士为主做的预见式行动研究，有指导苏峻博士为主做的人种志行动研究，有指导左璜博士为主做的网络化行动研究，有指导姚文峰博士为主做的生活理论行动研究，有指导袁勇博士为主做的局内人行动研究，还有指导张西云博士为主做的系统性行动研究。以上所有研究成果为本书奠定了坚实的基础。

我和团队虽然眼界与能力有限，可能对新世纪行动研究各种范式学习是欠深欠透的，然而对其加以开发应用则是尽心尽力的。这可以从公开发表的中文文献中得到印证。与国内其他团队相比，我们团队发表的论述和应用行动研究各种范式的专题论文是最多的和成系列化的。这一方面使我们有胆量写出本书，另一方面亦使我们深刻认识到本书仅仅是我们基于自身经验的一管之见。所以，恳请大家谨慎参考和猛烈批评。

行文至此，我想起了恩师王逢贤先生，更想起了师母施元芳女士，突觉一阵暖流在心底涌起，难以抑制的泪水热乎乎地盈满眼眶。近年来，很少做梦，但是一次又一次地在梦中，于呼伦贝尔大草原上，望见了恩师与师母，迎上去走近了，却进了他们的家里。在那间书香四溢的客厅兼书房里，恩师问我，小黄，你现在在读什么书呢？这时，师母拖着由当年妊娠高血压引起脑溢血而导致微瘫的右脚出现在门口，说，你们师生俩下课了，吃饭喽。一如当年，几盘飘香的菜肴，一瓶杜康美酒。恩师给我斟满一杯，给自己杯里只加三分之一，而旁边的一碗香喷喷的油煎青辣椒，是备好给我带回宿舍吃的。恩师和师母待我胜似他们的儿子，实行"三包"，包教、包吃和包带。我一直很愧疚，恩师是全国公认的德育理论权威学者，提出让我选题德育，但是我执意选了课程。他真是生气了，我们师生一场，这是他唯一一次生我的气！十数年前，我开始领头开发"德育神经科学与人工智能研发"新方向，采用的就是当年第一课他教我的孔子践行思想的整体主义行动研究方法论。特以本书，告慰恩师与师母的在天之灵。

还有，对一直以来支持、资助或参与我们行动研究的朋友和机构，特别是资助立项的全国哲学社会科学工作办公室，对慷慨应允出版本书的高等教育出版社，对在本书编审过程中指出许多问题并提出大量修改建议的王玉衡编审和诸位编辑，对本书参考或引用文献的所有作者，致以最诚挚的感谢！

黄甫全

2021 年 3 月 6 日清晨

广州致智斋

郑重声明

高等教育出版社依法对本书享有专有出版权。任何未经许可的复制、销售行为均违反《中华人民共和国著作权法》，其行为人将承担相应的民事责任和行政责任；构成犯罪的，将被依法追究刑事责任。为了维护市场秩序，保护读者的合法权益，避免读者误用盗版书造成不良后果，我社将配合行政执法部门和司法机关对违法犯罪的单位和个人进行严厉打击。社会各界人士如发现上述侵权行为，希望及时举报，我社将奖励举报有功人员。

反盗版举报电话　　（010）58581999　58582371
反盗版举报邮箱　　dd@hep.com.cn
通信地址　　北京市西城区德外大街 4 号　高等教育出版社法律事务部
邮政编码　　100120